NATIONAL GEOGRAPHIC

LES GUIDES DE VO

Roumanie

Caroline Juler
Photos : Steve Weinberg

Photographies : p. 1 : petit garçon à Vlahiţa, en Transylvanie, durant le festival annuel des Narcisses ; p. 2-3 : rayons du soleil matinal éclairant la Biserica Stavropoleos à Lipscani, Bucarest ; p. 8 : groupe de musiciens à Valea Mare jouant le Căluş, un rituel païen de fertilité.

SOMMAIRE

Le Banat et la Crişana — 155-174

Le Maramureş — 175-192

La Moldavie — 193-214

La Dobroudja — 215-234

Informations pratiques — 235-265

COMMENT UTILISER

Muzeul Naţional de Artă al României
49 E2
Calea Victoriei 49-53
021 314 8119
Fermé lun. et mar.
€
Métro : Piaţa Universităţii

RENSEIGNEMENTS

Des informations pratiques sur les principaux sites à visiter figurent en marge des pages (voir la légende des pictogrammes sur le rabat de la couverture).
Le pictogramme renvoie au plan concerné et aux coordonnées du site sur le plan.
Des informations pratiques figurent aussi dans le texte, en italique et entre parenthèses. Les symboles € indiquent l'échelle de prix pour les droits d'entrée :

€	moins de 5 euros
€€	de 5 à 10 euros
€€€	de 10 à 15 euros
€€€€	de 15 à 25 euros
€€€€€	plus de 25 euros

157

CODE COULEUR

Chaque région est identifiée à l'aide d'une couleur afin de faciliter la navigation dans le guide. Ce même principe est appliqué dans la partie **Informations pratiques** (p. 235 et suivantes).

HÔTELS ET RESTAURANTS

OLTÉNIE — Code couleur et nom de la région

TÂRGU JIU — Nom de la ville

ANNA
€€ — Nom de l'établissement et gamme de prix

B-DUL ECATERINA TEODOROIU 17
TÉL./FAX 0253 206 333, 0253 206 334
www.hotel-anna.ro
— Adresse, numéros de téléphone et de fax, site Internet

Atmosphère et accueil chaleureux, décoration simple et moderne, restaurant à l'ambiance feutrée… Cet hôtel du centre de Târgu Jiu ne manque pas d'atouts. Anna constitue un bon choix pour les couples et les petits groupes d'amis.
— Bref commentaire sur l'établissement

15
— Pictogrammes figurant les principales prestations

Gammes de prix des hôtels et des restaurants

Des petits encadrés présentant les gammes de prix des hôtels et des restaurants sont repris dans le chapitre **Informations pratiques.** Dans ces pages, les établissements sont classés par ordre alphabétique au sein de chaque quartier ou ville.

Téléphone et fax

Les numéros de téléphone (y compris les numéros de mobile) et de fax roumains comportent un nombre variable de chiffres, et sont précédés d'un code régional.
Ils sont présentés dans ce guide sans l'indicatif du pays (0040), que vous devrez composer uniquement si vous appelez la Roumanie depuis l'étranger, en ôtant le 0 initial du numéro de votre correspondant roumain.

PLAN DE RÉGION

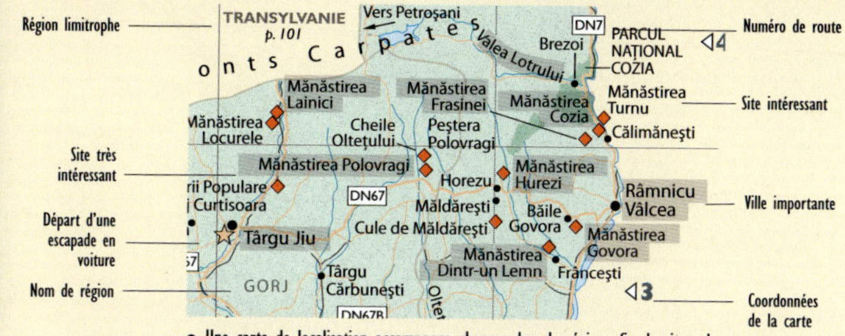

- Une carte de localisation accompagne chaque plan de région afin de situer la région dans le pays.

CIRCUIT ROUTIER

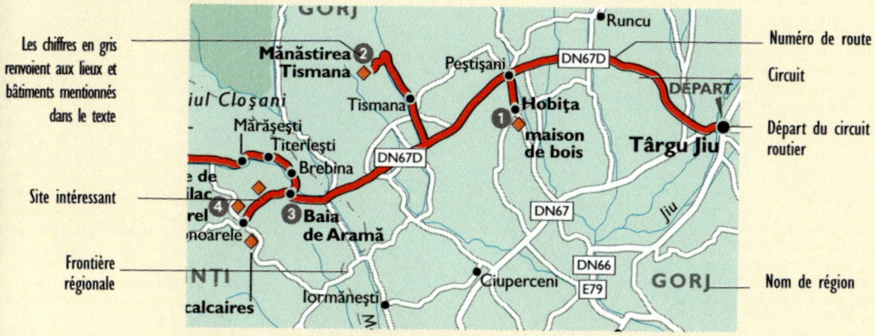

- Un encadré vert indique le point de départ et d'arrivée du circuit, sa durée, son kilométrage et les lieux incontournables.

ITINÉRAIRE DE PROMENADE

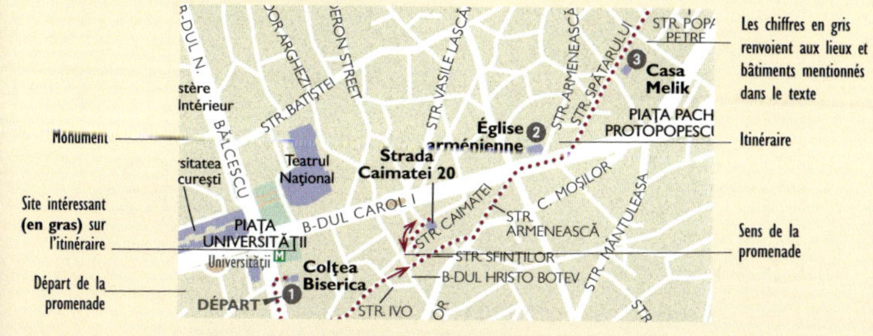

- Un encadré vert indique le point de départ et d'arrivée de la promenade, sa durée, son kilométrage et les lieux incontournables.

Histoire et culture

Le drapeau roumain flotte sur l'arc de triomphe à Bucarest.

La Roumanie aujourd'hui

LA ROUMANIE SEMBLE SE CONFONDRE AVEC LA CHAÎNE DES CARPATES, QUI dessine un arc presque parfait au centre du territoire. Longtemps resté à l'écart des grands courants qui ont agité l'Europe, ce pays encore secret offre une vaste palette d'ambiances et de paysages, des prairies ondoyantes aux sommets crénelés des montagnes, des forêts de sapins aux lagunes peuplées d'oiseaux. Signe d'une nature préservée, les forêts roumaines abritent la plupart des ours bruns et des lynx d'Europe. Les traditions n'ont rien perdu de leur vigueur et le temps semble s'être arrêté dans les villages. Le riche passé du pays s'entrevoit dans les monastères médiévaux, les églises en bois, les châteaux et les palais de contes de fées. Parallèlement, la Roumanie se modernise à grands pas depuis la fin du régime communiste en 1989. Dernière avancée en date : l'adhésion à l'Union européenne le 1er janvier 2007. Tout un symbole pour ce pays à la croisée des chemins, qu'il faut découvrir toutes affaires cessantes.

QUAND BUCAREST DONNE LE TEMPO

Bucarest est sans nul doute la locomotive du pays. La capitale roumaine, qui accueille 10 % de la population totale, est réputée pour son architecture, qui fut influencée par celle de Paris, comme en témoignent l'Arc de Triomphe, les palais, de même que plusieurs grands musées. Sous Ceauşescu, ce patrimoine a failli disparaître. Le dictateur, soucieux de faire table rase du passé, a entrepris de faire remodeler le centre historique de Bucarest pour satisfaire sa vision mégalomaniaque d'une « modernité triomphante », symbolisée par le gigantesque palais qu'il fit édifier à sa propre gloire.

Depuis la révolution de 1989, Bucarest s'est dotée d'un brillant quartier d'affaires, pendant que des bâtiments ultramodernes poussaient un peu partout. Des problèmes liés à la pollution ont fait leur apparition, les façades sont encombrées de panneaux publicitaires, de puissantes cylindrées vrombissent à chaque carrefour et jouent du klaxon pour éviter les piétons dans les rues. Pour couronner le tout, l'horizon est constellé de fils et de câbles en tout genre. Il suffit pourtant de s'écarter des artères principales pour retrouver un univers différent, presque nostalgique, révélant ses vestiges historiques, qui rappellent le passé ottoman et l'empreinte orthodoxe de la ville (Bucarest compte près de 300 églises orthodoxes). Les balcons fleuris, les rues pavées, les passages voûtés, les petites cours discrètes, les arbres majestueux, ainsi que les nombreux parcs et jardins rendent cette ville plus agréable qu'il n'y paraît, sans parler de son intense vie culturelle et nocturne. Théâtres, cinémas, boîtes de nuit, restaurants, cafés et bars ne cessent de se développer d'année en année. Bucarest déroute, voire exaspère, mais ne déçoit jamais.

DES TRADITIONS TOUJOURS VIVANTES

Au cours de son histoire, la Roumanie est toujours restée en marge, ce qui lui a permis de conserver des modes de vie ancestraux dans certaines régions. Rares sont les autres pays européens qui peuvent se targuer d'avoir conservé autant d'activités traditionnelles. Dans les campagnes, les paysans utilisent encore des charrettes tirées par des chevaux, font pousser leurs légumes, élèvent leur propre bétail et vivent de leurs terres. La symbolique du terroir est encore très ancrée dans l'imaginaire roumain.

Pourtant, le monde moderne et le mercantilisme gagnent du terrain dans ces régions reculées. On compte de plus en plus de pensions privées, et l'artisanat est devenu

Vue de la Piaţa Unirii, à Timişoara. Cette ville universitaire à l'ouest du pays passe pour la plus cosmopolite de Roumanie. Pour l'anecdote, c'est la première ville d'Europe dont les rues ont été éclairées à l'électricité.

une activité commerciale à part entière. Désormais, la plupart des musées disposent d'une petite boutique où sont commercialisées les productions locales.

Les changements les plus significatifs se font ressentir dans la démographie. L'exode rural est massif depuis 1989. Certes, les citadins n'ont pas complètement rompu avec la terre, la plupart conservant un petit lopin qu'ils cultivent le week-end ou pendant les vacances. Mais le fossé se creuse entre les villes et les campagnes. Symbole des contradictions de ce pays et du choc de deux mondes, il n'est pas rare d'apercevoir les bolides flambant neufs conduits par des citadins traverser à toute allure des villages paraissant hors du temps.

UNE MOSAÏQUE DE RÉGIONS

La Roumanie offre une remarquable diversité d'attraits : loisirs, nature, culture, faune, histoire, rien ne manque sur ce vaste territoire. La plupart des touristes commencent par la visite de

Bucarest, la capitale, point de passage obligé avant de découvrir les trésors régionaux.

Souvent délaissée par le tourisme, l'Olténie (la partie occidentale de la Valachie) surprend les visiteurs par ses superbes monastères, ses villes thermales pleines de cachet et ses villages pittoresques auxquels les Carpates servent d'écrin, avec leurs collines généreusement garnies de bouleaux – un spectacle féerique à l'automne. Autres centres d'intérêt : les grottes, notamment celles de Muierilor (Femmes) et de Polovragi. Les Olténiens sont réputés pour leur franc-parler, leur individualisme et leur respect des croyances traditionnelles.

Entourée par le massif des Carpates, la Transylvanie rassemble des villes magnifiques et

Biertan est l'une des premières communautés saxonnes en Transylvanie (1224). Les villageois ont bâti une église fortifiée au XVe siècle pour se protéger des invasions turques et hongroises.

des villages pétris de charme. Elle semble toujours avoir une longueur d'avance par rapport au reste du pays. Tiendrait-elle ce particularisme de son histoire ? Sans doute. La Transylvanie a en effet accueilli une importante population originaire d'Europe du Nord-Ouest, notamment des Saxons, qui ont valorisé la terre et développé des industries florissantes. Au Moyen Âge, ils ont bâti des églises fortifiées, dont la plupart ont été conservées. Ce tableau serait incomplet sans l'évocation des châteaux et des manoirs romantiques qui parsèment la campagne, et des stations de ski à Predeal et à Poiana Braşov. Quant à la légende du comte Dracula, elle vient de Transylvanie. On raconte que le château de Bran, construit par les chevaliers teutoniques en 1212, était celui de Dracula.

Située au nord-ouest de la Roumanie la région du Maramureş est restée très rurale, presque secrète. Toujours maintenue à l'écart (les Romains ne l'ont pas envahie), elle constitue un véritable conservatoire des traditions pastorales

et rurales. Les travaux agricoles ne sont pas mécanisés. La région est célèbre pour son architecture en bois, notamment ses églises, remarquables par leur flèche élancée et leur double toit.

Au nord-est du pays, là où la steppe débouche sur les forêts des Carpates, près de la frontière ukrainienne, se tient la Bucovine au riche passé. Elle rassemble des trésors architecturaux, dont de magnifiques églises des XVe et XVIe siècles, agrémentées de peintures byzantines colorées. À ne manquer sous aucun prétexte.

Un groupe scolaire visite le monastère de Căldăruşani, du XVIIe siècle, à 30 km au nord-est de Bucarest. La religion continue à jouer un rôle important en Roumanie et la pratique religieuse est en progression.

LES ROUMAINS

On les dit lunatiques, sensibles, impertinents, mais aussi profondément religieux et respectueux de l'autorité : tels sont les adjectifs qui reviennent le plus souvent quand il s'agit

d'évoquer la personnalité des Roumains. Les circonstances historiques ont joué un rôle certain dans la formation de ces traits de caractère.

À la charnière entre trois univers – l'Europe centrale, l'Europe de l'Est et les Balkans – et de multiples fois envahie et occupée, la Roumanie est un véritable creuset culturel. Aujourd'hui, les Roumains de souche représentent 89 % de la population du pays. Viennent ensuite les Hongrois (6,6 %), les Roms ou Tsiganes (2,5 %, voire davantage selon certaines sources), les Ukrainiens (0,3 %), les Allemands (0,3 %), les Russes (0,2 %) et les Turcs (0,2 %). Les minorités allemande et hongroise vivent principalement en Transylvanie, tandis que les Ukrainiens et les Russes sont plutôt concentrés dans le secteur du delta du Danube. Quant aux Turcs, ils sont représentés le long de la mer Noire.

On recense officiellement 17 minorités ethniques officielles, avec en tête les Roms qui comptent près de 500 000 personnes réparties dans l'ensemble du pays.

Nombreux sont les habitants des zones montagneuses qui revendiquent leurs ancêtres daces, une tribu thrace qui était présente avant les Romains. Pourtant, la langue roumaine provient principalement du latin que l'on parlait lorsque les légions d'Hadrien administraient les provinces fertiles au nord du Danube, au IIe siècle de notre ère. La langue roumaine moderne a pris sa forme actuelle vers le Xe siècle, après avoir incorporé de multiples termes slaves.

Le terroir et le climat ont favorisé le développement des vignobles, introduits par les Grecs voici 3 000 ans. Aujourd'hui, la Roumanie est l'un des principaux pays producteurs de vin dans le monde.

Plus de la moitié des 22 millions de Roumains vivent en milieu urbain. Le pays compte près de 30 000 villes, dont aucune n'est distante de plus de 64 km de sa voisine. Cet héritage date du Moyen Âge, lorsque les attelages ne

Le gigantesquee palais de Ceauşescu à Bucarest, avec ses 12 étages et ses quelques 1 100 chambres, abrite aujourd'hui le Parlement. C'est le deuxième plus grand bâtiment gouvernemental du monde, après le Pentagone.

pouvaient parcourir une distance supérieure, entre le lever et le coucher du soleil. La densité moyenne s'élève à 98 habitants/km² – soit autant qu'en France et aussi deux fois moins qu'en l'Italie.

La plupart des Roumains sont membres de l'Église orthodoxe roumaine, une branche autonome de l'Église orthodoxe d'Orient. Une minorité se réclame du culte gréco-catholique (ou uniate), sorte de syncrétisme entre la religion orthodoxe et le catholicisme romain introduit en Transylvanie au début du XVIIIe siècle. Parmi les autres religions représentées, citons l'Église réformée de Hongrie, le protestantisme, le judaïsme et l'islam.

Bien que la Roumanie soit encore un pays religieux, la fréquentation des églises est en régression, à l'instar de nombreux pays d'Europe occidentale.

LA PÉRIODE POSTÉRIEURE À DÉCEMBRE 1989

La révolution de 1989 s'est soldée par la mort de plus de 1 000 personnes. Des monuments à la mémoire des victimes de la révolution ont été érigés dans la plupart des grandes villes du pays. La chute du communisme a fait l'effet d'un électrochoc. Pour les jeunes Roumains qui ont pris part au soulèvement, il était légitime d'exprimer et de défendre ses opinions, tandis que leurs parents et leurs grands-parents connurent la période du silence imposé. La jeunesse issue de la révolution de 1989 a eu à cœur de reconstruire le pays sur de nouvelles bases.

Parallèlement, des frustrations et des angoisses se sont manifestées. Alors qu'une partie de la population se tourne vers l'Europe de l'Ouest, synonyme de développement économique et de libéralisation politique, d'autres considèrent que les règlements de l'Union européenne sont trop contraignants pour le développement du pays.

Il faut rappeler que, dans son histoire, la Roumanie s'est autant tournée vers l'Est que vers l'Ouest. Les différents princes qui ont gouverné le pays, de Vlad Ţepes à Vasile Lupu en passant par Constantin Brâncoveanu, trouvèrent parfois du soutien du côté de leurs voisins musulmans dans leur lutte pour l'indépendance de la Roumanie. Plusieurs empereurs byzantins ont poursuivi une politique analogue, s'appuyant sur l'aide des Arabes contre leurs ennemis chrétiens.

Certains Roumains estiment que le pays se porterait mieux s'il se rapprochait d'autres pays d'Europe de l'Est ou du Moyen-Orient. En 1992, la Roumanie a adhéré à une organisation économique régionale, qui comprend 11 autres pays, dont la Bulgarie, la Géorgie, la Grèce, la Russie et la Turquie. Autre fait significatif : l'homme politique d'extrême-droite, l'ultranationaliste C. V. Tudor, a été condamné pour avoir accepté divers cadeaux de Saddam Hussein dans les années 1990. Son action illustre bien le fait que la survie de la Roumanie en tant qu'entité a toujours relevé d'un délicat exercice d'équilibriste entre deux mondes – une attitude pas toujours bien comprise en Europe de l'Ouest.

Après une difficile période de transition, la Roumanie a rejoint l'OTAN en 2002 et l'Union européenne en 2007. Néanmoins, le pays est toujours sur le fil du rasoir. Il ne faut donc pas s'étonner si les politiques suivies par ses dirigeants semblent parfois difficiles à décrypter – la Roumanie fait ses expériences, à la recherche du modèle qui lui convient le mieux.

Autre source de préoccupation : la domination de la Russie. L'annexion en juin 1940 par l'URSS de la Bessarabie et de la Bucovine du Nord (deux régions qui faisaient partie de la principauté, la Moldavie historique) est toujours dans les têtes. Le refus des Moldaves russophones (de Bessarabie, dans l'actuelle république de Moldavie) d'accepter une union avec la Roumanie a brisé l'espoir des Roumains d'unifier toute la Moldavie et de reconstituer le territoire national dépecé par le colonialisme soviétique.

ÉCONOMIE

Bonne nouvelle : l'économie roumaine se porte plutôt bien. Après plusieurs années de récession, le PIB roumain est reparti à la hausse. Selon les statistiques gouvernementales, il a augmenté de 8,3 % en 2004. D'après un rapport de la Banque mondiale publié en 2006, la Roumanie est l'un des États les plus actifs sur le front des réformes économiques et de la libéralisation des marchés. Les ministres des Finances qui se sont succédé ont accéléré le rythme des réformes pour satisfaire aux critères d'adhésion à l'Union européenne. Le 1er janvier 2007, jour de l'entrée officielle de la Roumanie dans l'Union européenne, on a assisté à des scènes de liesse dans les rues de Bucarest – du jamais vu depuis la révolution de 1989.

Les principaux obstacles qui paralysaient l'économie ont été levés ou sont en passe de l'être. La majorité des entreprises d'État, mal gérées, ont été vendues au secteur privé, les orphelinats aux pratiques douteuses ont été fermés, un système de sécurité sociale a été instauré et la plupart des voies de communication ont été mises aux normes européennes.

Reste que certains problèmes sociaux n'ont toujours pas été résolus, à commencer par la pauvreté qui reste largement répandue. Les Roumains n'ont guère confiance dans les gouvernements qui se succèdent. Pour l'opinion publique, les pratiques communistes ont toujours cours, à ceci près qu'elles ont simplement changé de nom. Des signes encourageants sont toutefois perceptibles. Au fond, la principale ressource de ce pays reste sa population, qui sait faire face à l'adversité. La jeunesse en particulier manifeste une réelle volonté de changement et de progrès. Aujourd'hui, le pays est à la croisée des chemins, entre défis importants et vastes opportunités. Ce pays travaille à son propre destin, et c'est ce qui le rend si attachant. ■

La gastronomie

POFTĂ BUNĂ (BON APPÉTIT). LES ROUMAINS SONT DE BONS VIVANTS QUI PEUVENT PASSER DES heures à préparer un repas et se sentent particulièrement fiers lorsque leurs invités reconnaissent leur savoir-faire en matière culinaire. Il est d'ailleurs flatteur de passer pour une bonne *gazdă* (maîtresse de maison). Même si les moyens manquent parfois, les Roumains se mettent en quatre pour faire plaisir à leurs hôtes.

Si vous êtes invité dans la maison d'un particulier, votre hôte vous offrira un verre de *ţuică* (eau-de-vie de prune) et vous répondrez « *Mulţumesc. Sănătate !* – Merci. Santé ! » en avalant votre verre d'un seul trait. Les effets de la *tuică*, également appelée *rachiu*, *palincă*, ou *horincă*, sont tout simplement redoutables. Même si elle a été distillée trois fois de manière artisanale, dans un alambic en cuivre de fabrication maison, comme le veut la tradition, vous aurez l'impression qu'elle brûle vos entrailles. Après quelques verres de ce breuvage, on se sent littéralement « planer ». Le vin, produit dans des vignobles répartis dans tout le pays, est également très répandu.

Les Roumains aiment les plats à base de viande. Celle-ci, d'excellente qualité, est riche en graisse. Beaucoup d'agriculteurs possèdent quelques têtes de bétail qu'ils destinent à leur propre consommation et à la vente sur les marchés locaux. Dans les villages, les familles ont généralement des vaches, quelques chèvres, des moutons, des

Le marché aux fruits et aux légumes sur la Piata Amzei à Bucarest.

volailles et, bien sûr, un cochon. On engraisse le cochon pour Noël, et chaque partie de l'animal est consommée sous forme de saucisses, de *kremwursts*, de salamis et autres boudins noirs. Amuse-bouches préférés des Roumains, les *mititei* grillés sont des saucisses sans peau confectionnées à partir d'un mélange de bœuf, de porc et de mouton. On déguste en général les *mititei* avec de la moutarde et du pain blanc, accompagnés d'un verre de bière locale.

Dans les villages, les femmes font encore leur propre *pâine* (pain), travaillant la pâte non levée dans de grands pétrins en bois. Le terme de *harnică* (qui signifie femme qui travaille dur) est considéré comme un compliment. Les anciens fours communaux ne sont plus guère utilisés et le *pâine neagră* est de plus en plus couramment consommé : pain noir, blé complet ou seigle.

Les Roumains ont pour habitude de cultiver de petits lopins de terre sur lesquels ils font pousser des légumes en saison. Des bocaux de *gogoşari* (poivrons rouges) et de *castraveţi* (petits concombres) assurent ainsi les précieuses vitamines pendant les longs hivers. Les petits propriétaires utilisent peu d'engrais et de pesticides. La plupart des productions agricoles sont donc « bio », même si les grandes exploitations agricoles de ce type sont encore rares.

N'hésitez pas à vous approvisionner sur les superbes marchés aux fruits et aux légumes, qui regorgent de produits de qualité à des prix dérisoires. À la fin de l'été et à l'automne, les étals ombragés croulent sous les *mere* (pommes), les *pere* (poires), les *struguri* (raisin) et les *roşii* (tomates). Tout marché qui se respecte comprend également une *brutărie* (boulangerie) où l'on trouve du pain frais, une *măcelărie* (boucherie) et une petite boutique pour l'*apă minerală* (eaux minérales pétillantes produites ici en grande quantité) ou une *lăptărie* (crèmerie) pour le *lapte* (lait) et le *caşcaval* (fromage).

Dans les restaurants, vous pourrez goûter à des plats traditionnels roumains, tels que le *sarmale* (croquettes de porc et émincé de bœuf enveloppé dans des feuilles de chou et cuites sur un lit de légumes mélangés à des tomates), la *salată de vinete* (pulpe d'aubergine cuite accompagnée d'huile et d'ail écrasé), le *tocană* (ragoût de viande) et la *ciorbă ţărănească* (soupe de légumes avec de la crème aigre, accompagnée ou non de viande). La *mămăliga*, considérée comme le plat national roumain, est une semoule de

Ci-dessus : *mămăligă, sarmale* et crème aigre. Ci-dessous : *mititei* (sorte de saucisses de viande émincée relevées avec des herbes) prêtes à être grillées.

maïs comparable à la polenta, généralement servie avec de la crème aigre et du fromage ou de la viande.

Côté desserts, vous aurez le choix entre de nombreux puddings et pâtisseries, dont le *papanaşi* (un beignet servi chaud, couvert de confiture et de crème). Laissez-vous tenter par le *baklava* (inspiré du baklava turc), à déguster avec du café turc, un verre d'eau fraîche et une cuillère de sorbet. ■

Nature et faune

La Roumanie est fière de ses paysages qui comptent parmi les plus spectaculaires en Europe centrale. Plateaux, montagnes, relief karstique, steppes, plaines à perte de vue, littoral… Le pays se distingue par un environnement naturel d'une immense variété. Le massif des Carpates et le delta du Danube, spectaculaire zone humide, retiennent plus particulièrement l'attention. Dans les montagnes, les prairies chatoient sous un tapis de narcisses au printemps, auxquels succèdent, durant l'été, les gentianes, les œillets et autres plantes. À l'automne, les forêts, composées d'arbres à feuilles caduques, se parent de couleurs éclatantes. Ces différents milieux sont peuplés par une faune abondante, que favorisent une nature restée préservée et des montagnes où l'emprise humaine se fait peu sentir.

Couvrant une superficie de 237 499 km², soit approximativement la moitié de l'Hexagone, la Roumanie possède 225 km de côtes, le long de la mer Noire. Le Danube fait office de frontière, au sud, et irrigue le pays tout entier avec ses affluents, le Siret et le Prout (Prut). Cette voie d'eau joue un rôle majeur dans l'économie du pays. Dans les années 1970, la construction d'un barrage près de Drobeta Turnu Severin a facilité la navigation dans le secteur des Portes de Fer. Le Danube constitue également une importante source d'énergie hydroélectrique. Ses affluents sont le Mureş (768 km, du nord-est de la Transylvanie vers l'ouest), l'Olt (736 km, du centre des Carpates à l'est de Sibiu, puis plein sud), le Siret (470 km), dans l'est du pays, affluent du Danube, et enfin le Prout (716 km), qui, faisant office de frontière entre la Roumanie et la Moldavie, se jette dans le Danube immédiatement à l'ouest du delta de celui-ci.

GÉOLOGIE

Élément le plus marquant du paysage roumain, le massif des Carpates couvre un tiers du territoire. Il résulte de chocs entre deux plaques tectoniques qui s'étirent de l'Himalaya aux Alpes. Ce massif formait autrefois une chaîne volcanique, mais il ne reste plus qu'un cratère éteint, au nord de Braşov, avec un lac volcanique, le Lacul Sf. Ana, ainsi que d'importantes sources d'eau potable fortement minéralisées.

S'étirant entre la République tchèque et le nord de la Serbie, les Carpates dessinent un U qui va du nord-ouest au sud-ouest. Les points culminants se situent au centre du massif, au sud-est de la Transylvanie et au nord de la Munténie. Des épisodes successifs de sédimentation, divers mouvements géologiques ainsi

que des phénomènes d'érosion ont contribué à façonner un paysage de toute beauté, avec un horizon de montagnes crénelées se détachant au-dessus de massifs forestiers.

Les montagnes roumaines affichent des dimensions bien plus modestes que les Alpes, mais n'en demeurent pas moins spectaculaires. Le mont Moldoveanu culmine à 2 544 m. De l'époque glaciaire, les Carpates ont gardé quelques traces, notamment des lacs glaciaires et des massifs rocheux créés lors de la fonte des glaces voici environ 10 000 ans.

Sur le plan géologique, le massif des Carpates comprend trois strates distinctes : une zone de flysch (empilement de sédiments), une nappe de roches cristallines au centre et un ruban volcanique à l'intérieur. Du fait de ce mélange de roches, ces montagnes possèdent des ressources en métaux ferreux et non ferreux, du marbre délicatement coloré (notamment dans les monts Apuseni), des pierres de taille et de magnifiques

Le spectaculaire château de Râşnov, à mi-chemin entre Bran et Braşov, en Transylvanie.

cristaux. Les montagnes sont criblées de grottes et de cours d'eau souterrains.

Le reste du pays alterne collines et plateaux qui, pendant des siècles, ont formé un terroir propice au développement des vergers et du vignoble, que vient interrompre à l'est une plaine très fertile, vouée à la culture des céréales, des légumes et autres récoltes. La partie la plus orientale, la Dobroudja, s'étend à l'est du Danube, à l'endroit où celui-ci s'incurve plein nord en direction de la mer Noire. La Dobroudja est essentiellement composée d'une steppe basse qu'anime un arc de collines appelé Munţii Măcinului. Ces montagnes sont les plus anciennes du pays. Leur origine remonterait à une période comprise entre le paléozoïque et le mésozoïque, soit entre 543 millions et 65 millions d'années avant notre ère. Également connus sous le nom de chaîne hercynienne, ces monts ont le statut de réserve naturelle.

CLIMAT

Le climat est à la fois tempéré et continental, mais on relève de grandes amplitudes régionales en fonction du relief et de la géographie. Les températures les plus clémentes règnent au sud et sur la côte. Les étés peuvent s'avérer très chauds et les hivers extrêmement rigoureux. Le mercure est susceptible de descendre jusqu'à 20 °C dans les régions montagneuses en hiver. Les chutes de neige sont fréquentes de mi-décembre à fin mars. À l'inverse, les plaines dans la région de Bucarest et les bords de la mer Noire connaissent des températures estivales oscillant entre 24 et 30 °C. Ces régions sont particulièrement étouffantes en juillet et en août, notamment à Bucarest où le thermomètre peut dépasser allégrement la barre des 30 °C.

Dans la plupart du pays, le printemps se fait sentir dès le mois de mars, sauf dans les montagnes et les régions du nord, où il commence plus tardivement. Les précipitations sont importantes à cette période, notamment en Transylvanie et dans les Carpates, avec une moyenne de 600 à 700 mm. En été, les orages sont fréquents dans les zones montagneuses. L'automne, très agréable, avec des journées ensoleillées et des températures douces, dure de septembre à octobre. En 2002 et en 2003, la Roumanie a été touchée par d'importantes sécheresses suivies d'inondations dévastatrices, une situation aggravée par la déforestation.

AGRICULTURE

Bien que les dirigeants communistes aient clairement choisi la voie de l'industrialisation à outrance, la Roumanie tire honorablement son épingle du jeu en matière de paysages naturels. La nature est omniprésente, même si les effets de la déforestation sauvage d'après 1989 sont de plus en plus perceptibles.

Les surfaces cultivées occupent 41 % du territoire. Les petites exploitations privées ont fait un retour en force après le démantèlement des grandes fermes d'État au début des années 1990. Les particuliers, dont les propriétés avaient été réquisitionnées par les communistes, se sont vu octroyer jusqu'à 10 ha de surfaces agricoles et 1 ha de surfaces boisées, quelle qu'ait été la surface de leurs terres avant la réquisition. Conséquence : les zones rurales ont été morcelées en de minuscules parcelles. Dans certaines régions, notamment au nord-est de la Moldavie, la campagne ressemble à un gigantesque damier, composé de milliers de parcelles parallèles ou perpendiculaires les unes aux autres. Le morcellement de l'espace agricole en Roumanie contraste avec les modèles adoptés par les nouveaux gouvernements en Bulgarie ou en Serbie, où prédominent les grandes exploitations modernes.

Ces petites unités agricoles ont évité une crise alimentaire après la chute du communisme. Grâce à elles, bon nombre de familles ont pu survivre. Suite à l'adoption des nouvelles lois sur la propriété foncière, la plupart des habitants des campagnes ont acquis une vache, un cochon et quelques volailles. De nombreux villages possèdent encore des terres collectives réservées aux moutons, aux oies et aux chevaux. Lorsque les fermes d'État et les unités de production collectives ont été démantelées, une grande partie du parc des machines agricoles déjà obsolètes a disparu. En l'absence de tracteurs, les agriculteurs ont dû revenir aux méthodes ancestrales pour cultiver la terre et transporter leurs récoltes. Ainsi, des charrettes tirées par des chevaux, des bœufs ou des ânes ont refait leur apparition dans le paysage rural, car peu de paysans pouvaient s'offrir un véhicule. Un retour au Moyen Âge, en quelque sorte. Dans les zones montagneuses, où la collectivisation n'avait pu être mise en œuvre, les populations locales ont façonné leur propre révolution industrielle en se tournant par nécessité vers des techniques utilisant le bois. Cette industrie s'applique à tous les domaines d'activité et donne lieu à une grande créativité, qu'il s'agisse des outils agricoles, des moulins à farine ou à huile, des pressoirs, des saloirs et même des lavoirs. Les structures en bois les plus imposantes sont les granges et les maisons d'habitation, à un étage, ainsi que les églises aux proportions parfaites. La plupart de ces constructions et de ces outils sont toujours utilisés.

Malheureusement, de nombreux Roumains qui vivent à la campagne préfèrent désormais habiter dans des maisons plus modernes. Les demeures en bois, pour pittoresques qu'elles soient, leur rappellent un passé douloureux. Aux yeux du visiteur de passage, ce patrimoine rural possède cependant une valeur inestimable. Il est en effet difficile de ne pas tomber sous le charme des paysages bucoliques de Roumanie avec ses vergers, ses champs émaillés de meules de foin, ses maisons villageoises traditionnelles, dotées de toits à forte pente et de magnifiques portes décoratives, le tout avec le majestueux massif des Carpates en toile de fond.

FAUNE

Paradis pour les naturalistes, la Roumanie est réputée pour sa biodiversité et la richesse de ses écosystèmes, tous très étroitement associés aux massifs forestiers et au delta du Danube. Les forêts roumaines abritent des animaux en quantité, dont près de 60 % des ours bruns et 40 % des loups d'Europe, ainsi que des lynx sauvages. Il n'est pourtant pas facile d'apercevoir ces trois espèces carnivores (voir p. 142-143). On trouve également d'importantes populations de cerfs et de sangliers dans les forêts, de même que des chamois sur les cimes.

Composant une réserve naturelle, le delta du Danube rassemble la plus grande partie de l'avifaune, dont le pélican rose et le pélican blanc, deux espèces considérées comme rares. ■

Au printemps, des millions de pélicans viennent passer l'hiver dans le delta du Danube.

Étienne le Grand a vécu dans la citadelle de Suceava (XVe siècle), dont l'architecture se distingue par ses bastions.

Histoire

SUR UNE CARTE, LA ROUMANIE SEMBLE FORMER UN ENSEMBLE COHÉRENT ET HOMOGÈNE. EN RÉALITÉ, cet État-nation n'a été créé qu'en 1859 et la Transylvanie n'a été rattachée à la Roumanie qu'en 1918. Avant que la Roumanie ne soit constituée, ce territoire était composé d'entités distinctes, tant sur le plan politique que religieux ou géographique. Le dénominateur commun reste la langue, d'origine latine. Les Roumains se considèrent ainsi comme une « île latine au milieu d'un océan slave ».

ROMAINS ET GÉTO-DACES

Selon de nombreuses sources archéologiques, la Roumanie aurait bénéficié d'un peuplement continu depuis au moins 60 000 ans. En 2002, un squelette vieux de 36 000 ans a été mis au jour dans la grotte de Peştera cu Oase en Olténie. Cet événement scellait la découverte des ossements humains les plus anciens jamais retrouvés en Europe.

La Roumanie s'est rapidement développée grâce à sa proximité avec le Croissant fertile. Entre 6000 et 4000 av. J.-C., des peuples néolithiques, dont les Ariuşd, les Cucuteni et les Gumelniţa, eurent accès à des techniques originaires du Moyen-Orient. Ainsi, en témoignent les vestiges qui furent mis au jour, notamment des images pieuses réalisées en pierre et en argile et des poteries de très belle facture.

Certains termes passés dans la langue roumaine, comme *balaur* (dragon), *doină* (complainte) et *măgura* (colline), prouvent que les Roumains tirent aussi leurs origines du côté des Thraces. Cette population d'Indo-Européens nomades, appelés Daces par les Romains et Gètes par les Grecs, s'est implantée dans le sud-est de l'Europe peu après 2500 av.J.-C. Quelques siècles plus tard, les descendants ce peuple étaient toujours présents. Plusieurs tribus thraces se sont installées dans l'actuelle Transylvanie, en Moldavie et en Valachie. Sous le règne du roi dace Burebista (vers 82-84 av. J.-C.), la Dacie s'étendait des Balkans (en Bulgarie) jusqu'à la Dobroudja au sud, et du Bug et du Dniestr, à l'est, au Danube en Hongrie et en Moravie (dans l'actuelle République tchèque).

Les Romains convoitaient les richesses de la Dacie, notamment ses ressources en or, qu'ils exploitèrent pendant les 165 années que dura leur occupation (de 106 à 271). Ces derniers, qui se mélangèrent à la population locale, eurent également à cœur de bâtir des villes, de faire commerce du sel avec les Daces libres de la Crişana et du Maramureş (qui n'appartenaient pas à l'Empire romain) et de développer la culture de la vigne. En 271, face à la menace d'invasion des tribus barbares, l'empereur Aurélien se désengagea de la Dacie, province désormais perdue pour l'Empire romain. Pour autant, de nombreux Romains, soucieux de ne pas perdre leurs propriétés, ne quittèrent pas la province et firent souche.

Au cours du millénaire suivant, la Roumanie fit office de voie de passage pour les tribus caucasiennes et asiatiques qui faisaient cap vers l'ouest. Suite à des changements climatiques, des tribus nomades ou semi-nomades d'origine turque, dont les Petchenègues et les Coumans, traversèrent les plaines du Danube en quête de meilleurs pâturages et de conditions de vie plus favorables.

LA ROUMANIE APRÈS LES ROMAINS

La Roumanie n'a jamais été réellement un État totalement souverain. Son indépendance a toujours été mise en question au cours de son histoire. Les quatre régions qui forment l'actuelle Roumanie (la Dobroudja, la Moldavie, la Transylvanie et la Valachie) ont connu pendant de longues années la domination des Hongrois, des Habsbourg et des Ottomans. L'histoire de chacune de ces régions est particulière.

La Dobroudja

La Dobroudja, dont le nom proviendrait d'un despote du XIVe siècle (Dobrotici) ou d'un terme turc servant à désigner les Bulgares, s'étend entre le Danube et la mer Noire, à l'est de la Roumanie. Colonisée par les Grecs au VIIe siècle av. J.-C., elle est ensuite tombée aux mains des Romains et des Byzantins. Du VIIe au XIVe siècle, elle fut tour à tour envahie par les Avars, les Bulgares, les Génois, les Romains et les Tatars. Au début du XVe siècle, elle tomba sous contrôle de l'empire ottoman, jusqu'en 1878, année au cours de laquelle le nord de la province fut rattaché à la Roumanie qui s'était rangée aux côtés de la Russie, alors en guerre contre les Ottomans à propos de la Bulgarie. Indiscutablement roumaine, la Dobroudja n'en cultive pas moins son particularisme.

La Moldavie

Au nord-est de la Roumanie, entre les Carpates et le Prout, la Moldavie roumaine est une ancienne principauté médiévale qui jadis englobait le sud de l'actuelle Ukraine et la république de Moldavie. Un prince originaire du Maramureş, Bogdan, fonda cette principauté en 1359. Pendant des siècles, elle subit les tentatives de conquête de ses voisins plus forts, les Polonais, les Russes, les Cosaques, les Ottomans et les Hongrois.

La province était majoritairement orthodoxe bien que d'autres religions fussent pratiquées. La communauté juive était également largement représentée dans la principauté. Elle s'est constituée suite à des vagues d'immigration successives. Au VIIIe siècle, les Khazars juifs du Caucase s'établirent en Bessarabie, à l'est de la Moldavie. Du XVe au XVIIe siècle, une partie des Juifs chassés d'Allemagne trouvèrent refuge au nord de la Moldavie et en Bessarabie.

En 1453, la prise de Constantinople par Mehmet II ébranla toute l'Europe orientale. Les princes de Moldavie réussirent à maintenir les Turcs à l'écart, soit par les armes, soit en payant un tribut, jusqu'au milieu du XVIe siècle. Certains font aujourd'hui figure de héros nationaux. C'est le cas notamment de 1tefan cel Mare (1437-1504), qui remporta une trentaine de batailles contre les Turcs, et de son fils, Petru Rareş, qui régna de 1504 à 1517 et auquel on doit l'embellissement des églises de Moldavie – celles-ci sont ornées de superbes peintures. Le seul portrait contemporain de 1tefan, trouvé dans un missel du XVe siècle, représente un personnage au visage plutôt rond en train de prier. Mais derrière cette apparence paisible, l'homme faisait preuve d'une redoutable cruauté. Il empalait ses ennemis et se livrait au trafic d'esclaves, comme le faisaient d'ailleurs les Ottomans.

Soliman le Magnifique fit de la Moldavie un État suzerain en 1526. Il autorisa les princes à gouverner à condition qu'ils lui jurent obéissance. Les princes de Moldavie n'eurent de cesse de se libérer du joug ottoman en nouant des alliances secrètes avec d'autres voisins plus puissants. Cette période se termina au début du XVIIIe siècle, lorsque Ahmed III porta au pouvoir des princes phanariotes en Moldavie et en Valachie. Originaires du Phanar, qui constituait

un quartier européen d'Istanbul, les Phanariotes, qui parlaient grec, étaient issus de riches familles. Réputés pour leurs extravagances, ils se rendirent coupables de corruption et d'intrigues. L'un d'entre eux nomma ministre son cheval, tandis que Nicolae Mavrogheni (qui gouverna de 1786 à 1789) se déplaçait dans Bucarest dans un carrosse tiré par deux cerfs. Au-delà de ces excentricités, Mavrogheni mit en œuvre quelques réformes importantes durant son règne. En 1774, les Habsbourg annexèrent la Bucovine (une zone au nord de la Moldavie), ce qui donna aux Autrichiens un couloir d'accès à la Transylvanie.

La Transylvanie

La Transylvanie historique, à proprement parler, comprend le plateau transylvanien, qui s'inscrit dans la courbe de la chaîne des Carpates, ainsi que les régions du Banat, de la Crişana et du Maramureş, qui s'étendent à l'ouest et au nord de ce plateau. Au IXe siècle, les Magyars (Hongrois) originaires d'Asie commencèrent à s'implanter en Transylvanie.

Aux XIIe et XIIIe siècles, les rois de Hongrie favorisèrent la colonisation de cette région en faisant appel à des Européens du Nord-Ouest. Ceux-ci s'engageaientc à valoriser la terre et à défendre les frontières en échange de titres de

La Bataille de Posada, événement-clé dans l'histoire du pays (1330), vue par le peintre József Molnár (1885).

propriété et autres privilèges. Ces colons étaient des Saxons, mais venaient également de la vallée de la Moselle et du Rhin inférieur, de Flandre, de Wallonie, du Luxembourg, de Bavière et de Hesse. Ils étaient artisans, agriculteurs, gardiens de château ou prêtres, et apportaient avec eux des savoir-faire nouveaux, très utiles pour le développement de la Transylvanie.

En deux siècles à peine, ces nouveaux venus bâtirent des villes prospères sur le modèle des cités fortifiées médiévales germaniques. Les Saxons se révélèrent également de précieux alliés. En 1225, ils aidèrent le roi Endre II à se débarrasser des chevaliers teutoniques. Pourtant, les Saxons étaient loin d'être invincibles. En 1241 et en 1242, ils ne purent s'opposer aux raids des nomades mongols de l'armée de Batu Khan, qui saccagèrent la Transylvanie, la Hongrie, la Moldavie et la Valachie.

Vivant dans la crainte permanente des invasions des Turcs et des Tatars, les Saxons renforcèrent les ouvrages défensifs dans leurs villes et édifièrent de nombreuses églises fortifiées (*kirchenbürgen*) pour protéger les communautés villageoises. Ces imposantes tours et les murs fortifiés n'ont pas été démolis et sont toujours un élément familier du paysage.

Sous le règne des Hongrois, d'importants échanges culturels modifièrent la physionomie de la région. Quelques dizaines d'années après la conquête turque de 1526, des princes hongrois purent gouverner le plateau de Transylvanie à la manière d'un État semi-indépendant. Un pacha fit construire des bains turcs à Timişoara, la capitale du Banat, alors qu'à l'est de la province, les Hongrois introduisirent l'architecture Renaissance en Transylvanie.

Sous le règne des rois hongrois, catholiques, les Roumains, principalement orthodoxes, ne purent affirmer leur foi. La plupart d'entre eux étaient serfs, paysans ou artisans, et faisaient partie des plus pauvres de l'époque. Leur religion était tout juste tolérée. Pour être pleinement acceptés, les Roumains de souche durent adopter des patronymes hongrois (ce qui rend difficile aujourd'hui l'établissement de statistiques quant à leur pourcentage dans la population de l'époque). Il existait cependant quelques zones de « Roumains libres », notamment dans les monts Apuseni, le pays Haţeg, dans le Mărginimea Sibiului, les environs de Făgăraş et dans le Maramureş.

À l'extérieur de la Transylvanie, les Hongrois étaient en conflit avec les Turcs. En 1683, ceux-ci firent le siège de Vienne pour la seconde fois. Les Hongrois et les Polonais vinrent en aide aux Habsbourg et réussirent à chasser les Turcs. Mais les Habsbourg se retournèrent ensuite contre les Hongrois et firent main basse sur la Transylvanie en 1687.

Éclairés et progressistes, les Habsbourg introduisirent d'importantes réformes qui eurent des conséquences économiques et sociales. Fervents catholiques, les Autrichiens considéraient la religion orthodoxe comme schismatique depuis 1054 (date du schisme d'Orient marquant la séparation de l'Église d'Occident de l'Église d'Orient). L'impératrice Marie-Thérèse ordonna la destruction des églises orthodoxes et l'élimination des prêtres. Les Roumains étaient incités à se convertir au gréco-catholicisme, un compromis avec la religion orthodoxe, tandis que les vétérans de l'armée autrichienne qui avaient servi dans les différents territoires de l'empire (les actuelles République tchèque, Allemagne, Italie, Serbie et Espagne) étaient récompensés par des terres en Transylvanie.

En 1848, Hongrois et Roumains firent cause commune contre les Autrichiens, mais les Roumains firent volte-face quand les Hongrois révolutionnaires refusèrent de leur accorder des droits politiques. L'empereur François-Joseph, terrifié par cette révolte, fit appeler l'armée russe en vue de mater l'insurrection. À la fin du XIXe siècle, la majorité de la population, d'origine roumaine (et ce, malgré huit siècles d'occupation hongroise, autrichienne, puis à nouveau hongroise) manifesta sa volonté d'indépendance, mais l'empire austro-hongrois (les Hongrois s'étaient soumis aux Autrichiens, d'où la formation de cet empire en 1867) ne céda rien jusqu'en 1918.

La Valachie

Occupant la partie sud du pays, entre les Carpates et le Danube, la Valachie est la plus roumaine de toutes les provinces. Bucarest, sa capitale, est la principale ville de Valachie. Elle comprend deux régions, la Munténie et l'Olténie. La Munténie (connue sous le nom de Ţara Românească, la « terre des Roumains ») se trouve entre l'Olt et le Danube. L'Olténie, à l'ouest de l'Olt, formait le cœur historique de la Dacie romaine, et une province romaine à part entière, la Dacie inférieure, puis plus tard la Dacie Malvensis. Au XIIIe siècle, elle fut rattachée à la Munténie pour former la Valachie.

Le premier voïvode roumain de Valachie fut Basarab Ier (1310-1352). Après avoir écrasé l'armée magyare de Carol Ier Robert (Károly Róbert) lors de la bataille de Posada en 1330, Basarab fit de la Valachie une nation orthodoxe, alliée aux Serbes et aux Bulgares.

L'un des rares portraits de Dracula, le prince Vlad III, surnommé l'Empaleur.

Comme la Moldavie, la Valachie se trouve à la charnière entre deux mondes, chrétien et islamique. Les princes valaques luttèrent farouchement pour maintenir leur indépendance. En 1396, Sigismond Ier, roi de Hongrie, sollicita l'aide des Valaques pour reprendre la forteresse bulgare de Nicopolis au sultan ottoman Bajazet. Cette croisade rassemblait des chevaliers français et anglais, mus par le même idéal chevaleresque. Le prince valaque Mircea cel Bătrân (Mircea l'Ancien, 1386-1418), fort d'une grande expérience militaire, ne fut pas écouté par le roi de Hongrie, qui n'accordait que peu de crédit à ce « schismatique ». Refusant de suivre les conseils de Mircea, il tomba dans le piège turc et la croisade anti-ottomane fut décimée. Mircea réussit, pour sa part, à étendre son pouvoir sur la Dobroudja.

Enfant, le prince Vlad III Dracula (l'Empaleur) fut retenu en otage de 1431 à 1436 à la cour du sultan, où il apprit les techniques de torture réservées aux ennemis, dont l'empalement. De 1448 à 1476, il régna trois frois, et réussit à intimider les armées du sultan en empalant les émissaires turcs. Sa cruauté à l'égard de ses opposants devint légendaire et date, semble-t-il, de 1460, lorsqu'il fit empaler 1 200 Saxons de Braşov qui refusaient de se soumettre à ses lois sur la sécurité du commerce. On raconte qu'il aimait prendre un repas à côté des victimes hurlant sous la torture. Cette réputation fut à l'origine d'un commerce florissant. Mais tout sanguinaire qu'il fût, Vlad ne put endiguer le flot des armées ottomanes. Finalement, vers 1500, les Valaques durent s'effacer devant les Turcs. Une difficile période de coexistence s'ensuivit. Les princes valaques adoptèrent certaines coutumes turques. Ainsi, le prince Constantin Şerban (au pouvoir de 1654 à 1658), à Târgovişte, aurait possédé un harem, comme nous le raconte au XVIIe siècle l'archidiacre Paul d'Alep dans ses récits de voyage.

Après avoir vaincu les Turcs en 1683 lors du Siège de Vienne, les dirigeants de Hongrie, de Pologne, de la Russie tsariste et de l'empire des Habsbourg obligèrent les Turcs à battre en retraite en Europe de l'Est. Les sultans turcs étant toujours officiellement leurs suzerains, les princes valaques étaient confrontés à un dilemme : ils voulaient se tourner vers leurs voisins occidentaux mais redoutaient les représailles des Turcs. Un document de 1690 montre comment Constantin Brâncoveanu (1654-1714) réagit à cette délicate situation. Apprenant qu'un général des Habsbourg faisait route vers Bucarest pour demander le soutien des Roumains contre les Turcs, Brâncoveanu s'enfuit, laissant des instructions pour que les Autrichiens puissent ravitailler leurs troupes. Devant cette dérobade, le général autrichien exigea que le prince revienne et négocie directement avec lui. Brâncoveanu, hésitant, sollicita l'avis de ses conseillers et de ses ministres, divisés sur la question : certains étaient partisans d'entrer en guerre contre les Turcs, d'autres doutaient de l'aide des Autrichiens et craignaient d'éventuelles représailles de la part des Tatars voisins (alliés aux Turcs). Face à ce dilemme, les Valaques firent la politique de l'autruche. Malheureusement pour Brâncoveanu, le sultan Ahmed III le fit venir à Istanbul en 1714, où il fut exécuté avec quatre de ses fils.

Le village-musée national, sur les berges d'un lac, dans le Parcul Herăstrău à Bucarest.

Comme en Moldavie, après deux siècles sous la tutelle turque, la Valachie passa sous la domination des Phanariotes pendant un siècle. Tout au long des XVIIe et XVIIIe siècles, l'Autriche, la Russie et la Turquie s'opposèrent pour le contrôle de la région du Danube, la Valachie

Le buste de Ceauşescu, au musée du Paysan roumain à Bucarest.

faisant fréquemment office de champ de bataille pour les belligérants. Les Roumains subirent les pressions des Turcs, qui voyaient leur pouvoir s'éroder. Tandis que les propriétaires terriens se retranchaient dans leurs tours fortifiées, les paysans dans les plaines s'enterrèrent, littéralement (en bâtissant des maisons partiellement souterraines, comme on peut en voir un exemple au village-musée à Bucarest).

Les princes roumains revinrent au pouvoir en 1821, après avoir réussi à se débarrasser des Phanariotes. Il fallut cependant attendre 1878 pour que les Turcs quittent la Valachie. Au XIXe siècle, la politique des princes de Valachie changea. Cette fois, ils s'ouvrirent aux influences d'Europe de l'Ouest, et plus particulièrement de la France, considérée comme une alliée naturelle vu la proximité linguistique. La Russie, qui avait administré les protectorats de Moldavie et de Valachie depuis 1829 et avait encouragé leur union, exerça également une influence sur les princes valaques.

L'UNION DES PROVINCES ROUMAINES

Après la première phase d'unification en 1859, la Roumanie a connu une période de prospérité sous le règne de Carol Ier (1866-1914), d'origine prussienne. En 1918, la Bessarabie – située à l'est de la Moldavie, entre la rivière Prout et le Dniestr, et tombée dans le giron de la Russie tsariste en 1812 – fut rattachée à la Roumanie, tout comme la Bucovine (au nord de la Moldavie) et la Dobroudja du Sud. La Transylvanie, que les Roumains ont toujours considérée comme faisant partie de leur aire culturelle, fut reprise à l'Empire austro-hongrois en 1919. Dans cette province, la population d'origine roumaine était majoritaire, ce qui ne faisait que légitimer les revendications de rattachement à la Roumanie après la chute de l'Empire austro-hongrois et la fin de la Première Guerre mondiale.

Après la guerre, la Roumanie devint le grenier à blé de l'Europe. Cette prospérité fit long feu. Les répercussions de la guerre, la chute des Habsbourg, l'essor du communisme et la montée du fascisme déstabilisèrent de nombreux jeunes États en Europe, dont la Roumanie.

Pendant l'entre-deux-guerres, le gouvernement roumain redoutait de perdre les territoires récemment acquis par la Roumanie, notamment la Bessarabie. La montée de l'antisémitisme, activée par l'obsession d'un complot communiste, judéo-soviétique, favorisa l'éclosion d'une faction ultranationaliste, la Légion de l'archange saint Michel. Face à la montée des périls, le roi

Carol II (règne 1930-1940) durcit le régime et s'allia à Hitler, en espérant que les Allemands protègeraient la Bessarabie en cas d'invasion soviétique. Peine perdue : le dictateur nazi donna une partie du nord et de l'ouest de la Transylvanie aux Hongrois (Diktat de Vienne, 1940). Suite au pacte scélérat entre Staline et Hitler, en 1940, la Roumanie perdit également la Bessarabie au profit de l'Union soviétique. Le traité de Paris de 1947 confirma cette annexion et ce territoire devint la république de Moldavie.

Au cours de la même année, le roi Carol prit la fuite avec sa maîtresse, laissant la charge de son pays à son fils de 18 ans, Michel, et au maréchal nationaliste Antonescu. Sous l'autorité de ce dernier, Bucarest et Iaşi furent le théâtre de pogroms antisémites, et des milliers de juifs de Bukovine et de Moldavie furent déportés en Transnistrie, de l'autre côté du Dniestr. Sur demande des nazis, la Roumanie envahit l'Union soviétique, en espérant récupérer en contrepartie la Transylvanie entière. En 1944, le roi Michel (règne 1940-1947) conclut un accord secret avec les Alliés, ce qui amena la Roumanie à changer de camp. Mais le destin du pays fut scellé lors de la conférence de Yalta, qui se déroula en février 1945 et s'avéra un désastre pour l'Europe de l'Est.

Aux élections de 1946, les partis proches des Soviétiques obtinrent 80 % des votes. Ces élections, qui s'avérèrent truquées, furent entachées de violences. Des partis d'opposition, dont le Partidul Naţional Ţărănesc (Parti des paysans) démocratique furent mis à l'écart. En 1947, le roi Michel fut contraint d'abdiquer, laissant le pouvoir aux communistes. S'ensuivirent quarante années de répression, à peine interrompues par une brève période de libéralisation du régime dans les années 1960.

LA ROUMANIE À L'ÉPREUVE DU COMMUNISME

Le régime communiste roumain passe pour avoir été l'un des plus répressifs en Europe de l'Est. À la différence de la Pologne, où les dissidents bénéficiaient du soutien de l'église catholique, aucune opposition n'était tolérée en Roumanie et les responsables religieux collabo-

À l'issue des 24 ans de la dictature de Ceauşescu, les combats firent un millier de victimes.

1er janvier 2007 à Bucarest, jour de l'entrée de la Roumanie dans l'Union européenne.

raient plus ou moins ouvertement avec les dirigeants communistes. La police secrète, la redoutable Securitatea, était organisée en différentes factions, concurrentes les unes des autres, et faisait régner une atmosphère de suspicion. Dans les années 1950, sous la férule de Gheorghe Gheorghiu-Dej (1948-1965), les « ennemis du peuple » – intellectuels, prêtres, propriétaires terriens et tout opposant au régime – furent envoyés aux travaux forcés (sur le canal de la mer Noire) ou jetés en prison, où ils subissaient la torture. La résistance était presque impossible, à l'exception d'une poignée de poches d'opposition, à Făgăraş et dans les monts Apuseni. Gheorghiu-Dej, puis son successeur Nicolae Ceauşescu, qui dirigea le pays d'une main de fer de 1965 à 1989, s'éloignèrent progressivement du modèle imposé par l'Union soviétique et adoptèrent des politiques spécifiques. Au cours des cinq premières années du règne de Ceauşescu, un vent de liberté souffla sur le pays, mais Ceauşescu se transforma progressivement en despote mégalomaniaque redouté par son peuple, qui devait en outre subir les pénuries en tout genre, en vue de solder la dette nationale. Bientôt, une atmosphère de suspicion se mit à gangrener tout le pays. Une politique nataliste forcenée fut mise en place. On obligeait les femmes à faire beaucoup d'enfants pour que la population augmente, les nourrissons dont elles ne voulaient pas étaient abandonnés dans des orphelinats.

Pourtant, le rideau de fer, que l'on croyait indestructible, commençait à se fissurer. En 1987, une révolte d'ouvriers à Braşov fut matée

par l'armée. En mars 1989, plusieurs membres influents du parti communiste rédigèrent une lettre critiquant les dérives du pouvoir de Ceauşescu et sa désastreuse politique économique. La lettre fut diffusée en Europe de l'Ouest et sur Radio Free Europe. La nouvelle selon laquelle Ceauşescu voulait « moderniser » (en fait raser) des milliers de villages roumains se répandit et émut le monde entier.

Le 14 décembre 1989, la première révolte contre le régime communiste en place éclata à Iaşi, mais fut rapidement réprimée. Quelques jours plus tard, László Tőkés, un prêtre d'origine hongroise vivant à Timişoara, fut le prétexte qui précipita la chute du dictateur. Refusant d'être limogé, il fut cette fois soutenu par le peuple, ragaillardi par le vent de rébellion qui gagnait aussi le reste du pays. Plus de mille personnes furent tuées au cours des échauffourées qui s'ensuivirent, lors d'un coup d'État des communistes anti-Ceauşescu, soutenus par les grandes puissances. Ceauşescu fut capturé et exécuté après un jugement sommaire. C'en était fini du régime de terreur en Roumanie. Le bonheur, enfin ? Il est encore trop tôt pour le dire, car le pays n'est pas encore tout à fait sorti de l'ornière, mais l'espoir est là.

APRÈS LA RÉVOLUTION

Après la chute du communisme, les conditions économiques se sont sérieusement dégradées. Le chômage est monté en flèche, laissant de nombreux Roumains sur le carreau, qui n'ont trouvé leur salut qu'en émigrant vers des cieux plus cléments, parfois au péril de leur vie. On estime ainsi à près de deux millions le nombre d'habitants qui ont fui le pays depuis les années 1990 pour trouver du travail à l'étranger. Aujourd'hui, compte tenu de l'amélioration de la situation économique, il semble que ce flux soit partiellement endigué.

Une petite révolution (toute symbolique) a eu lieu en décembre 2006, lorsque le président Traian Băsescu a officiellement condamné la dictature communiste. S'adressant au Parlement en présence d'anciens présidents (le Tchèque Vaclav Havel, le Bulgare Jelio Jelev et le Polonais Lech Walesa), il a qualifié l'ancien régime communiste « d'illégitime et de criminel ». Ce discours très engagé visait également plusieurs hauts responsables toujours en activité. C'est la première fois qu'un dirigeant d'un pays de l'ex-bloc de l'Est évoquait de manière aussi ouvertement critique le passé communiste de son pays.

Au cours de leur tumultueuse histoire, marquée par des périodes d'occupation et d'oppression, les Roumains ont toujours su faire front et rebondir. Leur foi religieuse, leur esprit de résistance (ou d'obéissance, selon les circonstances) et leur aptitude à trouver des échappatoires (en cherchant refuge dans les montagnes, par exemple) leur ont permis de ne pas sombrer. Ce peuple avait pour habitude de dire que la musique et l'humour étaient ses meilleurs remèdes, et cette vision de la vie très méditerranéenne a toujours cours. Sans parler d'un certain sentiment de fatalité, que traduit la formule « *Ce să facem?* – Que peut-on y faire ? », qu'accompagnent généralement un profond soupir et un sourire narquois. ■

Arts et culture

POUR LA PLUPART DES VISITEURS, LA VISION DE LA ROUMANIE SE LIMITE SOUVENT À LA SEULE ÉVOCATION des méfaits de Dracula. La réalité est bien plus nuancée et bien plus riche. Mosaïque d'influences, la Roumanie est un véritable creuset qui s'est attaché à rassembler des peuples ayant tous apporté leur pierre à l'édifice. Elle réunit ainsi des composantes thraces, latines, asiatiques, germaniques, françaises, slaves, grecques, hongroises, juives et arméniennes. Les arts – architecture, littérature et musique – portent la marque d'un tel mélange, intégré par l'identité roumaine.

La culture roumaine, loin d'être cantonnée dans des musées, est bien vivante et s'exprime au quotidien, dans les rues, les villages, les montagnes, les prairies au moment de la fenaison, les fêtes rurales... et se manifeste également par l'hospitalité de la population. Ce mode de vie et ces traditions, certes fragiles, font de la Roumanie un pays véritablement à part. Même si elles ont tendance à disparaître, elles continuent à rendre ce pays très attachant.

La Roumanie est depuis toujours à la croisée des chemins. Le pays cherche à se réinventer sur le plan culturel, économique et politique. D'un point de vue occidental, la Roumanie est aux marges de l'Europe. En plongeant ce pays dans un isolement presque total, le communisme a violemment coupé la Roumanie du reste du monde. La censure de la presse était impitoyable. Depuis l'effondrement du communisme, le pays, désormais perméable aux influences extérieures, est en pleine ébullition sur le plan artistique et culturel.

La Roumanie oscille en permanence entre deux univers, l'ancien et le moderne. Ce dernier peut prendre l'aspect de l'urbanisation forcenée d'un Ceauşescu ou du libéralisme sauvage qui a suivi la chute du mur. Ce contraste étonne tous les visiteurs d'aujourd'hui.

Bon nombre de particuliers se sont enrichis en vendant une partie de leurs biens à des investisseurs étrangers. L'amélioration des infrastructures est allée de pair, tout comme la modernisation du secteur bancaire, le développement d'Internet, la création de centres commerciaux, l'explosion du marché immobilier ou encore la publicité sauvage qui a envahi tous les quartiers dans les villes.

Répétition de danses folkloriques dans un restaurant de la Strada Doamnei à Bucarest.

Pourtant, la déferlante de la société de consommation dans ce pays à forte tradition

rurale n'a pas totalement étouffé le monde des campagnes. La Roumanie se modernise, certes, mais préserve une partie de son patrimoine. La particularité de ce pays tient au fait qu'il est resté longtemps isolé... Réussira-t-il à conserver ses atouts à mesure qu'il s'ouvre et se développe ? Fort heureusement, les Roumains font preuve d'optimisme quant à l'avenir de leur société.

VIE RURALE

Témoignage d'une époque révolue, le patrimoine rural n'a rien perdu de sa vigueur, comme en témoignent les productions artisanales d'une grande variété : tissage, sculpture, travail du métal, icônes sur verre ou peintures sur œufs. Les traditions spécifiques liées à la construction des fermes, à l'élevage des moutons, aux labours et à la fenaison sont toujours vivantes, tout comme certains rites anciens, notamment la Saint-Georges, la fête saluant l'immersion du meilleur fermier dans la rivière et les danses de la fertilité célébrant l'arrivée du printemps – autant de pratiques qui ont encore cours dans les campagnes.

Paradoxalement, le communisme a joué un rôle important dans la préservation de cet héri-

tage. Ceauşescu lui-même faisait l'éloge de la paysannerie et de ses valeurs. Lors d'un voyage officiel dans le Maramureş en 1974, il exhorta ses compatriotes à préserver leurs rites et traditions. Changement de cap complet en 1988 : le dictateur, obnubilé par le développement industriel de son pays, s'était fixé comme objectif la destruction de tous les vieux villages roumains en vue de moderniser la Roumanie. Curieusement, à l'époque, certains secteurs étaient plus modernes qu'aujourd'hui. Les voies de communication, par exemple, étaient en bien meilleur état qu'en 1989. Après la révolution de 1989, une bonne partie des engins de production agricole ont disparu. Les tracteurs et les moissonneuses-batteuses ont été vendus au marché noir, alors que les petits exploitants revenaient aux méthodes ancestrales. Les chevaux de trait qui restaient – 600 000 têtes furent abattues ou vendues dans les années 1960 pour marquer l'entrée dans l'ère industrielle – ainsi que les ânes, les bœufs et les buffles ont repris du service pour les travaux agricoles ou pour les déplacements entre villages. Les chevaux ont toujours occupé une place à part dans l'imaginaire collectif du pays. Il n'est qu'à voir les décorations composées de motifs rouges sur les rênes, une tradition destinée au départ à éloigner les mauvais esprits, avant de servir d'ornementation sur les attelages.

Dans les régions montagneuses les plus reculées, les méthodes agricoles traditionnelles sont restées en usage, quel que soit le régime politique en place. Les prairies d'altitude n'ont pas été collectivisées ou transformées en fermes d'État. Dans le Maramureş, rien n'a changé dans les méthodes d'exploitation, et le contraste est toujours frappant entre cette région et les plaines. Pourtant, même dans les montagnes reculées, le régime communiste interdisait les grands rassemblements (donc les marchés), et les villageois n'avaient pas le droit d'apporter leur récolte au moulin, sauf s'ils étaient munis d'une autorisation préalable. Le régime redoutait en effet que les paysans en profitent pour exprimer leurs griefs.

Le portrait de Mihai Eminescu, le plus grand poète roumain, est omniprésent.

Reste que l'image d'une vie pastorale idyllique perdure en Roumanie tout comme chez les citadins étrangers désireux de renouer avec la terre. Sans doute cette mythification du monde rural trouve-t-elle son origine dans l'esprit de renouveau national qui a soufflé sur le pays à la fin du XVIIIe siècle et au XIXe siècle. À mesure que les Roumains s'émancipaient de la tutelle turque et qu'une conscience nationale se formait en Transylvanie, il prirent de plus en plus pour modèles les Daces, véritables héros nationaux symbolisant le courage, l'intelligence et l'indépendance d'esprit.

L'influence du monde rural sur la musique et la littérature

Les poètes et les compositeurs roumains ont largement puisé dans le répertoire des musiques, des danses et des chants populaires, qu'ils ont patiemment recueillis dans les campagnes. Des écrivains et des musiciens célèbres, tels qu'Anton Pann (1790-1854), Mihai Eminescu (1850-1889), Vasile Alecsandri (1821-1890) et Alecu Russo (1819-1859) se sont largement intéressés au folklore. On doit à Pann et à Andrei Mureşanu (1816- 1863) la musique et le texte de l'hymne national roumain, *Deşteaptăte, române!* (Réveille-toi, Roumain !). Unanimement célébré comme le plus grand poète roumain, Eminescu, également journaliste et acteur de théâtre, militait pour la défense de l'identité nationale. Il est l'auteur notamment du *Luceafărul* (*Hypérion*), un poème de 392 vers qui évoque, sur un mode lyrique, le monde des vivants et des morts, inspiré d'une légende roumaine. Alecsandri et Russo ont collecté des contes et des légendes et ont enregistré le *Mioriţa*, un poème oral devenu l'allégorie du salut et de la création artistique par le sacrifice.

La plupart de ces écrivains ont trouvé leur inspiration dans le cadre de la Junimea (Jeunesse), un courant littéraire fondé par le critique littéraire Titu Maiorescu (1840-1917). Installé à Iaşi, Maiorescu était non seulement un homme politique très influent mais surtout un ardent défenseur de la culture roumaine. Après le traité d'Andrinople en 1829, la Turquie perdit son monopole sur le commerce roumain. Ce changement provoqua un véritable appel d'air en Europe, en ouvrant les frontières. Maiorescu voyait dans ce changement une menace. Il préférait que les artistes de son pays façonnent l'identité nationale en puisant dans la culture originelle roumaine plutôt que de copier les styles d'Europe de l'Ouest.

Toujours dans la mouvance littéraire de la Junimea, le conteur Ion Creangă (1839-1889) a enchanté des générations d'enfants avec ses contes consacrés à la vie paysanne. Mentionnons aussi l'auteur satirique Ion Luca Caragiale (1852-1912). Également dans la tradition nationale, Liviu Rebreanu (1885-1944) scrute la vie rurale dans *Ion* (1920), un mélodrame ayant pour thèmes l'amour, la jalousie et la trahison. La notoriété de Rebreanu repose essentiellement sur *Pădurea Spânzuraţilor* (*La Forêt des pendus*, 1922). Inspiré de la vie de son frère, ce roman raconte les malheurs d'Apostol Bologa pendant la Première Guerre mondiale. Ce Roumain de Transylvanie fut pendu pour avoir voulu échapper à l'armée des Habsbourg et rejoindre le camp roumain.

Une villageoise en Olténie file la laine devant sa télévision.

Mihail Sadoveanu (1880-1961) s'est penché sur la dignité et la droiture des habitants des campagnes dans un roman célèbre, *Băltagul* (*Le Hachereau*). En revanche, Marin Preda (1922-1980), dans *Moromeţii*, une œuvre en deux volumes, donne une image moins reluisante de la vie rurale entre les deux guerres mondiales, en évoquant la petitesse de l'existence des paysans. Preda confère malgré tout une touche d'humanité à ses personnages en mettant en avant leur stoïcisme et leur humour.

Le Parc ethnographique à Cluj-Napoca, en Transylvanie.

RELIGION

Fiers de leur héritage chrétien, les Roumains font preuve d'une grande ferveur religieuse. Selon les croyances populaires, saint André aurait prêché la bonne parole aux Daces, les ancêtres des Roumains, au cours de sa visite en Scythe Mineure (nouvelle Dobroudja). Aujourd'hui, plus de 80 % de la population déclare appartenir à l'Église orthodoxe roumaine. Officiellement reconnue comme autocéphale en 1885, elle forme l'une des 15 Églises orthodoxes d'Orient. Avant Jean-Paul II en 1999, aucun pape n'avait foulé le sol roumain depuis le schisme d'Orient (1054), qui consacre la séparation de l'Église d'Occident et de l'Église d'Orient.

La pratique religieuse est forte, notamment chez les personnes âgées en milieu rural, où les offices religieux constituent un pivot de la vie sociale. Les églises regorgent de monde lors de la messe dominicale et des grandes fêtes religieuses, notamment la Pâque orthodoxe. Les fidèles portent des vêtements traditionnels, et les femmes sont fières de contribuer à la décoration de l'église de leur village, qu'elles égaient de *ştergari* (étroites tapisseries en coton) colorées.

Monastères et couvents orthodoxes

Les édifices religieux orthodoxes ont toujours joué un rôle central dans les communautés villageoises. À l'époque du communisme, la plupart des religions ont été réduites au silence, mais les dignitaires de l'Église roumaine ont accepté de se compromettre avec le parti communiste pour éviter que leur église ne disparaisse. Dans les années 1950, les communistes ont obligé les gréco-catholiques de Transylvanie à se convertir à la religion orthodoxe (l'Église gréco-catholique, ou Église catholique de rite byzantin, associe les doctrines orthodoxe et catholique romaine). Si certains membres du clergé orthodoxe ont notoirement collaboré avec le régime, un grand nombre de prêtres, de moines et de religieuses ont refusé toute compromission et ont payé très cher leur résistance. L'église roumaine peine encore à se remettre de cette période de division qui l'a touchée de plein fouet.

Après la chute du communisme, une quête de sens s'est manifestée dans le pays. Certains Roumains en mal de spiritualité sont allés se ressourcer dans les montagnes, à la manière des premiers moines qui ont suivi saint Antoine dans le désert. Autre phénomène : de plus en plus de jeunes sont entrés dans les ordres (surtout les adolescentes). L'attrait de la vie monastique tient sans doute au fait que les monastères offraient, à l'époque, les seules perspectives de conditions de vie décentes. Certains couvents rassemblent aujourd'hui plus de 500 membres.

La Roumanie compte actuellement près de 400 monastères et couvents orthodoxes, ainsi qu' un peu plus de 8 000 moines et nonnes. Ils hébergent les pélerins en quête de retraite spirituelle, ainsi que les visiteurs de passage, à condition de ne pas confondre le monastère avec un hôtel. Il est possible d'assister à des

Fresques du XVIe siècle agrémentant les murs d'un monastère à Humor, en Moldavie.

offices religieux, mais il faut savoir qu'ils durent généralement plusieurs heures, à moins de faire comme les Roumains et de n'y assister que quelques minutes. L'église est très animée pendant les offices, et les célébrations hautes en couleur. Les fidèles allument des cierges, font des offrandes et des génuflexions, et semblent trouver la paix de l'esprit au milieu d'une atmosphère chargée d'encens. Une telle ferveur est communicative. On la doit aux chants, très émouvants, aux puissantes fragrances de l'encens, et à l'éclat des feuilles d'or qui resplendissent dans des intérieurs plutôt sombres. Certains monastères sont classés monuments historiques, et font payer un droit d'entrée.

Églises orthodoxes

Les églises orthodoxes sont réputées pour la richesse de leur ornementation. Chaque région abrite un nombre important d'édifices religieux remarquablement préservés, qu'il s'agisse de cathédrales majestueuses en pierre et en brique ou de modestes sanctuaires villageois faits de rondins. On ne manquera pas les églises peintes de Bucovine, datant des XVe et XVIe siècles et recouvertes de fresques colorées. D'une exceptionnelle qualité ornementale, elles évoquent des scènes religieuses, inspirées des modèles byzantins, tout en intégrant des composantes locales. Ainsi, derrière les messages religieux, on devine les peurs de l'époque, notamment la menace des invasions turques. Avec leur style gothique, leur flèche élancée et

La soprano Angela Gheorghiu lors du Festival de Cannes de 2006.

leur plan centré, les églises de Bucovine représentent un style architectural à part entière, connu sous le nom de style moldave.

Dans les zones rurales, la version roumaine du christianisme orthodoxe est intimement mêlée à des influences préchrétiennes. Les croyances païennes et les superstitions font partie intégrante de l'iconographie religieuse, comme en témoigne le zodiaque peint sur les murs et sur les disques en céramique qui agrémentent les parements extérieurs des églises. Pour appeler les paroissiens à se rendre à l'office religieux, on utilise encore le *toacă*, une longue planche de bois que frappent deux marteaux. Cet outil daterait du Moyen Âge, lorsque le *toacă* servait à mobiliser la population contre les envahisseurs. Selon une autre légende, cette planche symbolise un morceau de l'arche de Noé. L'histoire de Noé est très présente dans la mythologie roumaine car le Déluge est associé à une catastrophe naturelle qui aurait touché la mer Noire. Autre hypothèse : l'arche de Noé se serait échouée sur le mont Ararat, en Turquie, près de la frontière arménienne.

Judaïsme

La communauté juive était autrefois très nombreuse. Du XVe au XVIIe siècle, les Juifs expulsés d'Espagne trouvèrent refuge en Valachie. Ils contribuèrent au développement économique et culturel du pays, mais n'obtinrent la citoyenneté qu'en 1878. En butte à de nombreux préjugés, ils furent accusés notamment d'empêcher l'émergence d'une classe moyenne roumaine. L'antisémitisme atteignit son paroxysme après la Première Guerre mondiale. Environ 270 000 Juifs furent tués par les Allemands et les Roumains, ou moururent à cause du typhus et des conditions difficiles de la déportation en Transnistrie, pendant la Seconde Guerre mondiale. Des Tsiganes subirent le même sort. Mais 1943 vit la renaissance de l'Alia, le retour aux origines, sous l'effet d'un fort mouvement sioniste, avec l'accord du gouvernement roumain. L'émigration vers Israël a continué, presque sans interruption, durant un demi-siècle. Aujourd'hui, la communauté juive de Roumanie rassemble 8 000 personnes (dont plus de la moitié à Bucarest) qui peuvent pratiquer leur culte dans quelque 800 synagogues.

ARTS

La réputation de la Roumanie dans les domaines du théâtre, de la musique et du septième art n'est plus à faire. On citera notamment le compositeur Georges Enescu (1881-1955), la soprano Angela Gheorghiu, l'actrice Maia Morgenstern, Gabriela et Monica Irimia (les «Cheeky Girls») qui ont fait une entrée fracassante dans le monde de la pop, ainsi que le réalisateur Cristian Mungi qui a obtenu la Palme d'or à Cannes, en 2007, pour son film *4 mois, 3 semaines et 2 jours.*

Théâtre, cinéma et littérature

Depuis leur création au XIXe siècle, les théâtres de Roumanie sont subventionnés par l'État. On compte actuellement 52 théâtres d'État, dont l'unique scène yiddish en Europe, le Teatrul Evreiesc de Stat, à Bucarest, qui a donné des spectacles pendant la guerre et sous le régime communiste, sans interruption.

Le théâtre et le cinéma ont apporté une soupape aux Roumains pendant les années noires du communisme. Les auteurs dissidents échappaient à la censure par le biais d'allégories et le public venait nombreux assister à ces représentations. Les auteurs et metteurs en scène jugés subversifs ont dû néanmoins s'exiler.

L'un des plus grands auteurs du XXe siècle, Eugène Ionesco (1909-1994), s'est installé en France en 1938. On lui doit le « théâtre de l'absurde », expression de l'aliénation du monde moderne et symbole du combat contre le conformisme idéologique ambiant. Ionesco était farouchement hostile à toutes les idéologies totalitaires, de droite, la Garde de fer en Roumanie ou de gauche, le communisme. Parmi ses œuvres les plus connues, citons *Rhinocéros*, *La Cantatrice chauve* et *Les Chaises*.

Le célèbre cinéaste Lucian Pintilie (né en 1933), dont la *Reconstituirea* (*La Reconstitution*) a fait scandale parce qu'elle critiquait en filigrane le régime de Ceauşescu, choisit l'exil dans les années 1970. Il revint en Roumanie après la chute de ce dernier et reprit son activité. Le metteur en scène Andrei Şerban (né en 1943) s'est également exilé, en 1969, après une production jugée trop osée de *Jules César*. C'est à Cristi Puiu (né en 1967) que l'on doit le plus grand succès de ces dernières années, le film *La Mort de Dante Lazarescu* (2005).

Tout au début de son règne, Ceauşescu fit preuve d'une certaine tolérance à l'égard des artistes, alors autorisés à se rendre à l'étranger. Mais après sa visite en Corée du Nord en 1971, il n'eut de cesse d'imiter le dictateur coréen Kim Il Sung. Dès lors, la politique culturelle du régime se limita à la glorification de l'image du dictateur. En 1971, Ceauşescu créa le *Cântarea României* (le Chant de la Roumanie), un festival de poèmes, de chants, de danses et de musique destiné à exalter le « paradis » qu'était censée être la Roumanie et à encenser son seul maître, Ceauşescu.

Parmi les auteurs les plus critiques de l'ère communiste, mentionnons le prosateur Paul Goma, signataire de la Charte 77 des dissidents tchéquo-slovaques. Il fut expulsé de Roumanie en 1977, après la publication en Allemagne de son roman Ostinato. Sont également connus à l'étranger les exilés Panait Istrati, C. V. Gheorghiu, Mircea Eliade, écrivain du fantastique et exégète de l'histoire et de la pensée religieuse,

Eugène Ionesco (1909-1994), l'un des plus célèbres écrivains roumains .

ainsi que les essayistes Emil Cioran et Nicolae Steinhardt. Le poète Marin Sorescu (1936-1996) s'est distingué par des pamphlets hostiles au régime de Ceauşescu, notamment le poème *La Maison sous surveillance*, publié après la chute du régime communiste. Citons également Ana Blandiana, née en 1942, qui commença à écrire des poèmes ésopiques dès 1980. Son poème *Eu cred* (*Je crois*, 1984) commence par ces vers très touchants :

Eu cred că suntem un popor vegetal,
De unde altfel liniştea
În care aşteptăm desfrunzirea?
Je crois que nous sommes des personnes végétales
Pourquoi donc restons-nous si calmes
Alors que le tourbillon va nous priver de nos feuilles ?

Depuis la révolution de 1989, Blandiana s'est lancée dans l'action politique. À côté des ex-détenus politiques, elle s'est notamment battue pour que les archives secrètes soient rendues accessibles et que la justice puisse œuvrer contre les procureurs de l'ancien régime. Les journaux et magazines se sont multipliés depuis la fin du communisme. La plupart seraient, dit-on, contrôlés en sous main par des hommes politiques corrompus, mais font

Ci-dessus : la poétesse Ana Blandiana, grande figure de la vie civile en Roumanie. Ci-contre : *Au bord de la mer* (1881), œuvre de Nicolae Grigorescu exposée au musée des Collections d'art à Bucarest.

preuve de temps à autre de sens critique. C'est le cas ainsi du journal *Dilema*, de la revue politique et culturelle *22* (nommée d'après le 22 décembre 1989, jour où Ceaușescu s'est enfui de Bucarest en hélicoptère), du magazine satirique *Academia Cațavencu*, comparable au *Canard Enchaîné* et à la publication anglaise *Private Eye*.

Arts visuels

Dans le domaine des arts visuels, le sculpteur Constantin Brâncuși (1876-1957, voir p. 91) bénéficie d'une renommée internationale. Ses sculptures avant-gardistes et parfois controversées, telles que *Oiseau dans l'espace*, *Mademoiselle Pogany* et *Colonne sans fin*, frappent l'imagination. À l'instar de nombreux artistes et intellectuels roumains, Brâncuși s'est installé en France en 1904. Il a rejeté son pays natal dans les années 1950, lorsque les historiens de l'art communistes ont condamné ses travaux. Malgré tout, son œuvre reste empreinte des formes inspirées par la nature et le patrimoine rural roumains, milieu dans lequel il a baigné pendant son enfance passée en Olténie.

Le peintre roumain le plus célèbre est sans conteste l'impressionniste Nicolae Grigorescu (1838-1907), qui fit ses armes à Paris dans les années 1860 avant de rejoindre Corot et Millet à Barbizon. De retour dans son pays natal, il a peint la vie rurale en Roumanie. Son œuvre picturale, imprégnée d'une lumière généreuse, témoigne d'une réelle proximité avec ses sujets, notamment la série *Care cu boi* (*Chars à bœufs*). Grigorescu a également réalisé des portraits de soldats ayant participé à la guerre d'indépendance de 1877-1878.

Pendant la période communiste, les peintres et les sculpteurs roumains ont souvent dû mener une double vie. S'ils voulaient survivre, ils devaient adhérer à l'Union des artistes, proche du pouvoir, et livrer des œuvres dédiées à la gloire du dictateur. Mais en privé ils produisaient des œuvres plus personnelles. Les artistes de Transylvanie ont été plus audacieux, grâce à la proximité de cette province avec l'Europe de l'Ouest et aux relations transfrontalières avec la Hongrie. Dans les années 1980, le groupe Mamu, de Târgu Mureș, effectuait des représentations artistiques secrètes dans les campagnes, photographiées puis distribuées à titre de propagande antigouvernementale.

Reste que pour beaucoup d'artistes, la fin du communisme a sonné le glas d'une certaine forme de sécurité matérielle. En effet, les artistes et les écrivains qui obéissaient au parti communiste avaient l'assurance de toucher un revenu. L'intervention du financier d'origine hongroise George Soros, qui a fondé des instituts afin de soutenir la création artistique dans tous les pays de l'ex-bloc soviétique, a apporté un peu d'oxygène. En Roumanie, la Fondation Soros finance diverses expositions.

Le centre-ville de Craiova au petit matin.

Plusieurs artistes roumains ont accepté de se confronter au passé. Parmi eux, Dan Perjovschi, né en 1961, fait figure de pionnier. À la fois dessinateur de BD et militant politique, il se sert de son trait pour souligner le sentiment d'angoisse qu'éprouvent les Roumains lorsqu'on évoque leur silence pendant la dictature, et leur passivité devant la corruption et le mensonge d'État. Ses prises de position ont une portée universelle. Il aborde également le thème des relations entre l'Europe de l'Est et l'Europe de l'Ouest, ainsi que la question de la place de l'artiste dans la société. Les dessins de Perjovschi sont à la fois des illustrations, des graffitis et des installations qui couvrent parfois des pans entiers de murs, comme sur les monastères peints. Il est également illustrateur pour le magazine *22* (voir p. 44).

LANGUE

De toutes les langues romanes, le roumain est la plus proche du latin classique. Le roumain moderne s'est développé entre les VIIe et Xe siècles. Au fil de son évolution, il a incorporé de nombreux termes slaves, signe de l'influence culturelle de l'Europe orientale. Le roumain est resté une langue très homogène en raison de l'histoire particulière du pays, qui a farouchement préservé son identité malgré les nombreuses périodes d'occupation.

Le roumain est également parlé en Moldavie, en Ukraine, en Hongrie, en Bulgarie ainsi que dans la province serbe autonome de Voïvodine. Bien que proche du roumain, le macédo-roumain s'en est éloigné après la conquête des Balkans par les Romains. Il est parlé dans cinq autres pays du sud-est de l'Europe.

La proximité culturelle et linguistique avec les pays latins d'Europe, et plus spécialement la France, est à la base des liens qui se sont noués entre les deux contrées. La littérature et la philosophie françaises étaient très en vogue au XIXe siècle en Roumanie. Bucarest, qui fait figure de petit Paris, possède même son *Arcul de Triumf* (Arc de Triomphe) ainsi qu'une statue du général de Gaulle. En 2006, la Roumanie a accueilli le premier festival francophone en Europe, le premier du genre à se tenir en dehors de l'Hexagone. ■

La capitale de la Roumanie est sortie très éprouvée de l'époque Ceauşescu. Lancée aujourd'hui dans une course effrénée à la modernisation, cette ville étonnamment composite conserve heureusement un peu de son exubérance qui fait tout son charme.

Bucarest

Le Memorialul Renaşterii (mémorial de la Renaissance, monument officiel rappelant les événements de 1989), sur la Piaţa Revoluţiei, est surnommé « la pomme de terre ».

Le flot de la circulation sur les grandes artères de Bucarest, la métropole moderne du pays.

Bucarest

LA CAPITALE DE LA ROUMANIE COMPTE AUJOURD'HUI QUELQUE DEUX MILLIONS D'HABITANTS. C'est en 1459 que le prince de Valachie Vlad III, dit l'Empaleur, choisit d'installer sa cour dans cette ville fortifiée occupant une position stratégique sur la route commerciale reliant le sud-est de l'Europe au nord et à l'ouest du continent, mais aussi plus éloignée des Carpates – et donc de l'influence hongroise – que les deux précédentes capitales. Bucarest a conservé les vestiges du palais et de l'église de Vlad III qui inspira le créateur du personnage de Dracula.

L'ensemble monumental que Ceauşescu voulu après le tremblement de terre de 1977 occupe le sud-ouest de la cour princière. Le percement du boulevard et l'édification du palais massif, qui abrite aujourd'hui le Parlement, s'effectuèrent au prix de la destruction d'un cinquième de la ville – une superficie bien supérieure à celle endommagée lors du séisme –, et notamment de beaux édifices anciens en parfait état. La politique de systématisation du dictateur se déclina en d'autres chapitres : dans les années 1960, il avait fait élever de vilaines barres d'immeubles dans les *mahalalele* (faubourgs) de la ville pour y loger les plus pauvres et à la fin de son règne, il détruisit des villages environnants. Ceauşescu n'a heureusement pas tout rasé. Les quartiers autour de la cour

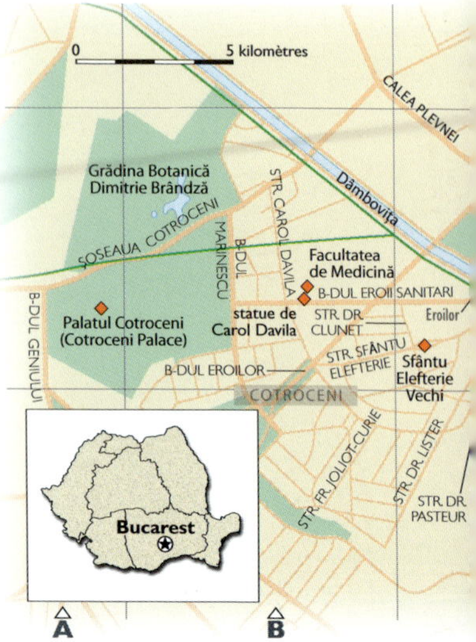

princière ont gardé de leur charme et offrent au promeneur un peu du riche passé de la ville. Au nord de la cour, les petites rues de Lipscani rassemblaient jadis les négociants étrangers. À l'est, de l'autre côté du Bulevardul Brătianu, on découvre l'ancien quartier arménien, et, un peu plus loin, une oasis de villas et d'immeubles de styles divers : l'ancien cœur de Bucarest.

À l'ouest et au nord-ouest se trouvent la Calea Victoriei, une grande artère au passé chic, l'élégant jardin Cişmigiu, le superbe bâtiment de la faculté de Médecine, le palais Cotroceni, le Jardin botanique et un autre îlot composé de belles demeures anciennes. Au nord de la Piața Victoriei, une reproduction de l'Arc de triomphe parisien se dresse dans un quartier paisible dont les rues bordées d'arbres abritent de jolies maisons et des musées insolites.

Le visiteur se rendra compte néanmoins que Bucarest, en pleine mutation, doit panser de profondes blessures. Si un certain nombre de demeures ont été restaurées grâce aux efforts conjugués d'entreprises et de particuliers amoureux des belles pierres, beaucoup reste encore à faire. ■

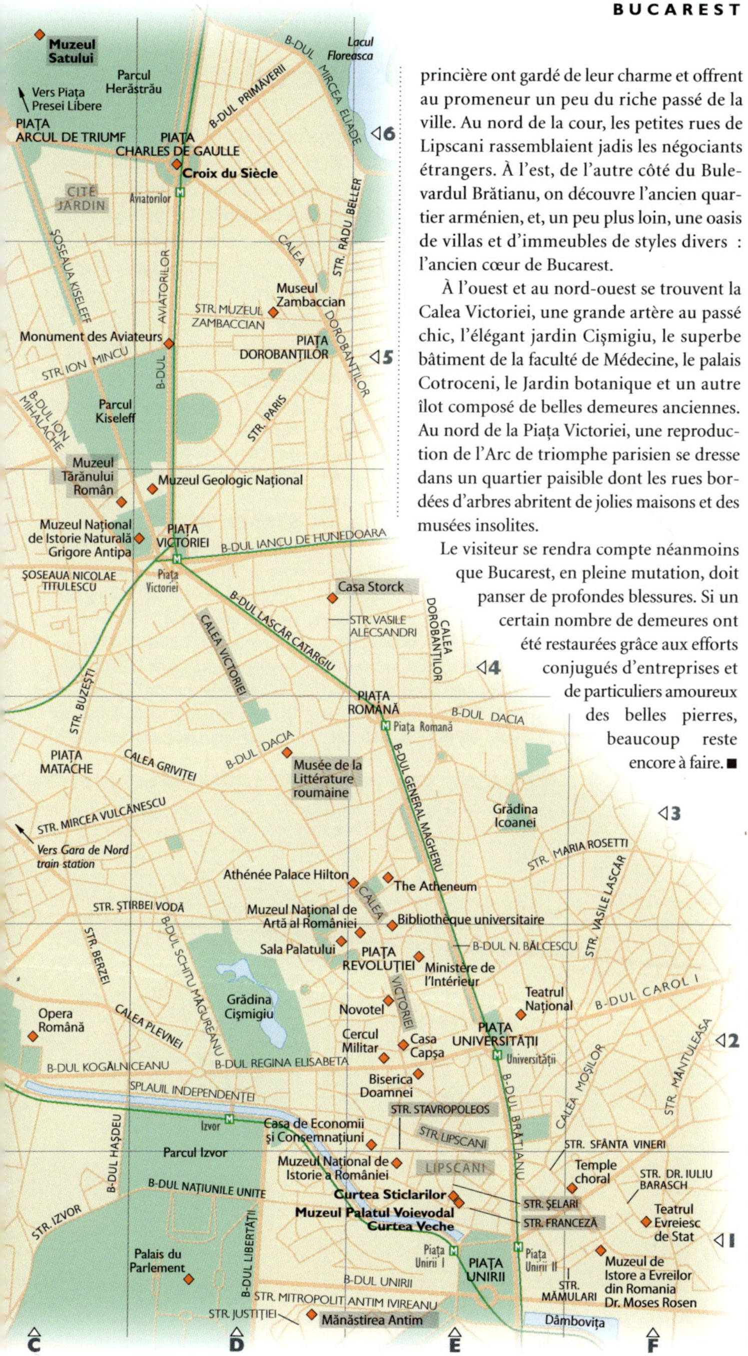

Lipscani

Bucarest Office du tourisme
ANTREC, Str. Maica Alexandra 7, Sector 1
021 223 7024

CŒUR MÉDIÉVAL DE BUCAREST, LIPSCANI COMPOSE UN LACIS DE RUELLES nichées entre la Calea Victoriei, la Strada Doamnei, le Bulevardul Brătianu et la Strada Halelor. Ce site constituait un centre de négoce dynamique avant même la naissance de la ville. Les marchands de Leipzig, qui formaient la corporation la plus riche et la plus inventive de la région, ont laissé leur nom à ce quartier. Le visiteur aura plaisir à y déambuler pendant des heures, sans cesser de découvrir de nouveaux recoins, des cours et des passages chargés d'histoire.

STRADA LIPSCANI

Il fait bon flâner dans cette rue désormais piétonne qui est l'âme du quartier, avec ses cafés, ses restaurants et ses curieuses boutiques anciennes. À l'extrémité est, un portail donne sur une rue close : la **Hanul cu Tei** (auberge des Tilleuls) fut construite en 1833 par deux commerçants qui possédaient chacun une boutique à un bout du passage. On y vend désormais des antiquités et du matériel pour les artistes. Tout près, les ruines de la **Hanul Gabroveni** (*Str. Lipscani 86-88*), une auberge en brique, édifiée en 1739, témoignent de la splendeur architecturale passée de la ville. Il est question de rénover le bâtiment pour en faire un centre d'information.

STRADA ŞELARI

La **Curtea Sticlarilor** occupe une portion importante de la Strada Şelari. Admirez le long balcon de bois verni et les fenêtres cintrées de cet édifice de 1716, qui faisait jadis partie de la cour princière. Il abrite aujourd'hui des ateliers de verriers accessibles aux visiteurs ainsi qu'une boutique.

Moment d'intimité à la Hanul lui Manuc. La célèbre auberge de Manuc, en cours de restauration, rouvrira ses portes en 2009.

STRADA FRANCEZĂ

Les négociants français installés dans le quartier ont donné leur nom à la rue du **Muzeul Palatul Voievodal Curtea Veche** (palais-musée de l'Ancienne Cour princière). Édifiée au XIVᵉ siècle pour le prince Mircea cel Bătrân (Mircea le Vieux), la forteresse fut agrandie et réaménagée à plusieurs reprises par les dirigeants successifs, notamment par le prince Vlad III Dracula. Le bâtiment principal, le corps de garde, la tour de guet et les bains ont été construits entre 1690 et 1714 par le prince Constantin Brâncoveanu, qui affermit ainsi la ville dans sa position de capitale. En 1775, le prince Alexandre Ipsilanti abandonna les lieux pour un autre château. L'ensemble, en cours de restauration, reste ouvert aux visiteurs.

Juste à côté, la **Biserica Curţii Vechi** (église de l'Ancienne Cour) dresse une architecture de pierre et de brique typiquement byzantine. Des princes de l'époque médiévale ont été couronnés dans cette église édifiée dans les années 1550 – c'est la plus ancienne de la ville – par le prince Mircea Ciobanul (Mircea le Berger). Endommagée à plusieurs reprises, elle a été entièrement restaurée au XXᵉ siècle.

Quelques mètres plus loin, on pénètre dans la **Hanul lui Manuc** (*Str. Franceză 64*). Portant le nom du négociant arménien qui le fit construire en 1808, ce caravansérail est le seul de Roumanie ayant traversé les siècles intact. Il s'organise autour d'une cour où s'arrêtaient les convois traversant l'Europe. L'auberge est fermée pour travaux jusqu'au début de 2009.

STRADA STAVROPOLEOS

Minuscule mais joliment proportionnée, la **Biserica Stavropoleos** (*Str. Stavropoleos 4*) fait l'angle des Stradas Stavropoleos et Poştei. Ancien monastère créé par des moines orthodoxes grecs en 1724, l'église recèle quelques merveilles, notamment les piliers de pierre ornés soutenant une rangée de jolies arches orientales, ainsi que les arcades aveugles des murs sur le côté et l'arrière de l'édifice. À l'intérieur, certaines fresques néobyzantines ont survécu au temps et l'on admirera, dans une atmosphère baignée d'encens, une superbe iconostase dorée. L'un des côtés ouvre sur un charmant cloître aux murs recouverts de lierre. ■

Souffleur de verre à l'œuvre dans la Curtea Sticlarilor, héritée du Moyen Âge (Lipscani).

Le quartier des métiers

Au XIIᵉ siècle, une poignée de petits villages se regroupèrent près du carrefour reliant la route de la Soie à l'Europe du Nord, sur le site de l'actuelle Piaţa Unirii. Les habitants se mirent à organiser foires annuelles et marchés communaux, dont l'activité draina une population toujours plus nombreuse dont les dirigeants qui y établirent leurs quartiers. Le nom des rues de Lipscani témoigne de ce passé dynamique et de la présence de nombreux corps de métiers : selliers, rémouleurs, chapeliers, boulangers, fourreurs, matelassiers et usuriers. ■

Curtea Sticlarilor

- 49 E1 et p. 53
- Str. elari 9-11
- 021 314 3228
- Fermé dim. et nov.-avril
- Métro : Piaţa Unirii 1

Muzeul Palatul Voievodal Curtea Veche

- 49 E1 et p. 53
- Str Francez 25-31
- 021 314 0375
- Fermé lun.
- €
- Métro : Piaţa Unirii 1

Promenade dans le vieux Bucarest

Cette promenade vous emmène dans un quartier ancien de la capitale peu fréquenté par les touristes. Ce sympathique enchevêtrement de rues a échappé, pour l'essentiel, au saccage de Ceausescu et constitue un peu le ventre mou de cette ville dynamique.

L'arrière de la maison du Peuple de la science, pour un agréable déjeuner en terrasse.

Démarrez de la **Colţea Biserica** ❶ *(B-dul Brătianu 1)*, la plus ancienne église brâncovane de Bucarest. Achevé en 1701, ce bel édifice de pierre en cours de rénovation mérite le coup d'œil, à l'intérieur comme à l'extérieur. Partez vers l'est par la **Strada Colţei** qui vient se perdre dans un enchevêtrement de rues caractéristiques du tracé de la vieille ville, que l'essayiste et physicien Horia-Roman Patapievici (né en 1957) a décrit comme « un tas de tripes de mouton roulées dans la poussière ».

Traversez la Strada Ivo Andric puis le Bulevardul Hristo Botev, dépassez la Strada Sfintilor et prenez la **Strada Caimatei**. Le bâtiment situé au **n°20** a été dessiné par Marcel Iancu, cofondateur du dadaïsme et pionnier de l'architecture moderniste dans la Roumanie de l'entre-deux-guerres.

Poursuivez vers le nord par la Strada Armenească et prenez le Bulevardul Carol Ie pour découvrir un peu plus loin une étonnante **église arménienne** ❷ *(B-dul Carol I 43, tél. 021 313 9070 pour RV)*. Édifiée en 1915, elle est la réplique de la cathédrale Saint-Grégoire-l'Illuminateur d'Etchmiadzine, l'ancienne capitale arménienne. En face, un **musée** conserve quelques traces de la culture arménienne assiégée (broderies et livres anciens), dans cet ancien quartier (Mahalaua Armenească) où seules ont subsisté l'église et la Strada Armenească. Pour certains, Bucarest tient son nom de l'Arménien Hapet Bukor.

Dépassez la Strada Armenească et prenez à gauche la Strada Spătarului. Le **Muzeul Theodor Pallady** occupe la discrète **Casa Melik** ❸ *(Str. Spătarului 22, tél. 021 211 4979, fermé lun., €)*. Construite en 1760 par un négociant arménien, cette maison est l'une des plus anciennes de Bucarest et dégage une délicieuse atmosphère rustique. Les tableaux du peintre symboliste Theodor Pallady (1871-1953), toutefois, ne soulèvent pas nécessairement l'enthousiasme.

Poursuivez jusqu'au bout de Spătarului et tournez à gauche dans la Strada Popa Petre, puis à droite dans la **Strada Silvestru**. Cette rue est bordée de demeures de style oriental de la période phanariote, durant laquelle les Grecs de Constantinople administraient cette partie de la Roumanie. Les styles se sont ensuite joliment mêlés, quoique l'on distingue encore chez certaines la touche française qui faisait fureur dans la deuxième partie du XIXe siècle. Au **n°75**, on reconnaît sans difficulté une création des années 1930 de Marcel Iancu.

Revenez sur vos pas et tournez à droite dans la Strada Salcîmilor, à gauche dans la Strada Toamnei et à droite dans la Strada Maria Rosetti : vous parvenez au **Muzeul Vasile Grigore** ❹ *(Str. Maria Rosetti 29, tél. 021 211 54 09, fermé lun., €)*, riche d'une remarquable collection de beaux-arts et d'arts décoratifs. Les œuvres, roumaines et étrangères, ont été données par le peintre Vasile Grigore (né en 1935), dont les toiles pleines de couleurs sont exposées dans différents musées du pays.

La splendide façade de la **Şcoala Centrală** (École centrale de jeunes filles) ❺, chef-d'œuvre néoroumain conçu par Ion Mincu (1852-1912), domine l'intersection des rues Icoanei et Calderon. Vous ferez une halte agréable dans le **parc Ioanid** ❻ à l'angle des rues Polona et Dumbrava Roşi. Repartez vers la droite vers la Piaţa Lahovari et la **Casa Oamenilor de Ştiinţa** (maison du Peuple de la science, *Piaţa Lahovari 9*) ❼. Cet ancien palais phanariote, transformé en restaurant, cache sur l'arrière une terrasse et un jardin de roses. ■

Voir plan p. 49
- ➤ Colţea Biserica
- 3,2 km
- 1 heure
- ➤ Casa Oamenilor de Ştiinţa

À NE PAS MANQUER
- Colţea Biserica
- Église arménienne
- Muzeul Theodor Pallady
- Muzeul Vasile Grigore
- Casa Oamenilor de Ştiinţa

La superbe Pasajul Villacrosse-Macca s'est inspirée des passages couverts construits au XIXe siècle dans les villes d'Europe de l'Ouest.

Calea Victoriei

L'ÉLÉGANTE CALEA VICTORIEI (VOIE DE LA VICTOIRE) DÉPLOIE SES DOUCES courbes sur les 3 km reliant la Splaiul Independenţei et la Piaţa Victoriei. Des travaux de rénovation et de nouvelles constructions commencent à lui redonner sa splendeur passée.

Muzeul Naţional de Istorie a României

- 49 E1
- Calea Victoriei 12
- 021 315 0782
- Fermé lun.
- €
- Métro : Piaţa Unirii 1

Cette artère évoque, par son nom, la guerre russo-ottomane de 1877-1878, qui permit à la Roumanie de se libérer du joug ottoman et d'accéder à l'indépendance. Elle compte plusieurs sites intéressants, dont la plupart sont situés dans sa portion sud, entre la Strada Lipscani et la Piaţa Revoluţiei.

Près de l'extrémité sud, l'imposant **Muzeul Naţional de Istorie a României** (musée national d'Histoire) compte parmi ses pièces majeures un trésor de 22 récipients et bijoux d'or et de pierres précieuses qui auraient été enfouis sous terre par les Ostrogoths au Ve siècle av. J.-C. Quatre fibules (broches) évoquant une poule et ses trois poussins en constituent les pièces maîtresses.

Bâti en 1897, le superbe édifice qui se dresse tout à côté du musée abrite la principale banque d'épargne du pays, la **Casa de Economii şi Consemnaţiuni** *(Calea Victoriei 13)*. En face se trouvent deux accès du **Pasajul Villacrosse-Macca**, un passage commercial couvert semi-circulaire du XIXe siècle. À quelques pas de là, au nord, une petite ouverture donne sur une église de 1683, la **Biserica Doamnei** *(Calea Victoriei 28)*.

Le **Cercul Militar** (Cercle militaire, *Str. Constantin Mille 1, tél. 021 314 9551*) forme un imposant bâtiment du début du XXe siècle situé sur le côté nord du Bulevardul Regina Elisabeta. Devant, la fontaine Sarindar a été élevée sur le lieu de l'église du même nom, probablement construite par le prince Matei Basarab (1632-1654) et détruite lors d'un séisme au XIXe siècle.

En face du Cercle militaire se tient l'un des lieux les plus célèbres de la ville, la **Casa Capşa** *(Calea Victoriei 36)*, construite en 1886. Têtes couronnées, artistes et intellectuels fréquentaient cet établissement avant qu'il ne soit fermé par les communistes. Il a été transformé en hôtel en 2003 (voir p. 246).

Les locaux de la compagnie privée de téléphonie Romtelecom sont installés à l'intérieur du **palais du Téléphone** *(Calea Victoriei 37)*, un superbe édifice des années 1930 dont les lignes épurées et les éléments Art déco, au sommet de la tour, restent difficiles à apprécier depuis l'étroite rue. Juste à côté, la façade du tout récent **Novotel** *(Calea Victoriei 37B)* est une copie de l'ancien Théâtre national qui occupait les lieux jusqu'à sa destruction dans un bombardement en 1944.

En remontant vers le nord, vous rejoindrez la **Piaţa Revoluţiei**, dominée par l'ancien palais d'hiver du roi Carol Ier (règne 1866-1914). Il abrite les collections du **Muzeul Naţional de Artă al României**, qui vaut la visite notamment pour ses pièces originales du célèbre sculpteur Constantin Brancusi et ses magnifiques œuvres religieuses du Moyen Âge.

Vous verrez aussi sur la Piaţa Revoluţiei (en commençant par la droite du musée) l'**Athénée Palace Hilton** (ancien Athénée Palace ; *Str. Episcopei 1-3 ; voir p. 246*); l'**Athenaeum** (Athénée romain ; *Str. Franklin 1*), une salle de concert construite par l'architecte français Albert Galleron en 1888, dotée d'une coupole et d'un portique au style néoclassique ; et la bibliothèque universitaire, dont la collection fut réduite en cendres en décembre 1989. Des concerts en plein air s'y déroulent fréquemment. Plus loin, au-delà des restes du **bâtiment des archives de la Securitate**, ce sont les locaux du ministère de l'Intérieur, édifié en 1938 sur ordre du roi Carol II, et le balcon d'où Ceauşescu prononça son dernier discours. Une petite pyramide au pied de l'édifice rend hommage à celles et à ceux qui sont morts pendant la révolution de décembre 1989. Sur la droite, on remarque encore deux statues en bronze du dirigeant

libéral Corneliu Copusu, dont la mort, en 1995, a été pleurée dans tout le pays. Enfin, la svelte **Biserica Creţulescu** datant du début du XVIIIe siècle est une église en brique rouge construite près des portes de la ville par un intendant de la Cour.

Après avoir parcouru l'avenue, coupez entre le musée d'art et l'église Creţulescu pour rejoindre, en l'espace de cinq minutes, le **Grădina Cişmiugiu**. Traversez la Strada Ion Câmpineanu et poursuivez tout droit jusqu'à la Piaţa Walter. Le jardin se tient sur le côté opposé de la place. Parterres, allées bordées de haies, spécimens d'arbres, lac et canots, fontaines et terrasses de café font de ce parc le plus joli espace vert du centre-ville. ■

La salle de concert de l'Athenaeum, sur la Calea Victoriei, a vu le jour grâce à une souscription.

Muzeul Naţional de Artă al României

- 49 E2
- Calea Victoriei 49–53
- 021 314 8119
- Fermé lun. et mar.
- €
- Métro : Piajta Universităţii

Cotroceni

À L'OUEST DU CENTRE S'ÉTEND UN AGRÉABLE QUARTIER RÉSIDENTIEL OÙ des villas quelque peu délabrées, mais au charme certain, sont posées entre parcs et jardins. Le palais présidentiel est également installé dans ces rues situées bien à l'écart de l'effervescence de la ville.

Allée des Frênes, au Jardin botanique, quartier de Cotroceni.

Résidence officielle du président roumain, le **Palatul Cotroceni** se tient dans un vaste parc ceint de murs et situé à l'extrémité ouest du Bulevardul Eroii Sanitari. Accueillant des expositions temporaires sous leurs plafonds de brique voûtés, les cuisines sont en accès libre pour le visiteur. Les autres parties du palais ouvertes au public se découvrent avec un guide. L'entrée s'effectue par un petit portail sur le mur latéral, à mi-chemin dans la Şoseaua Cotroceni, en face du Jardin botanique.

Dessiné par l'architecte français Paul Gottereau pour le prince héritier Ferdinand et achevé en 1895, le bâtiment principal a été érigé sur le site d'un monastère fondé au XVIIe siècle par Şerban Cantacuzino, prince de Valachie. Dynamitée sur ordre de Ceauşescu en 1984, l'église a été partiellement reconstruite sur ses fondations d'origine.

Dans les années 1920, l'épouse de Ferdinand, la reine Marie, fit appel à l'architecte roumain Grigore Cerchez qui procéda à l'agrandissement du palais et à son réaménagement dans le style néoroumain conçu par Ion Mincu.

Tout à côté de là, le **Grădina Botanică Dimitrie Brândză** a été créé en 1860 par le célèbre physicien roumain Carol Davila. Installé à l'origine à côté de la faculté de Médecine (voir ci-contre), le jardin fut transféré à son emplacement actuel en 1884 et baptisé en hommage au botaniste Dimitrie Brândză (1846-1895), qui avait plaidé avec ferveur pour le sauver. Il renferme dans son enceinte de 17 hectares un musée, des serres (horaires d'ouverture limités) ainsi que les locaux de plusieurs instituts de recherche botanique. S'y ajoutent des jardins classiques, des parcs à l'anglaise, des lacs et des étangs. Par une belle journée ensoleillée, l'expédition depuis le centre-ville vaut réellement le détour.

PROMENADE DANS COTROCENI

Le charmant quartier résidentiel de Cotroceni s'étend depuis le Jardin botanique jusqu'à la limite du morne secteur avoisinant le palais du Parlement.

Aux antipodes de l'esprit architectural de ce dernier bâtiment, il est truffé de belles demeures, d'immeubles et d'églises rappelant tout le charme et la diversité de l'ancienne Bucarest. Chaque villa a son propre caractère et ses détails insolites. Des restaurations sont menées dans nombre d'entre elles, que l'on doit à l'initiative de propriétaires ou d'entreprises.

Du Jardin botanique, partez en direction de la station de métro Eroilor. Sur le Bulevardul Eroii Sanitari, passez devant la **Facultatea de Medicină** (*B-dul Eroii Sanitari 8*), un majestueux édifice de 1903 empreint de classicisme. Dans la cour s'élève un bronze représentant l'un des fondateurs de la faculté, Carol Davila, œuvre de Karl Storck (1826-1887 ; voir p. 64). Cet artiste créa la première académie roumaine des Beaux-Arts.

Poursuivez sur Eroii Sanitari jusqu'à la Strada Dr. Clunet, que vous prenez à droite jusqu'à l'intersection avec la Strada Sfântu Elefterie. La jolie petite **église orthodoxe de Sf. Elefterie Vechi** se dresse au milieu du carrefour (*Str. Sf. Elefterie 1*). Édifiée en 1744 durant la période phanariote (voir p. 33), elle s'est retrouvée isolée lors de la politique de systématisation de Bucarest menée par Ceauşescu. Le bâtiment et les peintures néobyzantines de son porche méritent amplement la visite.

Continuez ensuite la Strada Sf. Elefterie jusqu'à un carrefour desservant plusieurs routes. Laissez la Strada Sf. Elefterie derrière vous et traversez le Dâmboviţa Canal au niveau de Splaiul Independenţei. L'**Opera Română** (*B-dul Kogălniceanu 70-72, tél. 021 314 6980*) se tient en face, dans un jardin en retrait de la rue. Un séjour à Bucarest ne saurait être vraiment complet sans une soirée dans cette salle ouverte depuis 1945 et qui propose une excellente programmation musicale. ■

Hommage aux scientifiques

Les rues du quartier de Cotroceni ont été baptisées en l'honneur de scientifiques ou de professeurs. Aux côtés de Lister, Pasteur et d'autres noms illustres, figurent des personnes moins connues, comme le Dr Gheorghe Marinescu (1863-1938), un neurologue très estimé qui étudia à Paris avec Charcot. D'autres enfin éclairent un aspect de l'histoire du XXe siècle. Une rue rend ainsi hommage au physicien et chimiste français Frédéric Joliot, qui obtint avec son épouse Irène, la fille de Pierre et Marie Curie, le prix Nobel de chimie en 1935 pour la découverte de la radioactivité artificielle. Joliot-Curie contribua à empêcher l'Allemagne nazie de mettre au point la bombe atomique et devint un militant communiste fervent. Il fut nommé par Staline président du Conseil mondial de la paix, créé par les Soviétiques. En 1959, un timbre roumain fut émis à son effigie. ■

Palatul Cotroceni

- Plan : 48 A2
- B-dul Geniului 1
- Şoseaua
- oseaua Cotroceni
- Tél. : 021 317 3107
- Fermé lun. Réservations indispensables, y compris pour une visite le jour-même
- €€
- Métro : Eroilor. Bus : 336. Trolleybus : 61 (demandez Grădina Botanica)

Grădina Botanică Dimitrie Brândză

- Plan : 48 A2-B2
- Şoseaua Cotroceni 32
- Tél. : 021 410 9139
- Fermé lun.
- €
- Métro : Eroilor. Bus : 336. Trolleybus : 61 (demandez Grădina Botanica)

Le bon accord

Nourrie des traditions religieuses et populaires, mais aussi de multiples influences ethniques, la musique est une formidable composante de la vie quotidienne en Roumanie. Un vieux proverbe roumain affirme d'ailleurs : « la musique et le rire guérissent tous les maux ». Un séjour dans le pays est l'occasion de passionnantes découvertes musicales, que le visiteur aura souvent l'occasion de faire lors des repas.

Nombreuses sont les légendes musicales comme celle du *Joueur de flûte de Hamelin* qui mena les enfants hors de leur village jusqu'en Transylvanie en raison de l'avarice des habitants. Néanmoins, dans un pays qui ne dénombre officiellement pas moins de 18 minorités ethniques, les spécialistes ont du grain à moudre lorsqu'il s'agit d'analyser les composantes de la musique et de la danse populaires, sans compter la multiplicité des nuances régionales dans l'harmonie, le tempo, les instruments et les costumes, ainsi que l'influence des pays voisins, de la Turquie et de l'Europe de l'Ouest. En résumé, la musique populaire roumaine allie à la tradition des Balkans les influences arabe, hongroise, juive et turque. Qu'importe, vous serez sans doute trop occupé à danser pour réfléchir aux origines de ces courants musicaux.

Parmi les nombreuses danses traditionnelles figure une ronde appelée *horă*, un mot qui désignait en grec ancien une danse accompagnée de chants. La *horă*, présente également en Bulgarie et en Israël, plonge toutefois ses racines dans un passé beaucoup plus lointain, comme en attestent les urnes funéraires préhistoriques, découvertes dans le nord-est de la Roumanie, sur lesquelles sont représentés des hommes et des femmes faisant cercle. Le motif de danseurs et danseuses de *horă* se tenant par la main revient en outre fréquemment dans les tapis traditionnels du Maramureş.

Célèbre entre toutes, la musique tsigane (voir p. 204-205) répand une énergie contagieuse et a contribué au renouveau des traditions locales dans tout le pays. Citons, parmi les groupes (*tarafe*) connus, le Taraf de Haïdouks (signifiant Bande de brigands) et la Fanfare Ciocărlia.

La musique folklorique se retrouve même dans le rock roumain. Lorsque Ceauşescu s'en prit violemment au rock en raison de sa nature « subversive », le groupe Phoenix, à la recherche d'un compromis acceptable, incorpora à son répertoire des mélodies traditionnelles. Il dut néanmoins s'exiler, mais retrouva une grande popularité après 1989. De nos jours, des groupes comme Spitalul de Urgenţa mêlent également rock et musique traditionnelle.

Compositeur classique roumain le plus connu, le violoniste Georges Enesco (George Enescu, 1881-1955) a écrit des *Rapsodies* qui ne cachent pas l'influence de la musique populaire. En septembre, le festival international George

Enescu réunit des musiciens dans les principales villes du pays, notamment à Bucarest où des concerts en plein air ont lieu sur la Piața Revoluției. Moins connu à l'étranger, le patriote Ciprian Porumbescu (1853-1883) reste dans l'histoire de la Roumanie comme une grande figure romantique et un héros national.

L'opéra et la danse classique sont également performants. L'opéra a fait son apparition en Roumanie à la fin du XVIIIe siècle grâce à des troupes ambulantes qui parcouraient le pays. La première troupe, créée à Bucarest en 1885, comptait des artistes qui se firent une grande renommée hors des frontières. C'est pour Hariclea Hartulary, plus connue sous le nom d'Hariclea Darclée, que Puccini composa l'opéra *Tosca*. La soprano interpréta le rôle en 1900.

Issue de l'époque byzantine, la musique orthodoxe a des accents envoûtants dont on apprécie toute la magie en l'entendant en live, que ce soit lors d'un récital de Madrigal, le chœur national de Roumanie, ou bien dans la bouche de deux religieuses psalmodiant la liturgie dans un monastère au fin fond de la campagne. ■

Danse et musique traditionnelles de Roumanie, à découvrir dans les restaurants et autres établissements du pays.

La cité-jardin

Nez à nez avec Konrad Adenauer, l'un des bustes monumentaux des fondateurs de l'Union européenne exposés au Muzeul Satului.

AMÉNAGÉ AU DÉBUT DES ANNÉES 1900, LE SECTEUR S'ÉTENDANT DE LA PIAŢA Victoriei à la Piaţa Presei Libere se voulait la première tranche d'une cité-jardin. Conçu sur le modèle anglais et destiné à rendre la ville plus agréable pour sa population croissante, ce poumon vert s'organisa autour des larges boulevards et des grands carrefours redessinés par des architectes paysagistes au XIXe siècle. Ce quartier élégant, qui renferme plusieurs musées intéressants, mérite une visite.

Muzeul Naţional de Istorie Naturală Grigore Antipa

49 D4

Şoseaua Kiseleff 1

021 312 8826

Fermé lun.-mar.

€

Métro : Piaţa Victoriei. Bus : 182, 300, 783, 784. Trams : 20, 24, 34, 46

Muzeul Geologic Naţional

49 D4

Le **Muzeul Naţional de Istorie Naturală Grigore Antipa** (musée d'Histoire naturelle Grigore Antipa) occupe le côté nord-ouest de la Piaţa Victoriei, où démarre la Şoseaua Kiseleff. Éminent naturaliste, Grigore Antipa fit édifier ce bâtiment de trois étages en 1908 pour y installer un musée qu'il dirigea ensuite pendant près de cinquante ans. Le squelette du *Deinotherium gigantissimum*, un herbivore préhistorique de 4,50 m de haut, et le vivarium, où l'on peut toucher (en présence d'un gardien) des reptiles vivants sont les temps forts de la visite.

À quelques dizaines de mètres, le Muzeul Ţăranului Român (musée du Paysan roumain ; voir p. 62-63) et, en face, le **Muzeul Geologic Naţional**, viennent compléter le trio de musées situés à cette extrémité de la Şoseaua Kiseleff. Le musée national de Géologie est installé dans un bâtiment néoroumain élégant, qui fut conçu en 1907 par Victor Ştefănescu et mérite à lui seul une visite. Les collections sont présentées de manière suffisamment attractive pour que le visiteur franchisse sans difficulté la barrière des explications en roumain.

Remontant pendant 10 minutes la Şoseaua Kiseleff vers le nord, le promeneur dépassera une zone boisée et se transportera dans une autre époque à la vue de quelques majestueuses demeures anciennes. Prenez à droite dans la Strada Ion Mincu et poursuivez jusqu'au croisement avec le Bulevardul Aviatorilor, facilement repérable avec son **monument des Aviateurs** (voir encadré). Puis empruntez la Strada Muzeul Zambaccian.

Au bout de la rue, le **Muzeul Zambaccian** recèle des tableaux et sculptures de quelques-uns des plus grands artistes de la fin du XIXe et du début du XXe siècle, notamment Cézanne, Matisse et Picasso, sans oublier les toiles de Nicolae Grigorescu, un impressionniste roumain majeur. L'homme d'affaires arménien Krikor Zambaccian fit dessiner cette maison spécialement pour mettre en valeur sa collection d'art. Sa famille la transforma en musée en 1947, pour éviter que les œuvres ne soient dispersées.

MUZEUL SATULUI

Mieux vaut prendre le bus ou un taxi pour se rendre à ce musée du Village, situé en bordure de la cité-jardin. Aménagé sur plusieurs hectares comme un village traditionnel, il compte quelque 300 bâtiments ruraux authentiques représentant toutes les régions de la Roumanie, que desservent trois chemins bordés d'arbres. Si vous ne disposez pas du temps suffisant pour découvrir la campagne roumaine, prévoyez impérativement la visite de ce musée de plein air (une demi-journée) qui intéressera aussi bien les petits que les grands. La vie rurale occupe une place à part dans ce pays où, jusqu'à une époque récente, la majorité de la population vivait à la campagne.

Inspiré du musée de plein air de Skansen, près de Stockholm, le Statului a ouvert ses portes en 1936. Il faisait partie du plan d'aménagement de la cité-jardin, comme le lac qui le borde sur un côté.

Foires à l'artisanat, expositions, danses folkloriques et autres manifestations sont fréquemment organisées. Une boutique propose des objets artisanaux – tapis, poterie ou œufs peints – ainsi qu'un bon choix de livres et de musique traditionnelle. Des bâtiments sont parfois fermés, lorsque le personnel est en congé. ■

Un artisan au travail, Muzeul Satului.

Le triangle d'art

Au centre de la Piaţa Charles de Gaulle se dresse la **Croix du siècle**, un bronze de Paul Neagu (1938-2004) formant l'un des sommets d'un triangle comportant le monument des Aviateurs à son extrémité sud et l'Arc de triomphe à l'ouest. Le **monument des Aviateurs** (*situé au milieu du B-dul Aviatorilor*) s'organise autour du personnage musclé d'un pilote, sculpté sur le modèle du boxeur américain Joe Louis. L'**Arc de triomphe** rend hommage aux Roumains morts durant la Première Guerre mondiale. Érigé en 1922, le premier monument de bois fut remplacé en 1935 par l'actuelle structure de béton. Un escalier permet d'accéder à la terrasse supérieure – qui est fermée au public au moment de la rédaction de ce guide. ■

Şoseaua Kiseleff 2
021 212 8952
Fermé lun.
€
Métro : Piaţa Victoriei. Bus: 182, 300, 783, 784. Tram: 20, 24, 34, 46

Muzeul Zambacian
49 D5
Str. Muzeul Zambaccian 21A
021 230 1920
Fermé lun. et mar.
€
Métro : Piaţa Victoriei. Bus: 131, 331

Muzeul Satului
49 C6
Şoseaua Kiseleff 28
021 317 9110
Fermé lun.
€
Métro : Aviatorilor. Bus : 131, 331 vers Herăstrău Park

Costumes bigarrés (ci-dessus), œufs finement décorés (ci-dessous) figurent parmi la collection d'artisanat populaire du passionnant musée du Paysan roumain.

Musée du Paysan roumain

CRÉÉ EN 1875 EN TANT QUE MUSÉE DE TEXTILES TRADITIONNELS, LE Muzeul Ţăranului Român s'est développé pour devenir l'une des collections les plus originales et les plus intéressantes d'artisanat et d'art populaire en Europe. Point fort d'une visite touristique à Bucarest, le musée du Paysan roumain mérite que l'on y consacrer du temps.

Aménagé dans un bâtiment néo-roumain des années 1930 situé dans la partie basse de la Şoseaua Kiseleff, le musée abrite une impressionnante collection d'objets qui témoignent de la richesse et de la diversité de l'ensemble du patrimoine rural de la Roumanie. La collection est présentée de façon didactique dans de vastes salles, chacune mettant à la disposition des visiteurs un guide d'orientation rédigé en plusieurs langues et facile à utiliser. Ce musée, qui occupe une place à part, viendra compléter utilement le musée du Village (voir p. 61).

À droite de l'entrée au rez-de-chaussée, on découvre différents textiles, des œufs peints, une collection de petites croix et une multiplicité d'autres objets en bois, généralement de taille modeste, qui témoignent de l'inventivité et de la qualité de l'artisanat populaire roumain. Œufs de Pâques décorés, huisseries ou simples branches de bois mort utilisées pour soulever des marmites : les objets les plus humbles révèlent une multitude de formes et sont mis en valeur dans un espace qui les magnifie tout en rendant justice à l'ingéniosité de leurs créateurs.

De grandes croix ornées utilisées jadis pour borner les villages sont exposées à la fin de cette section. L'entremêlement des symboles chrétiens et préchrétiens (par exemple des représentations du soleil et de la lune) témoigne de l'imbrication des croyances orthodoxes et païennes dans la vie quotidienne des villageois en Roumanie. Ces croix étaient souvent placées à des carrefours afin de faire fuir les mauvais esprits qui, disait-on, hantaient les lieux. Les salles suivantes présentent des icônes sur verre, typiques de l'art populaire roumain (voir p. 190-191).

À gauche de l'entrée, on découvre des costumes régionaux et des articles pieux. Vous verrez en outre sur une table ronde un ensemble d'objets issus de multiples minorités ethniques roumaines (les questions liées aux tensions interethniques sont traitées avec respect) ainsi qu'un moulin à foulon (à eau) malheureusement hors d'usage. Cet outil servait jadis à rendre les couvertures nouvellement tissées plus solides.

La découverte du patrimoine rural roumain, toujours présenté de manière simple et attractive, se poursuit sous les hauts plafonds des salles de l'étage. Poupées, assiettes décorées, gobelets en forme de coqs destinés aux jeunes mariés, céramiques peintes et jolis tapis aux couleurs issues de teintures végétales font partie de la collection, de même qu'une maison en bois entièrement reconstituée, véranda et toit compris. Montez à l'étage pour découvrir les morceaux de viande suspendus et naturellement fumés.

N'oubliez pas, à droite de l'entrée en sous-sol, le petit **musée de l'Iconographie communiste**, où sont intelligemment exposées affiches et autres représentations d'une époque difficile de l'histoire de la Roumanie. Vous trouverez aussi sur place un petit café et une boutique. ■

Şoseaua Kiseleff

Cette rue à la consonance slave a été baptisée en l'honneur du général russe Pavel Dmitrievitch Kiselyov (1788-1872). Cet homme déterminé administra les principautés roumaines pour le compte du tsar Nicolas Ier de 1828 à 1834, après que le traité d'Andrinople eut placé la Moldavie et la Valachie entre les mains de la Russie. Il conduisit de nombreuses et bénéfiques réformes économiques et politiques. Le terme « Kiseleff » est la translittération française de son patronyme. ■

Muzeul Tăranului Român

- 49 C4
- Şoseaua Kiseleff 3
- 021 317 9661
- Fermé lun.
- €
- Métro : Piaţa Victoriei. Bus : 182, 300, 783, 784 Trams : 20, 24, 34, 46

La vieille garde : devant le musée du Paysan roumain, les bustes endommagés de Marx, Engels et Lénine.

Autres sites à visiter

CASA STORCK

Ce petit musée constitue l'ancienne demeure du sculpteur Frederic Storck (1872-1942) et de son épouse, la sculptrice et peintre Cecilia Cuțescu (1879-1969). L'établissement, situé dans un quartier épargné par Ceaușescu, mérite une visite.

On retrouve dans plusieurs des œuvres de Frederic Storck le goût pour les lignes épurées de son contemporain, le célèbre Constantin Brancusi. Première femme diplômée d'une école de beaux-arts en Europe, Cecilia Cuțescu a passé ses années de formation à Munich et à Paris. Elle a exposé dans la capitale française en 1916 aux côtés de Brancusi, Fernand Léger, Max Jacob et Oskar Kokoschka.

On remarque dans les peintures murales de l'entrée et de la salle à manger l'intérêt porté par Cecilia Cuțescu aux tapis anatoliens. *Amour de la terre* et *Amour de l'esprit* forment un diptyque au fond de la salle à manger ; dans d'autres pièces, on peut voir des croquis pleins de vie réalisés par l'artiste pendant ses voyages en Italie et au Portugal. Le musée abrite aussi des sculptures du père de Frederic, Karl (1827-1887), qui émigra d'Allemagne en Roumanie en 1849. Certaines de ses œuvres ornent la façade de l'université, sur le Bulevardul Regina Elisabeta, ainsi que le palais de justice. Cette famille originale comptait encore un sculpteur, Carol (1854-1926), le frère de Frederic.

49 D4 Str. Vasile Alecsandri 16 021 317 3889 Fermé lun. € Métro : Piața Română

LA BUCAREST JUIVE

À proximité de l'angle nord-est de la Piața Unirii, quelques lieux témoignent de la survie miraculeuse d'une culture que l'Histoire n'a pas épargnée. Le **Muzeul de Istorie a Evreilor din Romania Dr. Moses Rosen** (*Str. Mămulari 3, tél. 021 311 0870, fermé mar. et ven-dim.*) est aménagé dans l'ancienne grande synagogue de Bucarest. Il retrace l'histoire des juifs en Roumanie depuis le IIe siècle av. J.-C. et renferme une riche collection, notamment des livres, des maquettes et de superbes tableaux signés par bon nombre des plus grands artistes du pays.

Non loin de là, le **Temple choral** (*Str. Sf. Vineri 9, tél. 021 312 2196*) rend un émouvant hommage aux centaines de milliers de Juifs roumains morts durant l'Holocauste. Le **Teatrul Evreiesc de Stat** (*Str. Iuliu Barasch 15, tél. 021 323 3970*) se tient à quelques pas de là. Créé par Avram Goldfaden à Iași et passé sous contrôle de l'État en 1948, le seul théâtre yiddish d'Europe a fêté en 2006 ses 130 ans d'activité ininterrompue. Maia Morgenstern joue régulièrement les œuvres à l'affiche provenant du répertoire roumain et étranger.

49 F1 Métro : Piața Unirii 1

MĂNĂSTIREA ANTIM

Perdu dans le quartier du palais du Parlement, à l'extrémité sud-ouest du Bulevardul Unirii, au niveau du croisement avec la Strada Justiției, le monastère Antim a survécu au régime de Ceaușescu. Les belles proportions de l'église brâncovane, à l'intérieur, offrent un contraste saisissant avec l'architecture extérieure.

Grand savant et théologien géorgien, Antim Ivireanu (Anthime l'Ibère, 1650-1716) a fondé ce monastère en 1715. Arrivé en Roumanie vers 1690 à la demande de Constantin Brâncoveanu, il a dirigé la première imprimerie du pays, avant d'être nommé métropolite (archevêque) de Valachie en 1708. Il aurait réalisé lui-même l'iconostase de pierre sculptée et des portes de l'église. Opposant farouche à la présence phanariote, il fut assassiné alors qu'il cheminait vers le mont Sinaï, où il avait été exilé. Il a été canonisé en 1992.

Dans les années 1980, le palais du Saint-Synode, situé dans la cour, a été déplacé de 25 m par rapport à sa position originale et tourné de 13 degrés. Ce bâtiment conserve toujours sa fonction monastique et une communauté de moines vit actuellement dans l'enceinte du monastère.

49 D1 Str. Mitropolit Antim Ivireanu 29 Métro : Piața Unirii; Izvoral

MUZEUL LITERATURII ROMÂNE

Le musée de la Littérature roumaine occupe les anciens locaux de l'Union des écrivains, à l'angle de la Calea Victoriei et du Bulevardul Dacia (côté sud-est). Lieu de découverte interactive, boutique et bibliothèque, il ravira les amoureux des livres.

49 D3 B-dul Dacia 12 021 212 9654 Fermé lun. € Métro : Piața Română. Bus : 131, 133, 186, 266, 286, 300, 331. Trolleybus : 79, 86 ■

La Munténie est l'une des principautés qui a donné naissance à la Roumanie moderne. Elle offre au visiteur les attraits de la capitale du pays, Bucarest, et ceux d'une nature magnifique.

La Munténie

Dômes d'une église du début du XXe siècle, Curtea de Argeş.

La Munténie

Les Roumains utilisent plusieurs termes pour désigner la région qui s'étend à l'est de l'Olt et baptisée la Munténie. Ce territoire déploie des paysages naturels qui se révèlent d'une étonnante beauté. Il porte le nom de Valachie (terme issu du germanique *vlach* désignant les populations de culture et de tradition romanes) ou Ţara Românească (signifiant littéralement le Pays roumain).

Dans le nord-ouest de la région, les monts Făgăraş abritent le plus haut sommet du pays, le Moldoveanu (2 544 m). Les versants montagneux laissent la place à des reliefs moins marqués, d'une part, et à des gorges étroites et abruptes, d'autre part. Plus au sud, les champs impeccables et les jolis vergers des petites exploitations familiales disparaissent peu à peu dans un magma de terres abandonnées. La région viticole de Dealul Mare, où sont élaborés quelques-uns

des meilleurs vins du pays, s'étend au-delà, à la limite du bassin du Danube. Ce territoire se trouve pratiquement à la limite nord des gisements pétrolifères de Ploieşti qui, découverts dans les années 1850, figurent parmi les plus anciens d'Europe. Durant la Seconde Guerre mondiale, les Alliés choisirent de bombarder Ploieşti afin d'éviter que ces précieuses ressources ne tombent entre les mains de l'armée allemande.

D'énormes portions de terre sont aujourd'hui livrées au secteur agro-industriel dans le centre de la Munténie, tandis que, parallèlement, l'urbanisation commerciale et résidentielle grignote chaque jour davantage la campagne.

À l'est des Carpates s'étire la tristement célèbre plaine du Bărăgan, zone désolée où des milliers de Roms et d'Allemands, dont les origines constituaient le seul crime, furent exilés dans les années 1950, sur ordre du dirigeant communiste Gheorghe Gheorghiu-Dej. Le Bărăgan, ironie des choses, est connu pour son *chernozem* (d'un terme polonais signifiant terre noire et fertile) et constituait dans les années 1930 un véritable grenier à grain qui a placé la Roumanie parmi les pays européens les plus prospères à l'époque.

La partie tout à fait au sud de la Munténie étire de vastes et plates étendues en bordure de fleuve, qui présentent souvent un aspect tristement abandonné. Certes moins pittoresque et moins touristique que la montagne, la région révèle un intérêt précisément pour ces raisons. Les vestiges de la prospérité correspondant à la période précommuniste, de même que la proximité du fleuve, donnent aux villes des bords du Danube un charme étrange, que l'on retrouve sur le car-ferry à l'ancienne qui effectue la traversée entre les villes de Calaraşi et Silistra. Là, le fleuve pique vers le nord et trace la limite entre la Munténie et l'extrémité orientale de la Roumanie, la Dobroudja toute proche.

Les visiteurs désireux de s'offrir une immersion dans l'histoire et l'architecture du pays partiront à la découverte de Câmpulung Muscel, de Curtea de Argeş et de Târgovişte, toutes trois formant d'anciennes capitales de la Munténie. La région abrite également des châteaux forts et de jolis manoirs à l'exquise décoration, de même qu'une multitude d'églises et de monastères anciens, du modeste *skete* (petit monastère) et du minuscule ermitage jusqu'à l'imposante fondation royale. Certaines des routes de Munténie suivent le tracé des voies commerciales qui, au Moyen Âge, reliaient la région à l'Asie et à l'Europe du Nord. D'autres sont de véritables prouesses d'ingénierie, comme la vertigineuse Trans-făgărăş an qui, sur le chemin de la Transylvanie, passe en contrebas de la sinistre Cetatea Poienaru, la forteresse que fit construire un certain Vlad Ţepeş, plus connu sous le nom de Dracula. À vous glacer le sang. ■

Târgovişte

Târgovişte
66 B3

Office du tourisme
Centrul de Informare şi Promovare Turistică Târgovişte, Calea Domnească 208
0245 640 644

Curtea Domnească
Calea Domnească 181
0245 613 278
Fermé lun.
€
Minibus : 5, 6, 10 ou 11 depuis la gare ou 5 min à pied depuis le centre-ville

Turnul Chindiei
Str. Justiţiei 7
0245 613 946
Fermé lun.
€
5 min à pied depuis le centre-ville

Muzeul de Artă
Calea Domnească 21
0245 611 844
Fermé lun.
€

CAPITALE DE LA MUNTÉNIE DU XIVe SIÈCLE JUSQU'AU MILIEU DU XVIIe SIÈCLE, lorsque les Turcs contraignirent le prince Constantin Brâncoveanu à établir ses quartiers plus au sud, cette ville dynamique et industrielle a conservé quelques remarquables témoignages de son passé médiéval.

Située dans les premiers contreforts des Carpates, à 80 km au nord-ouest de Bucarest, Târgovişte compte quelque 90 000 habitants et possède l'une des plus grandes aciéries du pays. À vrai dire, lorsque l'on contemple l'étendue des constructions en béton de la ville, il faut faire un réel effort pour imaginer celle qui fut le siège du pouvoir royal, une cité stratégiquement placée sur les routes commerciales du Moyen Âge et dont les rues voyaient défiler les convois de bêtes de somme. Le visiteur éprouvera encore plus de mal à croire que les âpres batailles qui se sont déroulées ici ont entraîné des conséquences sur le reste de l'Europe. Il pourra néanmoins découvrir les joyaux de ce riche passé qui ont survécu au temps, à l'occasion d'une promenade à pied.

Démarrez de la **Curtea Domnească** (Cour princière), où Mircea cel Bătrân (Mircea l'Ancien) fit construire une forteresse en 1397.

Paul d'Alep

Séjournant à Târgovişte à l'invitation de Constantin Şerban, en 1657, Paul d'Alep se trouva pris dans l'attaque des Tatars. Ce diacre et chroniqueur syrien décrivit cet épisode de manière extrêmement vivante et sensible dans le récit des voyages qu'il fit avec son père, Macaire, patriarche d'Antioche. Malgré les tourments de son époque, cet homme cultivé savait apprécier les belles choses et admirait grandement le monastère de Dealu. ■

Du château agrandi par les dirigeants successifs, il ne reste qu'un labyrinthe de ruines datant du règne de Petru Cercel (1583-1585), parmi lesquelles des bains turcs qui intéressèrent le Syrien Paul d'Alep lorsqu'il parcourut la région, au XVIIe siècle (voir encadré ci-dessous).

À côté de la cour se dresse la somptueuse **Biserica Domnească**. Édifiée par Petru Cercel en 1584, cette église de brique d'une jolie couleur rosée préfigure le mélange de style byzantin et de Renaissance italienne qui caractérise le style brâncovan. Passé le porche en arcade, on découvre sur le mur ouest de l'entrée un alignement de neuf portraits à fresque de princes, dont Mihai Viteazul (règne 1599-1600) qui mena à Târgovişte une victoire décisive contre les Turcs en 1597. C'est Cons-tantin Brâncoveanu qui les fit réaliser en 1697, signant là un acte de défiance vis-à-vis de l'Empire ottoman.

Au milieu du XVe siècle, Vlad III Dracula fit ajouter la **Turnul Chindiei** (Tour du soleil couchant) derrière les bâtiments de la cour. Cet édifice indépendant, reconstruit après le saccage de la cité par les Tatars, en 1657 – les Turcs faisaient souvent appel aux Tatars de Crimée pour exécuter leurs basses besognes –, renferme aujourd'hui un musée évoquant « le mythe et la réalité » à propos de Vlad l'Empaleur.

Vous découvrirez ensuite la **Biserica Sf. Vineri** (église du Vendredi-Saint), la plus ancienne église de style valaque du pays (milieu du XVe siècle). À côté se tient la **Casa Bălaşa**, une charmante maison en pierre qui fut fondée en 1656 par Bălaşa, l'épouse du prince

La Biserica Domnească, à Târgovişte : exemple classique de l'architecture locale du XVIe siècle.

Galeriile Stelea

Str. Stelea 8

0245 612 877

Fermé lun.

€

Constantin Şerban, pour servir de refuge aux chrétiens.

Une charmante villa abrite le **Muzeul de Artă**, qui mérite également une visite et dont les collections illustrent les différentes facettes de l'histoire culturelle de la Munténie. Elles comportent des œuvres d'artistes roumains des XIXe et XXe siècles, notamment du remarquable peintre Nicolae Grigorescu, ainsi que des tissus d'Orient et des icônes roumaines.

Dans une paisible cour fortifiée toute proche se tient le charmant **Mănăstirea Stelea** (*Str. Stelea* 6), monastère fondé en 1582 par le chevalier Stelea. Le prince moldave Vasile Lupu (Basile le Loup, règne 1634-1654) fit reconstruire l'église en 1645. Cette décision scella le traité signé avec son homologue munténien Matei Basarab (règne 1632-1654) pour mettre fin à l'une des guerres incessantes entre les deux principautés. Basarab, pour sa part, construisit un monastère à Soveja, situé au sud-ouest de la Moldavie. Quelques mètres plus loin, la **Galeriile Stelea** occupe un joli édifice des années 1930 bâti sur le modèle d'un cloître médiéval. Outre la collection permanente de poteries et textiles traditionnels du *judeţ* de Dâmboviţa (département dont Târgovişte est le chef-lieu), la galerie accueille des expositions temporaires.

À Viforâta, à 8 km au nord de Târgovişte, vous visiterez l'élégant **Mănăstirea Dealu** (Monastère de la colline, *tél. 0245 211 880*), qui aurait été fondé par Mircea cel Bătrân en 1431. Le monastère est surtout célèbre pour son beau revêtement de pierre calcaire couleur crème, ajouté à la construction d'origine entre 1499 et 1521, grâce à l'intervention des princes Radu cel Mare, Vlăduţ et Neagoe Basarab. Connue pour sa qualité, cette pierre vient d'une carrière du village d'Albeşti, près de Câmpulung Muscel, d'où fut également extrait le matériau utilisé pour l'église épiscopale de Curtea de Argeş (voir p. 70-71). Du sommet de la colline, le panorama embrasse la ville et la campagne alentour. ■

Curtea de Argeş

Curtea de Argeş
66 A3
Office du tourisme
Primăria, Str. Basarabilor 99
0248 721 033

« Cour d'Argeş » est située au pied des contreforts des Carpates, en bordure de la rivière Argeş. Ancienne capitale de la Munténie, cette ville a joué un rôle important dans l'histoire de la région et connaît un regain de dynamisme depuis les années 1990, marqué notamment par l'intérêt des touristes pour son château médiéval et ses deux célèbres églises.

Comme son nom l'indique, Curtea de Argeş était une ancienne cour royale. Au nord du marché, aménagé en bordure de la route de Piteşti, le **Musée municipal** domine la **Curtea Domnească** (*accès par l'entrée au fond du parking du musée*). Première citadelle princière de la Munténie indépendante, cette ville fut construite en 1330 au lendemain de la bataille de Posada, qui vit Basarab Ier repousser une tentative d'invasion des troupes hongroises. Forts de cette victoire, les Munténiens décidèrent de fonder une principauté indépendante.

Des murs d'enceinte entourent les vestiges de la cour, comprenant les ruines d'une église du XIIIe siècle, du nom de **Biserica Sf. Nicoara**. Néanmoins, l'attrait principal réside dans l'église **Sf. Niculae** (Saint-Nicolas) : cet imposant édifice byzantin, proposé pour inscription sur la Liste du patrimoine mondial, est l'un des plus anciens lieux de culte orthodoxe de la région. Réalisée à la fin du XIVe siècle sous le règne de Vlaicu Voda (1364-1377), qui abandonna Câmpulung Muscel en 1369 pour installer la capitale de la Munténie à Curtea de Argeş, l'église est construite sur un plan en forme de croix grecque, avec une tour unique, au centre. La façade présente un joli motif en brique et pierre, tandis que l'intérieur a conservé des fresques datant du règne de Vlad Ier (1395-1397). Témoignant de l'assurance du nouvel État indépendant, ces œuvres truffées de détails sont marquées aussi bien par l'influence de l'art populaire et du naturalisme du début de la Renaissance que par l'application des canons de l'art byzantin.

Remontez en voiture le Bulevardul Basarabilor en direction du nord pour découvrir le **Mănăstirea Curtea de Argeş**, fondé en 1517, et l'**église épiscopale** (*B-dul Basarabilor 1, tél. 0248 721 735*), une pure merveille de pierre

Édifiée au XVIe siècle, l'église du monastère de Curtea de Argeş a dû être reconstruite dans les années 1870.

délicatement ouvragée. Décorée de motifs géométriques ornementaux et de petits personnages, elle ressemble à un reliquaire géant et les historiens d'art s'accordent à penser que ses concepteurs ont effectivement puisé leur inspiration dans ce thème.

Le prince Neagoe Basarab (règne 1512-1521) fit appel, pour dessiner l'église, à un maçon originaire de Nicosie, du nom de Manole. Ce dernier réalisa une œuvre mêlant les influences roumaine, orientale, byzantine, caucasienne, balkanique et occidentale. L'un des traits les plus frappants de l'œuvre est le motif des cylindres soutenant les deux coupoles de l'extrémité ouest, qui crée une illusion d'optique et donne l'impression que les structures sont inclinées d'un côté. Basarab, qui entendait que l'église soit « une partie du paradis de Dieu », en supervisa lui-même la construction. Les murs extérieurs furent bâtis avec pour matériau la même pierre calcaire couleur crème d'Albeşti que celle utilisée pour le Mănăstirea Dealu (voir p. 69).

Devenue siège de l'archevêché en 1739, l'église est aussi une nécropole royale. Le deux premiers souverains de la Roumanie unifiée, Carol I[e] (règne 1866-1914) et Ferdinand I[e] (règne 1914-1927), ainsi que leurs épouses respectives, Élisabeth et Marie, reposent ici. La plus grande partie des magnifiques fresques réalisées au XVIe siècle par le peintre Dobromir de Târgovişte ont été perdues – seuls quelques fragments sont exposés au musée national des Beaux-Arts de Bucarest.

Pour se faire une idée de l'aspect que revêtait à l'origine Curtea de Argeş, et ce avant l'ère communiste, il suffit d'explorer les rues situées autour de la **Piaţa Centrală** (place centrale), où la plupart des maisons ont été construites entre la fin du XVIIIe et le début du XXe siècle. La

La légende de Manole

Selon la légende, Manole dut emmurer son épouse entre les parois extérieure (de pierre) et intérieure (de brique) de l'église afin de garantir le succès des travaux. Une fois l'œuvre achevée, son commanditaire aurait laissé le maître d'œuvre en plan sur le toit, afin qu'il ne puisse pas construire une église encore plus belle pour quelqu'un d'autre. Au désespoir, Manole aurait fabriqué des ailes pour s'enfuir, mais se serait écrasé au sol près de l'église, à l'endroit où jaillit une source d'eau pure.

Musée municipal

Str. Negru Vodă 2

0248 721 446

Fermé lun.

€

Un étal de *covrigi* (bretzels) à Curtea de Argeş.

Casa Goangă, une auberge située dans la Strada Viorelelor, figure parmi les plus anciennes.

Si vous venez un mardi, jour de marché, vous pourrez déambuler parmi les étals dressés sur la Piaţa Centrală avant de vous attabler devant de succulents *mititei*. Ces boulettes de viande de porc, de mouton et de bœuf sont servies avec du pain frais et de la moutarde au **restaurant de Mme Mitrofan**, dans une demeure phanariote située face à l'entrée du marché. Vous apercevrez au fond un intérieur d'époque et un plafond décoré datant de 1821. ■

Un *skete* (église de bois) du XVe siècle, à Brădet, au nord de Curtea de Argeş.

Circuit routier dans les monts Iezer

Villages reculés et monastères isolés se cachent dans les montagnes du nord de Curtea de Argeş. Ce territoire réservant de saisissants points de vue formait la frontière entre la Munténie et la Transylvanie, du XIVe siècle au début du XXe siècle.

N'oubliez pas avant de prendre la route que la signalisation est souvent inexistante dans la plupart des zones rurales de Roumanie. Si vous hésitez sur la direction à prendre, demandez aux habitants. De la Cour princière, dans le centre de Curtea de Argeş, prenez à droite en direction de Câmpulung Muscel, par la DN73C. Traversez Valea Iaşului et poursuivez jusqu'à Robaia et Muşăteşti, à 14 km de votre point de départ. Là, suivez le panneau qui indique Brădet : prenez à gauche une petite route mal entretenue qui passe par les villages de Galeşu et Brăduleţ. Vous atteignez **Brădet** ❶ (parfois appelée Brădetu), à 28 km de Curtea de Argeş.

Très appréciée des randonneurs du pays, la localité de Brădet (signifiant la sapinière) découvre une vue magnifique sur les épaisses forêts mixtes qui l'entourent. Des sources d'eau sulfureuse jaillissent près du village et attirent nombre de visiteurs. La localité dispose de plusieurs pensions où vous pourrez séjourner. Essayez par exemple la Casa Cristina (*prenez contact avec Mme Cristina Popescu, tél. 0744 993 860*), où les fondateurs du réseau de résistance anticommuniste Făgăraş se sont réunis pour la première fois.

Dans le centre du village, bifurquez à gauche au niveau d'un moulin et d'un groupe de sapins. La piste grimpe sur 2 km environ pour atteindre un ravissant skete (petit monastère) du XVe siècle. Un clocher du XVIIIe siècle se dresse à côté de cet édifice de bois, qui s'avère être la copie du Mănăstirea Cozia (voir p. 90). Une autre piste forestière part du village et suit le cours de la **Vâlsan** en direction du nord. L'itinéraire se fraie un passage à travers les gorges de cette rivière où vit à certains endroits un poisson de l'époque préhistorique, le *Romanichthys valsanicola* (asprete en roumain).

Rebroussez chemin et retrouvez la DN73C à Musăteşti, puis bifurquez à gauche. À **Domneşti**, traversez le pont et prenez sur la gauche une route de campagne. Cet itinéraire, dont le revêtement est plutôt correct dans l'ensemble, à l'exception de quelques petits tronçons non goudronnés, suit le cours de la Doamnei et traverse Stăneşti et Corbşori (9 km depuis la ville de Domneşti). Renseignez-vous auprès des habitants si vous peinez à trouver votre chemin. Vous pourrez ensuite poursuivre jusqu'à **Corbi** ❷ (à 3 km de Corbşori).

Corbii de Piatra (le corbeau de pierre) a été fondé au milieu du XVIIIe siècle par des bergers originaires du village transylvanien de Jina (voir p. 133) et fuyant la domination autrichienne. La population du village a continué à vivre à l'écart et les gens d'ici affirment que l'on reconnaît toujours les habitants de Corbi parmi d'autres Munténiens.

Tournez à droite dans le centre du village, traversez le pont et suivez la route de droite sur 1 km environ. Vous arrivez à l'**église Saint-Pierre et Saint-Paul** (*après 16 h, adressez-vous au propriétaire de la maison en face*). Creusée à même la roche au pied d'une massive paroi de grès, l'église a servi à plusieurs reprises de sanctuaire et de refuge pour les dirigeants d'une principauté qui a traversé les tourments de l'histoire. Un monastère a été fondé au XIVe siècle par un groupe de religieuses.

L'église renferme quelques-unes des fresques byzantines (XIVe siècle) d'une exceptionnelle délicatesse que l'on peut trouver en Roumanie. Admirez également l'iconostase de pierre décorée en 1804, sans doute par Ştefan Zugravu (Stéphane

- Voir plan de la région p.66
- ➤ Curtea de Argeş
- 91 km. Certains tronçons de la route (DN 73C) entre ces deux villes s'effondrent souvent sous l'action de la fonte des neiges. Un 4x4 est recommandé.
- 4 heures
- ➤ Monastère de Nămăeşti

À NE PAS MANQUER

- Brădet
- Corbii de Piatra
- Nucşoara
- Câmpulung Muscel

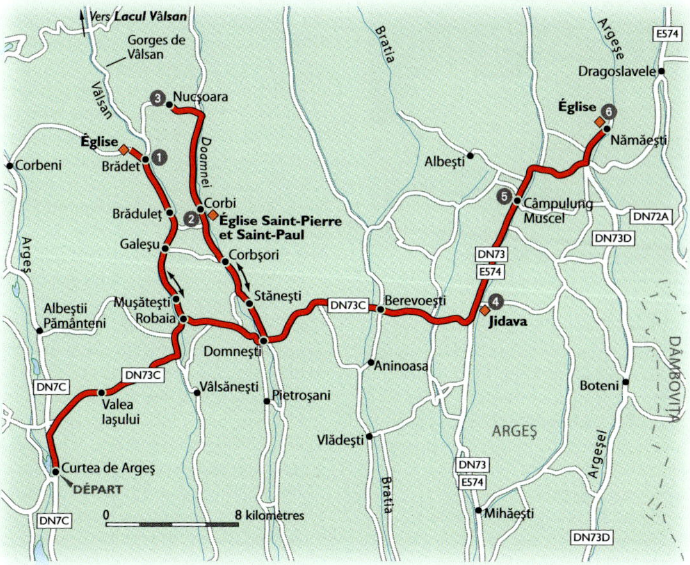

le Peintre), un maître de la région. Des offices s'y tiennent encore, mais le bâtiment se révèle dans un état de grande fragilité. N'essayez pas de toucher les murs, qui se fissurent sous l'effet des racines des arbres proches, laissant l'eau s'infiltrer et endommager les fresques. Une grotte, portant le nom de **Tribunal**, a été creusée à proximité de l'église ; le prince Neagoe Basarab y rendait la justice.

L'étonnante église de Nămăeşti a été construite au XVIe siècle dans une grotte.

Depuis Corbi, poursuivez vers le nord sur 10 km environ, jusqu'au village de **Nucşoara** ❸, où vécut Elizabeta Rizea. Cette femme fut emprisonnée et torturée dans les années 1950 pour avoir soutenu la lutte anticommuniste (voir p. 78-79). Sa fille entretient la maison où elle résidait. Demandez votre chemin en arrivant dans le village.

Regagnez la route principale et filez vers l'est jusqu'à la jonction avec la DN73, que vous emprunterez sur la gauche. La piste herbeuse qui part à droite, à environ 1 km plus loin, mène aux ruines d'une petite fortification romaine, **Jidava** ❹. Celle-ci se trouvait sur le *limes transalutanus*, la ligne de défense constituée sur l'Olt, qui protégeait le col de Bran aux IIe et IIIe siècles de notre ère.

Vous atteindrez, 7 km plus loin, la jolie **Câmpulung Muscel** ❺ (dont le nom signifie champ long). Fondée par des négociants du nord de l'Europe, probablement dans la première moitié du XIIIe siècle, elle était située sur les grandes routes qui reliaient au Moyen Âge la Munténie à la Transylvanie.

Garez-vous près du **monastère de Negru Vodă** (*Str. Negru Vodă 64, tél. 0248 510 750*). Ce bel édifice de pierre calcaire de la région est situé sur la droite en contrebas de la route, juste après la Strada Elena Doamna (sur la gauche). Il fut édifié au XVIIe siècle à l'endroit où se tenait précédemment la cour de Basarab Ier.

Dirigez-vous vers le centre et prenez à gauche à la fourche dans la Strada Republicii. Occupant une splendide villa rustique de 1735, sur la gauche, le **Musée ethnographique** (*Str. Republicii 5, tél. 0248 510 465, fermé lun., €*) mérite amplement le coup d'œil malgré ses salles qui auraient, certes, besoin d'être restaurées. Il présente une collection d'objets artisanaux souvent très beaux et témoignant de l'esprit inventif de leurs créateurs.

La **Primăria** (mairie) se trouve plus loin vers le nord (si vous reprenez votre voiture, suivez la Str. Negru Vodă). Montez sur votre gauche après avoir dépassé la mairie, traversez la Strada Lascar Catargiu et poursuivez dans la Strada Soldat Golescu, une rue en pente raide. La **Casa Golescu** (*Str. Soldat Golescu 3, tél. 0248 512 481*), une jolie demeure néo-roumaine de 1910, se trouve un peu plus loin sur la gauche. Restaurés grâce au financement de l'organisation Pro Patrimonio, la maison et le jardin ont été transformés en centre culturel (avec hébergement touristique).

Quittez la ville en direction de l'est par la DN73. Bifurquez à droite 3 km plus loin pour rejoindre le village de **Nămăeşti**, où une petite voie pentue sur la gauche (ouest) mène à une charmante petite **église** ❻. D'après la légende, elle fut creusée dans une grotte par deux bergers qui avaient trouvé là une mystérieuse icône représentant la Vierge à l'Enfant. ■

La Vallée de la Prahova

DANS SON ÉCRIN DE FORÊTS SURMONTÉES D'IMPRESSIONNANTS SOMMETS, la vallée de la Prahova en appelle aussi bien aux explorateurs intrépides qu'aux âmes romantiques. Elle est desservie par la route reliant Bucarest à la Transylvanie, qui offre de multiples points d'accès aux vallées alentour et aux localités situées en montagne.

Près de Sinaia, l'excellent domaine skiable de Valea Dorului.

SINAIA

L'activité touristique de la vallée se concentre autour de la « Perle des Carpates », où cohabitent harmonieusement de jolies villas du XIXe siècle et des tours modernes abritant des hôtels. Sinaia se situe au pied du massif des Bucegi, à 120 km environ au nord-ouest de Bucarest.

La ville doit son essor à Carol Ier qui y fit construire sa résidence d'été. Commencé en 1866 juste après l'accession au trône du prince de Hohenzollern, le **Castelul Peleş** ne fut vraiment achevé que deux ans avant la mort du souverain, en 1914. L'édifice, magnifique alliance d'éléments néo gothiques et d'architecture de la Renaissance allemande, présente, dans son enceinte, une impressionnante collection d'armes de style colonial, de massives boiseries sculptées, et une succession de pièces reproduisant des intérieurs typiques de différentes parties du monde – les styles vénitien, hispano-mauresque et turc sont notamment représentés. Pour parachever la découverte des salles du rez-de-chaussée, magnifiques, essayez de visiter le château à un moment où celles du 1er étage sont également ouvertes au public – ce qui arrive seulement quelques jours par an ; renseignez-vous par télé-phone. Munissez-vous de patience car la file d'attente est souvent longue.

Le domaine de Peleş renferme deux autres châteaux : Pelişor et Foişor. Ouvert au public, **Pelişor**, le plus grand des deux, a des allures de chalet suisse. Il fut dessiné en 1902 par un architecte tchèque et aménagé dans le style Art nouveau sur l'initiative de la reine Marie de Roumanie (1875-1938). Le résultat s'avère agréablement chaleureux, surtout en comparaison avec Peleş. **Foişor**, qui ne se visite pas, a été construit par Ceauşescu à une altitude plus élevée, de manière à dominer la résidence de la famille royale.

L'ancienne villégiature royale de Sinaia date en fait d'une époque encore plus ancienne. En effet, la ville tient son nom du **Mănăstirea Sinaia** : ce monastère fut fondé au XVIIe siècle par le prince de Munténie, Mihai Cantacuzino, à son retour d'un pèlerinage au monastère Sainte-Catherine du mont Sinaï (qui, dit-on, fut construit en partie par des Roumains sous le règne de l'empereur byzantin Justinien). L'édifice se situe à mi-chemin sur la route montant au château.

La plus grande de ses deux églises est une imitation du style brâncovan

Vallée de la Prahova

- 66 C3-C4
- Centrul de Informare şi Promovare Turistică Sinaia, B-dul Carol I 47
- 0244 315 656
- En voiture : la DN71 entre Sinaia et Târgovişte est un bel itinéraire bis pour éviter la route de Ploieşti. La circulation est parfois extrêmement chargée les week-ends d'été sur la DN1 (Bucarest-Sinaia-Braşov).
  Train et bus : Sinaia est reliée à Bucarest et Braşov.

Castelul Peleş
66 C4
Str. Pelişului 2
0244 310 918
Fermé lun. d'avr. à sept. ; lun.-mar. d'oct. à déc. ; tout nov.
€€

Mănăstirea Sinaia
66 C4
Str. Mănăstirii 2
0244 314 917
Fermé lun. et mar.
€
En voiture : DN1/E60.
Train et bus depuis Bucarest et Braşov

Massif des Bucegi
66 B4

Brebu
66 C3
Prenez la DN1 vers Comarnic puis la route (13 km) vers Brebu. Un minibus dessert la gare routière de Câmpina

Ci-contre : le château de Peleş à Sinaia, merveille d'architecture construite pour Carol Iᵉʳ, est aujourd'hui un musée national.

réalisée à la fin du XIXᵉ et au début du XXᵉ siècle. Une deuxième cour abrite celle édifiée par Cantacuzino en 1695, plus petite, mais plus jolie à bien des égards.

Le **musée du monastère** renferme une copie de la première Bible imprimée en roumain (quoique en caractères cyrilliques). Cet écrit fut publié en 1688 à l'initiative du frère de Mihai Cantacuzino, Şerban.

MASSIF DES BUCEGI

Au-dessus de Sinaia se dresse le massif imposant des Bucegi. Ces montagnes comptent quelques-uns des plus hauts sommets des Carpates, comme le mont Omu (2 505 m) situé dans le voisinage. On remarque d'étonnantes formations rocheuses, parmi lesquelles les Babele (Vieilles Femmes) et le Sfinxul (Sphinx).

Pour gagner de la hauteur, n'hésitez pas à emprunter le **téléphérique** (*contactez le Centru de Informare Turistica Sinaia, B-dul Carol I 47, tél. 0244 315 656, €€*) qui relie le centre de Sinaia au Vârful cu Don. La station se trouve derrière l'Hotel Montana, sur la Strada Teodor Aman. Vous trouverez également une autre station avant le terminus de Cota 2000, à 2 000 m d'altitude, d'où vous pourrez choisir de redescendre à pied vers Sinaia par un sentier balisé (comptez deux heures environ).

Ceux qui souhaitent séjourner en altitude pourront se loger dans des chalets dotés de dortoirs, par exemple à la **Cabana Valea cu Brazi** (*contactez Gheorghe Mocanu, tél. 0723 249 844*), à 1 372 m, ou à la **Cabana Mioriţa** (*tél. 0244 312 2999, réservez au moins une semaine à l'avance*), à 2 000 m, ou bien encore à l'**Hotel Cota 1400** (*tél. 0244 314 990*), un établissement trois-étoiles.

Le terrain accidenté et le temps, qui peut changer brusquement en altitude, exigent la prudence et l'expérience de véritables randonneurs. Les amateurs de sports d'hiver trouveront quant à eux leur bonheur dans les stations proches d'**Azuga**, de **Busteni** (qui possède aussi un téléphérique) et de **Predeal**.

Pierres de culte

On trouve à Corbi et dans les environs de gros blocs de calcaire présentant des formes humaines et animales qui sont la source de bien des légendes. Enseignant dans la commune, Ion Andreescu a consacré sa vie à l'étude de ces pierres qui portent la trace de cultes très anciens. Il a mis au jour des autels préhistoriques, des inscriptions proches de l'alphabet sanskrit et des têtes sculptées. L'hebdomadaire roumain *Formula AS* lui a consacré un article en août 2002. ■

BREBU

Le village de Brebu, à 44 km de Sinaia, possède en son centre l'un des manoirs du XVIIᵉ siècle les mieux conservés de Valachie. Commencée en 1650 par le prince Matei Basarab, l'impressionnante **Casa Domnească de la Brebu** (*tél. 0244 357 731, fermé lun., €*) fut achevée une quarantaine d'années plus tard par l'entreprenant prince Constantin Brâncoveanu. Servant à la fois de résidence familiale et de bâtiment militaire, l'ensemble est protégé par un imposant mur d'enceinte et des tours de guet. Brâncoveanu ajouta au domaine, dont la seule entrée est constituée d'un édifice de 27 m de haut, des résidences d'été et un monastère. Leur construction nécessita la démolition de multiples habitations et provoqua la colère des villageois qui furent déplacés. Aujourd'hui encore, Constantin Brâncoveanu n'est pas en odeur de sainteté à Bredu. ■

***Cortegiul Sacrificatilor* (*Cortège des sacrifiés*) est une sculpture réalisée en 1997 par Aurel Vlad, qui rappelle de manière poignante le passé de la Roumanie (Memorialul Victimelor Comunismului și al Rezistenței, Sighetu Marmației).**

La résistance anticommuniste

Le régime communiste roumain a été l'un des plus répressifs en Europe, recourant aux massacres, à la torture et à la privation de nourriture pour éliminer les opposants et intimider la population. Contrairement à leurs homologues polonais, les dirigeants roumains n'ont toléré aucune forme d'opposition. Les tentatives de résistance furent donc restreintes et, les années passant, le pays tout entier sembla s'engluer dans une sorte d'apathie morale.

Des exceptions méritent toutefois d'être soulignées. Tout au long des 40 ans de régime communiste (1947-1989), des personnes et des groupes isolés se rassemblèrent en vue de mener la lutte contre l'oppression. À l'instar de leurs ancêtres qui, au temps des attaques turques, des raids tatars et autres invasions, se réfugiaient dans la montagne, des résistants prirent le maquis durant l'ère communiste. Ainsi, dans les années 1950, ils formèrent de petits groupes dans les monts Apuseni et les Obcinele Bucovinei (Bucovine), des deux côtés des Făgăraș, dans les monts Vrancea et ailleurs dans les Carpates. Dans la Dobroudja, les forêts de Babadag constituaient également la base de repli d'un mouvement de contestation. Les groupes de résistance rassemblaient des hommes et des femmes de tous les âges et de toutes les classes sociales.

Dirigé par le colonel Gheorghe Arsenescu et les frères Toma et Petru Arnăuțiou, le mouvement de résistance le plus connu des

Făgăraş était le Haiducii Muscelului (les clandestins de Muscel). Ce mouvement recrutait ses membres et sympathisants parmi la population des environs de Campulung Muscel – les partisans venaient ainsi du village de Corbi (voir p. 72-73), de Nucşoara, de la vallée de la Doamnei et des monts Iezer. De 1949 à 1958, ce groupe a opposé une résistance farouche et durable au régime communiste, un exemple tout à fait unique en Europe.

En 1949, quatre membres de Haiducii, pris par surprise par la Securitate, abattirent deux agents des services secrets pour sauver leur peau. Ils se replièrent dans la montagne, où ils furent bientôt rejoints par d'autres villageois. Ravitaillés par leurs épouses et leurs filles, les partisans vécurent dans la clandestinité. Ils utilisaient un réseau de grottes souterraines et gardaient le maquis, dans l'attente du jour où la population roumaine se soulèverait massivement contre la dictature communiste. Ils évitaient autant que possible de recourir à la violence et rares furent leurs victimes. Après la mort de Gheorghe Arsenescu, capturé par les services secrets en 1960, Toma Arnăuţiou prit la tête du mouvement pendant dix ans, jusqu'à ce qu'il soit tué à son tour dans la montagne.

Les proches des partisans et tous ceux qui étaient soupçonnés d'apporter leur aide au réseau subissaient les représailles des services secrets. Elizabeta Rizea (1912-2003), une paysanne de Nucşoara (voir p. 73) avait rejoint le mouvement de résistance avec son mari parce qu'elle s'opposait à la collectivisation. Elle fut arrêtée en 1949. Ayant refusé de révéler l'endroit où se cachaient les autres résistants, elle fut déclarée «ennemie du peuple» et condamnée à mort. La peine fut commuée en sept années d'emprisonnement, qu'elle effectua dans la tristement célèbre prison de Jilava. De nouveau condamnée, cette fois à 25 années de détention, Elizabeta Rizea fut remise en liberté en 1964 à la faveur d'une amnistie. Elle survécut au régime communiste.

L'hebdomadaire satirique *Academia Caţavencu* a lancé une collecte de fonds en vue de la réalisation d'une statue d'Elizabetha Rizea destinée à prendre place devant la Casa Scânteii, à Bucarest, où se dressait jusqu'en 1990 un bronze de Joseph Staline. En plusieurs endroits du pays, des monuments existent déjà qui rendent hommage aux actions et au courage des résistants. À Sighetu Marmaţiei, le Mémorial de la résistance et des victimes du communisme (voir p. 186) est l'un de ces rappels forts et poignants d'une époque terrible. ■

Au mémorial de Sighetu Marmaţiei, « Femei în închisoare » (Femmes en prison) évoque la période de terreur du régime communiste.

Autres sites à visiter

MĂNĂSTIREA COTMEANA

Entouré d'une enceinte qui lui donne des allures de forteresse, le charmant petit monastère de Cotmeana se dresse dans la campagne au milieu des champs. Le site, accessible depuis la route, constitue une étape fort agréable. L'accès se fait par la DN7/E81 depuis Piteşti (43 km) ou Râmnicu Vâlcea (25 km) : engagez-vous sur la gauche, une fois arrivé devant le panneau indiquant Cotmeana, et suivez la route qui forme un coude et arrive aux premières maisons. Prenez de nouveau à gauche pour ressortir du village. Un porche de bois décoré signale l'entrée du monastère, sur la gauche.

Cotmeana constitue le plus ancien monastère de Munténie. L'édifice fut construit pour Radu Ier, petit-fils du fondateur de la principauté. Cet ardent bâtisseur d'églises régna de 1377 à 1383. Il est en effet à l'origine de la construction de 12 églises, y compris les monastères de Tismana et de Cozia ainsi que l'église princière de Curtea de Argeş. Témoin de l'évolution grandissante de la religion dans cette région, pourtant considérée comme un bastion de la chrétienté orientale, il fit élever aussi bien des édifices catholiques que des églises orthodoxes. Ses fils, Dan Ier (règne 1383-1386) et Mircea cel Bătrân (Mircea l'Ancien, règne 1386-1418), poursuivirent son œuvre après sa mort.

L'édifice, comme cela était souvent le cas au Moyen Âge, remplissait une fonction militaire défensive aussi bien que religieuse. Les modifications successives qui furent apportées à l'ensemble donnent l'impression que le monastère s'organise autour de deux bâtiments distincts. Le premier, d'influence byzantine, présente un motif caractéristique des Balkans se composant de briques en zigzag et de cercles de céramique. Le second rappelle, pour sa part, les églises saxonnes dites « églises-halles » que l'on voit en Transylvanie. Le clocher, indépendant et doté de cloches antérieures à sa construction, servait de tour de guet afin de surveiller l'arrivée éventuelle de l'ennemi tatar ou turc. À l'intérieur de l'église, on découvre des fragments de fresques du XIVe siècle. Constantin Brâncoveanu a également apporté sa contribution : il fit remplacer l'encadrement des fenêtres et la porte de la nef, agrandit le narthex et créa un porche sur le côté nord. Une petite communauté de moines s'est installée ici après la réouverture de l'église, en 1991. Les fidèles se pressent dans l'église le vendredi, jour où le *stareţ* (abbé) Parintele Ioasaf, à qui l'on prête des pouvoirs d'exorciste, officie pour chasser les mauvais esprits.

66 A3 **Information visiteurs** Episcopia Argeşului şi Muscelului, B-dul Basarabilor 23, Curtea de Argeş 0248 722 410

MUZEUL GUMELNIŢA (MUZEUL DE ARHEOLOGIE)

Sur les rives du Danube, tout au sud de la Munténie, le Muzeul Gumelniţa (Musée archéologique) d'Olteniţa possède une remarquable collection de poteries préhistoriques. On mentionnera en particulier les minuscules figurines représentant des êtres humains et des animaux, les autels de céramique, les petites maisons et pièces de mobilier, les jolis bols, les masques de chamans, les déesses aux cuisses volumineuses et les récipients zoomorphes. Ces pièces sont autant de témoins fascinants des civilisations méconnues que sont les cultures Dudeşti, Boian et Gumelniţa, présentes sur les deux rives du fleuve du Ve millénaire av. J.-C. jusqu'à la période thrace de l'âge du fer, au Ier siècle av. J.-C. L'intérêt du musée justifie l'heure de trajet depuis Bucarest.

66 D1 Str. Argeşului 101, Olteniţa (62 km de Bucarest par la DN4, via Budeşti) 0242 511 174 Fermé lun. Minibus depuis la Piaţa Sudului, à Bucarest

MUZEUL VITICULTURII ŞI POMICULTURII, GOLEŞTI

Situé à proximité de la ville industrielle de Piteşti, ce charmant domaine du XVIIe siècle a ouvert en 1939 un passionnant musée de la vie rurale doublé d'une exploitation agricole et viticole. Des bâtiments de bois aménagés de manière traditionnelle recréent l'architecture d'un véritable village. La maison de maître a conservé le mobilier de la famille Golescu, qui habitait ici à l'origine.

66 B3 Str. Banu Radu Golescu, Goleşti (15 km à l'est de Piteşti par la DN7) 0248 266 364 Fermé lun. € Minibus de Piteşti à Goleşti ■

Promontoires escarpés, vallons recouverts d'épaisses forêts, hauteurs isolées où s'accrochent des monastères : une atmosphère envoûtante habite certains paysages de la région, nourrie par les Olténiens eux-mêmes, qui maintiennent bien vivantes les *obiceiuri vechi* (vieilles coutumes).

L'Olténie

Église orthodoxe.

L'Olténie

Des plaines du Danube aux Carpates méridionales, l'Olténie déploie un éventail de paysages qui lui donne des allures de paradis champêtre, d'autant plus accueillant que ses habitants font preuve d'un grand sens de l'hospitalité.

Un cadre bucolique pour le musée en plein air de Bujoreni.

Dans un paysage plus méditerranéen que dans le reste du pays, fleuve et montagnes se rencontrent à l'extrémité ouest de l'Olténie. La réserve naturelle de Domogled, près de Băile Herculane, protège une partie de la biodiversité de la région. De vastes forêts de sapins et de feuillus recouvrent les flancs des montagnes – à l'automne, les hêtres habillent la nature de jaune, rouge et or somptueux – tandis que, plus haut, des bosquets isolés de l'étonnant *Pina nigra*, le pin noir de Roumanie, s'accrochent sur les affleurements rocheux. Là où les contreforts des Carpates s'affaissent dans les plaines, de paisibles vaches broutent l'herbe veloutée des prés, les vergers exhibent de florissants arbres fruitiers et les forêts se dressent, imposantes.

À l'époque communiste, la vie était dans l'ensemble plus difficile en plaine qu'en montagne où, pour des raisons logistiques et économiques, les villageois échappaient généralement aux formes les plus dures de l'agriculture d'État collectiviste. L'Olténie, qui n'a pas fait exception à la règle, offre ainsi un contraste marqué entre sa partie nord et sa partie sud. Dans cette dernière, la marche forcée vers l'industrialisation menée par Ceauşescu a laissé, au beau milieu de la campagne ou à la périphérie des villes, des carrières abandonnées et des usines désaffectées – ou en passe de l'être. Un chômage massif s'est installé après la fermeture, à la fin des années 1990, des mines de charbon et de lignite de la vallée du Jiu, qui employaient des dizaines de milliers de personnes. L'exploitation inconsidérée des ressources forestières et la destruction irréfléchie de vergers sur les coteaux ont provoqué des inondations dévastatrices. Il semble dans bien des cas que peu de mesures aient été mises en œuvre pour réparer les dégâts ou empêcher une nouvelle catastrophe.

Ces vicissitudes ont certes déposé un voile de tristesse sur la région, mais tous les horizons ne sont pas bouchés. Les superbes paysages de montagne et le sens de l'hospitalité sont des cartes maîtresses, tandis que l'industrie touristique balbutiante laisse entrevoir des jours meilleurs. Les Olténiens, comme les Roumains en général, ont un sens de l'humour aiguisé et font preuve d'un dynamisme sans égal.

L'Olténie se révèle aux voyageurs qui aiment s'écarter des sentiers battus. Le magnifique pays de montagne situé entre la vallée du Jiu et celle de la Cerna offre au visiteur la possibilité d'effectuer une véritable plongée au cœur du monde rural. Le nord de la région abrite, souvent dans des lieux époustouflants, quelques-uns des plus beaux – et des plus anciens – monastères du pays. Les villes de Târgu Jiu et de Caracal recèlent, quant à elles, des vestiges de l'époque précommuniste. Les Carpates méridionales et le bassin du Danube étaient peuplés dans la préhistoire par des hommes dont le génie créatif continue de nos jours d'inspirer artistes et intellectuels. Quant à la présence romaine, elle a laissé des traces à Drobeta-Turnu Severin et à Corabia. ■

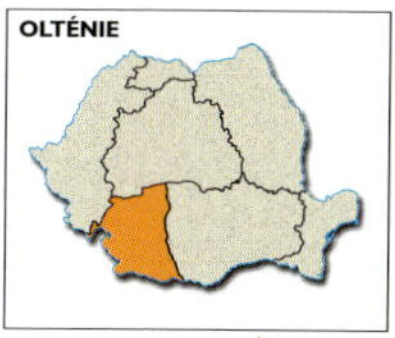

Édifié par Constantin Brâncoveanu, le monastère de Hurezi est l'un des plus beaux édifices religieux de Roumanie. Magnifiquement restauré, il attire les touristes tout autant que les pèlerins.

Monastères d'Olténie

LES MONASTÈRES ORTHODOXES QUI FONT LA FIERTÉ DE L'OLTÉNIE ONT DES caractéristiques architecturales bien spécifiques. Si certains ont été édifiés sous le patronage éclairé du « prince de l'or » Constantin Brâncoveanu (règne 1688-1714), d'autres, plus anciens, ont contribué de manière décisive à la constitution de l'identité culturelle roumaine.

Installé dans une position d'équilibre précaire entre la Hongrie voisine, la Turquie suzeraine et l'empire des Habsbourg qui renforçait son pouvoir en Europe centrale, Constantin Brâncoveanu a joué un rôle exceptionnel dans l'histoire de la Valachie. Son action en faveur de l'art et de la connaissance en général a contribué à ranimer la flamme de la fierté dans l'identité roumaine, qui demeure bien vivante de nos jours.

Le mot *mănăstire* désigne aussi bien des couvents que des monastères. On dénombre aujourd'hui quelque 400 fondations monastiques en Roumanie, servies par 3 500 moines et 5 000 religieuses. Comme dans la plupart des autres lieux de culte du pays, les visiteurs sont les bienvenus, à condition qu'ils se montrent respectueux des règles en vigueur. Un certain nombre de monastères – dont cinq qui s'avèrent particulièrement intéressants – sont sur la DN67 ou à proximité, entre Râmnicu Vâlcea (voir p. 100) et Târgu Jiu (voir p. 92-93).

Mănăstirea Govora

- 83 D3
- Băile Govora
- 0250 770 342
- En voiture : 15 km au sud de Râmnicu Vâlcea via la DN67, puis suivez les panneaux

MĂNĂSTIREA GOVORA

Accroché à un escarpement des environs de la ville de Băile Govora, le monastère de Govora est un bâtiment fortifié du XVe siècle occupé aujourd'hui par un petit groupe de religieuses. Une atmosphère pieuse, mais néanmoins détendue, règne derrière l'épais mur d'enceinte, où plusieurs beaux bâtiments anciens se nichent près de l'église orthodoxe. Fondateur des lieux, le prince Radu cel Frumos (Radu le Beau, règne 1495-1508) fit venir à Govora de nombreux lettrés et il n'est point difficile aujourd'hui de se faire une idée de l'attraction exercée à l'époque par ce site magnifique. Bien des années plus tard, le prince Constantin Brâncoveanu ordonna la reconstruction de l'église et commanda à plusieurs artistes du monastère de Hurezi (voir ci-dessous) les belles fresques que l'on voit encore aujourd'hui.

Un air paisible émane de **Băile Govora** (Govora-les-Bains), cité agrippée aux flancs d'une vallée encaissée. Les façades de bois des villas à l'ancienne et les vieux hôtels dotés de larges balcons dégagent une impression de force et de stabilité. De nouveaux hôtels ont vu le jour dans cette ville qui s'éveille peu à peu.

MĂNĂSTIREA HUREZI

La plus importante des fondations religieuses d'Olténie se dresse sur une petite colline entourée de vallées boisées, à 39 km à l'ouest de Râmnicu Vâlcea. Vu de loin, le monastère de Hurezi (parfois orthographié « Horezu », la voyelle finale n'est pas prononcée) a des allures de château fort, mais son aspect impressionnant disparaît dès que l'on pénètre dans son enceinte. Cet ouvrage magistral est l'une des plus belles réussites de Constantin Brâncoveanu. Récemment restauré, il a été inscrit sur la Liste du patrimoine mondial de l'Unesco.

Magnifique illustration du style brâncovan, l'**église** datant de 1690 allie avec brio des éléments d'inspiration byzantine, islamique et palladienne dans un ensemble aux proportions parfaites. Rien ne vient d'ailleurs troubler l'équilibre général de l'édifice et la sensation de sérénité qui s'en dégage. Arcs plein-cintre formant une large galerie au niveau de l'entrée ouest, hautes tours coiffées d'un toit, balustrades de pierre calcaire ajourées et finement sculptées de feuilles courbes, motifs héraldiques zoomorphiques sont autant de riches témoins de l'art brâncovan.

Élément caractéristique des maisons paysannes traditionnelles, un baldaquin ouvert sur les côtés est visible au pied des marches qui permettent d'accéder au porche à arcades. La corniche est décorée de diverses figures religieuses et de paysages imaginaires peuplés d'oiseaux et d'autres animaux. On remarque sur ces panneaux, caractéristiques de bien des églises brâncovanes, le recours à la perspective utilisée dans l'art classique occidental. Le porche abrite le plus grand *Jugement dernier* de Valachie. Les responsables religieux orthodoxes de la Roumanie médiévale appréciaient grandement ce thème de l'art pictural, qui met en regard les vertus célestes et les damnations de l'enfer. Le visiteur

Les *cule*

On trouve ici et là dans la campagne valaque des *cule* (du turc « tour »), des manoirs construits aux XVIIIe et XIXe siècles par des membres de la petite noblesse et des propriétaires terriens refusant de devoir abandonner leur domaine lors des sanglantes attaques des Ottomans. Avec leurs murs épais taillés en pointe et leur toit très pentu, ces bâtisses allient une solidité à toute épreuve à une étonnante élégance. Le niveau inférieur, servant d'étable, de cave et d'entrepôt, pouvait être protégé afin d'empêcher les intrus d'atteindre l'étage, où vivait la famille. Celui-ci arbore généralement un balcon en galerie, ouvert des deux côtés pour que les occupants voient arriver l'ennemi, d'où qu'il vienne. ■

Mănăstirea Hurezi

83 D3

Str. Mănăstirii, Hurezu

0250 860 071

En voiture : 39 km à l'ouest de Râmnicu Vâlcea par la DN67, puis suivez les panneaux

Possibilité d'hébergement — sommaire —, mais les membres du clergé sont prioritaires.

MONASTÈRE DE HUREZI

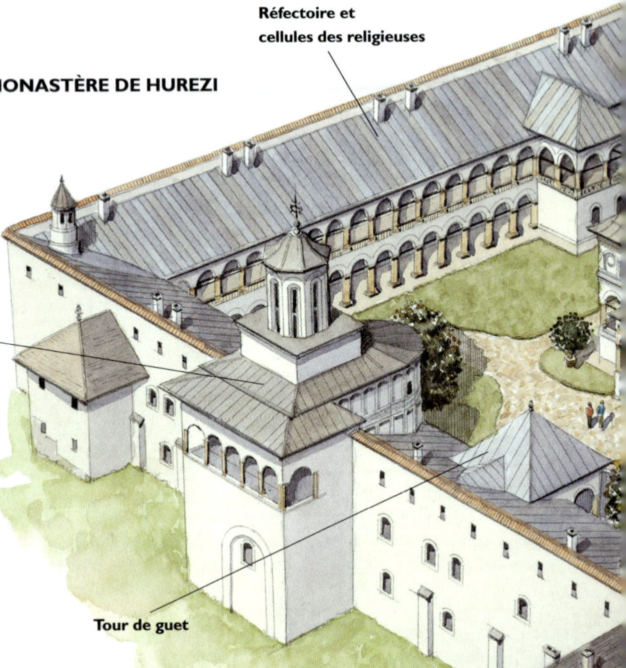

Cule de Măldăreşti
- 83 D3
- Măldăreşti village
- 0250 861 510
- Fermé lun.
- €
- Possibilité d'hébergement sur place, très sommaire (en dortoir)

Mănăstirea Polovragi
- 83 D3
- Polovragi
- 0253 476 196
- En voiture : 7 km depuis Baia de Fier

pourra en apprécier une superbe version à Voroneț (reportez-vous aux p.203 et 206). Les maîtres qui ont travaillé à l'édification de l'église de Hurezi sont représentés à proximité du jardin d'Éden. À l'intérieur de l'église, on découvre, outre de multiples objets de culte, les portraits de représentants des trois grandes familles régnantes valaques – qui étaient liées entre elles –, les Basarab, les Basarab-Brâncoveanu et les Cantacuzino. L'ensemble regroupe une salle capitulaire, un clocher, un réfectoire, une chapelle, une tour de guet baroque, des appartements royaux ainsi que des cellules (jadis occupées par des moines, et de nos jours, par des religieuses).

Hurezi est par ailleurs réputée pour ses poteries que vous ne manquerez pas d'aller découvrir. De nombreux ateliers sont regroupés à **Satul Olari**, situé à 5 km environ de la ville (*possibilité de visites guidées, renseignez-vous à la mairie, tél. 0250 860 190*). N'hésitez pas à entrer dans les maisons qui exposent des assiettes colorées dans leurs jardins de devant : la plupart appartiennent à des potiers qui seront ravis de vous faire visiter leur atelier ou de

vous orienter vers l'un de leurs voisins. Les artisans d'Olari fabriquent des pièces aussi bien modernes que traditionnelles, certaines reprenant les motifs hérités de la préhistoire qui ont fait la renommée de la céramique du sud de la Roumanie. **Măldăreşti**, distant de 3 km au sud de Hurezi, renferme deux ***cule*** (voir l'encadré p. 85) qui méritent la visite. Décorés de jolis reliefs en stuc, ces édifices en forme de tour contiennent une passionnante collection d'icônes.

MĂNĂSTIREA POLOVRAGI

Situé à 14 km au nord-ouest de Măldăreşti, le monastère de Polovragi (XVIIe siècle) tient son nom

Mănăstirea Lainici
83 C4
Lainici
0253 463 333
En voiture : 32 km depuis Târgu Jiu
Possibilité d'hébergement

Architecture traditionnelle

Bon nombre des 41 départements roumains ont ouvert un musée public consacré à l'architecture locale. Dans le *judet* olténien de Gorj, le **Muzeul Arhitecturii Populare din Curţisoara** (musée d'Architecture populaire de CurDisoara, *Str. Bumbeşti-Jiu, Bumbeşti-Jiu, tél. 0253 223 890, fermé lun.,* €) a été fondé en 1975, après la demande de Ceauşescu de préserver le patrimoine rural. Tels des survivants d'une autre ère, maisons de bois, granges et portails décorés sont posés dans un parc planté de noyers, qui abrite aussi un *cula* fortifié. Le musée organise des expositions et des ateliers où les visiteurs peuvent s'essayer aux techniques traditionnelles. ■

d'une plante médicinale dénommée *polovraga* et utilisée par les Daces il y a plus de 2 000 ans. L'ensemble monastique est lové au pied des impressionnantes falaises karstiques de Cheile Olteţului, qui lui assure une protection certaine. Ce site reculé au cœur du paysage spectaculaire et boisé des gorges de l'Olteţ mérite à lui seul le détour, même si vous n'envisagez pas de procéder à une visite du monastère.

À l'intérieur, le mur ouest est entièrement décoré d'une peinture néo byzantine (début du XVIIIe siècle) représentant le mont Athos, en Grèce. Protégée de la pluie par une galerie vitrée, la fresque offre une représentation délicieusement schématique et symbolique de la montagne sacrée. Pour entretenir leurs relations avec l'Église orthodoxe après la chute de l'Empire byzantin, les princes roumains du Moyen Âge faisaient souvent des nombreux dons aux fondations athonites, allant même jusqu'à leur octroyer des terres. Dans les gorges de l'**Olteţ**, à proximité du monastère, la rivière se fraie un chemin entre les monts Parâng et la chaîne du Căpăţânii des Carpates méridionales par un minuscule goulot de deux mètres de large, qui serait le plus étroit passage au monde entre deux montagnes. La nature a par ailleurs creusé dans le massif calcaire une cavité de 900 m de long, la **Peştera Pahomie (ou Polovragi)** (grotte de Pahomie, ou de Polovragi, *fermé lun.,* €), du nom d'un moine de Polovragi qui se chargea de décorer les murs de peintures. Des poteries du néolithique et des ossements d'ours des cavernes préhistoriques ont été découverts dans ces lieux. Certains rattachent le site à Zalmoxis, dieu et chef spirituel des Daces. Vous n'aurez pas trop froid dans la grotte, qui est en partie éclairée à l'électricité. À 4 km au sud des gorges, on découvre une jolie forêt de châtaigniers et une prairie fleurie de narcisses au printemps.

MĂNĂSTIREA LAINICI

Le monastère de Lainici, situé à quelque 32 km de Târgu Jiu, est accessible par une route sinueuse qui longe des gorges étroites bordées de hêtres. L'ensemble, relativement récent, comporte deux églises à galerie. La première, bâtie entre 1812 et 1817, est décorée à l'extérieur de peintures représentant des saints. La seconde, fondée en 1990, présente des lignes résolument néo brâncovanes.

Lainici est essentiellement connu pour avoir accueilli un temps le moine Nicodème (XIVe siècle). Adepte de la tradition hésychaste, qui correspond à une forme d'ascétisme très poussée, celui-ci avait effectué ses années de formation cloîtré dans un monastère du mont Athos. À l'invitation de son lointain cousin, le prince Vlaicu Vodă, il se rendit en Valachie en 1369 et fut chargé de l'édification des premiers monastères orthodoxes de la région.

Assisté de quelques fidèles, il construisit un *skete* (petit monastère) de bois à l'endroit où se tient aujourd'hui l'ensemble de Lainici. Pendant des siècles, ce monastère fut considéré comme l'avant-poste de la foi orthodoxe. Le moine menait une vie très dépouillée et vivait dans une grotte, située près de l'actuelle gare ferroviaire de Lainici.

Le monastère a connu bien des vicissitudes. Au XVIIIe siècle, l'impératrice Marie-Thérèse d'Autriche donna l'ordre à ses soldats de brûler la vieille église de bois construite par Nicodème. Au XIXe siècle, le révolutionnaire Tudor Vladimirescu, déguisé en moine, se réfugia dans le prieuré pour échapper aux Turcs. Pendant la Première Guerre mondiale, des soldats allemands installèrent leurs chevaux dans l'église et incendièrent ses précieuses archives. Pour finir, les communistes ordonnèrent la fermeture de l'ensemble monastique en 1961.

Tel un phénix paré de ses plus beaux atours, le monastère renaît de ses cendres depuis 1989. Dans leur décor de montagnes et d'épaisses forêts, bercées par le son des cascades environnantes, les deux églises invitent le visiteur au repos et à la méditation.

On peut découvrir à pied ce cadre magnifique. Un piste forestière de 4,5 km grimpe au mont Gropu et au petit – mais charmant – **monastère de Locurele**. Fondé en 1850 par deux prêtres de Târgu Jiu, il fut abandonné durant la Première Guerre mondiale et ne rouvrit qu'en 1957. Seuls deux moines résident aujourd'hui dans cet édifice officiellement rattaché à Lainici. Il est décoré de peintures de 1897 et offre une vue sur les montagnes qui justifie à elle seule l'ascension.

MĂNĂSTIREA DINTR-UN LEMN

Installé au sud-ouest de Râmnicu Vâlcea, le monastère de Dintr-un Lemn (signifiant littéralement d'un seul bois) occupe une position privilégiée sur un coteau au milieu des prés, en bordure de la rivière Otăsău, du côté sud du petit village de Dezrobiţi (avant le pont en venant de Franceşti). Si l'édifice lui-même mérite le détour, la beauté du cadre naturel est également une raison suffisante pour venir explorer la région.

Détail d'une peinture du Mănăstirea Dintr-un Lemn. Selon la tradition locale, l'église est bâtie à l'emplacement d'un édifice bien plus ancien qui aurait été construit avec le bois d'un unique chêne.

Mănăstirea Dintr-un Lemn

- 83 D3
- Dezrobiţi
- 0250 762 756
- En voiture : 24 km à l'ouest de Râmnicu Vâlcea via la DN64

Mănăstirea Cozia
83 D4
Călimăneşti
0250 750 852

Mănăstirea Turnu
83 D4
Depuis la DN7/E81
0250 750 851

Mănăstirea Frasinei
83 D4
Muereasca

Selon la légende, l'église d'origine – qui a disparu depuis bien longtemps – aurait été construite par un berger à partir d'un unique et énorme tronc de chêne. Empruntez les marches qui conduisent dans une deuxième cour carrée, où se tient l'église principale. Fondée dans les années 1630, elle a été modifiée, agrandie et restaurée à neuf reprises au moins. Sa beauté semble néanmoins bien insignifiante à côté du ravissant jardin clos qui l'entoure. Sur l'arrière, dans un autre espace clos, une petite église en bois (qui n'est pas celle qui a laissé son nom au monastère) domine un groupe de chênes majestueux. Elle exploite une ferme et met des chambres à la disposition des visiteurs.

L'église orthodoxe de Măldăreşti, à proximité des deux *cule* du village.

Page ci-contre : Constantin Brâncuşi dans son atelier parisien, assis sur une ébauche de la *Table du silence* (1932).

MĂNĂSTIREA COZIA

Ce superbe monastère du XIVe siècle se situe à quelque 3 km au nord de Călimăneşti – hélas tout près d'une route très empruntée par les camions. Des maîtres de la vallée de la Morava, en Serbie, se déplacèrent dans la région afin d'édifier pour le prince Mircea cel Bătrân l'église principale. Le bâtiment fut achevé en 1390. Dans ce complexe qui allie merveilleusement les influences, on retrouve le style byzantin, notamment dans la coupole sur haut tambour, les murs au sommet arrondi, les fenêtres rondes de la partie supérieure ainsi que l'abside en trèfle à l'extrémité est. Le porche en galerie et l'iconostase, typiquement brâncovans, sont des ajouts du XVIIe siècle. Les peintures plus anciennes qui ornent le pronaos (vestibule, côté ouest de l'édifice) datent, pour leur part, du XIVe siècle.

On retrouve la deuxième partie du monastère de l'autre côté de la rue, de même qu'une église de brique aux formes élancées qui fut achevée en 1542. C'est dans cette *bolniţa* que les moines venaient prier lorsqu'ils étaient souffrants. Le nom de Cozia vient de la montagne qui domine le monastère, au nord-est.

Au XVe siècle, plusieurs moines quittèrent le monastère pour fonder le **Mănăstirea Turnu** (du nom d'une tour de guet romaine des alentours) dans un lieu assez reculé, plus au nord, sur la rive est de l'Olt.

MĂNĂSTIREA FRASINEI

Seul de la région à avoir conservé une règle athonite stricte, le monastère de Frasinei se situe à quelque 32 km au nord-ouest de Râmnicu Vâlcea. Une église (1863) se dresse au milieu d'une superbe clairière au cœur d'une forêt de frênes (*frasinei*, d'où le nom du site), au sommet d'une difficile piste de montagne. Prévoyez un 4x4, ou une bonne paire de jambes !

Les moines n'ont pas le droit de consommer de la viande dans cette église dédiée à la dormition de la Vierge et fermée aux femmes. Cette interdiction remonte à 1867, date à laquelle un abbé vint à passer et trouva les moines en pleine orgie. On raconte aussi qu'une bergère ayant passé outre l'interdiction aurait été frappée de convulsions, un épisode connu désormais sous le nom de « malédiction de Frasinei ». Une deuxième église située 1,5 km plus bas est ouverte aux femmes, qui peuvent même y passer la nuit. ■

Constantin Brâncuşi

Le sculpteur olténien de renommée internationale Constantin Brâncuşi (prononcez Br'n-couch) contribua à libérer la sculpture du style pictural du XIXe siècle. Connu pour sa technique de la « taille directe » (le travail d'un bloc de pierre sans esquisses préparatoires), il a puisé son inspiration dans un large éventail de sources, de l'Antiquité à la technologie moderne.

Constantin Brâncuşi (1876-1957), qui a passé la plus grande partie de sa vie en France, est né à Hobiţa, un village à l'est de Târgu Jiu (voir p. 92-93). Fils d'un propriétaire terrien et d'une artiste, il démontre très tôt un talent pour la sculpture. Après une formation d'ébéniste, il s'inscrit à l'académie des Beaux-Arts de Bucarest et se consacre à sa nouvelle passion, la sculpture.

Désireux d'élargir ses horizons artistiques, il part pour Paris en 1904. Effectuant une bonne partie du chemin à pied, il met pratiquement un an avant de rejoindre la capitale française, où il rencontre Picasso, Braque, Derain, Modigliani et d'autres artistes d'avant-garde. Son œuvre révolutionnaire gardera la marque du radicalisme politique et de l'expérimentation artistique. Comme nombre de ses contemporains, Brancuşi s'intéresse alors à la philosophie et à l'art non-européens, ainsi qu'à l'art de la préhistoire. Le brillant naturaliste diplômé de l'académie de Bucarest découvre la force des sculptures sur bois simples, brutes à bien des égards, avec lesquelles il a grandi en Olténie.

En 1907, il crée une œuvre révolutionnaire avec *La Prière*, destinée à la sépulture d'une femme d'affaires. Cette sculpture est placée dans le cimetière de Buzău, village situé à l'est de la Roumanie. *Le Baiser* (dont il a réalisé de nombreuses versions), *Maiastra* (l'oiseau magique), l'*Oiseau dans l'espace* (une série de pièces de marbre et de bronze tout à fait étonnantes) ou les *Colonnes sans fin* (colonnes de bois en zigzag) ne sont que quelques-unes des œuvres majeures qui témoignent de sa recherche de l'essence des formes humaines et animales. Il travaillera tout au long de sa vie sur de nombreuses séries.

Brâncuşi, qui a toujours affirmé que son œuvre ne relevait pas de l'art abstrait, a toutefois souvent suscité la polémique. Il expose aux États-Unis en 1913 (c'est l'un des premiers artistes européens d'avant-garde à franchir l'Atlantique). Il vend ensuite plusieurs œuvres à l'avocat et collectionneur américain John Quinn. En 1922, le bronze intitulé *Mademoiselle Pogany*, jugé pornographique par l'un des organisateurs, est retiré d'une exposition à Paris. En 1926, deux conservateurs du Metropolitan Museum de New York réussissent à persuader un agent des douanes de refuser l'entrée sur le territoire américain, en tant qu'œuvre d'art, d'une version en bronze poli de l'*Oiseau dans l'espace*. La pièce est classée dans la catégorie des « ustensiles de cuisine et équipements hospitaliers ». Saisis de l'affaire, les tribunaux américains estimeront que l'oiseau de bronze est bel et bien une œuvre d'art et ce jugement marquera définitivement un tournant aux États-Unis dans le statut qui sera donné par la suite aux œuvres novatrices.

Fasciné par les États-Unis, Brâncuşi a régulièrement exposé dans ce pays. Peu avant sa mort, il a dessiné les esquisses d'un gratte-ciel de Chicago, sur le modèle de ses *Colonnes sans fin*. Son œuvre pleine de chaleur et d'humour est accessible à tout un chacun. ■

Târgu Jiu

TÂRGU JIU S'ÉTEND DANS UN SUPERBE CADRE EN BORDURE DE LA JIU, AVEC les Carpates méridionales en toile de fond. Si les quartiers anciens de la ville ont gravement souffert de la politique de systématisation des années 1960, le souvenir du fameux sculpteur Constantin Brâncuşi (voir p. 91) a contribué à lui donner un nouveau souffle.

La jolie Biserica Sf. Voievozi (église des Saints-Princes) se tient dans la partie piétonne de la Calea Victoriei (centre de Târgu Jiu).

Târgu Jiu
83 C3
Office du tourisme
Centrul de Informare Turistică, Str. Victoriei 7A
0253 222 555

Entre le 11 et le 17 novembre 1916, une âpre bataille s'est déroulée dans la région lors de la progression de la 9e armée allemande, qui avançait vers Bucarest après avoir franchi les cols des montagnes situées plus au nord. Quelque 8 500 soldats roumains ont trouvé la mort dans ces combats, marqués notamment par une défense héroïque du pont de Târgu Jiu.

Trois sculptures monumentales de Constantin Brâncuşi rappellent cette tragédie. Elles se situent sur un axe est-ouest de 1,5 km qui traverse la ville. Dans le Parcul Central (parc central), entre la Jiu et le Bulevardul Constantin Brâncuşi, deux œuvres de pierre sont reliées par l'***Aleea Scaunelor*** (*Allée des chaises*), correspondant à une allée bordée de 30 blocs taillés également dans la pierre) : il s'agit là de la ***Poarta Sărutului*** (*Porte du baiser*), haute de 5 m, et de la plus petite ***Masa Tăcerii*** (*Table du silence*). Tout au bout de cette allée se dresse la ***Coloana fără Sfârşit*** (*Colonne sans fin*), un monument de 33 m de haut formé d'un arbre d'acier dans lequel viennent s'emboîter 15 pièces rhomboïdales en fonte recouvertes de cuivre. La sculpture occupe un espace triangulaire dans l'est de la ville, entre la Calea Bucureşti, la Strada Gheorghe Tătărascu et la Strada Tudor Vladimirescu. Constantin Brâncuşi, qui a cherché dans son travail à saisir l'essence des êtres et des choses, a souvent puisé dans l'art populaire roumain, ainsi que dans des sources beaucoup plus anciennes, notamment dans les sculptures ibères, précolombiennes ou de l'Égypte antique. Les « perles » d'acier de la colonne font ainsi écho aux poteaux de bois décorés qui soutiennent les vérandas des maisons traditionnelles des villages roumains (comme la maison natale du sculpteur, voir p. 4).

Partie intégrante de cet ensemble monumental, l'église orthodoxe **Sf. Apostoli Petru Ki Pavel** (*angle Calea Eroilor et Str. 16 Februarie*) se tient sur le même axe, entre les trois groupes de sculptures. Des aménagements en cours visent à dégager la perspective le long de l'axe monumental afin de redonner toute sa beauté à l'installation de Brancuşi. Le centre se transforme peu à peu en zone piétonnière agréablement arborée.

Près du centre, dans les locaux de l'ancienne préfecture se tient le **Muzeul de Istorie** (musée d'Histoire, *Str. Geneva 8, tél. 0253 212 044, fermé pour travaux jusqu'à une date inderterminée en 2008*, €).

Le musée abrite une tombe celte ainsi que de beaux exemples de l'art populaire olténien. Juste au nord de la Calea Eroilor, près de la **Biserica Sf. Voievozi** (église des Saints-Princes), on découvre un monument en forme de sarcophage élevé à la **mémoire d'Ecaterina Teo-doroiu**, une héroïne roumaine de la Première Guerre mondiale. S'étant déguisée en homme afin de pouvoir combattre aux côtés des militaires, elle fut tuée en 1917 sur le front de l'Est, près de Mărăşeşti. La pierre a été gravée par l'artiste moldave Miliţa Petraşcu (1892-1976), qui fut l'élève de Brâncuşi à Paris. Un musée rappelle le souvenir d'Ecaterina Teo-doroiu : la **Casa Memorială Ecate-rina Teo-doroiu** (*B-dul Ecaterina Teodoroiu 270, fermé lun.-mar., €*).

Plusieurs bâtiments présentant un certain intérêt architectural jouxtent le monument Teodoroiu. C'est le cas, notamment, de la maison et de l'**église de Cornea Brăiloiu** (ban – gouverneur – d'Olténie au XVIIe siècle), édifices d'allure massive qui rappellent les *cule* (voir l'encadré p. 85). Vous ne manquerez pas également d'admirer près de l'église Sf. Voievozi la **Casa Gănescu** (*Piaţa Revolutiei 2*), du XVIIIe siècle, qui a accueilli Brâncuşi lorsqu'il séjournait dans la ville pour superviser l'installation de ses sculptures.

On peut passer un très agréable moment dans l'atelier-boutique de l'artiste verrier Mihai Ţopescu, **Topi New Glass Design** (*Str. Unirii 92C, tél. 0253 219 179 pour RDV*). Doté d'une barbe à la Brâncuşi, Mihai Ţopescu (né en 1956) crée des objets de verre coloré loufoques. Certains sont destinés à un usage classique, alors que d'autres se révèlent parfaitement fantaisistes. Vous pouvez vous rendre à l'atelier à pied depuis la *Colonne sans fin* de Constantin Brâncuşi, ou bien en taxi depuis le centre-ville.

Les paysans de la région viennent vendre leurs fruits et leur légumes sur le **marché en plein air** situé dans le centre (n'hésitez pas à demander votre chemin). Là, vous attend une merveilleuse cohue tumultueuse. À vous de marchander, de dénicher de l'artisanat traditionnel bon marché ou tout simplement de discuter avec les habitants du coin. ■

La *Coloana fără Sfârşit* (*Colonne sans fin*), hommage de Brâncuşi aux Roumains morts au combat pendant la Première Guerre mondiale.

Les sources de la Cerna jaillissent de la terre, en contrebas de la route.

Circuit routier dans la vallée de la Cerna

Par de sinueuses routes de montagne, cet itinéraire en voiture de Târgu Jiu à la vallée de la Cerna vous emmène dans une nature superbe loin des circuits touristiques classiques. Une occasion passionnante de découvrir la vie des habitants de ce territoire reculé.

Quittez Târgu Jiu en direction de l'ouest par la DN67D. À Pestişani, 22 km plus loin, bifurquez à gauche vers **Hobiţa** ❶, le village natal de Brâncuşi (voir p. 91). Jusqu'à son départ pour l'école des Beaux-Arts de Craiova (voir p. 98), le sculpteur a vécu dans la **maison de bois** *(centre du village, fermé lun., €€ ; les groupes doivent contacter au préalable le musée d'Art de Târgu Jiu, tél. 0253 218 550)* dont la barrière et les piliers de véranda sont grossièrement sculptés. Elle porte désormais son nom.

Regagnez Pestişani et reprenez la route principale vers l'ouest. Environ 8 km plus loin, prenez à droite une route de campagne. Traversez Tismana et poursuivez jusqu'au **Mănăstirea Tismana** ❷ *(tél. 0253 374 317, €)*, perché sur une hauteur dans un cadre saisissant. Nicodème (voir p. 88) est enterré dans ce monastère qu'il fonda au XIVe siècle et qui fut reconstruit et réaménagé au XVIe siècle. Le peintre Dobromir de Târgovişte y apporta sa touche en 1564 (le vestibule qui précède le corps principal de l'église a conservé une partie des fresques d'origine). Le complexe monastique – où un hébergement sommaire est possible – comprend un musée exposant les Évangiles manuscrits du moine fondateur. Une boutique propose des tapis faits à la main et des icônes sur verre.

De retour sur la DN67D en direction de l'ouest, roulez pendant 14 km à travers le joli plateau boisé de **Plaiul Cloşani**, jusqu'à **Baia de Aramă** ❸, dont le nom signifie mine de cuivre. L'activité d'extraction, qui remonte à plus de 2 000 ans, a prospéré à l'ère moderne. Aujourd'hui cependant, près de la moitié des 6 000 habitants de la ville sont sans emploi. Baia de Aramă n'a toutefois rien perdu de son charme et constitue l'un des bourgs les plus ruraux de Roumanie. La majorité de la population vit dans l'un des huit villages voisins.

À la sortie de la ville, prenez à gauche une route de campagne, qui marque un fort virage vers la droite et conduit au hameau de Ponoarele. Environ 3 km plus loin, vous rejoindrez la réserve forestière de **Ponoare Lilac**. Le premier dimanche de mai, les habitants de Ponoarele revêtent les costumes traditionnels brodés et célèbrent l'arrivée du printemps : musique folklorique, artisanat et cuisine du terroir (notamment des boulettes de viande appelées *mici*) sont au rendez-vous. Vous parvenez, 5 km plus loin, à un large **pont de pierre naturel** ❹. Après plusieurs accidents de voiture qui n'ont miraculeusement fait aucune victime, l'ouvrage a été surnommé le pont de Dieu. Non loin de là en direction du sud, avant le lac Zaton, on découvre un impressionnant champ de rochers calcaires.

Revenez vers la DN67D et repartez en direction de l'ouest. La route traverse les villages de Brebina, Titerleşti et Mărăşeşti, puis grimpe jusqu'au col (1 050 m) reliant l'Olténie au Banat (voir p. 156-157). La route monte en lacets serrés dans un paysage bucolique de vergers et de prairies, découvrant ici ou là une maison, ou même un village, comme celui d'Obârsia-Cloşani. Le **Vlaşcul Mic** (1 733 m), l'un des plus hauts sommets de la région, se dresse au nord-ouest. Garez votre voiture au col pour emprunter un sentier balisé partant en direction de l'ouest et rejoindre, à travers une hêtraie et des prairies, le **Mehedinţi Plateau** ❺. Le site est bordé de spectaculaires formations karstiques sur lesquelles s'accrochent des spécimens isolés du robuste *Pina nigra* (pin noir).

Terre d'élevage de moutons depuis l'Antiquité, cette région de pâture compte toujours de nombreux troupeaux. Restez prudent avec les *ciobănesti carpatici*, de gros chiens de berger des Carpates qui ont l'air sympathique, mais prennent leur rôle de gardien très au sérieux. Si l'un d'eux s'approche de vous, ne bougez pas jusqu'à ce que le berger l'appelle pour l'éloigner. Méfiez-vous aussi de la vipère cornue dont le nom provient du petit appendice qui se dresse au bout de son museau. Ce serpent est rarement agressif mais sa morsure peut être fatale. La vipère cornue vit dans l'ouest de l'Olténie, le Banat et la Dobroudja et aime les pierres sèches et ensoleillées. La partie nord de la **Valea Cernei** (vallée de la Cerna) ❻, de l'autre côté du col, abrite d'autres espèces animales. C'est l'un des rares endroits en Europe où l'ours brun et le lynx vivent à peu près en paix.

Reprenez votre voiture et descendez la vallée de la Cerna vers le sud, tout en gardant la rivière sur votre droite jusqu'à ce que vous parveniez à la station thermale de **Băile Herculane,** dont les eaux vivifiantes soignaient déjà les Romains. Lieu de villégiature de la petite noblesse d'avant-guerre, la ville est appréciée aujourd'hui des randonneurs. Elle devrait retrouver bientôt une certaine allure grâce à des travaux de restauration. ■

Voir plan p. 83
➤ Târgu Jiu
110 km. Par forte neige, la DN67D peut être coupée en hiver. Les travaux de réparation n'étant pas toujours effectués, certaines portions sont parfois très mauvaises le reste de l'année.
2 heures – davantage avec les arrêts.
➤ Băile Herculane

À NE PAS MANQUER

- Hobiţa
- Mănăstirea Tismana
- Vallée de la Cerna

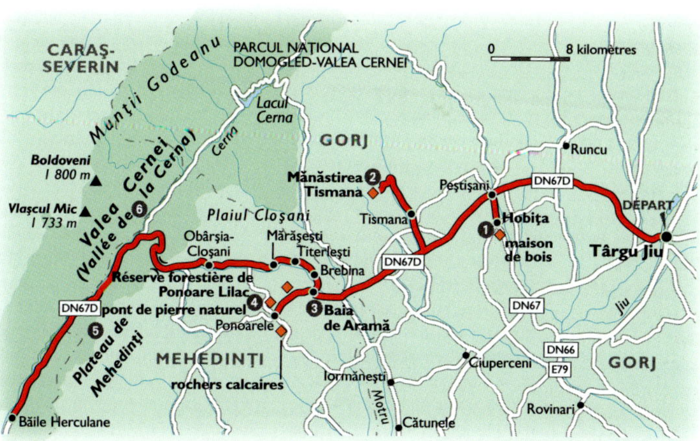

En face de Drobeta-Turnu Severin, sur l'autre rive du Danube : la Serbie.

Drobeta-Turnu Severin

BIEN QUE SES CHANTIERS NAVALS SOIENT PLONGÉS DANS UNE PROFONDE léthargie, Drobeta-Turnu Severin reste une ville animée. Dessiné au XIXe siècle sur un plan rigoureux, le centre forme aujourd'hui un enchevêtrement de beaux édifices anciens et de vilains bâtiments modernes, un assemblage qui fonctionne étonnement bien, sans doute parce que la ville jouit d'une situation exceptionnelle sur le Danube.

Drobeta-Turnu Severin
83 B3
Office du tourisme
Primăria Municipiului Drobeta-Turnu Severin, Str. Maresal Averescu 2
0252 314 379

Muzeul de Artă
Str. Rahovei 3
0252 317 377
Fermé lun.
€

La ville fut fondée en 1833 sous le nom de Turnu Severin (la tour de Severin) après qu'un accord international eut autorisé la libre navigation sur toute la longueur du Danube. Elle occupa un site stratégique majeur qui, s'il était resté jusqu'alors peu peuplé, suscita néanmoins de multiples conflits : entre Daces et Romains d'abord, entre Byzantins et Hongrois ensuite, puis, à différents moments de l'histoire, entre les différents protagonistes que sont les Habsbourg, les Roumains, les Hongrois, les Serbes et les Turcs. Turnu Severin a été construite sur le site d'un fort romain du nom de **Drobeta**. Ce toponyme probablement d'origine dace fut accolé au nom de la ville par les autorités communistes afin de souligner son passé latin, mais la plupart de la population locale n'utilise pas ce terme. Les spécialistes s'accordent à penser que Severin a été choisi en hommage à l'empereur romain Septime Sévère (193-211), qui éleva la ville au rang de *colonia* et octroya ainsi aux habitants les mêmes droits que ceux accordés aux citoyens romains.

Drobeta-Turnu Severin a été dessinée par Pavel Kiselyov (voir l'encadré p. 63) et le prince valaque Alexandru Ghica selon un rigoureux plan en damier. Plusieurs grands édifices bordent l'artère principale, le Bulevardul Carol I, notamment la **bibliothèque** et le **centre culturel municipal** (*n° 4*). Les bâtiments modernes ayant ensuite surgi de manière débridée, il n'est pas facile de se repérer et vous devrez sans doute demander votre chemin.

Connu pour ses post impressionnistes roumains du début du XXe siècle, en particulier Theodor Pallady et Nicolae Tonitza, le **Muzeul de Artă** est situé sur la Strada Rahovei. Il possède également une belle collection d'art moderne roumain. Le bâtiment de 1890 vaut le déplacement à lui tout seul, avec son élégant escalier en colimaçon et sa somptueuse façade néo baroque percée de fenêtres aux formes effilées.

Aménagé sur les rives du Danube, le **Muzeul Regiunii Porţilor de Fier** (musée régional des Portes de Fer) se divise en trois sections : histoire et archéologie, sciences naturelles, ethnographie et art populaire. Cet imposant bâtiment à trois étages date de 1926. Il compte, parmi les fleurons de sa collection, des ossements humains d'il y a 8 000 ans. Vous découvrirez également un aquarium contenant des espèces du Danube et des demeures traditionnelles des monts Mehedinţi, tout proches. Le musée expose de même les tristes ruines d'un fort ainsi que les vestiges d'un **pont romain** construit sur le Danube, entre 103 et 105, pour faciliter le passage de Trajan lors de l'invasion de la Dacie. Il ne reste qu'un pilier brisé de cet ouvrage massif, qui en comptait 20 à l'origine et faisait 19 m de haut et 14,5 m de large. Apollodore de Damas, son concepteur, élèvera la colonne de Trajan, qui célèbre la conquête de la Dacie par Rome. La structure en bois du pont a été détruite au IIIe siècle lors de la retraite de l'armée d'Hadrien.

Le Danube mesure à ce niveau 1 km de large. Afin de dompter la puissance de son débit, le régime communiste avait fait construire dans les années 1960 un barrage hydroélectrique à 13 km à l'ouest de la ville. La retenue d'eau en aval des gorges du Danube, situées à 55 km de Turnu Severin, est appelée **Porţile de Fier** (Portes de Fer). De gros navires remontent désormais le cours supérieur du fleuve, où la vue est moins spectaculaire qu'auparavant. Le visiteur pourra passer à pied sur le barrage et visiter le petit musée (*fermé lun.*, €), qui renferme quelques pièces d'intérêt archéologique.

Vous apercevrez sans difficulté, sur l'autre rive, la petite pointe de territoire marquant le nord de la Serbie.

Croisière sur le Danube

Des navires au départ de Băile Herculane ou Orşova (*contact S. C. Hercules, tél. 0255 560 454*), et de Turnu Severin (*contact S. C. Axxa International, tél. 0252 327 253*) effectuent des circuits de trois ou quatre heures sur le Danube.
Des prestataires européens proposent des croisières de Budapest jusqu'au delta du fleuve. On peut enfin, moyennant une modeste redevance, naviguer sur la portion roumaine du fleuve à bord de bateaux particuliers (soumis à un contrôle technique). Il existe des postes frontières à Orşova et à Drobeta-Turnu Severin. Pour toute information supplémentaire, contactez le poste de navigation d'Orşova (tél. 0252 361 295) ou celui de Drobeta-Turnu Severin (tél. 0252 316 493). ■

À l'est, l'île de **Şimian** renferme un village turc à moitié reconstruit qui se trouvait jadis sur l'île d'Ada Kaleh, qui fut submergée lors de l'édification du barrage. « Oubliée » lors du retrait de l'Empire ottoman de Roumanie, l'enclave turque, avec son fort et sa mosquée, a survécu jusqu'à la Première Guerre mondiale. ■

Muzeul Regiunii Porţilor de Fier
- ✉ Str.Independeţei 2
- ☎ 0252 312 177
- Fermé lun.
- €

Craiova

LA CAPITALE DE L'OLTÉNIE A COMMENCÉ À CICATRISER QUELQUES-UNES DES blessures infligées dans le cadre de la politique de systématisation des années 1960, qui vit la démolition de rues entières au nom du progrès. Un regain d'optimisme plane aujourd'hui dans cette ville, dont l'architecture d'apparence éclectique révélera quelques joyaux inattendus au visiteur de passage.

Le musée des Beaux-Arts de Craiova figure parmi les quelques beaux édifices qui ont survécu à la « restructuration » de la ville menée par Ceaușescu.

Craiova
83 C2
Office du tourisme
Primăria Municipiului Craiova, Str. A. I. Cuza 7
0251 416 235

Muzeul de Artă
Calea Unirii 15
0251 412 342
Fermé lun.
€

Muzeul Olteniei
Str. Madona Dudu 44
0251 418 631
Fermé lun.
€

La ville détient sept **sculptures originales de Constantin Brâncuși**, notamment le premier *Baiser* (1908), une version étonnamment tendre de cette œuvre révolutionnaire représentant deux têtes humaines en un unique bloc de pierre simplement entaillé de quelques coups de ciseau précis. L'atelier de Brâncuși a été reconstitué au **Muzeul de Artă**, qui expose aussi une intéressante collection d'art roumain et européen. Le musée occupe le Palatul Jean Mihail, un somptueux palais néo baroque conçu par l'architecte français Paul Gottereau, à qui l'on doit aussi le bâtiment de la **Casa de Economii și Consemnațiuni**, à Bucarest (voir p. 54). L'édifice a connu une riche existence politique avant sa transformation en musée, accueillant notamment le gouvernement polonais en exil en 1939.

Le **Muzeul Olteniei** propose une passionnante plongée dans l'histoire de la région. La collection témoigne de la multiplicité des influences ethniques dans ce terrain de brassage qu'est le sud de la Roumanie depuis 7 000 ans. Elle offre quelques saisissants exemples de l'intensité des échanges culturels, comme cette amulette égyptienne retrouvée dans une tombe celte. La collection de poteries préhistoriques recèle aussi quelques objets amusants.

Intéressante et joliment présentée, la **Secția de Etnografie** (section d'ethnographie, *Str. Matei Basarab 14, tél. 0251 417 756*) du musée Olteniei est fermée pour travaux jusqu'à nouvel ordre. Cette ancienne demeure d'un ban (gouverneur) fut édifiée au XVe siècle. L'extérieur du bâtiment donne toutefois une idée de l'allure de la ville de Craiova dans le passé. ■

Le Sud-Est de l'Olténie

LES PLAINES DU SUD-EST DE L'OLTÉNIE ILLUSTRENT ASSEZ BIEN LA VIE D'UNE zone frontalière. Les villes de la région, économiquement sinistrées, renferment toutefois les vestiges de la prospérité des XVIIIe et XIXe siècles, lorsque les Habsbourg tentaient d'intégrer la Roumanie à leur empire et que, dans le même temps, les dirigeants phanariotes venus de Turquie essayaient d'imposer les valeurs des Lumières.

Brâncoveni
83 D2

Caracal
83 D2

Corabia
83 D1

La proximité de l'eau donne une lumière toute particulière à certains sites de la région, notamment le monastère de Brâncoveni et les villes de Caracal et de Corabia.

BRÂNCOVENI

Situé à l'est de Craiova (voir ci-contre), le village de Brâncoveni est réputé pour son joli **monastère** datant de la fin du XVIIe siècle (*suivez le panneau, tél. 0249 413 243*). Cet édifice peint en blanc prend des allures méditerranéennes en été. Il héberge une communauté religieuse active.

CARACAL

À 24 km au sud de Brâncoveni, Caracal (30 000 hab.) est une ville anémiée recelant des dizaines de majestueuses demeures de la fin du XIXe-début du XXe siècle. Ces bâtisses aujourd'hui délabrées témoignent du brassage de l'Orient et de l'Occident dans la région. Ainsi, la **Strada Iancu Jianu** donne une idée de la splendeur passée de la ville.

Le **Muzeul Romanaţiului** (*Str. Iancu Jianu 26, tél. 0249 511 344,* €) rassemble les traces de l'histoire du sud-est de l'Olténie, notamment des poteries Vădastra, une culture du néolithique. Le site Internet du musée *www.museum.com* renseigne localement les visiteurs. D'un point de vue purement touristique, Caracal offre un visage morose et il faut espérer que la ville rassemble les fonds nécessaires pour se reconstruire rapidement. Pour le moment, quelques employés dévoués font tourner le musée et, par économie, éteignent la lumière dans les salles après votre passage. Loin d'être aussi intéressante que celle de Craiova, la collection mérite tout de même une visite, ne serait-ce qu'en hommage à l'impressionnante capacité des Roumains à résister à l'adversité !

CORABIA

Situé à la frontière bulgare, au sud de Caracal, le port fluvial de Corabia a connu un passé prospère. On raconte que la ville, dont le nom signifie navire, fut construite à partir de la carcasse d'une galère génoise naufragée. En l'an 328, les Romains édifièrent un pont pour rejoindre Oescus, l'actuelle Gigen, en Bulgarie. Vous apercevrez les tristes vestiges de cet extraordinaire ouvrage de 3 km de long à **Celei**, localité de la périphérie de Corabia (suivez les panneaux « podul »). Sur une petite butte à 1 km de là se trouvent les ruines et la fontaine secrète de **Sucidava** (*tél. 0249 561 364, fermé lun.,* €), une citadelle dace reprise par les Romains, qui ont occupé la région jusqu'au début du VIIe siècle. Le Danube s'est depuis retiré d'un bon kilomètre vers le sud. La fontaine a été récemment submergée et, lors de la rédaction de ce guide, son petit escalier de pierre demeurait impraticable. Les berges sont hélas devenues une décharge sauvage et l'endroit dans son ensemble aurait besoin d'un sérieux investissement pour retrouver un aspect présentable. Dans l'immédiat, faites-y un saut si vous passez à proximité et contemplez au loin le Danube scintillant sous la lumière, une vision propre à dissiper toute la tristesse ambiante. ■

Autres sites à visiter

BALŞ

Les amateurs de céramique doivent passer par Balş pour découvrir la **Colecţia de Ceramica Tradiţională de pe Valea Olteţului** *(Str. Popă Şapcă 10)*, une collection de poteries traditionnelles provenant de trois villages situés dans la vallée de l'Oltet.

83 D2 25 km à l'est de Craiova par la E574/E65

LES RIVES DU DANUBE EN VOITURE

Afin d'éviter les itinéraires touristiques classiques, le visiteur choisira de longer le Danube en voiture depuis Drobeta-Turnu Severin jusqu'à Corabia. Ce parcours original à travers le Sud de la Roumanie s'effectue sur des routes parfois mauvaises, où les services sont rares : vous partirez donc un peu à l'aventure pour ce voyage, dont vous ne profiterez pleinement qu'à la fin du printemps ou au début de l'automne.

À **Calafat**, vous pouvez monter à bord d'un ferry ralliant Vidin, en Bulgarie, et explorer l'autre rive du Danube. Si vous restez côté roumain, une large route nationale (DN55A) vous conduira jusqu'à Corabia, où vous attend un autre itinéraire correct, ce qui vous permettra de gagner l'embouchure du fleuve en empruntant des routes acceptables. Une fois arrivé dans la capitale de la musique tzigane, **Giurgiu**, situé à l'est de Corabia (voir le plan p. 66), vous pouvez franchir le pont et faire un saut dans la ville bulgare de Ruse. Puis continuez vers Olteniţa (voir p. 80) et Calaraşi, où le fleuve pique vers le nord et l'intérieur des terres. Là, un car-ferry (€) vous emmènera à Silistra, sur la rive bulgare, d'où l'on rejoint rapidement le très beau – et très méconnu – site archéologique romain d'Adamclisi (voir p. 222).

83 B3-D1

VALEA LOTRULUI

Restée assez sauvage, la « Vallée du voleur » ravira les randonneurs intrépides qui veulent se frotter au versant sud des Carpates. Elle est desservie par une route reliant **Brezoi** (32 km au nord de Râmnicu Vâlcea) à la ville minière de **Petroşani**. Vous pouvez suivre les traces des bergers lors de la transhumance annuelle et vous immerger dans le monde rural authentique. Vous trouverez à vous loger sans difficulté chez l'habitant, une solution de modeste confort dans cette vallée, mais qui constitue une source de revenus dont la population locale a diablement besoin.

83 D4

RÂMNICU VÂLCEA

Sur les rives de l'Olt, au sud du principal col des Carpates, Râmnicu Vâlcea (Vallon de l'étang) est une ville animée d'un peu plus de 100 000 habitants. L'offre abondante d'hôtels, de pensions et de restaurants en fait un point de chute idéal pour explorer le nord de l'Olténie et découvrir deux sites proches.

À Râmnicu Vâlcea même, le **Muzeul de Artă Casa Simian** (*Str. Carol I 25, tél. 0250 738 121, fermé lun-mar.*, €) occupe une jolie demeure de style italien où ont vécu autrefois les industriels originaires de Mărginimea Sibiului (voir p. 32-134). Il présente une petite – mais très intéressante – collection de peintures et sculptures roumaines des XIXe et XXe siècles, notamment quelques œuvres de Nicolae Grigorescu, qui a su rendre avec éclat des scènes de la vie quotidienne dans la campagne valaque.

À 5 km environ de la ville, le passionnant **Muzeul Satului Vâlcean** (*Calea lui Traian 302, Bujoreni, tél. 0250 746 869, fermé lun.*, €) est installé sur un coteau planté d'arbres fruitiers, d'où l'on domine toute la ville – la vue mérite à elle seule le détour. Le musée rassemble des trésors de l'architecture traditionnelle du département de Valcea, profondément ancré dans la ruralité. Vous y verrez des fermes, des machines (notamment un moulin à eau et un ingénieux système artisanal de séchage des fruits), une auberge, une école de village, un *cula* (voir encadré p. 85), une superbe *stână* (cabane de berger, encore que ce mot ne rende guère justice à la beauté de l'édifice) et bien d'autres choses encore. Prenez garde de ne pas manquer la bifurcation pour le musée, qui n'est pas signalée. Venant de Râmnicu Vâlcea (DN7/E81), vous devez trouver sur votre gauche une petite route secondaire. Une haute barrière de bois marque l'entrée du musée, à quelques mètres sur la droite.

83 D3 **Office du tourisme** Centrul de Informaţii Turistice Vâlcea, Str. General Gheorghe Magheru 18 0250 734 307 ■

Enserrée par les Carpates, d'une beauté éclatante, la Transylvanie est l'un des joyaux de la couronne roumaine. Sa grande diversité culturelle et ses magnifiques paysages éveillent à la fois l'esprit et les sens.

La Transylvanie

Souvenirs au château de Bran.

La Transylvanie

La Transylvanie est une contrée sauvage et mystérieuse, d'une grande complexité historique, dans laquelle, en dépit de rudes conflits et de grandes souffrances, Est et Ouest ont incroyablement entremêlé leurs cultures. Les sites, souvent encore intacts, regorgent de lieux superbes à explorer à pied, à vélo ou à cheval.

La Transylvanie est bordée de trois côtés par les Carpates ; sur sa face ouest s'élèvent les monts Apuseni, de moindre altitude. Les Roumains ont toujours considéré la Transylvanie, (notammment le sud-ouest), comme leur foyer ancestral dans la mesure où les Daces, leurs aïeux de l'âge du fer, y maintenaient leurs principaux bastions. Pendant pratiquement un millénaire, cependant, cette région a dépendu du royaume de Hongrie puis a été placée sous l'autorité de l'empire austro-hongrois, ce qui explique les influences hongroises très marquées que l'on relève tant dans son histoire que chez ses habitants. L'influence allemande, quant à elle, y est quasiment aussi forte, car les rois hongrois favorisèrent, du XIIe au XIIIe siècle, l'installation de colons provenant de territoires germanophones.

Vue depuis le beffroi de l'Église Évangélique de Piaţa Huet, à Sibiu.

Ceux-ci, plus connus sous l'appellation de Saxons, ont laissé derrière eux de splendides bâtiments, telles ces églises fortifiées de l'ère médiévale (les *Kirchenbürgen*) qui émaillent le sud de la Transylvanie. Châteaux hongrois, vastes demeures, palais et églises sont également légion dans les villes tout aussi étonnantes. Parmi les plus intéressantes, citons Braşov, Cluj-Napoca, Alba Iulia, Sighişoara et l'ancienne cité saxonne de Sibiu (désignée en 2007 comme l'une des deux capitales européennes de la culture).

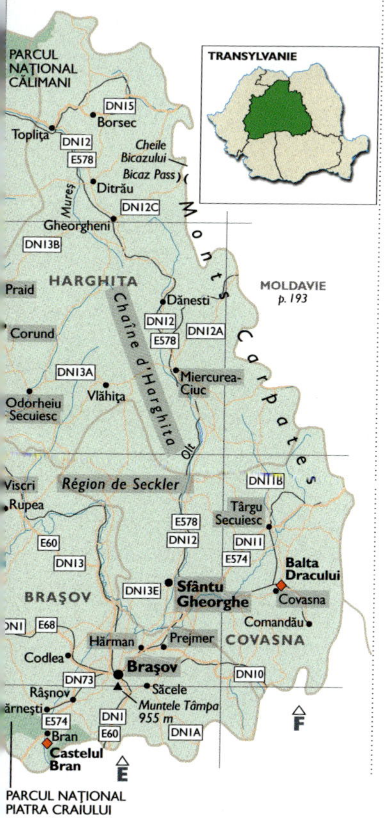

La Transylvanie occidentale est dominée par les monts Apuseni, dont les habitants se nomment les Moţi : ces fermiers et mineurs dans l'âme, fiers de leurs origines remontant à des millénaires plutôt qu'à des siècles, luttent actuellement pour sauver leurs montagnes de la destruction.

Dans la partie sud, l'influence allemande est encore présente dans l'aspect imposant des bâtiments. Les Saxons ont pourtant déserté le territoire : depuis les années 1970, date à laquelle le gouvernement communiste a signé un accord avec l'Allemagne de l'Ouest, les Allemands de souche ont en effet quitté le pays en masse. Hormis leur architecture, ces derniers ont également légué à la région leurs valeurs reposant sur l'indépendance, l'ordre et le sens du travail.

La partie orientale de la province rassemble le plus grand nombre d'habitants d'origine hongroise de toute la Transylvanie.

Le décor naturel de la Transylvanie, forte de son climat subalpin, se révèle spectaculaire à toute époque de l'année mais surtout au printemps, quand reverdissent les arbres et éclosent les fleurs sauvages. ■

Statue XVIIIe siècle du révolutionnaire démocratique roumain Avram Iancu sur la place, devant la cathédrale orthodoxe de Cluj-Napoca.

Cluj-Napoca

CERNÉE PAR SEPT COLLINES, CLUJ-NAPOCA EST LE CARREFOUR CULTUREL ET économique de la Transylvanie. Son centre historique animé se parcourt à pied en guère plus d'une heure, mais recèle une telle quantité de sites que vous souhaiterez peut-être y demeurer plusieurs jours.

Cluj-Napoca
102 B4
Office du tourisme
Primăria Cluj, Piaţa Unirii 1
0264 592 301 ou 0264 596 030

Les premiers colons saxons léguèrent à Cluj son nom originel latin de Castrum Clus (Camp clos), référence directe à sa situation à l'écart. Cette appellation est restée jusqu'à nos jours sous de nombreuses formes : les Hongrois l'ont déformée en Kolozsvár, puis les Saxons en Klausenburg. À l'heure actuelle, son nom roumain exact est Cluj-Napoca, de la colonie romaine de Napoca qui s'y installa au IIe siècle de notre ère – mais la plupart des gens l'appellent tout simplement Cluj.

Si Cluj se modernise à vive allure, le fait d'avoir miraculeusement échappé à la normalisation communiste lui a permis de conserver sa grandeur. Dans le centre, les bâtisses médiévales aux murs massifs et aux vastes cours côtoient les édifices de styles hongrois et Habsbourg. La plupart des sites se situent à l'intérieur du vaste carré que forment, à l'est, Piaţa Avram Iancu et Piaţa Ştefan cel Mare ; à l'ouest, Strada Petru Maior ; au nord, le fleuve Someş et, au sud, Strada Avram Iancu.

Les demeures austro-hongroises se regroupent autour de la place principale baptisée **Piaţa Unirii** (place de l'Union), repère pratique pour le visiteur. L'un des édifices les plus frappants est le néobaroque **Hotel Continental** (*Str. Napoca 1* ; voir encadré p. 105), situé entre deux rues qui se rejoignent à l'angle sud-ouest. Repaire favori de la noblesse hongroise entre les deux guerres, il a conservé sa décoration d'époque.

Sur la place se dresse la grande **église gothique Saint-Michel** et la **statue** très photographiée de **Matthias Ier** (Mátyás Corvin ou Matei Corvin, règne 1458-1490). Mathias Ier, l'un des plus grands rois de Hongrie sous la Renaissance, naquit à Cluj en 1443. Sa maison natale (désormais classée), au n° 4 de Strada Matei Corvin (qui part de l'angle nord-ouest de la place), a été reconvertie en une **école des beaux-arts** qui porte le nom de Casa Bocskay.

Cluj était le repaire d'élection des Bánffy, l'une des familles dirigeantes de Transylvanie. Piaţa Unirii renferme l'un de leurs nombreux et magnifiques palais. L'édifice héberge désormais le **Muzeul Naţional de Artă al Transilvaniei** (*Piaţa Unirii 30, tél. 0254 596 953, fermé lun-mar.,* €), qui abrite la plus vaste collection régionale d'art roumain XVe-XXe siècle (beaux-arts et arts décoratifs). Il existe un café dans la cour.

Si vous suivez Strada Iuliu Maniu, qui part de la place en direction de l'est, vous pourrez remarquer que les maisons de chaque côté de la rue sont les reflets exacts les unes des autres. Iuliu Maniu se termine dans Piaţa Avram Iancu, dans laquelle se dresse une cathédrale orthodoxe moderne. À droite, sur une autre place, vous apercevrez le **Teatrul Naţional Lucian Blaga** (*Théâtre national Lucian-Blaga, Piaţa Ştefan cel Mare 24, tél. 0264 595 363*), qui affiche une excellente programmation internationale. Auparavant dénommé Théâtre d'État hongrois (lequel occupe aujourd'hui un bâtiment proche du parc central), il fut conçu par la célèbre firme Fellner and Helmer.

Très Continental

L'Hotel Continental a atteint l'immortalité à travers le roman en langue anglaise de Patrick Leigh Fermor *Between the Woods and the Water* (1986), qui, à l'heure où nous mettons sous presse, n'a pas encore été traduit en français. L'auteur y décrit le voyage qu'il entreprit à pied, au milieu des années 1920, et qui le conduisit de Hoek van Holland jusqu'à Constantinople. Il séjourna en Transylvanie en compagnie d'une jeune femme et découvrit l'Hotel New York (aujourd'hui nommé le Continental). Leigh Fermor note le somptueux « décor Régence néoroman » de cet établissement qu'il apprécia particulièrement, tout comme les cocktails créés par un « barman démoniaque ». ■

De l'angle nord-ouest de la place, il ne faudra marcher guère plus de cinq minutes pour atteindre deux musées. Le premier est le **Muzeul Naţional de Istorie a Transilvaniei** (*musée d'Histoire, Str. Constantin Daicoviciu 2, tél. 0264 595 677, fermé lun.,* €) : il recèle une collection réellement superbe de cartes anciennes de Cluj, ainsi qu'une fraction de la vaste collection d'outils de l'âge du bronze qui a fait la réputation de la Transylvanie.

Le **Muzeul de Etnografie al Transilvaniei** (musée d'Ethnographie) occupe, quant à lui, un ancien palais du XVIe siècle. Passez la vaste porte cochère. Le musée vient de faire l'objet d'une restauration et apporte un lustre nouveau et bienvenu à d'étranges outils, meubles et objets de culte qui, il y a un demi-siècle, étaient considérés comme très ordinaires. Ne manquez pas d'admirer les

Muzeul de Etnografie al Transilvaniei

- ✉ Str Memorandumului 21
- ☎ 0264 592 344
- 🕒 Fermé lun.
- € €

Parcul Etnografic Romulus Vuia

- ✉ Str. Tăietura Turcului
- ☎ 0264 586 776
- 🕒 Fermé lun.
- € €
- 🚌 Bus : 27 (depuis la gare ferroviaire), 28 (depuis Piaţa Mihai Viteazul) ou 30 (depuis le trottoir faisant face au Musée ethnographique), puis descente à Piaţa 14 Iulie et courte marche. Voiture : depuis le centre-ville, traversez le fleuve et longez vers l'ouest Str. Drăgălina et Str. Eremia Grigorescu. Tournez ensuite à droite dans Str. Tăietura Turcului.

canots, ainsi qu'un magnifique cheval de bois décoratif jadis utilisé lors du Căluş, l'une des danses païennes roumaines de fertilité parmi les plus ésotériques.

Pendant au Musée ethnographique, le village-musée en plein air **Parcul Etnografic Romulus Vuia** date de 1932, ce qui en fait le plus ancien du genre en Roumanie. Il recèle quelques trésors, parmi lesquels un engin en bois fort ingénieux qui servait à fabriquer des fenêtres. Ce type de musée aide à comprendre que la Roumanie a connu sa propre révolution industrielle, aidée en cela par une technologie appliquée au bois, et non au fer ou à l'acier.

Tranche de vie : file d'attente pour le bus à Cluj-Napoca.

La zone au sud de Piaţa Unirii abrite la plus grande université roumaine, **Babeş-Bolyai**. Tirant son nom de deux scientifiques, l'un roumain et l'autre hongrois (mettant ainsi l'accent sur son bilinguisme), cette université est l'une des plus anciennes du pays. Elle revendique un lien avec un collège fondé sur les lieux en 1581. Ses départements sont répartis à travers toute la ville, mais les bâtiments les plus anciens se trouvent rues Universităţii et Kogălniceanu, près de Piaţa Unirii. Quand les étudiants sont en ville, Cluj prend vie et voit sa population (environ 300 000 habitants permanents) augmenter d'un tiers.

Près de l'extrémité est de Strada Kogălniceanu se dresse la **Biserica Reformată** (une église presbytérienne hongroise), édifice imposant mais sinistre datant de 1436. À l'intérieur, l'atmosphère évoque clairement les origines hongroises de la ville, avec des stalles arborant de splendides sculptures pieuses. Vous apercevrez à l'extérieur du bâtiment la reproduction d'une statue de bronze très expressive de **saint Georges terrassant le dragon**. L'original, conçu en 1272 par Márton et György Kolozsvári, deux frères natifs de Cluj, est exposé dans l'enceinte de la cathédrale du château de Prague, en République tchèque.

Non loin, dans Strada Baba Novac, un segment de mur de la **citadelle médiévale saxonne** incorpore le **bastion des Tailleurs** (XVe siècle). Ce bastion n'étant pour l'heure pas ouvert aux visiteurs, vous devrez vous contenter d'en admirer la façade extérieure.

Dans le superbe **Grădina Botanică** (*Jardin botanique, Str. Gheorghe Bilaşcu 42, tél. 0264 592 152, €*), au sud de l'université, vous pourrez admirer un charmant jardin japonais conçu dans le style traditionnel *gyo-no-niwa*, ainsi que des essences présentées selon leurs familles, ordres et classes respectifs.

La colline **Cetăţuia** surplombe la rive nord de la Someşul Mic, qui coupe Cluj en deux. Plusieurs sentiers mènent à son sommet, où l'on découvre les vestiges sommaires d'une citadelle pré-Habsbourg du début du XVIIIe siècle, mais le but véritable de cette ascension devrait être la vue impressionnante qu'elle dégage sur Cluj (un hôtel en occupe désormais le sommet). ■

Bistriţa

LA PLUS SEPTENTRIONALE DES SEPT VILLES SAXONNES FORTIFIÉES DE Transylvanie, Bistriţa forme la halte idéale, avant de partir explorer les Carpates orientales. Ceinte de villages où les coutumes et arts traditionnels demeurent florissants, elle possède en outre un charmant petit centre qui vous fera remonter le temps.

Bistriţa
102 D4
Office du tourisme
Primăria Bistriţa, Piaţa Centrală 6
0263 223 923

Ses premiers colons furent des Saxons, qui s'y virent remettre des terres, des mines et des privilèges en échange de leur défense des frontières transylvaniennes. La plupart des édifices historiques de Bistriţa se regroupent autour de **Piaţa Centrală**. Sur cette place assoupie, on peine à croire que Bistriţa fut jadis une ville-marché prospère qui dut repousser maintes attaques ennemies. La haute tour gothique, qui domine la scène, appartient à la **Biserica Reformată** (Église réformée ;*dim. offices en allemand ; en été à 10 h*). Élevée à l'origine pour des moines franciscains, celle-ci est un enchevêtrement de styles : roman du XIIIe siècle, gothique des XIVe et XVe, Renaissance du XVIe.

Le côté nord de Piaţa Centrală est bordé d'une rangée de treize demeures à arcades appelée **Sirul Sugălete** (le marché aux grains). Bâties à la fin du XIVe siècle, ces maisons – elles constituèrent les premiers édifices à deux étages de la ville – servaient tout à la fois de lieu d'habitation et d'atelier aux marchands de la guilde. Toujours en activité, elles ont toutefois perdu leurs décorations d'origine et leurs longues cours. À l'extrémité droite de la rangée, ne manquez pas la porte cochère de la *casa parohiala*, ou maison paroissiale (1480).

Plus à l'est, la **Casa Argintarului** patricienne du XVIe siècle (Maison de l'orfèvre, *Str. Dornei 5*) abrite une école d'art. Le maçon italien Petrus da Lugano, qui œuvra à l'église réformée, serait également l'auteur des sculptures sur pierre.

L'imposant **Muzeul Judeţean Bistriţa-Năsăud** (musée du district Bistriţa-Năsăud. *Str. General Grigore Bălan 19, tél. 0263 211 063, fermé lun., €*), conçu en forme de U sur deux niveaux, n'est qu'à une courte distance à pied du centre-ville. Il apporte des éclairages sur l'histoire, l'ethnographie et l'histoire naturelle de la région.

Le bâtiment était jadis une caserne de l'armée autrichienne. Sous le règne de l'impératrice Marie-Thérèse (1740-1780), les Habsbourg avaient établi des garnisons frontalières tout le long de la Transylvanie septentrionale pour se protéger des attaques tatares, russes et polonaises.

ENVIRONS DE BISTRIŢA

Dans la région septentrionale du plateau transylvanien, le temps semble s'égrener à un rythme bien plus paisible qu'au sud. La portion est de la route principale (DN17/E576), qui va de Dej au col de Tihuţa (Borgo), est charmante.

Le village de **Cristur-Şieu** s'étend à quelque 22 km à l'ouest de Bistriţa. Ses habitants célèbrent la Pentecôte (14 juin) selon un rite de l'ère préchrétienne appelé **Înstruţatul Boului** (Bœuf enguirlandé). Ils parent le plus beau bœuf du village de fleurs, d'étoffes brodées et de tresses, puis défilent dans la grand-rue avant de se livrer à de bruyantes beuveries. Des traditions identiques, rappels de vieux rites de fertilité, perdurent dans d'autres villages, de même que dans le Maramureş tout proche.

À 6 km à l'est de Bistriţa, le village de **Livezile** arbore une authentique ferme saxonne, **Casa Sasească** (*Str. Dorolei, tél. 0263 270 109, fermé lun.-mar.,* €) dont le mobilier peint de couleurs vives est typique de la région.

Encore 6 km vers l'est et vous atteindrez un chapelet de villages portant tous le suffixe « Bârgăului », ce qui signifie qu'ils sont proches de la rivière Bârgău. **Mijlocenii Bârgăului** possède deux potiers (*olari*) traditionnels, Ştefan Gănău et Ştefan Gâţa, qui utilisent encore un tour actionné au pied (*demandez au village ou contactez le département ethnographique du Muzeul Judeţean Bistriţa-Năsăud ;* voir p. 107).

Avant de passer le col du Tihuţa pour entrer en Bucovine, une route secondaire traverse Bistriţa Bârgăului jusqu'au **Lacul Colibiţa** : son ravissant cadre sylvestre en a fait une destination de vacances très prisée.

VALLÉE DE SOMEŞ

De Năsăud à Şanţ, la vallée de Someş dévoile un panorama à couper le souffle. Du fait de son encaissement, elle enregistre souvent les températures hivernales les plus basses du pays et le printemps y arrive toujours plus tardivement qu'ailleurs.

Meules de foin au sud de Bistriţa.

À l'est de Năsăud, la petite route de campagne, qui part de la route principale D17 à Poderei, serpente en direction du nord sur 17 km jusqu'à **Parva**. L'hospitalité y est telle que les habitants sont susceptibles de vous inviter gentiment chez eux pour vous offrir un verre de l'alcool (fort) local (*ţuica*).

À l'est de Poderei, **Sângeorz-Băi** est devenu un lieu de vacances populaire grâce à ses eaux thermales. Au **Muzeul de Artă Comparată** (*Str. Republicii 68, tél. 0263 370 219, RV requis pour les groupes, €*), conçu par l'artiste Maxim Dumitraş, art moderne et outils traditionnels faits à la main interagissent dans un décor de chalet à l'ancienne. On y expose les œuvres d'une centaine d'artistes roumains contemporains.

Le *Dracula* de Bram Stoker

Bram Stoker situe son roman *Dracula* (1897) dans les vallées entourant Bistriţa. Les éléments de cette œuvre de fiction relèvent à la fois du folklore et de faits historiques, mais Stoker, en y cartographiant la Transylvanie de manière précise, en a grandement renforcé l'impression d'authenticité. Ainsi le « héros », Jonathan Harker, fait-il étape une nuit à Bistritz (Bistriţa) en se rendant au château de Dracula sur le col de Borgo. Il séjourne à l'auberge de la Couronne d'or, qui est aujourd'hui l'Hotel Corona de Aur (*Piala Petru Rareş 4*) ; vous pourrez y déguster un « steak du voleur » comme Harker dans le roman. ■

Dans la localité de **Maieru**, plus à l'est en longeant la D17 en direction de Şanţ, le **Cuibul Visurilor** (*musée « Nid de rêves » ; n° 200, tél. 0263 372 031, téléphonez au préalable, €*) dévoile une collection de plus de 3 000 objets relatifs à la vie rurale. Une section entière est consacrée à Liviu Rebreanu : cet auteur de romans historiques parmi les plus intenses de toute la littérature roumaine vécut une partie de son enfance à Maieru.

Pour savourer agréablement les paysages extraordinaires de la vallée, vous pourrez prendre le train à Năsăud. Cette ligne, l'une des plus méconnues du pays, vous fera traverser la vallée et les montagnes environnantes jusqu'à Gura Humorului, en Bucovine. ■

Les mythes roumains

Grâce à la persistance de son héritage rural, la Roumanie conserve des trésors de mythologie. Même sous les communistes, ses habitants ont continué de croire en des êtres surnaturels – fées, sorcières, farfadets, vampires... Ces croyances remontant à l'Antiquité étaient souvent liées à l'espoir de conditions météorologiques favorables aux cultures, mais aussi à la peur de l'inconnu et à la nécessité de souder les communautés devant l'adversité. Pour l'essentiel, elles ont été depuis absorbées dans le rituel orthodoxe (de nombreuses églises arborent les signes du zodiaque et les symboles païens du soleil et de la lune). La mythologie préchrétienne a, elle aussi, survécu de manière indépendante. Le chamanisme, pratiqué en Roumanie depuis la nuit des temps (v^e millénaire av. J.-C.), a tenu bon jusqu'au milieu du xxe siècle.

Dans le Maramureş et dans les montagnes septentrionales de la Transylvanie perdure le mythe de Fata Pădurii (la Fille de la forêt). Irrésistiblement attirante, Fata Pădurii séduit les bergers solitaires. Dès qu'ils ont succombé à ses charmes, elle les attaque sauvagement. Dans certains cas extrêmes, ils peuvent perdre un membre, voire la vie. Ce mythe recèle une menace à peine voilée : les bergers ne doivent en aucun cas se détourner de leur devoir car le troupeau appartient au village tout entier. Selon une autre croyance, il est dangereux de laisser s'éteindre le feu : celui-ci doit rester continuellement allumé d'avril à octobre. Dans certaines régions, Omul Nopţii (l'Homme de la nuit) est le pendant masculin de Fata Pădurii : il réduit certains de ses excès et punit les mauvaises femmes.

Mioriţa, qui met également en scène des bergers, est l'un des mythes roumains les plus connus. Il en existe des variations infinies, se fondant toutes sur le même schéma : deux bergers jaloux complotent pour tuer leur ami et lui voler son troupeau. L'une des brebis (*mioriţa*) de la victime désignée entend leur conversation et, dans le poème, prévient son maître du danger qui le menace. Le berger lui répond qu'il préfère affronter la mort que l'éviter par la résistance ou la fuite. Cette épopée s'est transmise oralement de génération en génération jusqu'aux années 1860, date à laquelle fut publiée une version considérée comme une allégorie de la Roumanie aux premiers temps du christianisme.

Pour l'Occident, le mythe le plus connu sur la Roumanie est celui du comte transylvanien Dracula. Ce vampire de fiction s'inspire d'une croyance de l'Europe de l'Est très répandue, selon laquelle les âmes tourmentées pouvaient sortir de leur tombeau et survivre en suçant le sang des vivants. De fait, les histoires de vampires abondaient dans toute la Roumanie et dans les contrées avoisinantes, telles que la Bulgarie et la Serbie.

Depuis que le roman *Dracula* (1897) de Bram Stoker a donné lieu à un film, la Roumanie est devenue synonyme de vampire. Pourtant, ce Dracula de fiction – l'aristocrate Székely, d'origine hongroise – n'est ni celui du mythe roumain, ni celui de l'Histoire. Le Dracula historique était un prince originaire de Munténie : Vlad III Dracula, surnommé Ţepeş (l'Empaleur), serait né dans la ville transylvanienne de Sighişoara. Son sobriquet signifie en fait « fils de Dracul » ou « le Dragon ». Quant à son nom, il provient du titre que Sigismund de Luxembourg avait conféré à son père, Vlad II, lorsque celui-ci était venu solliciter l'aide du Saint-Empire romain pour la conquête du trône de Munténie. ■

À gauche : les Roumains parodient leur principal produit d'exportation. En haut : détail des guerres de Dacie sur la colonne Trajan à Rome. Certaines croyances daces préchrétiennes ont été directement transposées dans la culture roumaine. En bas : sur une fresque murale du monastère de Voroneţ, en Bucovine, la déesse de la Mer chevauche un couple de dauphins.

Turda

Turda
102 C3
Office du tourisme
Centrul de Informare Turistică, Piaţa 1 Decembrie 1918 1
0264 314 611

NICHÉE AU PIED DES MONTS APUSENI, SUR LA ROUTE PRINCIPALE CLUJ-Alba Iulia, cette ville méconnue, au riche passé, offre à la curiosité des visiteurs son centre médiéval (et ses faubourgs), de même qu'un grand nombre de sites.

Au XVIe siècle, Turda était le siège de la Diète (parlement composé uniquement de nobles) de Transylvanie. En 1568, celle-ci proclama l'édit de Turda, qui interdisait d'intimider, d'emprisonner ou d'expulser quiconque du fait de sa foi. Cet édit exceptionnel par sa tolérance serait cassé un siècle plus tard par les Habsbourg, qui étaient majoritairement hostiles à l'orthodoxie.

Une espèce en voie de disparition ? Un berger roumain avec son troupeau.

Le centre médiéval de Turda renferme plusieurs beaux édifices de styles baroque et magyar qui se trouvent tous à proximité les uns des autres. Citons en particulier le **Primăria** (Hotel de ville, *Piaţa 1 Decembrie 1918 28*) et le **Muzeul de Istorie** (*Str. B. P. Haşdeu 2, tél. 0264 311 826, fermé pour restauration*). Ce dernier, le musée d'Histoire, occupe un palais du XVIe siècle monté sur deux étages, robuste et carré, qui fut construit à l'intention de la grande famille Báthory. Parmi les objets exposés figurent des artéfacts mis au jour au *castrum* (ville militaire) romain du IIIe siècle qui se dressait au sud-ouest de l'actuelle Turda.

Dans un tout autre genre, allez voir les salles gigantesques en forme de cloche des **mines de sel** (*Str. Salinelor 54B, tél. 0264 311 690, €*) situées à la lisière nord de la ville. Les Romains exploitèrent le sel de Turda bien avant que les Saxons n'en développent les gisements, au XIIe siècle, et, au cours des siècles suivants, ces mines, parmi les plus étendues de Transylvanie, apportèrent de considérables ri-chesses à Turda. Fermées dans les années 1930, elles constituent aujourd'hui une curiosité touristique non négligeable. Habillez-vous chaudement (les grottes sont ventilées à une température constante de 10-12 °C) et munissez-vous d'une lampe-torche pour apercevoir les zones moins éclairées. ■

Le vieux centre d'Aiud.

Aiud

LA CHARMANTE LOCALITÉ D'AIUD, BÂTIE AU PIED DES MONTS APUSENI, SE signale par sa citadelle datant du XIVe siècle et par sa proximité avec le monastère de Râmet.

L'imposante **Cetatea** (citadelle) occupe la majeure partie de la place centrale, Piaţa Cuza Vodă. Ses murailles épaisses et crénelées sont d'une largeur inhabituelle par rapport à la faible circonférence de l'édifice. Au début du XVIIe siècle, le château était la propriété du prince Gábor (Gabriel) Bethlen (1580-1629), l'un des dirigeants les plus éclairés et cultivés qu'ait connus la Transylvanie. On peut faire l'ascension des tourelles (*demandez au musée*). La citadelle abrite le **Muzeul de Istorie** (*Piaţa Consiliul Europei 24, tél. 0258 865 459, fermé lun., €*). Outre les antiquités roumaines, ce musée d'Histoire renferme des objets de Papouasie-Nouvelle-Guinée rapportés au XIXe siècle par l'explorateur Samuel Fenichel.

Le **musée de Sciences naturelles** (*Str. Gábor Bethlen 1, tél. 0258 862 569, fermé lun., €*) se trouve dans le collège Gabriel Bethlen (1796). Sa collection d'animaux et d'oiseaux empaillés se visite sous des plafonds d'un baroque superbe mais décati.

La principale curiosité tout près d'Aiud est le **Mănăstirea Râmet**, à 27 km via la ville de Teiuş. Attention : le revêtement de la route de campagne partant de Teiuş se révèle épouvantable par endroits. Le monastère (1377) tire son nom des *eremiţi* (ermites) qui s'y retiraient jadis. Son emplacement est impressionnant : du haut de sa colline boisée, il fait face aux incroyables rochers nus des gorges de Râmeţ, qui s'élèvent telle une gigantesque muraille. Une église de style moldave, construite dans les années 1980, en occupe le sommet, tandis qu'une minuscule basilique toute simple (fin XIVe siècle) dresse son épaisse tour carrée à mi-hauteur. À l'intérieur, on aperçoit des fragments de fresques parmi les plus anciennes du pays (vers 1300). Le **musée du monastère** (*ouvert à la demande*) expose des outils et tissus d'origine locale. ■

Aiud
102 C3

Mănăstirea Râmet
102 B3
Râmet
0258 880 111
€

La vallée d'Arieş

Vallée d'Arieş
102 B3

RENOMMÉE POUR SA BEAUTÉ NATURELLE, LA VALLÉE D'ARIEŞ VOUS MÈNE AU cœur des Apuseni. La route asphaltée DN75 Turda-Câmpeni suit le cours d'eau sur la majeure partie du trajet. Chaque virage dévoile un nouveau panorama, les seules constantes étant les pâturages verdoyants que ponctuent des meules de foin, des forêts profondes et des pics rocheux.

Quittant Turda en direction de l'ouest, faites 7 km à travers le faubourg de Mihai Viteazul jusqu'à la sortie pour les **Cheile Turzii** (gorges de Turda). Cette petite route qui passe au-dessus de l'Arieş vous mènera au village de Cheia (gorge, au sens littéral « la clé ») ; les gorges se trouvent au nord-ouest. Habité par les Daces dès 500 av. J.-C. environ, le canyon (d'une longueur de 2,5 km) est aujourd'hui une réserve naturelle. En arpentant ses sentiers, vous découvrirez des cascades dévalant des murailles vertigineuses et explorerez un vaste réseau de grottes, creusées dans une roche calcaire formée au jurassique. Parfois, on aperçoit des aigles planant dans le ciel.

Partant des gorges, un détour de 8 km vers le sud vous mènera au charmant village de **Rimetea**, fondé à son origine par des Hongrois. Il entama sa véritable croissance au XIVe siècle, lorsque les Saxons colonisèrent la région pour en exploiter le minerai de fer. De nos jours, sous l'action combinée d'un maire dynamique et d'une aide financière de Budapest, près de la moitié de ses 315 fermes saxonnes ont été restaurées, ce qui a permis à Rimetea de remporter en 1999 le prix Europa Nostra de la réhabilitation. Pendant la saison estivale, le village accueille des milliers de visiteurs. Visitez son **Muzeul Satului** (*Rimetea n° 34, 0258 768 001, fermé lun.,* €), petit musée de la vie villageoise.

Rimetea semble tout simplement minuscule à côté de la **Piatra Secuiului** (roche de Seckler), située plus à l'est. En atteindre le sommet, qui culmine à 1 129 m, vous prendra deux heures d'un effort soutenu, dont vous serez récompensé par le magnifique panorama.

À l'ouest de Buru, de part et d'autre de la DN75, le visiteur sera tenté de s'arrêter dans des villages comme **Vidolm** (connu pour ses forêts de mélèzes), **Ocoliş** et **Lunca Arieşului**. À l'écart des grands axes, la vie rurale s'égrène à l'identique depuis des siècles – âpre pour ceux qui la subissent, pittoresque pour ceux qui ne font que l'observer.

Au sud de **Sălciua** s'étend la grotte de **Huda lui Păpară**, longue de 2 km (*demandez la route dans le village ; le sentier depuis la route traverse la voie ferrée et la rivière*). Partout alentour, de petites églises parsèment les collines. L'**église en bois** de **Sartaşu**, un village à l'extrémité est de Baia de Arieş, se dresse sur une colline au nord de la grand-route. Ce monument de 1780 renferme des fresques naïves admirables figurant des thèmes chrétiens (*demandez la clé au village*). On n'y célèbre l'office qu'une fois ou deux dans l'année, mais la coutume païenne consistant à placer un jeune sapin sur la tombe d'un enfant y est toujours en usage.

À **Lupşa**, le **Muzeul Etnografic Pamfil Albu** (*appelez la*

mairie, tél. 0258 769 225, ou bien demandez la clé au village, €) offre un excellent aperçu de la vie rurale. Au nord de la route principale, ce musée occupe au centre du village une demeure XIXe en pierre et en bois, à deux étages. Ses collections furent créées en 1938 par un maître d'école qui recueillit plus de 8 000 objets d'histoire locale et des ustensiles ménagers traditionnels. Vous y verrez ainsi un peigne en épiderme de hérisson, des étagères faites à la main et des instruments de musique. À l'extrémité ouest de Lupşa se dresse un **monastère** orthodoxe (XIVe siècle) qui est toujours en activité. La plupart de ses bâtiments sont modernes, à l'exception de l'église en bois, fondée par la famille Cândea, des nobles roumains. Cette église serait la plus ancienne de Transylvanie. Ses peintures murales, récemment refaites à neuf, sont tout à fait charmantes. ■

Déraillement

Une voie de chemin de fer à faible écartement court parallèlement à la DN75 – par endroits, sur la route même ! Elle fut construite par les Austro-Hongrois pour y faire passer un train à vapeur connu sous l'appellation de Mocăniţa (la petite bergère). Ce train, qui marquait un arrêt à chaque gare de la vallée entre la zone minière d'Abrud et Turda, a cessé son activité en 1913. ■

Avec la Piatra Secuiului (roche des Sicules)en toile de fond les jeunes de Rimetea rejouent la fête d'Înmormântarea Farsangului : toutes les règles habituelles sont suspendues pour la journée, tandis que le village proclame l'arrivée du printemps.

Les monts Apuseni

Monts Apuseni
102 A4-B2

L'HISTOIRE DES MONTS APUSENI MÊLE À LA FOIS GRANDE PROSPÉRITÉ ET misère noire. Ce massif, offrant des paysages parmi les plus majestueux et les plus paisibles du pays, est le foyer ancestral des Moţi, fermiers et mineurs de longue tradition, qui font remonter leur lignée à plus de 4 000 ans.

PARTIE NORD DES APUSENI

Si elle ne culmine qu'à 1400 m à l'extrémité ouest du plateau transylvanien, cette partie des monts Apuseni offre néanmoins une véritable évasion. Elle est beaucoup moins densément peuplée que celle du Sud, et son cadre sauvage permet aux derniers carnivores de la Roumanie – tels que les lynx et les loups – d'évoluer dans une relative tranquillité. Les seuls peuplements humains se trouvent le long des routes entre Turda et Ştei, et près de la nationale Ştei-Oradea. En haute montagne, s'accrochant aux collines, quelques hameaux isolés, que l'on dit millénaires, comptent parmi les premiers villages du pays. Néanmoins, avec l'altitude, les groupements les plus nombreux sont sans nul doute les troupeaux de moutons.

Près de Gârda de Sus : l'une des magnifiques vallées des Apuseni.

La zone s'étendant entre **Huedin** et le village d'**Albac** est tout à fait emblématique de ce calme impressionnant. Attention, les chaussées qui relient les deux villages sont parfois très mauvaises par endroits, tout particulièrement au sud de Beliş et du Lacul Fântenele ; à la hauteur de ce lac, la route se replie vers l'est, mais un sentier en partie goudronné se dirige vers le sud-ouest via Poiana Horea, le col d'Ursoi et Horea – le revêtement routier s'améliore une fois passé Albac.

Les sites naturels les plus connus au nord des monts Apuseni sont les grottes de glace karstiques. On mentionnera tout particulièrement le site de **Gheţarul Scărişoara**, qui renferme un glacier. Cette grotte se situe à quelque 6 km au nord de **Gârda de Sus**, une localité située sur la DN75 à l'ouest de Câmpeni (*dans Gârda, suivez les panneaux,* €). La grotte de Scărişoara comprend deux salles qui sont aménagées en bas d'un puits de 48 m. Toutes deux sont remplies de glace, mais la première est la plus impressionnante. Vaste de 100 000 m², elle est hérissée de stalagmites et de stalactites. Elle maintient par ailleurs une température constante d'environ – 1 °C, qui préserve la glace, même lorsque le thermomètre, à l'air libre, affiche en plein été une température allant jusqu'à 40 °C. Habillez-vous chaudement et prenez garde à ne pas glisser.

Près du village de **Chişcău**, à 1 km au sud de Pietroasa, se trouve une autre grotte digne d'intérêt. Vous pourrez également y voir **La Fluturi** (*n° 86, tél. 0259 329 085, ouverture sur demande*), musée d'arts populaires privé qui tire son nom de son fondateur. Cet établissement s'intéresse particulièrement au village et à ses alentours proches. Il expose notamment plusieurs pièces de textiles brodés, tel le traditionnel *sumane* (manteau de feutrine porté par les hommes).

Les propriétaires de La Fluturi détiennent aussi la clé de la **Pestera Urşilor** (*grotte des Ours, adressez-vous au café voisin, tél. 0740 487 040, fermé lun.,* €) située à proximité. Cette grotte renferme la formation rocheuse la plus surprenante. Elle tire son nom des énormes ours qui s'y retrouvèrent emmurés après une avalanche, il y a 15 000 ans. Quelque 140 squelettes (dont certains sont visibles) furent ainsi mis au jour en 1983, lorsque des ouvriers de la carrière de marbre de Chiscău découvrirent la grotte après l'avoir dynamitée par accident.

Les mines de Roumanie

Les métaux, roches et minéraux que renferment en abondance les montagnes roumaines attirent l'homme depuis des millénaires. Dès l'âge du bronze, il y a 5 000 ans, on en extrayait de l'or. Des traces d'or des Apuseni furent décelées dans les tombeaux des pharaons égyptiens et mycéniens. Par la suite, les Daces récoltèrent du fer, de l'argent, de l'or et du sel. Les Romains édifièrent à cette fin un pont sur le Danube – un événement si important qu'ils le consignèrent sur la colonne de Trajan.

D'après les chroniques romaines, des convois interminables acheminaient le minerai d'Alburnus Maior (Roşia Montana) et d'Ampellum (Zlatna) jusqu'à Rome. L'or était si abondant dans les Carpates orientales que les autorités renoncèrent à lever des impôts.

Nombreuses sont les preuves du passé minier de Roşia Montana. Au XVIIIe siècle, les archéologues découvrirent des tablettes de cire, qui s'avérèrent être des contrats manuscrits entre les gérants des mines et leurs ouvriers. La datation au carbone 14 a révélé que les Daces exploitaient les mines de Roşia Montana avant même les Romains. Un réseau de galeries régulières d'environ huit km, quelques superbes tombeaux et d'autres vestiges attestent de la présence romaine. Après que les Romains eurent quitté la Dacie, en 271, la population locale, puis les Hongrois, et enfin les Habsbourg exploitèrent les ressources locales.

Quelle que fût la dynastie régnante, les Moţi, peuplade autochtone, exploitèrent leurs propres veines d'or. Ces « filons campagnards » devinrent source de légendes et de chants populaires. Certains Moţi lavaient le gravier dans les rivières de montagne, d'autres recouraient à la « technique du feu et de l'eau ». Mentionnée dans la Bible, cette méthode consiste à allumer des feux contre la roche, qui explose sous la chaleur ; ensuite, on verse de l'eau sur la surface de la roche pour en ôter plus aisément les fragments. Au XIXe siècle et au début du XXe, les mineurs vendaient leurs glanes au marché de l'or, qui se tenait deux fois par an à Brad. À Bucium Poieni, certaines familles firent ainsi fortune, allant jusqu'à orner leurs vêtements de fils d'or.

De nos jours, une multinationale minière du nom de Gabriel Resources cherche à exploiter les gisements aurifères de Roşia

À gauche : les mineurs à Petroşani entrent dans la mine en berline (wagonnet sur rails). En haut : la relève à la mine Lupeni à Petroşani.

Montana, ce qui nécessiterait de faire sauter cinq montagnes, d'édifier un lac de résidus de cyanure de 600 ha et de déplacer 2 000 habitants. En échange, la compagnie a financé des fouilles archéologiques, proposé de bâtir un nouveau village à un autre emplacement et promis de tirer la région de la misère.

Localement, le projet se heurte à une forte opposition. Les habitants redoutent la menace de santé publique que constituerait la présence de résidus de cyanure. En outre, ils arguent que la mine ne restera sans doute active qu'une vingtaine d'années, tandis que leur héritage archéologique d'une valeur inestimable sera, quant à lui, détruit à jamais et la majeure partie des profits réinvestie à l'étranger. Enfin, ils pensent que la compagnie minière sera incapable de reconstituer leurs magnifiques montagnes, forêts et prairies. ■

Les marches sinueuses menant à la majestueuse grotte de glace Scărişoara.

AVRAM IANCU ET ENVIRONS

Situé dans les Apuseni du Centre, le village d'Avram Iancu tire son nom d'un célèbre avocat et chef révolutionnaire Moţi qui, en 1848, mena la rébellion roumaine contre les Habsbourg. Sa maison natale a été transformée en musée, le **Muzeul Memorial Avram Iancu** (*Str. Inceşti, tél. 0258 786 065, fermé lun., €*), consacré à la révolution et à l'ethnographie locale. Ne manquez pas les charrettes ni les *buciumi* (cors alpins aux sons caverneux qu'avaient l'habitude d'utiliser les bergers pour s'interpeller d'une montagne à une autre).

À la sortie d'Avram Iancu, des panneaux signalent le **Muntele Găina** (montagne de la Poule), un pic de 1 486 m. En 1816 s'y tint la première fête annuelle des Filles (Târgul de Fete), dont le but était de permettre aux jeunes gens de différentes vallées de se marier en dehors de leurs propres communautés restreintes. Si elle a quelque peu évolué dans la forme – elle comprend maintenant une foire artisanale, des danses folkloriques, un défilé de mariages traditionnels et des feux d'artifice –, cette fête, la plus grande kermesse en plein air du pays, perdure. Elle se déroule toujours le week-end le plus proche du 20 juillet, sur le même site, et attire quantité de jeunes Roumains.

QUADRILATÈRE DE L'OR

Dans les hameaux émaillant les vallées autour d'Avram Iancu vit le peuple Moţi qui, depuis toujours, tire sa subsistance des ressources minières des Apuseni. À l'est et au sud d'Avram Iancu se trouve la région historique d'extraction aurifère du Quadrilatère de l'or. Elle démarre à Certeju de Sus, à quelques kilomètres au nord-est de Deva, pour se poursuivre jusqu'à la vallée de l'Arieş (voir p. 114-115).

Si les Daces et les Romains exploitèrent les gisements aurifères dans l'ensemble du secteur, les mines les plus connues se trouvaient sur le site de **Roşia Montană**. Le centre du village abrite le **Muzeul Mineritului** (*Str. Principală 172, tél. 0258 783 229, €*). Ce musée de la Mine renferme 0,5 km de galerie romaine et quelques-unes des machine qui jadis étaient utilisées dans les mines. On y trouvera notamment l'un des derniers moulins à eau en bois ayant servi à broyer les roches aurifères. Roşia Montană fut construit sur la ville minière romaine d'Alburnus Maior, fondée au IIe siècle.

À quelque 8 km au sud de Roşia Montană se trouve **Abrud** : son ancienne prospérité est visible dans la splendeur décatie de ses édifices et les arcades commerçantes de style médiéval de son église du XIIIe siècle.

Dans la **vallée de Bucium**, à quelques kilomètres à vol d'oiseau à l'est de Roşia Montana, on découvre six villages rustiques, parmi lesquels **Bucium Poieni**, localité tout en longueur accrochée aux pentes abruptes. Pour vous y rendre, tournez à gauche dans la DN74 à 4 km au sud d'Abrud et suivez cette route sur 6,5 km. Au fur et à mesure de l'ascension, la route devient plus inégale et le paysage plus impressionnant. Le village abrite plusieurs *pensiuni* (pensions).

L'hôtel **Hanul Ursita** (Auberge du destin *; Valea Negrilesei 860, Bucium Poieni, tél. 0723 230 790*), où l'on peut préparer ses propres repas, se tient en haut du village. La ferme originelle a été restaurée et agrandie à l'aide de matériaux traditionnels, tels que la chaux. Ursita, meublée de simples bancs de bois provenant des fermes du coin et décorée d'icônes naïves sur verre, a un charme fou. Vous vous endormirez au son du clapotis mélodieux de l'Abrud.

De Bucium Poieni, des sentiers entrelacés relient plusieurs crêtes de montagnes : vous pourrez ainsi parcourir des kilomètres sans rencontrer de route goudronnée. Explorez ces sentiers de préférence au début de l'été, tôt le matin, quand les montagnes semblent flotter dans la brume.

Ne manquez pas non plus la montagne de **Detunata**, bien connue pour ses bandes verticales de basalte (lorsqu'elles tombent, ce qui est devenu rare, elles font un bruit semblable à une détonation, d'où le nom) ; **Poiana Narciselor**, où les jonquilles au doux parfum s'épanouissent au printemps et les pentes recouvertes de genévriers et de hêtres de **Valea Albă**. Enfin, vous apprécierez le hameau de **Mogoş**, où les granges aux faîtes abrupts sont couvertes de chaume. Désignées sous le nom de şuri, elles se blottissent sur les pâtures escarpées comme autant de hérissons anguleux.

APUSENI DE L'OUEST

Au sud et à l'ouest d'Avram Iancu, les Apuseni ne comportent que quelques lieux dignes d'intérêt. Le joli village de **Brusturi** est une curiosité : situé à l'extrémité nord d'une route de campagne longue de 16 km, il est connu pour son « école » de peinture naïve. Ses œuvres très colorées et sans prétention, figurant des scènes de la vie rurale, ont trouvé des amateurs enthousiastes, tant au plan local qu'international. Demandez Petru Mihuţ ou sa fille Rodica Nicodim, dont les habitations se trouvent sur la grand-route.

La ville de **Brad** renferme un musée consacré aux ressources minières des Apuseni, que gère la société minière roumaine Minvest. Près de la moitié des 3 000 objets de la collection du **Muzeul Aurului** (musée de l'Or *; Str. Independenţei 3, tél. 0254 612 800, fermé lun., €*) sont en or, sous forme naturelle ou manufacturée. Certains des objets en or qui y sont exposés proviennent des Apuseni. ■

Le sud-ouest de la Transylvanie

Transformation néogothique : château de Corvin, Hunedoara.

Blottie entre les monts Apuseni et les Carpates méridionales, la région sud-ouest de la Transylvanie revendique un héritage bien particulier, que lui inspira le dernier acte de résistance des Daces à l'encontre des Romains.

Deva
102 B2
Office du tourisme
Primăria, Piaţa Unirii 4
0254 218 579

Hunedoara
102 B2
Office du tourisme
Centrul de Informare Turistică, B-dul Avram Iancu 12
0254 542 771

DEVA ET HUNEDOARA

Si la ville de Deva comporte quelques bâtiments d'intérêt historique, son **Muzeul Civilizaţiei Dacice si Romane** (musée d'Histoire, *B-dul 1 Decembrie 39, tél. 0254 212 200, fermé lun., €*) vaut le déplacement pour sa seule façade. Mis à part les quelques modifications qui furent entreprises au XVIIe siècle, ce palais a conservé les élégantes proportions souhaitées par Gabriel Bethlen : ce prince (1613-1629) fut l'un des dirigeants les plus éclairés de Transylvanie, où il introduisit l'architecture Renaissance. Parmi les principales curiosités afférentes à ce musée, signalons la maquette d'un bastion dace des montagnes Orăştie ainsi que les bandelettes d'or retrouvées dans un camp romain des environs, où étaient basés des légionnaires anglais.

Juste derrière le musée, se tient la surprenante colline boisée nommée **Dealul Cetăţii** (colline de la Citadelle) qui compose le seul vestige d'un volcan éteint. Une forteresse hongroise du XIIIe siècle, restaurée de manière impressionnante, en occupe le sommet.

Une autre forteresse siège en plein cœur de **Hunedoara** : avec ses tourelles et ses murailles, l'imposant **château Corvin** (*Str. Corvineştilor 1-3, tél. 0254 711 423, €*), de couleur rouge, est le prototype même du bastion médiéval. Édifié vers le milieu du XVe siècle par le prince Iancu de Hunedoara, il fut agrandi par son fils, le roi Matei Corvin (en hongrois Corvin Mátyás, 1443-1490). Père et fils acquirent une grande renommée en défendant la Transylvanie – et, par extension, la Hongrie – contre l'empire ottoman. La famille Corvin était de souche hungaro-roumaine, ce qui fit de Corvin un héros dans les deux pays. Ravagé par un gigantesque incendie en 1854, le château a été superbement restauré. Ses voûtes, ses escaliers en colimaçon, sa chapelle produisant de l'écho, ses tours et ses horribles donjons composent un ensemble vraiment parfait. Il abrite également le musée municipal.

Tout près de là se trouvent les restes d'une usine de retraitement du minerai, dont la rutilante salle des machines ressemble à une salle

Les vestiges de la capitale romaine de la Dacie à Ulpia Traiana Sarmisegetusa.

de torture médiévale. Créé dans les années 1850, le *combinat*, l'un des plus importants de Roumanie, est aujourd'hui aux mains d'une société du nom d'Ecosid, qui souhaite l'adapter à des fins touristiques.

ŢARA HAŢEGULUI

Haţeg, jolie localité commerçante et industrielle de 15 000 habitants, est un bon point de départ pour découvrir les environs, en particulier le Ţara Haţegului, territoire des Haţeg. Le village de **Sarmisegetusa** s'étend à 17 km de Haţeg, sur la DN68. Parmi les champs et les vergers qui s'étendent à gauche de la route se trouvent les vestiges d'**Ulpia Traiana Sarmisegetusa** (€). Ce castrum (bastion) devint la capitale de la Dacie romaine. Remarquez son amphithéâtre de gladiateurs et les restes d'un forum. De l'autre côté de la route, un musée (*tél. 0254 776 418*, €) expose des artéfacts daces et romains. Le bâtiment de brique rouge à arcades abritait jadis une auberge.

Les restes du castrum se trouvent à proximité du village de **Densuş**. Depuis Haţeg, il vous faudra rouler pendant 20 minutes en direction du sud-ouest. L'extraordinaire **Biserica St. Nicolae** (*n° 23, tél. 0254 215 484*) est une église du XIIIe siècle d'origine pré-chrétienne. L'édifice est tout à fait plaisant avec ses murs pyramidaux de guingois et sa tour asymétrique. Notez que son créateur a utilisé des matériaux d'Ulpia Traiana Sarmisegetusa, tant l'édifice de pierre regorge de tombeaux, de colonnes et de statues romaines. Vous apercevez dans l'enceinte du bâtiment des fragments de fresques de style byzantin. Des offices y sont toujours célébrés.

La **Cetatea Colţi** en ruine (XIVe siècle) domine le village de **Râu de Mori**. Ce château à deux niveaux, dont la silhouette déchiquetée inspira Jules Verne pour son roman d'aventures *Le Château des Carpathes* (1893), était la forteresse la plus imposante du Ţara Haţegului. Tout comme la chapelle aménagée au pied de la colline, il appartenait jadis aux Cândea, une famille de

Haţeg
102 B1

Sarmisegetusa
102 A1

Râu de Mori
102 A1

L'île de Haţeg

Il y a plusieurs millions d'années, cette île reposait au fond de la mer de Téthys, qui recouvrait une partie de l'Europe au jurassique. Au XIXe siècle, une dizaine de minuscules dinosaures y furent découverts. De là naquit la théorie scientifique selon laquelle les animaux nains naissent sur les îles. ■

Les Carpates, très prisées des randonneurs aventureux.

Monts Retezat
102 A1–B1

Monts Orăştie
102 B2

nobles roumains très influents dont le manoir se dresse encore dans le bourg. Le château a subi une restauration partielle. L'accès se fait en une demi-heure de marche depuis Râu de Mori.

MONTS RETEZAT

Cette chaîne du sud-ouest des Carpates se dresse au sud du Ţara Haţegului. La glaciation a donné à ses pics les formes spectaculaires qui lui ont valu son nom, qui signifie tondu ou coupé à ras. Plus de 80 lacs de l'âge de glace, d'une pureté de cristal, y sont recensés. Le plus profond est le **Lacul Zănoaga** (29 m) et le plus étendu, le **Lacul Bucura** (8,86 ha). Premier parc national du pays, le **Parcul Naţional Retezat** fut créé en 1935. Ses forêts mixtes recouvrent la majorité du massif.

Des chemins très prisés des randonneurs, partant de Râu de Mori et de Cetatea Colţi et, de l'autre côté du massif, de la vallée de Jiu (voir p. 82-83), mènent dans ces montagnes.

MONTS ORĂŞTIE

À 32 km de Deva, formant une ligne droite en direction du sud-est, cette chaîne montagneuse renferme un chapelet de forteresses daces remontant à plus de 2 000 ans, c'est-à-dire à l'âge du fer. La plus haute et la plus connue de toutes est la **Sarmisegetusa Regia** (Sarmisegetusa royale), palais et ultime refuge de Decebal, le dernier chef dace, qui, en 106 de notre ère, préféra se donner la mort plutôt que laisser les Romains le conduire en esclavage.

Sarmisegetusa, connue sous le nom de Grădiştea de Munte, est inscrite sur la Liste du patrimoine mondial de l'Unesco. Dégageant une certaine atmo-sphère malgré leur manque d'entretien, ces vestiges sont perchés sur une montagne isolée et recouverts d'une épaisse végétation. Ils abritent deux temples dédiés au dieu-prêtre Zalmoxis (ou Zamolxis). Notez le calendrier solaire partiellement reconstitué et la magnifique portion de mur d'enceinte. Les archéologues ont mis au jour des restes d'ateliers, ainsi que des vestiges de maisons, de temples, de citernes et de systèmes d'évacuation, portant tous la trace d'une communauté sophis-tiquée, complexe et autonome. Le sentier qui y conduit part de Costeşti ; préférez un 4x4 pour effectuer ce parcours de 18 km, qui vous fera entrevoir de splendides paysages. ■

Alba Iulia

ALBA IULIA RENFERME L'UNE DES CITADELLES DU RÈGNE DES HABSBOURG les plus impressionnantes d'Europe. C'est ici que fut scellée l'union entre la Roumanie et la Transylvanie. Aujourd'hui, cette ancienne capitale hongroise connaît une véritable résurrection.

Le nom d'Alba, qui signifie blanc, date de l'époque où cette colonie s'appelait Bălgrad, la Cité blanche. Quant à l'appellation de Iulia, elle provient de Gyula ou Jula, qui domina la région au Xe siècle. La **Cetatea** (citadelle) constitue le cœur de la ville, dont la plupart des sites historiques se trouvent sur la Strada Mihai Viteazul, à l'intérieur des murs. Œuvre de l'architecte italien Giovanni Morando Visconti (début du XVIIIe siècle), elle est conçue sur le modèle d'une étoile à sept branches qu'avait mis au point le maréchal Vauban, ingénieur de Louis XIV.

Les murs (3 m d'épaisseur) et les bastions en forme de flèche (qui forment les branches de l'étoile) sont particulièrement impressionnants vus du sud. Vous apercevrez deux des six portes d'entrée ornementales (*fermé pour travaux*) qui, à l'origine, donnaient accès aux cours intérieures.

Entrez dans la citadelle par l'ouest (*suivez le fléchage « Cetatea »*), en traversant le jardin public Parcul Tineretului. Droit devant vous se dresse la tour monumentale de la **cathédrale orthodoxe de la Réunification** (*Str. Mihai Viteazul 21*). Son édification, qui s'inspire du style grec, célébra l'intégration de la Transylvanie au sein de la Roumanie après la Première Guerre mondiale. Ferdinand marqua l'événement en décidant de s'y faire couronner roi de la Grande Roumanie en 1922. La Transylvanie avait déjà été rattachée à la Moldavie ainsi qu'à la Valachie au début du XVIIe siècle, ce

La cathédrale catholique, vue d'une arcade de la cathédrale orthodoxe : les visages contrastés du christianisme à Alba Iulia.

Alba Iulia

102 B2

Office du tourisme

Centrul de Informare Turistică, B-dul Ferdinand I 14

0258 813 736

Détail de l'entrée baroque de la citadelle des Habsbourg, Alba Iulia.

qui explique le bien-fondé du terme « réunification ».

La **cathédrale catholique** datant du XIIIe siècle (*Str. Mihai Viteazul 21, tél. 0744 162 361, fermé sam.-dim.*) arbore une façade couleur gris pâle et se dresse à l'intérieur des murs de la citadelle. Ce magnifique bâtiment est aussi modeste que son voisin est tape-à-l'œil. L'intérieur de l'édifice, début Renaissance, est sans nul doute l'un des plus frappants de Transylvanie : ses jeux de lumière créent une atmosphère céleste, avec sa nef tripartite s'élevant jusqu'aux voûtes et son vitrail projetant à l'est des rayons obliques sur les allées. L'extrémité est de la cathédrale contient trois absides. La chapelle László, côté nord, s'orne de gracieux mamelons, de figures sculptées et d'un remplage de style gothique tardif. L'église célèbre toujours la messe et accueille des concerts à l'occasion.

À droite de la cathédrale catholique se tient l'**Évêché**, bâtisse élégante mais sobre du XVIIe siècle (*fermé au public*) et derrière elle, se dresse l'élégant **palais royal**, résidence des rois du XVIe siècle à l'époque où Alba Iulia était la capitale de la Hongrie. Rehaussé de fresques et de tapisseries par les rois hongrois, l'édifice abrita par la suite Mihai Viteazul, le prince valaque qui, de mai 1600 à août 1601, réunit la Moldavie, la Transylvanie et la Valachie. Actuellement en cours de restauration, ce site devrait rouvrir ses portes au public en 2009.

En revenant sur la Strada Mihai Viteazul, vous trouverez le **Muzeul Unirii Alba Iulia** (musée de la Réunification d'Alba Iulia, *Str. Mihai Viteazul 12-14, tél. 0258 813 300, fermé lun., €*), spécialisé dans l'histoire de la Transylvanie. Agencé sur deux niveaux, il recèle en particulier un minuscule cheval de bronze qui appartenait jadis à la forteresse dace voisine de Teleacu, ainsi que des objets mis au jour dans le grand castrum romain sur lequel se tient l'actuelle citadelle.

La section ethnographique du musée occupe le sous-sol du bâtiment qui lui fait face : la **Sala Unirii** (salle de l'Union) commémore le nationalisme roumain. Les expositions colorées, composées d'ustensiles et de poteries, y sont déployées de façon assez imaginative. Dans le magasin d'artisanat du premier étage, vous trouverez de ravissants souvenirs.

Du côté est de l'ouvrage fortifié, la Strada Mihai Viteazul s'enfonce dans la plus impressionnante des six portes de la citadelle, bâtie au XVIIIe siècle, peu de temps après la conquête de la Transylvanie par les Turcs. Les boucliers et trophées en pierre, avec leurs fioritures baroques, soulignent le pouvoir des nouveaux occupants. Une cellule de prisonniers surmonte la voûte d'entrée. Son occupant le plus célèbre fut Horia, brutalement exécuté en 1785 pour avoir pris la tête d'une révolte paysanne.

Une ancienne cave du **Bastionul Bethlen** a été transformée en restaurant (Clubul Restaura-torilor, *Str. Militari 2, tél. 0258 811 950*). ■

Sibiu

La belle cité médiévale de Sibiu fondée au XIIe siècle.

SIBIU COMPOSE LE CŒUR VIBRANT DE LA TRANSYLVANIE SAXONNE. BAPTISÉE Hermannstadt par les colons allemands, sa cité médiévale est l'une des plus vastes du pays. Elle possédait jadis trois murs d'enceintes fortifiées. Certains ont résisté à l'usure du temps, tout comme son étonnant réseau de places, de bastions et d'escaliers édifiés entre le XIIIe et le XVIIIe siècle.

La splendide **Piaţa Mare** (Grand-Place) fournit un bon point de départ. Mentionnée dès 1411, alors qu'elle abritait un marché aux grains, elle fut au Moyen Âge le théâtre de carnavals, de réunions publiques… et d'exécutions. De forme irrégulière, elle est bordée de bâtiments massifs, aux couleurs pastel, chacun déroulant une palette de styles différents et, pour certains, cinq fois centenaires. Les toits arborent les fameux « yeux », ces petites fenêtres de forme ovale aux faîtes semblables à des paupières.

La gracieuse façade de style baroque du **Muzeul Naţional Brukenthal** longe un côté de la Piaţa Mare. Ce bâtiment fut construit au XVIIIe siècle pour le gouverneur transylvanien Samuel von Brukenthal, fervent collectionneur d'art. L'intérieur, mêlant les styles baroque et rococo, resplendit par son éclat luxueux. Le musée, qui abrite notamment un portrait réalisé par Jan Van Eyck à partir des années 1420, s'est renforcé de quelques magnifiques spécimens d'art roumain.

Situé à un jet de pierre, le **Muzeul de Istorie** (*Str. Mitropoliei 2, tél. 0269 218 143, fermé lun.-mar., €€*) occupe un édifice médiéval dont le séjour se tenait jadis dans une tour. Cette ancienne demeure privée a fait office d'hôtel de ville de 1549 à 1923.

À quelques minutes à pied, la **Piaţa Huet** abrite la **cathédrale évangélique**, auparavant église catholique hongroise, édifiée entre 1322 et 1520. Elle renferme des peintures médiévales ainsi que les plus grandes orgues de Roumanie. La **Turnul Scărilor** (*Piaţa Huet 3*), située de l'autre côté de la place, est le plus ancien bâtiment de Sibiu.

Sibiu
102 C2
Office du tourisme
Centrul de Informatii Turisti, Str. Samuel Brukenthal 2
0269 208 913

Muzeul Național Brukenthal
✉ Piața Mare 4–5
☎ 0269 217 691
🕒 Fermé lun.-mar.
€ €

Cette tour de garde (XIIIe siècle) donne accès à un escalier appelé **Pasajul Scărilor**. Les marches vous mèneront, par-delà l'une des enceintes de la ville, au quartier où fut fondée la colonie d'origine. Tout près de là, un autre escalier plus étroit permet d'accéder au **Butoiul de Aur** (*tél. 0269 214 575*), restaurant minuscule mais charmant qui ouvrit ses portes au XVe siècle. Un autre passage conduit de la Piața Huet à la **Piața Mică** (Petite Place).

La principale église catholique se dresse entre la Piața Mare et la Piața Mica.

Cette jolie enclave composée d'édifices à arcades comprend quelques musées et galeries, dont le plus connu est le **Muzeul ASTRA**. Ce musée propose un programme ininterrompu de manifestations, dont le but est de faire connaître la culture de Sibiu, d'une extraordinaire richesse. Il accueille aussi une section à ciel ouvert à Dumbrava (voir ci-contre).

Muzeul ASTRA
✉ Piața Mică 11–12
☎ 0269 218 195
🕒 Fermé lun.
€ €

En face du musée ASTRA se dressent une **église jésuite** baroque de 1733 et, à gauche, la **Turnul Sfatului** (tour du Conseil) datant du XIVe siècle. Plus loin sur la gauche se tient l'arche voûtée du **Muzeul de Istorie a Farmaciei** (*Piața Mică 26, tél. 0269 218 191, fermé lun.-mar., €*). Cette pharmacie du XVIIe siècle expose d'étranges instruments médicaux du XVe siècle, et des préparations concoctées par Samuel Hahnemann (1755-1843), inventeur de l'homéopathie.

Sur la gauche encore, vous admirerez un édifice séduisant dont le rez-de-chaussée arbore des arcades à huit arches : à l'ère médiévale, cette **Casa Artelor** était une boucherie. À sa gauche, notez le **Podul Minciunilor** (pont des Mensonges, 1859), en fer forgé, qui doit son joli surnom aux commères qui venaient s'asseoir à proximité.

Revenez sur vos pas jusqu'à l'angle nord-est de la Piața Mică et cherchez un escalier à l'étroite ouverture. À son pied se tient la **Piața Aurarilor** de forme ramassée, où les orfèvres se rassemblaient au XVIe siècle. Droit devant vous, la **Strada 9 Mai** regroupe avec sa parallèle la **Strada Nouă**, les maisons les plus anciennes de Sibiu (XIIIe et XIVe siècles). Poursuivez vers le sud depuis la Piața Mare pour gagner la **Strada Bălcescu**, artère semi-piétonne où se tient l'**Hotel Împăratul Romanilor** (*Str. Nicolae Bălcescu 4, tél. 0269 216 500*), au cadre grandiose et élégant (1773).

À deux rues à l'est de Bălcescu, la **Strada Cetatea** flanque le côté est de la citadelle. Parcourez cette artère sur toute sa longueur pour aller découvrir la **Turnul Archebuzierilor** (tour des Armuriers), de forme octogonale, la **Turnul Dulgherilor** (tour des Charpentiers) et la **Turnul Olarilor**, (tour des Potiers) . La **Turnul Gros** (Large Tour, XVIe siècle), qui hébergea le tout premier théâtre de Sibiu, est aujourd'hui le foyer de l'orchestre philharmonique. ■

Muzeul Civilizaţiei Populare Tradiţionale ASTRA

Une ferme du Maramureş et une église en bois du village de Bezded, en Transylvanie, transplantées au musée Astra, près de Sibiu.

NICHÉ DANS LA FORÊT DE DUMBRAVA, À 6,5 KM ENVIRON AU SUD DE SIBIU, le plus grand musée ethnographique à ciel ouvert de Roumanie se déploie sur des pelouses en pente douce agrémentées de vieux arbres à larges feuilles. Forêts, lacs et mares composent l'environnement de ce lieu qui s'avère parfait pour la détente.

En termes de superficie, le musée ASTRA (musée de la Civilisation populaire traditionnelle) est l'un des plus grands d'Europe : ses 96 ha dépassent largement les 15 ha du musée du Village de Bucarest (voir p. 61). Cet établissement s'est donné pour mission de témoigner de l'héritage rural de la Roumanie, extrêmement riche et diversifié.

Plusieurs centaines de bâtiments et d'installations technologiques, en provenance de toutes les régions du pays, répertorient les collections du musée classées en six grand thèmes : agroalimentaire, transports et communications, fabrication des outils et ustensiles, confection du cuir et de la laine, églises et auberges, auxquels s'ajoute une exposition de sculptures modernes inspirées par la nature et la vie rurale.

Prises dans leur ensemble, ces présentations témoignent de l'inventivité du peuple roumain et, avant tout, de son usage intelligent et diversifié du bois, grâce à des techniques développées à travers les siècles. Vous y verrez des moulins à eau à pales Pelton, des moulins flottants jadis utilisés en mer Noire, de petites manufactures de soie et de chanvre, des distilleries, des forges,

Muzeul Civilizaţiei Populare Tradiţionale ASTRA

- Carte : 102 C2
- Adresse : Calea Răşinarilor
- Tél. : 0269 242 599
- Prix : €
- En bus : depuis le centre de Sibiu à Dumbrava. En tram : de Calea Răşinari à Dumbrava

Moulins à vent au musée ASTRA, près de Sibiu.

des pressoirs à vin, des ateliers de charrons, un ferry à aubes, etc. La plupart des machines, qui sont exposées, sont toujours en état de marche. On y trouve même une « maison de sorcière » mais hélas, point de sorcière.

Chaque présentation a été pensée dans les moindres détails afin de recréer le cadre originel des pièces exposées. Le fléchage et les notices explicatives guident à merveille le visiteur, qui peut opter pour plusieurs circuits de longueur variable. Des guides (payants) sont également à disposition. Vous pourrez aussi vous promener en carriole à cheval dans le parc, ou tout simplement y flâner librement.

Le musée commercialise un guide en anglais très bien illustré, ainsi que diverses cartes du site. À l'instar de son homologue de Sibiu (voir p. 128), il accueille de très nombreuses manifestations, festivals, foires et symposiums. L'un des plus populaires est un événement se déroulant durant quatre folles journées en août et programmant des représentations en tout genre : les « Jeux olympiques de l'artisanat ».

Le musée a mis en œuvre un nouveau projet visant à préserver des installations rurales et des arts traditionnels in situ : lancé en mai 2007, Ecomuseum correspond à un circuit touristique reliant les villages de Mărginimea Sibiului (voir p. 132-134) et de Valea Hârtibaciului, jumelant ainsi des sites d'une grande valeur ethnographique. Pour plus d'informations, contactez le musée. ■

L'origine d'ASTRA

Le musée ASTRA tire son nom d'une société littéraire datant de la fin du XVIIIe siècle, basée à Sibiu. Résolument patriotique, Astra contribua au rattachement de la Transylvanie à la Roumanie. ■

Cisnădie et Cisnădioara

SITUÉS À QUELQUES KILOMÈTRES AU SUD DE SIBIU, LA VILLE DE CISNĂDIOARA et, à 5 km, le village de Cisnădioara se complètent à merveille. Leur architecture témoigne d'un héritage saxon glorieux et parfaitement intact.

Datant de 1204, Cisnădie (Heltau en allemand) compte une population d'environ 16 000 habitants. Bien que de nombreux Saxons aient quitté la ville, son centre a conservé un authentique cachet médiéval avec ses toits recouverts de tuiles, ses façades peintes et ses portes à arcades.

Ne manquez pas son étonnante **église évangélique** (*Str. Cetăţii 1-3, tél. 0269 733 378*), l'une des églises Kirchenbürgen les mieux conservées de la région. Les Saxons édifièrent ces lieux de culte fortifiés pour se protéger des attaques sauvages des Tatars et des Turcs. Celle de Cisnădie acquit ses impressionnantes fortifications (comprenant trois enceintes successives de murs défensifs) après l'offensive turque dévastatrice de 1493. Ces forteresses devaient permettre une grande autonomie, car il n'était pas rare d'y être claque muré pendant des semaines entières. Des six tours, l'une fut conçue pour servir de salle de classe (1554), une autre pour y suspendre des jambons. À une époque, l'enceinte renferma également l'hôtel de ville.

Une partie de la citadelle héberge l'**Expoziţia Muzeală Istoricul Industriei Textile** (*Str Apărării 2, tél. 0728 856 027, fermé sam.-dim., €*). Aménagé au premier étage d'un immeuble commercial, ce musée du Textile expose de superbes métiers en bois et de beaux tissages traditionnels.

Cisnădiora s'étend à 5 km au sud de Cisnădie, au pied des monts Cindrel. Le point culminant de ce petit village agricole est son **église fortifiée** (*tél. 0269 564 332, €*).

Perchée sur une colline, celle-ci dévoile une vue spectaculaire, qui vaut amplement l'effort de l'escalade. Fondée en 1223 et dédiée à saint Michel, cette structure toute simple est antérieure au village. C'est l'une des églises romanes les plus anciennes de Transylvanie. Elle fut allouée à l'abbaye cistercienne de Cârţa (voir p. 135-136) et possède un encadrement de porte magnifiquement sculpté. Vous trouverez également sur place, hébergé dans une ravissante ferme, un petit **Musée ethnographique** (*tél. 0269 564 332, fermé lun., €*). ■

Instant de repos près de la magnifique église de la citadelle saxonne de Cisnădie.

Cisnădie
102 C2
Office du tourisme
Centrul de Informare Turistică, Str. Cetăţii 1
0269 561 236

Circuit dans Mărginimea Sibiului

Ce joli et agréable circuit situé au sud de Sibiu conduit au cœur des paysages pastoraux des monts Cindrel. Il traverse certains des 18 villages qui composent Mărginimea Sibiului (les Bornes de Sibiu). Célèbres pour leur indépendance et leur esprit de caste, ces communautés de souche roumaine ont toujours eu pour vocation traditionnelle la surveillance des troupeaux.

Démarrez votre circuit avec la ville de **Răşinari** qui possède un joli petit **musée du Village** (*Str. Muzeului 184*). De là, dirigez-vous vers Sibiu, mais prenez auparavant une bifurcation à gauche, sur une route secondaire ralliant Poplaca (en laissant derrière vous la ligne de chemin de fer et en franchissant la Sebeş). Traversez ce village et poursuivez votre route sur 5 km. De là, une route plus dégagée va d'Orlat à Gura Râului. Tournez à droite pour rejoindre Orlat, situé 2 km plus loin.

Une fois dans le village d'**Orlat**, ne manquez pas la forteresse de terre du XIVe siècle, du nom de **Cetatea Scurtă**, qui domine le paysage. Puis prenez à gauche en direction de Săcel. Au bout de 3 km, tournez à gauche, puis encore à gauche vers **Fântânele** ❶. Ce village adoptant un plan en forme de fer à cheval est doté de maisons multicolores qui se blottissent dans les collines. Faites un saut au **Muzeul Sătesc** (*Str. Şaguna 34, tél. 0269 552 302, €*), où une intéressante collection d'icônes et d'arts ruraux est exposée dans deux pièces qui appartenaient jadis à une auberge (fin XVIIIe siècle).

Quittez Fântânele et prenez vers l'ouest sur 2 km. Vous atteindrez **Sibiel** ❷. Là, arrêtez-vous dans le centre, à l'embranchement (vous verrez à votre droite un pont chevauchant une rivière, ainsi qu'un kiosque vendant des articles d'artisanat en saison).

Les carrioles et les rues pavées de Răşinari : un spectacle courant dans la Roumanie rurale.

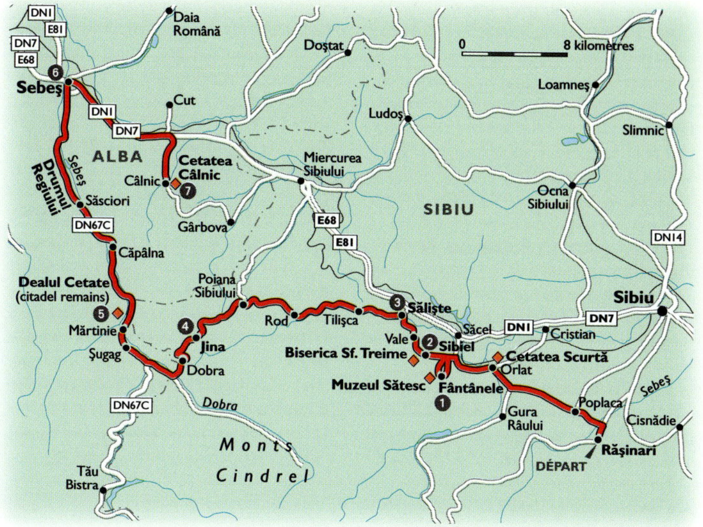

Treime se dresse derrière une clôture en bois. Datant de 1765, à une époque où la foi orthodoxe était bannie en Transylvanie, l'église semble catholique au vu de sa façade mais son intérieur est de style byzantin. Elle abrite également le charmant **Muzeul de Icoane pe Sticlă Preotul Zosim Oancea** (*Str. Bisericii 329, tél. 0269 552 536,* €). Fondé par le prêtre Zosim Oancea (1911), qui venait de passer 15 ans en prison pour s'être élevé contre le régime communiste, ce musée comprend plus de 700 icônes populaires peintes sur du verre.

Poursuivez tout droit à travers Sibiel jusqu'à Vale, puis rejoignez la ville voisine de **Sălişte** ❸, agglomération principale du Mărginimea Sibiului. Aux alentours des fêtes de fin d'année, ses réjouissances captivent des visiteurs venus de toute la région, qu'attire la qualité de ses vieilles danses transylvaniennes – Căluşul, Brâul ou Sârba lui Ghiboi – exécutées uniquement par des hommes revêtus du costume traditionnel noir et blanc.

Depuis Sălişte, dirigez-vous vers l'ouest (sur 2 km) jusqu'au village de **Tilişca**, où la plupart des maisons sont en bois. Sa citadelle médiévale se dresse sur une forteresse, jadis propriété du roi dace Burebista (70-44 av.

Voir le plan p. 102
➤ Răşinari
105 km. Un 4x4 est recommandé pour les détours.
3 heures (plus arrêts)
➤ Cetatea Câlnic

À NE PAS MANQUER

- Sibiel
- Jina
- Dealul Cetate
- Cetatea Câlnic

J.-C.), opposant célèbre à Jules César. De là, em-pruntez sur 23 km une route de montagne qui vous fera traverser les villages de Rod et de Poiana Sibiului, jusqu'à **Jina** ❹. Située à une altitude de 731 m, cette localité est l'une des plus reculées mais aussi les plus riches de Mărginimea. La vie s'y organise toujours autour de l'année pastorale. Fin juillet ou début août, le village programme chaque année un festival de musique folklorique, Sus pe Munte, inauguré en 1971 (*pour toute information, appeler le 0269 532 101*).

Poursuivez votre circuit dans les montagnes, sur une route sinueuse qui passe par

Dobra (à 3 km). Tournez à droite une fois passé l'intersection suivante, là où la Dobra coule parallèlement à la route. Encore 3 km, et vous rejoindrez la DN67C, où vous prendrez sur votre droite. Surnommée **Drumul Regelui**, cette route fut construite pour permettre au roi Carol II de se rendre dans une station d'altitude. Suivez-la vers le nord par Iugag et Mărtinie jusqu'à **Căpâlna**. À 6 km de là, au sud-ouest, s'étendent les vestiges de l'une des plus belles citadelles daces de Transylvanie méridionale. La forteresse ovale **Dealul Cetate** ❺, qui date de la seconde moitié du Iᵉʳ siècle av. J.-C., fut attaquée pendant les guerres romano-daces, mais survécut en tant que retraite médiévale.

À 18 km de distance, vous parviendrez à Săsciori. Longez la Sebeş jusqu'à la ville de **Sebeş** ❻. Admirez l'église romano-gothique (*Str. Piața Primăriei 6, tél. 0258 731 693, €*) qui comporte un chœur d'une hauteur exceptionnelle et de très belles sculptures sur pierre.

Votre circuit touche à sa fin. De Sebeş, prenez vers l'est et suivez la route principale sur 9 km, jusqu'à Sibiu (DN1), puis empruntez à votre droite une route secondaire fléchée en direction de **Cetatea Câlnic** ❼ *(tél. 0258 747 220, appelez pour un RV ou demander les gardiens à la Casa Parohială Sasească, à 200 m de la citadelle, €)*. Cette forteresse, bâtie à l'origine pour le comte Chyl de Kelling, au milieu du XIIᵉ siècle, servit au Moyen Âge de refuge aux villageois. On y aménagea même à l'époque plusieurs pièces à l'intérieur de la forteresse. Les deux enceintes fortifiées, le magnifique donjon (une tour intérieure massive) et la chapelle ont récemment fait l'objet d'une restauration. La citadelle, inscrite sur la Liste du patrimoine mondial de l'Unesco, abrite désormais un centre culturel. ■

Un circuit dans les monts Cindrel dévoile nombre de panoramas romantiques.

Le château de Făgăraş, principale attraction locale, accueille des manifestations culturelles, et même un restaurant dans sa cave.

Ţara Oltului

LE LONG RUBAN DE TERRE ENSERRÉ ENTRE LA VASTE RIVIÈRE OLT ET LES Carpates méridionales se nomme Ţara Oltului (Vieille Terre). Tirant son nom de l'Olt, cette région médiévale fut développée par les Saxons, arrivés sur les lieux au XIIIe siècle. Pour cette raison, certains pensent qu'elle s'appelait à l'origine l'Altland. Le Ţara Oltului est une terre d'exploitations agricoles. En été, ses champs sont bordés d'arbres et recouverts de foin fraîchement moissonné.

Dans ses confins étroits, le Ţara Oltului renferme quelques sites dignes d'intérêt : c'est le cas de la ville d'**Avrig** qui recèle le **Palatul de Vară Brukenthal** (*Str. Lazăr 38, tél. 0744 840 335*). Le riche gouverneur Samuel von Brukenthal édifia pour sa famille en 1771 ce palais d'été de style baroque. Vous pourrez visiter son jardin botanique à l'arrière.

À **Clubul Copiilor**, l'artisane locale Rodica Ispas a créé un **programme de tissage** à l'intention des enfants (*contacter Rodica Ispas, Str. Horia 8, tél. 0269 523 465*).

La limite nord de la superbe **Transfăgărăşan** (*ouverte en été, voir p. 67*), route saisonnière traversant les montagnes jusqu'à la Munténie, se trouve à 17 km d'Avrig.

À 2 km de là se tiennent le village de Cârţa et les ruines d'une abbaye cistercienne, **Abaţia Cârţa** (*tél. 0269 521 125, appeler pour RV, fermé pendant l'office du dim., €*). Seuls subsistent aujourd'hui un chœur majestueux, une tour de garde impressionnante et une portion de murs à arcades. L'abbaye fut édifiée par des moines français de Pontigny, en Bourgogne, au début du XIIIe siècle. Elle était à l'origine de facture romane, mais, gravement endommagée par l'invasion tatare de 1241, elle dut

Ţara Oltului
102 C2-D2

Avrig
102 C2

Abaţia Cârţa
102 D2

Mănăstirea de la Sâmbăta de Sus
102 D2

Tara Făgăraşului
102 D2

Făgăraş
102 D2

être reconstruite, cette fois dans le style gothique. Les Cisterciens, ordre monastique frugal et dur à la tâche, apparurent en Transylvanie suite aux mariages dynastiques entre les Hongrois et les Français.

À **Sâmbăta de Jos**, les amoureux des chevaux souhaiteront sans nul doute voir les 300 étalons et juments lipizzans du haras de **Herghelia Sâmbăta de Jos** (*Str. Principală, tél. 0268 215 831, fermé sam.-dim.*) occupant les terres du château du gouverneur von Brukenthal (1770). Les cavaliers expérimentés ne manqueront pas d'essayer ces superbes montures bien dressées. Une route de campagne conduit du haras jusqu'à un monastère, situé à 13 km au sud.

Le **Mănăstirea de la Sâmbăta de Sus** (*tél. 0368 506 001*) remonte à la fin du XVIIe siècle. Il fut édifié sur l'ordre du grand prince munténien Constantin Brâncoveanu pour soutenir l'antique foi chrétienne, à une époque où les églises orthodoxes de Transylvanie étaient attaquées de toutes parts – tant par les protestants que par les catholiques. Dans ce décor accidenté, proche de la frontière de la Munténie, Sâmbăta de Sus devint un havre de paix pour les Roumains qui croyaient leur identité menacée. L'élégante bâtisse, détruite par un général de l'armée des Habsbourg en 1785, a été restaurée. Elle héberge aujourd'hui l'une des plus célèbres écoles de peinture d'icônes sur verre de tout le pays.

ŢARA FĂGĂRAŞULUI

Autre région médiévale à l'est de Ţara Oltului, le Ţara Făgăraşului appartenait jadis aux princes orthodoxes de Munténie, qui le cédèrent au roi de Hongrie en 1464. Le Ţara Făgăraşului entourait la bourgade de **Făgăraş** et s'étendait jusque dans les monts Făgăraş, dont les pics enneigés forment au sud une barrière impressionnante.

Vous ne pourrez manquer la splendide **Cetatea Făgăraşului** (citadelle de Făgăraş), qui domine toute la ville. Construite entre le XIVe et le XVIIIe siècle, elle formait au départ une simple forteresse, avant de se voir dotée d'enrichissements au XVIIe siècle par les princes transylvaniens Gabriel Bethlen et Gheorghe Rákosi I selon les canons de la Renaissance. De 1948 à 1960, elle fit office de prison, où les détenus étaient traités avec la plus extrême brutalité. Il est possible de visiter les cellules où les prisonniers politiques étaient enfermés dans une obscurité totale. Ces derniers inscrivaient des messages sur les murs avec leurs ongles pendant les brefs moments d'ouverture des portes.

L'une des tours du château renferme une vierge de fer, forme particulièrement odieuse de torture médiévale. L'intérieur de cet étau de forme humaine était appareillé de longues pointes de métal. Lorsque la victime était poussée à l'intérieur et que les portes se refermaient sur elle, les pointes s'enfonçaient dans sa poitrine.

De nos jours, l'ambiance est heureusement nettement plus légère. Les caves voûtées abritent un *cramă* (restaurant). Quant à la citadelle de Făgăraş, elle renferme aujourd'hui la bibliothèque municipale ainsi que le **Muzeul Ţării Făgăraşului** (*Piaţa Mihai Viteazul 1, tél. 0268 211 862, fermé lun., €*), consacré à l'histoire locale. Ce château étant habilité à accueillir des cérémonies nuptiales civiles, peut-être aurez-vous l'occasion d'assister à un mariage. Tout près de l'entrée, plusieurs salles accueillent les guildes médiévales de la ville. ■

Biertan et Richiş

Semblable à une cathédrale miniature, la *kirchberg* (église-forteresse) domine Biertan.

CHAQUE ÉGLISE SAXONNE FORTIFIÉE POSSÈDE SA PHYSIONOMIE PROPRE. Deux des plus beaux lieux de culte sont ceux de Richiş et de Biertan, situé à proximité de la route principale Mediaş-Sighişoara.

La magnifique église **Sf. Maria**, classée au patrimoine mondial de l'Unesco, fut achevée en 1516. Elle couronne une petite butte qui surplombe la ville. Avec ses contreforts s'élevant dans les airs et sa rosace délicate, elle ressemble à une cathédrale gothique miniature. Son autel, extraordinaire, est formé de 28 panneaux. Ceux du milieu, dépeignant des scènes de la vie de la Vierge Marie et de Jésus, sont flanqués de tableaux de saints. Sa voûte gothique enchevêtrée, son superbe ouvrage maçonné et ses sculptures sur bois du XVIe siècle, tout concourt à faire de cet édifice une véritable merveille.

Biertan est une bourgade extrêmement plaisante dont la vaste place vous servira de point de repère. Vous y trouverez par ailleurs plusieurs bons restaurants et pensions.

En quittant Biertan par le sud, l'itinéraire s'enfonce toujours plus profondément dans ces terres intemporelles entre Sighişoara et l'Olt. Cette route de campagne mène jusqu'au joli village agricole de Richiş. Là se tient une **église du XIVe siècle**, merveille de maçonnerie gothique dans une structure massive. Ses 12 piliers octogonaux lui confèrent une place à part parmi les lieux de culte ruraux. Cette église, aujourd'hui de confession évangélique, fut fortifiée au début du XVIe siècle.

Entre la route Mediaş-Sighişoara et Ţara Oltului se dressent des douzaines d'autres magnifiques églises fortifiées datant de la même période, certaines en meilleur état de conservation que d'autres. Ce monde saxon transylvanien vous révélera toutes ses nuances les plus subtiles si vous prenez le temps de l'explorer lentement – en voiture, à pied ou à cheval (voir chapitre Informations pratiques, p. 238, 263-264). ■

Biertan

102 D2

Office du tourisme

Centrul de Informare Turistică Mediaş – Agenţia de Turism Passpartout, Str. I. G. Duca 24

0269 839 681 ou 0745 237 603

Fermée dim.

La vieille ville médiévale de Sighişoara, haut perchée sur sa falaise.

Sighişoara

PERCHÉE SUR UNE ÉMINENCE ROCHEUSE, LA ROMANTIQUE SIGHIŞOARA, avec sa muraille intacte, est l'une des cités les plus attirantes de Transylvanie. L'adjectif « conte de fées » n'a jamais été aussi approprié qu'ici : une fois dans la citadelle, vous aurez vraiment l'impression d'être transporté dans le passé.

Sighişoara
102 D3
Office du tourisme
Centrul de Informare Turistică
Str. Octavian Goga 8
0265 770 415

La citadelle du XIIIe siècle semble flotter au-dessus du centre-ville moderne. Édifiée après la terrifiante invasion tatare de 1241-1242, elle renferme aujourd'hui des hôtels et des auberges, des restaurants, des cafés, une école, plusieurs églises et un musée. Elle constitue en fait un véritable quartier en parfait état de marche. À l'apogée de sa puissance, la forteresse possédait quatorze tours et bastions (dont neuf sont demeurés intacts) et trois enceintes défensives. Deux portes en gardent l'entrée, l'une à l'est et l'autre à l'ouest. Les voitures n'y sont pas admises.

Bien que les Saxons se soient installés à Sighişoara au cours du XIIe siècle, la plupart des bâtisses parmi les plus anciennes datent de la fin du XVIIe siècle. Elles furent construites après qu'un incendie eut ravagé la ville.

Du haut de ses 64 m, la magnifique **Turnul cu Ceas** (tour de l'Horloge, *Piaţa Muzeului 1, tél. 0265 771 108, fermé lun., €*) domine la porte est de la citadelle. Bâtie au début du XIVe siècle mais substantiellement modifiée par la suite, cette tour accueille de nos jours un petit Musée historique et scientifique. Grimpez à son sommet pour admirer la vue sur la campagne environnante. À l'heure pile, le carillon mécanique, probablement installé avec le mécanisme horloger au milieu du XVIIe siècle, se met en action. Vous verrez alors défiler autour du cadran sept petits personnages en bois représentant les dieux mythiques qui ont donné leurs noms aux sept jours de la semaine (Mercure, Jupiter, etc.). Chacun d'eux arbore sur la tête un symbole alchimique.

Sur la Piaţa Muzeului, place proche de la tour de l'Horloge, se dressent quelques bâtiments intéressants : ainsi, la **Strada Cositorarilor n°5**, siège actuel du restaurant Casa Vlad Dracul, serait-elle le lieu de naissance du prince munténien Vlad III Dracula (1431-1476). Une ancienne **église dominicaine** (*tél. 0265 771 195*) fondée au XIIIe siècle se tient du côté nord : aujourd'hui de confession évangélique, elle arbore un superbe retable baroque (1680), de même que 35 tapis islamiques du XIIIe siècle, don des marchands de la ville habitués à faire des transactions à l'étranger. L'église accueille de nombreux concerts.

Depuis la Piaţa Cetăţii, la Strada Şcolilor se dirige vers le sud et se termine en impasse à une intersection en T. Cherchez la **Scara Şcolarilor** (escalier des étudiants). Cette volée de marches recouverte de bois (milieu du XVIIe siècle) fut construite à l'usage des Étudiants de l'école allemande édifiée sur la colline.

En grimpant davantage sur la colline, vous atteindrez la plus jolie église de la ville, la **Biserica din Deal** (église sur la Colline, *tél. 0265 771 195*, €). Portant également le nom de son saint patron, Sf. Niculae (saint Nicolas), elle remonte probablement au début du XVe siècle mais se dresse sur le site d'une chapelle beaucoup plus ancienne. Sa façade toute simple contredit la magie de son enceinte. Ses ravissantes peintures, ravagées par un incendie en 1704, ont été récemment restaurées par des équipes de conservateurs de l'école des Beaux-Arts de Bucarest. Ne manquez pas, sur le côté est de la nef nord, la fresque quasi intacte du *Jugement Dernier*. Selon certains experts, quelques-uns des tableaux sont l'œuvre d'un artiste tyrolien. Cette Biserica din Deal, avec ses merveilleuses sculptures de la fin du XIVe siècle, son retable réalisé par Johannes Stoss, fils du célèbre sculpteur allemand Veit Stoss, est incontournable. ■

Panneau publicitaire d'un restaurant à thème Dracula, près de la tour de l'Horloge médiévale de Sighişoara.

La préfecture de Târgu Mureş (au centre) et le palais de la Culture (à droite) sont les points centraux de cette cité animée.

Târgu Mureş

CONTRASTANT AVEC LE CARACTÈRE PROFONDÉMENT RURAL DU TERRITOIRE environnant, Târgu Mureş est résolument urbaine. Sous le régime communiste, cette ville universitaire trépidante fut un foyer actif de dissidence artistique. Aujourd'hui, sa scène culturelle est plus vibrante que jamais. Vous y entendrez parler hongrois tout autant que roumain.

Târgu Mureş
102 D3
Office du tourisme
Centrul de Informare Turistică, Str. Enescu 2
0365 404 934

Mentionnée pour la première fois en 1300, Târgu Mureş a pour nom hongrois Marosvásárhely (prononcer Marochvacharhay). Cette simple ville-marché se transforma en garnison, sous la mainmise des Sicules (qui protégeaient les frontières de la Transylvanie pour le compte du roi de Hongrie), puis en centre intellectuel au XVIIIe siècle.

Les visiteurs entament leur circuit à **Piaţa Trandafirilor** (place des Roses), place rectangulaire autour de laquelle s'organise la vie de la cité. Elle abrite magasins, restaurants et cybercafés, mais aussi plusieurs institutions culturelles.

Sur son côté est se dresse la **cathédrale orthodoxe** la plus vaste de Transylvanie (*Piaţa Trandafirilor 1*). Sa construction date des années 1920, peu de temps après le rattachement de la région à la Roumanie.

Du côté opposé se tient le **Palatul Culturii** (*Str. Enescu 2*). Ce palais de la Culture, qui combine lignes géométriques et fluides, est un chef-d'œuvre d'architecture sécessionniste fin XIXe. Ses agencements, ainsi que le bâtiment, furent conçus par Marcel Komor (1868-1944) et Dezsö Jakab (1864-1932). La toiture, avec des tonalités vibrantes de rouge, de bleu et de jaune, est l'œuvre de Zsolnay, célèbre manufacturier de céramique hongrois. Au premier étage, la **Sala Oglinzilor** (salle des Miroirs), dont les immenses miroirs forment d'éclatants cadres ornés de fleurs, mérite le coup d'œil. La seule lumière du jour provient des 12 vitraux colorés, qui illustrent des scènes d'une légende hongroise.

Ce palais héberge les **musées d'Histoire et d'Archéologie** du comté du Mureş (*Muzeul Judeţean de Arheologie şi Istorie, Str. Horea 24, tél. 0265 263 960; Secţia de Artă, Str. Enescu, tél. 265 267 179, fermés lun., €*). Remarquez la belle fibule du XIIe siècle av. J.-C. et les tableaux du grand peintre impressionniste roumain Nicolae Grigorescu. Il renferme également une bibliothèque et une salle de concert.

Le **Muzeul de Etnografie** (*Piaţa Trandafirilor 11, tél. 0265 250 169, fermé lun., €*) occupe un manoir baroque du XVIIIe siècle. Sa collection est l'œuvre d'Aurel Filimon (1891-1946), un archéologue qui posa les fondations de la recherche ethnographique et folklorique dans le Mureş. À quelques minutes de marche se tient un superbe édifice du XIXe siècle qui renferme la **Secţia de Stiinţele Naturii** (*Str. Horea 24, tél. 0251 236 987, fermé lun., €*). Dans ce musée d'Histoire naturelle, vous verrez des papillons exotiques ainsi qu'un immense cerf des Carpates empaillé.

Târgu Mureş possède trois excellents théâtres. Avec un peu de chance, vous pourrez assister à une représentation du **Teatrul pentru Copii şi Tineret Ariel** (Théâtre Ariel pour les enfants et les jeunes, *Str. Poştei 2, tél. 0365 407 950*). Son répertoire expérimental est naturellement en roumain ou en hongrois, mais programme aussi, à l'occasion, des marionnettes et du mime.

Au nord de la Piaţa Trandafirilor, la Piaţa Bernady György renferme la **citadelle** médiévale, dont la construction démarra en 1492 pour le comte Ştefan Bathory (Báthori István en hongrois). Redessinée dans un style Renaissance tardif, elle comprend un plan pentagonal et sept bastions. Ses hauts murs de brique protègent une église protestante du XVe siècle, ainsi qu'une boulangerie médiévale. Récemment restaurée, elle accueille actuellement de nombreuses manifestations culturelles.

Paisiblement accolés, les emblèmes de la Roumanie et de la Hongrie à Târgu Mureş : loin des inimitiés politiques, un élan commun pour améliorer la vie de tous.

L'historique **Biblioteca Teleki-Bolyai** (*n° 17, tél. 0265 261 857, fermé dim.*) se tient dans la Strada Bolyai, longue artère menant vers le sud depuis la Piaţa Trandafirilor. Fondée par le comte Sámuel Teleki, elle ouvrit ses portes en 1802 et fut l'une des premières bibliothèques publiques de la Hongrie d'alors. Son fonds comprend des livres rares de Savonarole, le *Liber de Homine* de Geleotto Marzio, imprimé à Bologne vers 1475, et de fascinants ouvrages du XVIIIe siècle décrivant la vie de nobles dames transylvaniennes. ■

Perché sur une souche d'arbre, un lynx eurasien (*Felis lynx*).

Ours, loups et lynx

La Roumanie est l'un des derniers endroits d'Europe où loups, ours et lynx vivent encore à l'état sauvage. Leur habitat : les forêts des Carpates, dont la majeure partie se trouve en Roumanie. Selon les experts, ces dernières abritent 60 % des derniers ours bruns d'Europe, 40 % de ses loups et presque tous ses lynx (à l'exception des individus survivant en Russie). Aux dernières statistiques, la Roumanie possède 5 000 ours, 3 000 loups et 2 000 lynx.

Ces trois espèces – seuls grands carnivores ayant survécu sur le continent européen – sont extrêmement vulnérables : la chasse aux trophées, la protection du bétail et la crainte qu'elles inspirent font de nombreuses victimes. Dans certaines zones, le public a été sensibilisé, au prix de très nombreux efforts, le but n'étant pas simplement la conservation de ces espèces, mais aussi l'essor d'un écotourisme durable.

Vous aurez fort peu de chances d'apercevoir un loup dans la nature. Les ours et les lynx sont parfois moins timides, mais mieux vaut ne pas s'en approcher. Généralement, ces animaux ne descendent de leurs montagnes qu'en hiver, lorsque la nourriture se fait rare dans les hauteurs.

En 1997, un groupe d'écologistes a mis sur pied, à Zărneşti, un projet sur six ans, le Programme des grands carnivores des Carpates (Carpathian Large Carnivore Project – CLCP). Ce projet, qui regroupe de nombreuses organisations locales et internationales, s'est donné pour mission de mieux faire connaître ces trois espèces menacées. Ainsi, 17 loups et 12 ours ont été munis de colliers émetteurs tandis qu'une nouvelle réserve naturelle nationale, le Parcul Naţional Piatra Craiului, était créée. De nombreuses informations ont été récoltées mais hélas, en 2002 il ne restait plus qu'un seul animal équipé (un loup) encore vivant. En 2003, le parc national a pris la relève du CLCP et Zărneşti est devenu une Mecque de l'écotourisme. Colin Shaw, guide et tour-opérateur, l'un des fondateurs du CLCP, a mis sur pied l'Asociaţia de Ecoturism din România, donnant le ton en la matière.

La Roumanie a signé la convention sur la protection des espèces rares, mais permet en même temps avec une certaine hypocrisie la chasse à l'ours. On notera que le quota annuel des espèces chassées est fixé par un organisme commercial. L'observation des ours, très spectaculaire, pose problème. L'un des lieux les plus connus pour voir des ours sauvages est Rădădău, un faubourg de Braşov, où les prédateurs sont appâtés avec des poubelles remplies de déchets. De nombreux tour-opérateurs inscrivent dorénavant ce « site » sur leurs circuits. En dépit des mises en garde, comme celle de bien fermer les poubelles, une personne a été tuée par un ours. Cet accident nourrit un sentiment élevé d'insécurité du public et renforce encore davantage la vulnérabilité des ours face à la peur qu'ils engendrent. ■

Ci-dessus : l'ours brun des Carpates (*Ursus arctos*), une espèce en péril. Ci-dessous : un loup des Carpates méridionales.

L'Église noire (XIVe siècle), pierre angulaire du vieux centre saxon de Brașov. En 1987, cette cité touristique paisible a été le théâtre de la répression brutale des manifestations anticommunistes.

Brașov

BRAȘOV, L'UNE DES PLUS BELLES CITÉS SAXONNES DE TRANSYLVANIE, A ÉTÉ fortement industrialisée par les communistes. Son centre médiéval est néanmoins demeuré dans un remarquable état de conservation.

Brașov
103 E2
Office du tourisme
Centrul de Informare Turistică, Piața Sfatului 30
0268 419 078

Prenez pour repère la très animée **Piața Sfatului** (place du Conseil). À de nombreux titres, elle ressemble à une scène à ciel ouvert. En son centre, le bâtiment à trois étages héberge le **Muzeul Județean de Istorie** (*Piața Sfatului 30, tél. 0268 472 363, fermé lun.*, €). Magnifiquement agencé, ce musée présente des objets mis au jour dans le château de Râșnov ainsi que le premier manuscrit connu rédigé en langue roumaine (1521).

La Piața Sfatului comprend de nombreux cafés et restaurants, exceptionnellement situés, tel le célèbre **Cerbul Carpatin** (Cerf des Carpates, *Piața Sfatului 14, tél. 0268 417 612*) qui occupe une partie de l'imposante maison-halle datant du XVIe siècle.

Près de l'hôtel de ville se dresse l'église évangélique Sainte-Marie, ou **Biserica Neagră** (Église noire, *Curtea Honterus 2, tél. 0268 511 824, fermé dim.*, €), ainsi surnommée car, pendant le siège de Brașov par les Habsbourg en 1689, un gigantesque incendie en avait noirci les murs et fait 3 000 victimes. En service depuis 1383, elle devint au XVe siècle l'étendard du protestantisme transylvanien. Son ministre le plus célèbre est Johannes Honterus (1498-1549), qui répandit le message de Luther. Notez sa statue à l'extérieur de l'église.

À l'intérieur, où des concerts d'orgue sont organisés trois fois par semaine au cours de l'été, ne manquez pas d'admirer les bancs à coffrages décorés de peintures, indiquant les guildes auxquels ils appartenaient. Les 119 tapis anatoliens furent le don de marchands saxons, qui les avaient achetés soit au cours de leurs voyages, soit à des soldats turcs venus combattre les Habsbourg.

Ne manquez pas, à cinq minutes à pied au nord-est de l'Église noire, la **Strada Sforii** (rue des Cordes). Avec sa largeur de 1,11 m à 1,35 m , elle serait la ruelle la plus étroite d'Europe.

Entre la Piața Sfatului et le Bulevardul *Eroilor*, l'artère piétonne **Strada Republicii** est bordée de boulangeries et d'épiceries qui ont investi de beaux bâtiments datant des XVIIIe et XIXe siècles. À l'extrémité nord, tournez à gauche pour rejoindre le superbe **Muzeul de Etnografie** (*B-dul Eroilor 21A, tél. 0268 476 243, fermé lun., €*), dont la scénographie imaginative vous transportera dans un marché médiéval.

Dès 1395, la cité saxonne de Brașov fut protégée par une enceinte. Quelques fragments ont subsisté, de même que les vestiges de sept bastions dont le plus impressionnant est le **Bastionul Țesătorilor** (*Str. Gheorghe Coșbuc 9, tél. 0268 472 368, fermé lun., €*). Cet édifice haut et circulaire fut édifié par la guilde des tisserands au XVIe siècle. À l'intérieur, le long des murs, s'alignent des rangées de plates-formes en bois à auvents où les habitants venaient se réfugier pendant les invasions. Un petit musée retrace l'histoire de Brașov ; vous y verrez une maquette de la ville médiévale et de ses fortifications.

Les murs de la ville saxonne renferment également une **Cetatea** du XVIe siècle, citadelle couronnant le sommet de Dealul Cetății. Rendez-vous à pied ou en voiture, via les Strada Nicolae Iorga et Eminescu, jusqu'au sommet, d'où la vue sur le vieux centre-ville est magnifique. C'est là que s'est installé le restaurant **Cetatea** (*tél. 0268 417 617*), qui sert des spécialités locales.

Au sud-ouest s'étend la **Poarta Șchei**. Érigée en 1827, cette porte triomphale était l'un des deux accès à la ville saxonne, germanophone, hermétiquement séparée du village roumain de Șchei. L'autre porte toute proche, la **Poarta Ecaterinei**, remonte à 1559. Les Roumains souhaitant entrer à Brașov ne pouvaient le faire que certains jours de la semaine, et uniquement en s'acquittant d'un péage.

Le principal point de repère de **Șchei** est son église orthodoxe (fin XVe siècle). La **Biserica Sf. Nicolae**, construite pour le prince munténien Neagoe Basarab, se dresse d'un côté de la Piața Unirii. Ses tours élancées percent le ciel de ses pinacles pointus comme des aiguilles, tel un château de conte de fées. Juste à côté se tient la toute première école roumaine (1495), aujourd'hui reconvertie en un **musée** sur l'histoire de Șchei, qui remonte à l'ère pré romaine (*Piața Unirii 2-3, tél. 0268 511 411, €*). Les salles, basses et voûtées, renferment une presse d'imprimerie, jadis propriété du fondateur de l'école. Le village proclame fièrement l'héritage dace de ses habitants. Cherchez les heurtoirs sur la porte, conçus pour ressembler à l'étendard dace (une tête de dragon ou de loup, montée sur un corps de serpent).

En face de la Cetatea, le **Muntele Tâmpa** de forme conique forme une toile de fond impressionnante à la vieille ville. Pour avoir une vue de ses toits moyenâgeux, prenez le **téléphérique** (*Telecabina Tâmpa, Str. Brediceanu, fermé lun., €*) jusqu'au sommet de la montagne, 360 m au-dessus de la ville. ■

Accroché au flanc d'une montagne escarpée, le château historique de Bran, « château de Dracula », est en vente pour 78 millions de dollars.

Hărman et Prejmer
103 E2

Les alentours de Braşov

DEPUIS BRAŞOV, LES SITES SONT PRESQUE TROP NOMBREUX : AU NORD VOUS attendent encore quelques superbes citadelles, au sud-ouest les terres quasi vierges des Carpates méridionales, qui se prêtent à de magnifiques randonnées, au sud la vallée de la Prahova, tandis qu'à l'est, les montagnes chevauchent la Vrancea, contrée méconnue de la Moldavie (voir p. 210-211).

HĂRMAN ET PREJMER

Les villages saxons de Hărman et de Prejmer s'étendent à quelques kilomètres au nord de Braşov. Dans chacun d'eux, des fermes aux toits de tuiles arborent des pignons côté rue, comme autant de bœufs attelés. Ce type d'alignement, qui date du règne de l'impératrice Marie-Thérèse de Habsbourg, s'observe dans les villages fondés au XVIIIe siècle, dans toute l'Europe centrale et orientale. Ces vingt dernières années, nombre de germanophones de la région ont émigré, abandonnant leurs maisons aux Roms (voir p. 204-205).

À Hărman, les murs d'enceinte ovales de la **citadelle** (*tél. 0268 367 438, fermé lun.*, €) renferment une église du XIIe siècle, de style gothique. Ses murs, hauts de 12 m, furent érigés au XVe siècle pour protéger la communauté des violentes attaques des Autrichiens, Munténiens, Moldaves, Sicules, Tatars ou Turcs. En ces temps troublés, les villageois vivaient dans une terreur constante. Les quatre petites tourelles entourant la base de la flèche de l'église indiquaient que les habitants de Hărman pouvaient condamner à la peine de mort. La chapelle funéraire du XIIIe siècle, à l'intérieur de l'église, renferme des fragments de fresques très expressives de style gothique tardif.

Les fortifications de la **citadelle** de Prejmer (*tél. 0268 362 052, fermé dim.-lun.*, €, voir p. 148-

149) sont encore plus impressionnantes. Elles furent élevées en trois fois entre le XVe et le XVIIIe siècle. La muraille intérieure fut équipée de cellules, de réfectoires et de galeries, propres à accueillir la communauté entière pendant un siège. Au milieu de toute cette terreur, le sanctuaire gothique de Prejmer, qui prit pour modèle les églises de la région du Rhin, devait être une oasis de sérénité.

SUR L'ANCIENNE ROUTE COMMERCIALE DE MUNTÉNIE

Depuis Braşov par le sud-ouest, la route serpente dans les montagnes jusqu'à la Munténie du Nord, en suivant l'une des routes commerciales les plus fameuses de Roumanie.

À 16 km de Braşov, **Râşnov**, dont les rues tortueuses sont bordées de pittoresques édifices moyenâgeux, possède une extraordinaire **citadelle** perchée à 150 m (*tél. 0268 230 078*, €), construite par les chevaliers teutoniques en 1215.

Râşnov ne fut conquise qu'une fois, en 1612, par Gabriel Báthory. Ses bâtiments, aujourd'hui restaurés par des particuliers, donnent l'impression que Râşnov était jadis un village perché et non un banal château médiéval.

La citadelle a été transformée en site touristique haut de gamme, que complète son musée. Le belvédère (€) offre un panorama tout à fait somptueux sur les montagnes environnantes. Une partie du film *Retour à Cold Mountain* (2003) a été tournée non loin.

Au sud-ouest s'étend le **Parcul Naţional Piatra Craiului** où vous pourrez faire des randonnées dans un cadre magnifique, émaillé de plantes rares et endémiques, et dominé par le pic conique de **Piatra Craiului** (2 238 m).

Seize kilomètres plus loin vous attend le village de **Bran**. Le **Castel Bran** (*Str. Traian Moşoiu 489, tél. 0268 238 333, fermé lun.*, €€) est le fameux château de Dracula. Il porte bien son nom avec ses murailles perpendiculaires, ses tours pointues et ses rares fenêtres qui scrutent le village de toute leur hauteur. Mentionné pour la toute première fois en 1377, ce château abrita une garnison et un poste de douane sur la frontière entre la Munténie et la Transylvanie. Ses liens avec le prince Vlad III de Munténie (Dracula) sont plutôt ténus : celui-ci se rendit maître de Bran pendant une courte période lors de ses démêlés avec les marchands de Braşov en 1459, mais rien, ou presque, n'indique qu'il y ait effectivement séjourné.

Quasiment toutes les puissances rivales luttant pour le contrôle de la principauté durent s'attaquer à Bran. Le dernier assaut, infructueux, fut livré par les Turcs en 1787. Le château resta la propriété des Saxons de Braşov entre la fin du XVe siècle et 1920, date à laquelle la cité en fit don à la famille royale roumaine. Après avoir successivement fait office de palais d'été, d'hôpital de campagne et de musée

Les chevaliers teutoniques

Les chevaliers teutoniques furent conviés dans le sud-est de la Transylvanie par le roi hongrois Endre II en 1211, avec pour mission de protéger ses frontières des pillards cumans (nomades de souche turque). Ces moines militaires édifièrent des châteaux sur tout le territoire de Bârsa (autour de Braşov). Endre, ayant appris qu'ils projetaient de s'emparer de la région pour le compte du pape, les expulsa en 1225 avec l'aide des Saxons. ■

Râşnov
103 E1

Parcul Naţional Piatra Craiului
103 E1

Bran
103 E1

Office du tourisme
Centrul de Informare Turistică, Str. Principală 509
0268 236 355

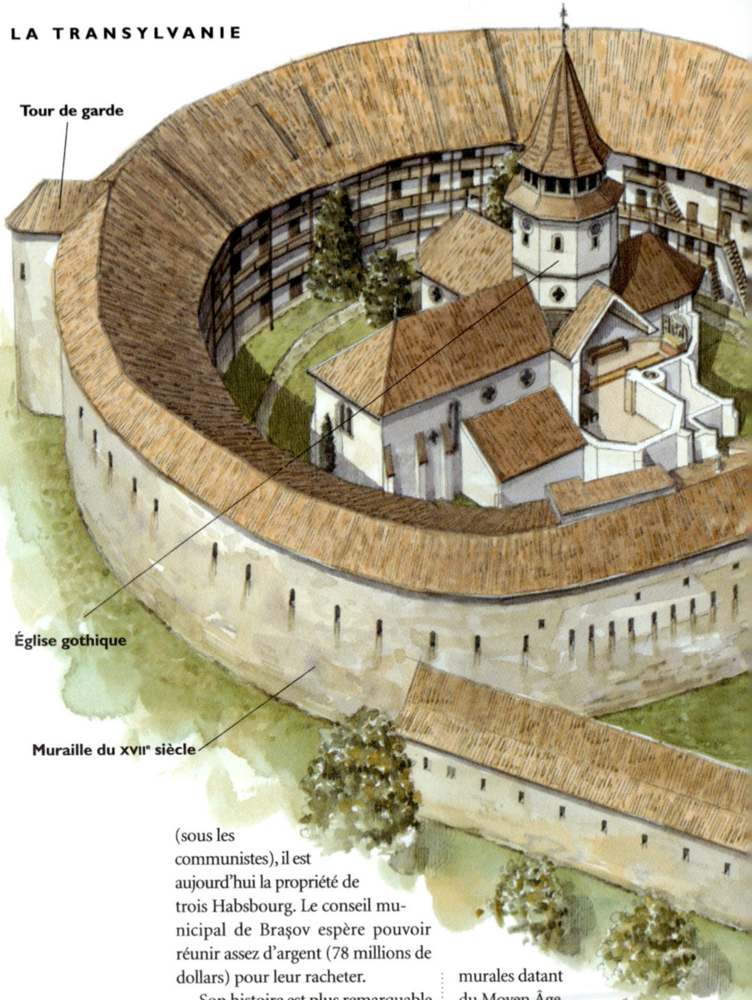

(sous les communistes), il est aujourd'hui la propriété de trois Habsbourg. Le conseil municipal de Braşov espère pouvoir réunir assez d'argent (78 millions de dollars) pour leur racheter.

Son histoire est plus remarquable que ne l'est l'intérieur. Redessiné par la reine Marie dans les années 1920, il ressemble aujourd'hui davantage à une hacienda espagnole moderne qu'à une citadelle éprouvée par les batailles. Ses fortifications, réellement impressionnantes, comprennent des meurtrières et un élévateur de secours. En 1989, des ingénieurs ont découvert que la montagne soutenant le château était en passe de s'effondrer sous son poids. Des fouilles ont mis au jour des peintures murales datant du Moyen Âge.

Le **Muzeul Satului** (*voir le château de Bran, p. 147*) se tient sur le côté sud de la colline du château. Hébergé dans l'ancien *vama* (bâtiment des douanes), sur la frontière Transylvanie-Munténie, ce ravissant musée villageois, vous livrera un bon nombre d'informations sur l'histoire et la culture de la région aux alentours.

De Bran, la route devient de plus en plus montagneuse, dévoilant un panorama à couper le souffle et de

PREJMER

villages alpins tout à fait charmants. **Moieciu de Jos** et **Moieciu de Sus** sont désormais bien équipés en pensions. Plus loin, vers Câmpulung Muscel (voir p. 74), allez explorer d'autres villages, les superbes formations rocheuses et les chutes d'eau de **Cheile Dâmbovicioarei** (gorges de Dâmbovicioara). Le village de **Podul Dâmboviţei** présente une magnifique architecture saxonne. ■

La terre des Sicules

Sfântu Gheorghe
103 E2
Office du tourisme
Centrul de Informare Turistică, Str. 1 Decembrie 1918 2
0267 316 474

Covasna
103 F2
Office du tourisme
Primăria, Str. Piliske 1
0267 340 001

Târgu Secuiesc
103 F2

LE PLATEAU TRANSYLVANIEN, EMPIÉTANT DE L'EST VERS LES CARPATES, franchit une enclave hongroise du nom de Székelyföld (signifiant terre des Sicules). Cette région d'une extraordinaire beauté a été largement épargnée par la pollution industrielle. Pour les petits fermiers, la vie y est rude. Toutefois, la nature semble cohabiter harmonieusement avec des techniques agricoles, plus évocatrices du XVIIIe que du XXIe siècle.

SFÂNTU GHEORGHE

Cette ville qui s'étend au pied des Carpates orientales compte 62 000 habitants, dont plus des deux tiers sont de souche hongroise. Le nom hongrois de cette localité est Sepsiszentgyörgy (prononcer Chepchi-sent-jorj). Le magyar est ici parlé partout et souvent écrit, en complément, naturellement, de la langue roumaine.

Le brillant écrivain, politicien et architecte transylvanien Károly Kós (1883-1977) conçut une douzaine de bâtiments dans cette ville. Le plus connu est le **Muzeul Naţional Secuiesc/Székely Nemzeti Múzeum**, de 1911-1912 (*Str. Károly Kós 10, tél. 0267 312 442, fermé lun.,* €). Ce musée national est un curieux mélange de styles traditionnel et moderne. Dans sa section à ciel ouvert, notez les portes en bois intégrant des colombiers et les fines colonnes funéraires décorées de motifs symboliques.

TÂRGU SECUIESC

Ceinturée de collines et de champs, cette charmante petite ville de 20 000 âmes est située à 43 km à l'est de Sf. Gheorghe. Dans son centre, 72 allées étroites convergent depuis une place ovale. Nombre de ses maisons et boutiques arborent de très jolis balcons en fer forgé qui date du XIXe siècle.

Le vieil hôtel de ville héberge le **Muzeul de Istoria Breslelor** (*Str. Curtea 10, tél. 0267 361 748, fermé lun.,* €), consacré aux guildes médiévales qui firent florès en ces lieux. Parmi les objets exposés figurent notamment 200 poupées de couleurs vives, revêtues de costumes hongrois provenant de toutes les régions de Transylvanie.

COVASNA

La « ville aux mille sources » est célèbre pour ses eaux thermales et minérales. Elle se tient au pied du massif du Breţcu. En son centre se trouve une curiosité naturelle, le **Balta Dracului** (marécage du Diable). Cette cavité découverte en 1770 entre parfois en éruption et se met à cracher de la boue et des gaz sulfureux, ce qui a pour effet de faire fuir les habitants. La dernière explosion remonte à 1984.

Une voie de chemin de fer à faible écartement relie Covasna au joli village montagnard de **Comandău**, à 20 km au sud-est. Le nom de Comandău dérive de la garnison frontalière austro-hongroise qui était stationnée en ces lieux au XIXe siècle.

Ci-dessus : une croix de Jérusalem apposée à l'extérieur d'une église à Tusnad.

Cette ligne ferroviaire, ouverte dans les années 1890 pour le transport du bois, est la seule de Roumanie qui traverse un plan incliné, actionné uniquement par la gravité. Ce plan, du nom de Şiclăul, se déroule sur une zone d'une somptueuse beauté que l'on appelle **Valea Zânelor** (la vallée des Fées). La ligne est temporairement hors service, mais ses locomotives à vapeur et ses wagons sont toujours en parfait état de marche et les habitants de Covasna cherchent à la rétablir à l'intention des touristes. A l'heure actuelle, il est possible de gagner Comandău par une route non goudronnée depuis Covasna.

MIERCUREA CIUC

De nos jours, Miercurea Ciuc (marché du Mercredi) est une ville industrielle, mais son centre reste cependant très agréable. Non loin du centre, se dresse l'imposant et massif **Castelul Mikó** (château Mikó). Ce château gagna ses lettres de noblesse durant les XVIIe et XVIIIe siècles, lorsque les Turcs, les Tatars et les soldats des Habsbourg s'employèrent à ravager la cité à maintes reprises. La citadelle, œuvre de Ferenc Mikó de Hidveg (1585-1635), s'inspira de l'architecture italienne de la Renaissance. Aujourd'hui, elle accueille dans ses murs le **Muzeul Secuiesc al Ciucului** (musée sicule de Ciuc, *Str. Cetăţii 1, tél. 0266 111 727, fermé lun.,* €). Dans sa cour ont été transplantées six fermes provenant de villages des environs.

LE MASSIF DE HARGHITA

La route reliant Miercurea Ciuc, Odorheiu Secuiesc à Sovata traverse des paysages enchanteurs. En vous rendant au massif de Harghita, prenez le temps de visiter l'ancienne localité sidérurgique de **Vlăhiţa**. Située au pied du mont Vlăhiţa (985 m), elle renferme la dernière **uzină de fier** du pays actionnée à l'énergie hydraulique (*Str. Gábor Aron 20, tél. 0266 246 422*). Bâtie au milieu du XIXe siècle, la fonderie de fer ouvre ses portes aux visiteurs, sur simple demande.

ODORHEIU SECUIESC

Cette plaisante cité de quelque 37 000 habitants est installée sur le bord oriental du plateau transylvanien. Habitée depuis la préhistoire, la ville a connu l'une des plus fortes proportions de Hongrois de souche de toute la région. Dans le centre-ville, les longues artères sont grevées de petits passages menant à des cours où œuvraient les artisans du Moyen Âge.

L'édifice médiéval le plus ancien d'Odorheiu est la **Jézus Szíve Kápolna** (chapelle du Cœur-de-Jésus) datant du XIIIe siècle. Se dressant à l'intérieur d'un mur d'enceinte défensif proche de l'entrée sud de la ville, elle a la forme d'un trèfle à quatre feuilles. Elle renferme une reproduction du beau plafond à caissons du XVIIe siècle.

L'origine des *Székelyek*

La peuplade magyarophone des *Székelyek* (Sicules) est, selon certains historiens, d'origine germanique. Pour d'autres, les Sicules migrèrent du Don vers l'ouest avec les Hongrois au IXe siècle. Du plus loin que l'on sache, ils reçurent des terres en contrepartie de leur défense des frontières hongroises.
Les Sicules migrèrent ensuite vers l'est avec les frontières. La plupart d'entre eux se fixèrent en Transylvanie orientale. Les Sicules possèdent leur propre alphabet runique. ■

Miercurea Ciuc
103 E3
Office du tourisme
Centrul de Informare Turistică, Str. Florilor 12
0266 317 007

Odorheiu Secuiesc
103 E3
Office du tourisme
Centrul de Informare Turistică, Piaţa Primăriei 1
0266 217 427

Corund
103 E3

Praid
103 D3

Le château fortifié en ruine du XVe siècle, ou **Székely Támadt** (signifiant forteresse attaquée par les Sicules), déploie sa puissante aura sur la ville. Se dressant à l'angle nord-ouest de la Piaţa Libertăţii, ce château fut habité au milieu du XVIe siècle par le prince János Szigmund, qui, de là, cherchait à prendre le contrôle des Sicules qui s'étaient révoltés contre lui. On aperçoit encore les vestiges de quatre bastions.

CORUND

Ce village occupe, à quelque 29 km au nord de Odorheiu Secuiesc, un cadre enchanteur notoire pour ses mines de sel et ses céramiques. Deux communautés sicules ont fait fortune avec la vente de leurs poteries. La première est celle de Corund, la deuxième étant Dăneşti (voir p. 180-181). Les villageois de Corund se sont spécialisés dans la céramique dès le début du XVIIIe siècle. Aujourd'hui, ils sont réputés pour leurs porcelaines dites bleu et blanc, le bleu étant un bleu cobalt profond que les Saxons introduisirent au XVIIIe siècle. Poteries et étals d'artisanat bordent la rue principale, et le spectacle des artisans au travail est généralement courant.

PRAID

Les mines de sel existent en Transylvanie depuis au moins 2000 ans. Le village de Praid abrite l'une des plus vastes carrières salines souterraines de la région. D'une épaisseur de 1 465 m, celle-ci est une rareté géologique, et renferme environ trois milliards de tonnes de sel. L'entrée de la **mine** (*Str. Gării 44, tél. 0266 240 200,*

Les portes en bois de la citadelle de Mikó, à Miercurea Ciuc : le château est aujourd'hui un Musée ethnographique sur la terre des Sicules.

fermé dim., €) jouxte la rue principale. Les visiteurs peuvent emprunter un bus qui les emmène sur une distance de 1,5 km et à une profondeur de 75 m.

SOVATA

Cette ville thermale du XIXe siècle s'est développée autour de plusieurs lacs salés. Bien qu'elle soit souvent bondée de touristes roumains en période de vacances, elle a conservé une partie de son caractère traditionnel. Le **Lacul Ursu** (lac de l'Ours, du fait de sa ressemblance avec une peau d'ours) a une teneur en sel si élevée que l'eau conserve en profondeur la chaleur du soleil. Ses eaux profondes sont donc plus chaudes que sa surface : à 1,5 m de profondeur, sa température approche encore les 20 °C.

REGHIN

Bourgade agricole apparaissant pour la première fois dans les archives en 1228, Reghin se déploie le long de la Mureş, sur la rive nord de la terre des Sicules. Sa population est beaucoup plus hybride que les villes sicules, même si la majorité de ses habitants sont des Roumains de souche. Sur sa place centrale, la **Piaţa Petru Maior**, s'alignent de splendides édifices du XIXe et du début du XXe siècle dotés de deux étages. Les élégants balcons en fer forgé de ces édifices peints de couleurs vives montrent combien Reghin était prospère sous l'empire austro-hongrois. Le **Muzeul Etnografic** (*Str. Vânătorilor 51, tél. 0265 512 571, fermé lun.,* €) est d'une rusticité tout à fait séduisante.

LA ROUTE DE BICAZ

Depuis Miercurea Ciuc ou Sovata, plusieurs routes bien goudronnées traversent les Carpates jusqu'à la province voisine, la Moldavie. La plus spectaculaire va de Miercurea Ciuc à Gheorgheni, au nord, puis de l'autre côté du **col de Bicaz**, vers l'est (DN12C).

Passé le col, vous rejoindrez le **Lacu Roşu** (lac Rouge), un lieu idyllique dont le nom date de l'époque où l'eau se teinta de rose après un glissement de terrain survenu au XIXe siècle. Aujourd'hui, la surface du lac est fracturée par les troncs cassés des sapins écrasés dans l'éboulement. Moyennant une petite obole, vous pourrez louer un bateau à rames. Quelques kilomètres plus à l'est, la route dévale une série de virages en épingle à cheveux vertigineux. Vous dépasserez les **Cheile Bicazului** (gorges de Bicaz) dans un panorama époustouflant de falaises, de chutes et de formations rocheuses. ■

Sovata
102 D3

Reghin
102 D4

Col de Bicaz
103 E4

L'ancienne église de la citadelle de Viscri est en service depuis le XIIe siècle.

Autres sites à visiter

CASTELUL BÁNFFY

Ce magnifique palais (ou château) du XVIe siècle, surnommé le Versailles transylvanien, se trouve dans le village de Bonțida, à 32 km au nord de Cluj. L'édifice d'origine fut l'objet de nombreux remaniements. Les façades baroques, saisissantes, furent rajoutées en 1750 par l'architecte autrichien Fischer von Erlach. L'édifice fut très endommagé pendant la Seconde Guerre mondiale. En 1948, le comte Miklós Bánffy fut contraint d'abandonner son foyer ancestral et l'immortalisa dans un ensemble de trois romans portant sur la période antérieure à la Première Guerre mondiale (publiés en français sous le nom de *Trilogie de Transylvanie*).

Sous les communistes, l'édifice tomba en ruine, son mobilier et ses tableaux furent pillés et ses jardins transformés en ferme collective. Dans les années 1980, les surfaces habitables ont été récupérées pour l'installation d'un hôpital psychiatrique. Aujourd'hui, un vaste programme de restauration compte bientôt lui rendre sa gloire passée. Il deviendrait un centre de formation pour la conservation des monuments historiques et l'artisanat. Les visiteurs peuvent demander une visite guidée et se détendre dans le café.

102 C4 Bonțida 0264 439 858 (RV exigé) € Trains et bus depuis Cluj

MĂNĂSTIREA NICULA

Le monastère de Nicula, qui domine les environs depuis sa colline à 10 km au sud-est de Gherla, fut fondé par un ermite, Nicolae, vers 1326. Son icône « faiseuse de miracles » de la Vierge Marie (XVIIe siècle) a donné naissance à l'une des plus célèbres écoles d'icônes sur verre (voir p. 190-191). Un petit musée expose certains des plus beaux spécimens.

Les communistes fermèrent le monastère en 1948, confisquant l'icône miraculeuse en 1964. Au final, celle-ci fut rendue au monastère après une restauration laborieuse. Elle figure dans l'église du XIXe siècle. Quant à l'église en bois (1770), elle fut transplantée en ce lieu depuis Bistrița. Les moines de Nicula perpétuent la technique de la peinture des icônes sur verre.

102 C4 Gherla 0264 241 835

VISCRI

Ce village saxon est niché au cœur de doux pâturages, à 45 km à l'est de Sighișoara. Sa dynamique mairesse, Caroline Fernolend, descendante des Luxembourgeois qui colonisèrent la région au XIIe siècle, a utilisé des matériaux de construction authentiques (lattes de bois, plâtre de chaux...) pour restaurer plusieurs fermes traditionnelles et les transformer en pensions. La magnifique église de la citadelle domine Viscri. Elle remonte au début du XIIe siècle, ce qui en fait l'une des plus anciennes du genre en Transylvanie. Vous aurez plaisir à arpenter les sentiers jusqu'à Mălâncrav.

103 D2 **Office du tourisme** Primăria, Bunești 0268 248 711 € ■

Les régions du Banat et de la Crişana forment les marches occidentales de la Roumanie, là où la Grande Plaine hongroise rencontre les avancées des Carpates. Leurs villes dénotent une indéniable influence austro-hongroise, tandis que leurs zones rurales conservent le charme du vieux monde.

Le Banat et la Crişana

La Piaţa Libertăţii à Timişoara (place de la Liberté).

Le Banat et la Crişana

S'étendant de l'Ukraine jusqu'au Danube, les régions voisines du Banat (au sud) et de la Crişana (au nord) partagent une même histoire – de la fin du XIe-début du XIIe siècle jusqu'au milieu du XIXe, elles furent gouvernées successivement par les Hongrois, les Turcs et les Habsbourg – mais chacune d'elles possède un cachet spécifique.

Chapelle du Mémorial du musée de la Révolution à Timişoara.

Avant 1918, le Banat (dont le nom vient de *ban*, terme médiéval signifiant gouverneur) faisait partie d'une zone plus vaste, située dans la plaine du Danube, dépendant de l'Empire austro-hongrois. Après la Première Guerre mondiale, cette région fut découpée en trois territoires (les deux autres appartiennent aujourd'hui à la Hongrie et à la Serbie). Quant à la Crişana, elle est délimitée par les trois fleuves qui la traversent d'est en ouest. Au Ve millénaire av. J.-C., la région donna naissance à une culture artistique de grande envergure appelée Criş, dont le sens stylistique se manifeste toujours dans l'art populaire local.

Timişoara, la ville principale du Banat, est le centre urbain le plus animé de toute la Roumanie occidentale. Sous l'ère communiste, nombreux furent les écrivains natifs de Timişoara qui gardèrent leur indépendance de plume. C'est le cas notamment de la Roumaine de langue allemande Herta Müller dont les ancêtres émigrèrent dans le Banat à l'époque des Habsbourg. Distinguée par le prix Heinrich von Kleist en Allemagne, la romancière a écrit *L'homme est un grand faisan sur terre* (1990) et *Le renard était déjà le chasseur* (1997). Avec *La Convocation* (2001), elle décrit, dans un style acéré et empreint d'onirisme, la réalité des années noires de la dictature.

Entre Timişoara et le Danube se dressent les avancées et les montagnes des Carpates méridionales, qui culminent au mont Semenicul (1 446 m). Le Banat, qui présente une faible densité de population malgré les stations de ski du massif du Semenic (à l'est de la ville industrielle de Reşiţa), n'a pas encore grand-chose à offrir en matière d'infrastructures touristiques. Pourtant, cette région fut peuplée jadis par les Romains et traversée par des nomades, et ses paysages sont comme habités par une sorte de grandeur mélancolique. En plein été, le regard porte très loin, par-delà les parcelles de terre et les champs dorés, sous des cieux d'un bleu incroyablement profond.

Au nord du Banat, au-delà du fleuve Mureş, s'étend la Crişana. La cité élégante d'Oradea se niche dans une campagne vallonnée au centre de la Crişana, près de la frontière hongroise. Le visiteur notera aisément le mélange des influences roumaine, hongroise, turque et autrichienne, ce qui contraste avec les villages à dominante plus rurale qui essaiment les alentours.

Dans les prés ouverts de la Crişana et du Banat, qu'embellissent les champs de maïs et de pommes de terre, les villages aux maisons d'adobe, encadrées de bois, rappellent au visiteur que cette contrée, jusqu'aux années 1950, était essentiellement rurale. Ici, le temps semble s'être arrêté : la charrette à bœufs, le paysan fauchant son pré avec des gestes lents et rythmés, tout rappelle l'Europe médiévale. Avant l'arrivée des communistes, de nombreux domaines étaient gérés par des propriétaires fonciers hongrois : ici et là, ce passé saute aux yeux au détour d'une demeure paraissant abandonnée, d'une église catholique au toit en forme de bulbe ou d'une église protestante aux murs blancs.

La Crişana et le Banat sont parvenus à préserver en partie un passé empreint de romantisme : il n'est qu'à voir les meules de foin qui sont restées incroyablement expressives ! ■

La splendide église catholique sur la Piaţa Unirii évoque le passé austro-hongrois de Timişoara.

Timişoara

TIMIŞOARA NE SERAIT PAS UNE VILLE MAIS UN ÉTAT D'ESPRIT EN PLEIN CŒUR DE l'Europe centrale. À travers les siècles, cette cité a absorbé des Roumains, des Allemands, des Hongrois, des Juifs, des Serbes, des Bulgares, des Tchèques et bien d'autres encore. Entre 1552 et 1716, elle a même été la capitale d'un pachalik (division administrative ottomane). Cette ville de 330 000 habitants, forte d'une presse abondante et de six universités, est plus indépendante que le reste du pays et n'a donc surpris personne lors de son implication dans l'insurrection de 1989.

Timişoara
157 B2
Office du tourisme
Centrul de Informare Turistică, Str. Alba Iulia 2
0256 437 973
Fermé dim.

DISTRICT DE CETATE

Ce quartier se tient au centre de Timişoara. Les citadelles des XIIIe et XVIIe siècles, qui lui ont donné son nom, ont néanmoins laissé peu de vestiges.

Piaţa Victoriei

Commencez votre visite à l'angle sud-ouest du quartier, où des massifs de fleurs et des fontaines adoucissent l'aspect de la Piaţa Victoriei (XIXe siècle). Cette promenade large et rectangulaire s'étend sur plusieurs pâtés de maisons. Le côté ouest de Victoriei est flanqué de plusieurs superbes bâtiments du début du XXe siècle, véritable vitrine du nouveau style sécessionniste qui balayait alors l'Europe centrale. Ces *palate* (palais) datent d'une époque où la cité se modernisait rapidement. Le plus attirant de tous est sans conteste le **Palatul Dauerbach** (*pour plus de détails sur les heures d'ouverture, renseignez-vous à l'office du tourisme tout proche*), dessiné en 1913 par László Székely (1877-1934) qui figure parmi les grands architectes allemands et hongrois de Timişoara. La **cathédrale orthodoxe** (1946) domine le côté sud de Piaţa Victoriei. En décembre 1989, plusieurs étudiants se réunirent à l'extérieur de la cathédrale (qui se signale par ses tours de style moldave et sa haute façade byzantine) pour y chanter des noëls, dans l'espoir que ceux-ci annonceraient le renversement du régime communiste.

Avant de poursuivre votre promenade vers le nord sur Victoriei, un détour en direction de l'est sur le Bulevardul Eminescu vous permettra d'admirer une profusion d'édifices des XVIIIe et XIXe siècles très impressionnants.

À l'extrémité nord de Piața Victoriei se dresse le **Teatrul Național și Opera Română** (*Str. Mărășești 2*) de belles proportions. Ce théâtre-opéra fut dessiné dans les années 1920 par Duiliu Marcu (1886-1966), architecte roumain très innovant. L'établissement sert de protection aux compagnies locales allemandes et hongroises. Durant l'ère communiste, les habitants de Timișoara devaient se rendre devant le théâtre avec docilité pour y écouter Nicolae Ceaușescu lorsqu'il y faisait une apparition. La région a été le cadre de combats acharnés en 1989. De nos jours, l'espace aménagé devant le théâtre accueille souvent des groupes de musique ou des représentations de théâtre de rue.

À l'est de Victoriei s'élève l'imposant **Castelul Huniazilor** (château des Huniades). Cet édifice de brique, bâti par le prince transylvanien Iancu de Hunedoara de 1443 à 1447, est le plus ancien de Timișoara. Transformé au fil des ans, le bâtiment originel n'a conservé que ses voûtes de pierre. Il abrite désormais les sections archéologique et historique du **Muzeul Banatului**. Ses superbes collections retracent l'histoire du peuplement humain dans cette région, du paléolithique jusqu'au XVIIIe siècle. Ne manquez pas la statue à deux têtes représentant une déesse-mère et un dieu-taureau – deux symboles forts de fertilité en un.

Piața Libertății

L'artère piétonne Strada Alba Iulia, à l'extrémité nord de Victoriei, relie la place à la Piața Libertății.

L'administration des Habsbourg tenait son quartier général dans la Cazinoul Militar du XVIIIe siècle (Caserne militaire, *Piața Libertății 7*). La place se nommait alors Piața Paradei (place de la Parade) et avait jadis abrité un bazar turc. Elle renferme en son centre une statue de 1756 figurant la Vierge Marie et saint Jean Népomucène, saint patron des catholiques du Banat. Notez les deux vitrines du côté sud-est de la place, où sont exposées des photos en noir et blanc des manifestations de décembre 1989 qui déclenchèrent la révolution. Du côté nord de la place, de l'autre côté des jardins, se dresse un bel édifice de deux étages datant des années 1730, le **Primăria Veche** (*Piața Libertății 1*). Cet ancien hôtel de ville occupe le site des bains turcs du XVIIe siècle, ce qui prouve combien les Autrichiens ont eu à cœur d'effacer ici toute trace de la présence ottomane. En regardant bien, vous découvrirez une inscription arabe au-dessus du socle.

Une courte marche vers le nord, le long de la Strada Ungureanu, vous mènera au **Memorialul Revoluției 16-22 Decembrie 1989** (*Str. Emanuil Ungureanu 8, tél. 0256 294 936, fermé sam.-dim., dons acceptés*). La cour de cette ancienne demeure du XVIIIe siècle abrite une chapelle, transformée en centre de recherche et d'archives sur la révolution de 1989. Les membres de l'Asociația Memorialul Revolutiei, une association qui s'est donné pour mission principale d'honorer la mémoire des victimes de la révolution (1 104 morts et 3 352 blessés à travers le pays) ont fondé ce mémorial, tout comme le **Cimitirul Eroilor**, sur la Calea Lipovei, et douze autres monuments publics bâtis à différents endroits de la ville.

Muzeul Banatului

✉ Piața Huniade 1
☎ 0256 491 339
🕒 Fermé lun.
€ €

Piaţa Unirii

Piaţa Unirii témoigne avec brio de la présence triomphale des Austro-Hongrois à Timişoara. Ce magnifique espace ouvert est si vaste qu'un terrain de football pourrait y tenir sans difficulté. Les tours jumelles de style baroque de la cathédrale catholique du XVIIIe siècle gardent le but à une extrémité tandis que, de l'autre côté, se dresse l'église serbe orthodoxe de Székely (1907) dans un ensemble de jolies rayures aux tons pistache et blanc, avoisinant l'église serbe Saint-Nicolas érigée dans les années 1740.

Deux femmes le jour de la fête nationale roumaine (1er décembre) sur la Piaţa Victoriei, Timişoara.

Muzeul de Artă

- Piaţa Unirii 1
- 0256 491 592
- Fermé lun.
- €

Plusieurs magnifiques édifices se font face de part et d'autre de la Piaţa Unirii. Le plus majestueux de tous est le **Palatul Baroc** (Palais baroque) de 1733, qui accueillit à ses débuts le quartier général de l'administration minière des Habsbourg. Depuis 2006, il abrite le **Muzeul de Artă**, dont les vastes collections comportent notamment des centaines d'icônes réalisées aux XVIIIe et XIXe siècles par des écoles régionales. Le musée expose également une série de 90 tableaux exécutés par le peintre roumain Corneliu Baba (1906-1997), connu surtout pour ses portraits expressifs. À droite de l'édifice, vous ne manquerez sans nul doute la façade verte et rose de la **Casa Brück** (*Str. Mercy 9*), qui date de 1910. Cet édifice de style Art nouveau-Sécession est également l'œuvre de László Székely, tout comme la **Casa Emmer**, sa voisine bâtie en 1908. Vous admirerez également, à l'angle sud-ouest de la Piaţa Unirii, là où se coupent les rues Alecsandri et Lazăr, les volumes harmonieux de la **Banca de Scont**, dessinée en 1906 par les deux Hongrois Dezsö Jakab et Marcell Komor.

En été, les gérants de cafés s'approprient les terrasses de la Piaţa Unirii et y installent des rangées de parasols. À l'angle nord-ouest se dresse le baroque **Monumentul Sf. Treime** : cette statue, qui dépeint une humanité en proie aux plus vives souffrances, rend hommage aux milliers de victimes de la peste qui ravagea le Banat au XVIIIe siècle. Créée à Vienne, elle fut acheminée sur ce site à la fin des années 1950. La fontaine toute proche dispense de l'eau potable alcaline. L'une des grandes réalisations du régime austro-hongrois fut d'assécher les marais autour de Timişoara et de canaliser la Bega, qui aujourd'hui s'écoule à travers la ville entre deux rives bien endiguées.

QUARTIER DE FABRIC

L'industrialisation de Timişoara prit son essor lorsque le général Mercy, gouverneur de Transylvanie envoyé par les Habsbourg, créa en 1720 le quartier de Fabric. Ce secteur compte certains des bâtiments européens industriels les plus anciens. Ce développement marqua le début d'une nouvelle phase de construction qui prolongea le quartier de Cetate.

Poursuivez votre promenade vers l'ouest, le long du Bulevardul Revoluţiei 1989, de Cetate vers Fabric, et observez sur les bâtiments les appliques décoratives ornant les réverbères. En 1884, Timişoara fut la première ville européenne à installer un éclairage public électrique.

Passez le **Podul Decebal** (pont Decebal), conçu par László Székely et récemment restauré, au-delà duquel le boulevard prend le nom de 3 August 1919. Juste en face s'étend le verdoyant **Parcul Poporului** (parc du Peuple). À l'extrémité est du parc se dresse une église, ainsi que la magnifique **Sinagoga din Fabric** (synagogue de Fabric, *Str. Caragiale*) datant de 1889. Le parc marque la limite de l'ancien quartier industriel.

À l'est du Parcul Poporului, la place pavée de **Piaţa Traian** est cernée d'édifices historiques. L'**hospice municipal**, conçu également par Székely en 1909 dans un style sécessionniste merveilleusement expressif, occupe l'angle des rues Romanilor et Traian. Le bâtiment est décoré de têtes de lions stylisés qui font écho à ses lignes géométriques sévères. Non loin, à l'angle de Strada Dacilor et du Bulevardul 3 August 1919, se tient un très bel immeuble de style sécessionniste appelé **Palatul Mercur** (palais du Mercure), tandis qu'une **église orthodoxe serbe** des années 1740 occupe le coin nord de la place.

Ce quartier comprend d'autres merveilles architecturales au nombre desquelles la **Fabrica de Bere**, de 1718 (Brasserie, *B-dul Pestalozzi et Str. Dacilor*), l'**usine de piles Dura** du début du XXe siècle (*Str. Pestalozzi 22*) et présentant un aspect postmoderne avant l'âge, et la majestueuse **Facultatea de Chimie, Biologie si Geografie** (*B-dul Pestalozzi 16*).

Si l'architecture locale continue à vous passionner, revenez sur vos pas en direction du centre-ville et de la **Piaţa Plevnei**. À l'extrémité ouest de la place se trouve la **Casa cu Păuni** (maison des Paons, 1905), de style Art nouveau, dont la façade et les encadrements de fenêtres arborent de gracieuses illustrations de paons. ■

Le déclenchement de la révolution

Le 15 décembre 1989, une foule s'attroupa devant une paroisse de Strada Cipariu pour protester contre l'arrestation du père László Tőkes, un jeune pasteur de l'Église hongroise réformée au verbe haut. Ce jour-là, Tőkes, qui fut roué de coups par la Securitate (la police secrète), devait être expulsé. Une délégation demanda sa libération, mais les autorités la refusèrent et appelèrent la milice en renfort. Durant cette nuit, la Securitate emmena en cachette Tőkes dans un village des environs afin de l'interroger, tandis qu'en ville éclataient les émeutes de rue. Celles-ci allaient faire rage pendant cinq jours. L'armée finit par rejoindre le camp des manifestants et, fin décembre, un nouveau monde était né. Une plaque apposée sur l'église commémore l'événement. László Tőkes est aujourd'hui évêque d'Oradea. ■

Circuit routier vers la Valea Almăjului

La Valea Almăjului mérite amplement la visite. Si ce coin méconnu, dans le sud-ouest du pays, possède peu d'infrastructures touristiques, c'est pourtant l'un des plus beaux du Banat rural. Pour le découvrir, optez de préférence pour la fin du printemps, lorsque les fleurs éclosent. L'été, période des moissons et de la floraison complète de la végétation, est également idéal pour randonner à travers bois et montagnes.

Le théâtre d'Oraviţa (XIXe siècle), malgré ses 4 carats de feuille d'or, a un besoin urgent de restauration.

Commencez votre visite par l'ancienne localité minière d'**Oraviţa** ❶, où vous pourrez admirer le **Teatrul Vechi Mihai Eminescu** *(Str. Mihai Eminescu 8, tél. 0255 572 215)*, de style néoclassique. Conçu par Ion Niuni en 1817, il fut le premier théâtre roumain. Sa petite salle rococo est un rappel charmant de l'original viennois ; le hall renferme un petit musée d'histoire locale. Un peu plus haut sur la droite, coincé au milieu d'une rangée de maisons du XVIIIe siècle à un étage, dans la Strada 1 Decembrie 1918, se dresse le **Vulturul Negru** (Aigle noir, *Str. 1 Decembrie 1918 7, fermé lun.*). Cet édifice constitue la première pharmacie qui fut créée dans les montagnes roumaines (1796). Aujourd'hui transformée en musée, elle a conservé ses agencements en bois d'origine ainsi que ses instruments médicaux.

En quittant la ville, poursuivez vers le nord-est et **Marila** le long de la DN57B. Vous croiserez un ensemble industriel en train de rouiller sur pied, ainsi qu'un sinistre sanatorium. Puis la route descend vers un faubourg d'Anina appelé **Steierdorf** ❷. Ce village minier fut fondé par des Souabes (des Allemands) et des Slovaques au cours du XVIIIe siècle, lorsque les Habsbourg « implantèrent » des colons étrangers dans la région afin d'y développer des industries modernes et de décourager les propriétaires fonciers féodaux. Douze kilomètres plus loin, la route grimpe parmi les forêts jusqu'à atteindre un défilé étroit et escarpé connu sous le nom de **Cheile Minişului** ③. À 5 km de là, niché dans la montagne à votre droite, un pont en bois mène à un kiosque abandonné recouvert de plantes grimpantes. Derrière, la **Cascadea Bigăr** ④ perce à travers l'épaisse végétation et forme une rivière profonde bordée de rochers moussus. Un entrelacs de sentiers démarre à cet endroit, franchissant les montagnes vers le sud ; un panneau d'affichage près de la cascade signale l'emplacement de ces chemins de randonnée.

Plus à l'est, alors que la route redescend vers le village de **Bozovici**, le paysage s'ouvre à nouveau, révélant des flancs de montagne verdoyants à perte de vue. À 6,5 km de Bozovici, juste après la rivière de Rudăria, engagez-vous sur la droite et suivez la rivière dans la **Valea Almăjului** jusqu'au moment où vous atteindrez le village d'**Eftimie Murgu** ⑤. Suivez la rue principale, retraversez la rivière et garez-vous. Puis descendez le sentier (à main gauche au croisement) pour rejoindre les belles gorges de **Cheile Rudăriei**. Non loin se trouve l'entrée du **Parcul Mulinologic Rudăria**. Ce petit musée en plein air est spécialisé dans les moulins à eau en bois à l'ancienne dotés de pales horizontales Pelton.

Retournez sur la grand-route DN57B. Juste après **Iablaniţa**, tournez encore une fois à droite sur une petite route qui longe une autre colline. De là, vous aurez une vue panoramique sur les montagnes environnantes. Le revêtement routier est très mauvais, mais ce détour de 5 km est franchement spectaculaire. Vous parviendrez ainsi à la DN6 (E70). Prenez à droite et continuez votre route sur 8 km jusqu'à la route principale et **Mehadia** ⑥, une localité ordinaire de 4 500 habitants. Bifurquez encore à droite : la ville se trouve 5 km plus au sud. ■

Voir le plan régional p. 157
- ➤ Oraviţa
- 107 km. Un 4x4 est recommandé pour les détours
- 1 heure (plus arrêts)
- ➤ Mehadia

À NE PAS MANQUER

- Teatrul Vechi Mihai Eminescu
- Cascada Bigăr
- Parcul Mulinologic Rudăria
- Un détour par Iablaniţa

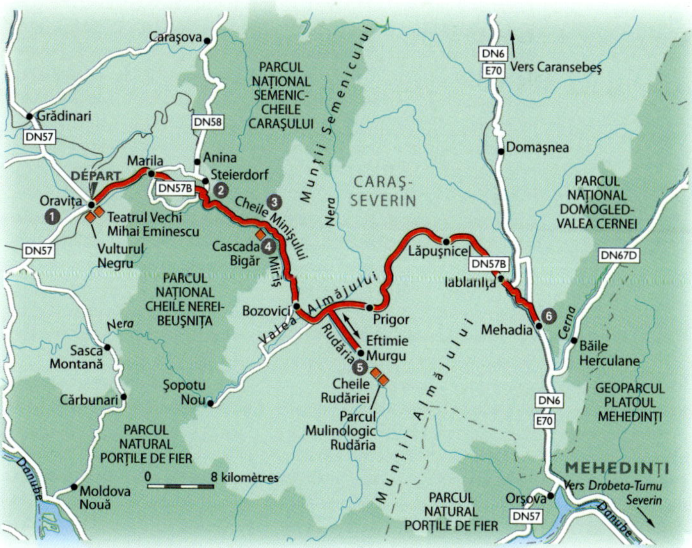

Arad et ses environs

Arad
157 B3
Office du tourisme
Centrul de Informare Turistică, B-dul Revoluţiei 84–86
0257 270 277

Complexul Muzeul Arad
Str. George Enescu 1 (accès par B-dul Dragalina). Pour la section de sciences naturelles, entrez par Parcul Copiilor
0257 281 847
Fermé lun.
€

Muzeul de Artă
Str. Gheorghe Popa de Teiuş 2–4, 2e étage
0257 256 503
Fermé lun.
€

La première mention de cette localité toute proche de la frontière hongroise date de 1078. Ce carrefour commercial de 185 000 âmes a conservé quelques-uns des plus gracieux et élégants édifices du Banat. La présence, dans ses environs, de l'historique Lipova, du monastère de Gai et de la citadelle de Şoimoş en font une destination très prisée.

Vendeur de fleurs fraîches au marché de la rue d'Arad, sur la Piaţa Mihai Viteazul, à l'ouest du Bulevardul Revoluţiei.

Le tracé urbanistique du centre d'Arad est d'une simplicité biblique : la plupart des sites culturels se regroupent autour du **Bulevardul Revoluţiei**. Le long de cette artère, qui dessert le centre en une ligne plus ou moins droite, les trams vont et viennent, donnant à l'ensemble une petite touche de nostalgie « Europe centrale ». Vous aurez franchement l'impression de revenir au XVIIIe siècle en effectuant la promenade de 2 km qui vous conduira de la splendide gare ferroviaire, **Gara Centrală** – admirez le hall majestueux et, à son extrémité nord, la double rangée de fenêtres à arcades –, à la Piaţa Avram Iancu, située au sud.

L'édifice le plus impressionnant du centre-ville est le **Primăria** (*B-dul Revoluţiei 75*). La construction de cet hôtel de ville, achevée en 1876, fut entamée par le grand architecte hongrois Ödön Lechner, l'un des maîtres du style sécessionniste. Une plaque commémorant les victimes des émeutes de décembre 1989 y est apposée. Derrière le Primăria se dresse, sur la Piaţa Enescu, le **Palatul Culturii** (palais de la Culture) de 1913. Son intérieur, conçu par l'architecte local Lajos Szántay, constitue un véritable florilège du style sécessionniste. Aujourd'hui, il abrite les sections d'archéologie, d'histoire et de sciences naturelles du **Complexul Muzeul Arad**. Les collections de ce complexe muséal retracent l'histoire régionale depuis les premières traces de peuplement humain, il y a environ 100 000 ans, jusqu'à l'avènement du régime communiste.

Le **Muzeul de Artă**, charmant mais hélas sous-estimé, se situe de l'autre côté du Bulevardul Revoluţiei, un peu au nord de Primăria. Il renferme des œuvres d'art européen du XVIIe siècle, de la porcelaine du XVIIIe siècle et du mobilier Biedermeyer. Quelques magnifiques tapisseries réalisées par le peintre roumain Nicolae Grigorescu et des tableaux de l'école Baia Mare du début du XXe siècle y sont exposés.

Piaţa Avram Iancu est une place de superbes proportions, encadrée de bâtiments sécessionnistes du XIXe et du début du XXe siècle. Le cœur des édifices du XVIIIe siècle d'Arad, dont beaucoup ne comportent qu'un étage, se situe entre Avram Iancu et **Piaţa Veche** et dans **Strada Tribunal Axente**. La périphérie sud de cette zone, y compris les rues rayonnant autour de **Piaţa Sârbească**, forme le quartier serbe datant du XVIIe siècle.

MĂNĂSTIREA GAI

Les impressionnants édifices baroques du monastère orthodoxe de Gai s'élèvent juste au-delà des faubourgs nord-ouest d'Arad. Fondé vers 1760 afin de servir de résidence d'été à l'évêque catholique d'Arad, ce monastère ressemble à un grand manoir. Il renferme une collection, modeste mais intéressante, d'icônes rares en verre et en bois. La cour abrite une église en bois du XVIIIe siècle. L'édifice provient du village de Selişte situé dans la vallée de Mureş.

LIPOVA

Cette jolie ville ancienne se niche à 32 km à l'est d'Arad. Son centre historique, aujourd'hui appelé **Piaţa Unirii**, renferme trois curiosités. La **Biserica Ortodoxă** à la façade baroque révèle les éléments byzantins originels (XIVe siècle) de son pronaos et d'environ la moitié de la nef encore existante. L'intérieur est décoré pour l'essentiel de tableaux, dont les plus anciens sont les fresques de style munténien, datant du XVe siècle, que l'on aperçoit sur le mur de la nef près de l'entrée.

La maison voisine fut jadis celle de Sever Bocu (1874-1951), membre éminent du Parti national des paysans (anticommuniste) qui mourut dans la prison de Sighetu Marmaţiei, dans le Maramureş. La demeure transformée en **Muzeul Oraşului Lipova** expose des tableaux d'artistes roumains contemporains, tels que Ion Andreescu et Nicolae Tonitza, de même que de l'art décoratif d'Europe du Nord. Les cinq pièces du musée ouvertes à la visite sont décorées avec le mobilier de l'ancien militant, y compris de jolis poêles en céramique de Vienne. À côté, le **bazar**, datant de l'occupation ottomane qui survint au début du XVIIe siècle, se reconnaît facilement à ses belles arcades ouvertes et à ses huit colonnes. L'importance qu'il revêtait à cette époque se voit à ses grandes dimensions, qui lui permettaient d'accueillir des marchands de Moldavie, de Munténie, de Transylvanie et d'Europe centrale.

CETATEA ŞOIMOŞ

À l'est de Lipova, les magnifiques vestiges de pierre à l'air libre de Cetatea Şoimoş semblent toujours monter la garde sur la route entre la Crişana et la Transylvanie. Abandonnée en 1788, la citadelle fut probablement érigée après la terrible invasion mongole de 1241-1242.

Şoimoş, occupée par les princes de Munténie et de Transylvanie, tomba plusieurs fois entre les mains des Turcs ottomans. Au XVIe siècle, elle fut protégée par une enceinte fortifiée à bastions et embellie d'ouvrages de pierre Renaissance (dont des vestiges demeurent dans la cour intérieure). ■

Église orthodoxe aux environs de Vinga, près d'Arad.

Mănăstirea Gai
Str. Dunării 170, Gai
0257 271 722

Lipova
157 B3

Muzeul Oraşului Lipova
Str. N. Bălcescu 21, Lipova
0257 563 303
Fermé lun.
€

Cetatea Şoimoş
157 B3

L'architecture austro-hongroise d'Oradea est l'une des plus raffinées de Roumanie occidentale.

Oradea

SITUÉE À UN JET DE PIERRE DE LA FRONTIÈRE HONGROISE, L'ÉLÉGANTE CITÉ d'Oradea porte l'estampille évidente de la férule austro-hongroise. Son centre-ville, traversé par la rivière Crişul Repede aux courbes sinueuses, s'organise autour de magnifiques palais et cathédrales. Quant à sa citadelle au fameux plan pentagonal, elle est tout simplement impressionnante.

Oradea
157 B4
Office du tourisme
Centrul de Informare şi Promovare Turistică, Piaţa Independenţei 39
0259 435 140

Oradea, connue à l'origine sous son nom latin de Varadinum, devint une base administrative importante dès le Moyen Âge. Roumains, Hongrois, Turcs, Autrichiens… tous, à un moment ou un autre de son histoire, œuvrèrent à son développement. En témoignent ainsi ses nombreux édifices de styles médiéval, baroque, sécessionniste et Art nouveau. Le plus splendide de tous est le **Palatul Episcopal**, aménagé au cœur de jardins paysagers au nord du centre-ville (comptez 5 minutes depuis la gare ferroviaire). Inspiré des dessins de l'architecte italien Giovanni Battista Ricca, il fut achevé en 1770 par l'architecte autrichien Franz Anton Hillebrandt, qui fit de cette œuvre extravagante à voûtes et portiques une reproduction du Belvédère de Vienne.

Actuellement, cette grande demeure en U, haute de trois étages, abrite le **Muzeul Tării Crişurilor** *(B-dul Dacia 1-3, tél. 0259 412 725, fermé lun.,* €). L'intérieur de l'établissement regorge de chapiteaux ornés, de plafonds peints et d'élégants poêles en céramique. Un large escalier mène du hall d'entrée au premier étage, où la magnifique Sala Festivalelor est aussi haute que deux étages pleins. Le musée de la Crişana comprend des sections consacrées aux beaux-arts, à l'archéologie, à l'histoire, aux sciences naturelles et à l'ethnographie. Pièces maîtresses de ce musée : des échantillons de poterie recueillis dans 19 villages de la région – un nombre réellement incroyable, compte tenu de la superficie de la zone en question – et une collection de *lăzi de zestre* (coffres en bois) joliment décorés.

Le palais épiscopal appartient à un ensemble architectural beaucoup plus vaste conçu par Hillebrandt. Il englobe la **Catedrala Romano-Catolică** (*Şirul Canonicilor 19, tél. 0259 418 235, fermé dim.-lun., €*), dont les plans s'inspirent largement de ceux que Ricca dessina pour l'église d'Il Gesù, à Rome.

Le **Pasajul Vulturul Negru** (passage de l'Aigle noir, *Piaţa Unirii 2-4*) est l'œuvre des architectes hongrois Marcell Komor et Dezsö Jakab (1909). Cette galerie marchande de style Art nouveau s'ouvre sur trois rues. Ses profils incurvés exubérants, ses hauts plafonds et ses vitraux sont couronnés d'une étonnante tour de l'horloge. L'ensemble comprend également un nouvel hôtel quatre-étoiles, l'**Hotel Vulturul Negru** (*Str. Independenţei 1, tél. 0259 450 000*), qui surplombe le fleuve et avoisine le Primăria. Si vous aimez ce type d'ambiance « Mitteleuropa », faites un saut à l'**Hotel Astoria** (*Str. Teatrului 2, tél. 0259 130 745*), de style gothique sécessionniste (1902), où le poète radical hongrois Endre Ady (1877-1919) avait coutume de retrouver ses amis.

Le **Palatul Moskovits**, qui fait l'angle des Strada Independenţei et Alecsandri◊V, est également une œuvre exubérante de type Art nouveau. Conçu par Kálmán Rimanoczy Jr, le bâtiment fut achevé en 1905. Ses façades incurvées s'ornent de figures allégoriques en relief et de carreaux de céramique.

La spectaculaire **Cetatea Oradea** (*Piaţa Independenţei, tél. 0259 435 140, droit d'entrée demandé pour les visites guidées*) est le site le plus imposant d'Oradea. Immortalisée vers 1241 dans l'ouvrage *Carmen Miserabile*, de Rogerius d'Apulie, la citadelle date du XIIe siècle. Ce récit, dont le titre intégral est *Lamentation sur la destruction du royaume de Hongrie par les Tatars*, est l'œuvre d'un moine catholique italien, devenu en 1249 évêque d'Oradea et connu pour ses chroniques sur les invasions tatares. Détruite et reconstruite à plusieurs reprises, la citadelle changea également de mains à différentes occasions. Le sultan ottoman Soliman le Magnifique en fit même son quartier général permanent de 1529 à 1538. L'édifice doit sa forme actuelle, épousant une étoile à cinq branches, à l'architecte militaire italien Domenico da Bologna, qui transforma le bâtiment sur la commande du prince transylvanien Ioan Sigismund, au XVIe siècle. Une fois achevé, l'ouvrage était si impressionnant que le voyageur turc Evlia Celebi (venu à Oradea en 1660 pour observer la prise de la ville par une armée de 45 000 soldats turcs) évoqua les douves, larges de 40 m, comme étant « aussi profondes que l'océan ». Lorsque les Turcs ouvrirent une brèche dans ses défenses en août 1660, le commandant Ali Pacha fit un rapport triomphant au sultan : avec cette défaite, la Transylvanie avait perdu son noyau dur.

Même dans son état de délabrement actuel, Cetatea Oradea reste tout à fait imposante. Une visite attentive permet de découvrir des détails de construction surprenants, comme le réseau de rigoles d'irrigation souterraines alimentées par des conduits d'eau chaude qui ne gelaient jamais, même en hiver. Classée au Patrimoine mondial de l'humanité, la citadelle est actuellement en cours de restauration. Elle accueille en outre des expositions et des foires artisanales, ainsi que l'institut des Beaux-Arts de l'université d'Oradea. ■

Le plateau de Sylvanie

Zalău
157 C4
Office du tourisme
Primăria Municipiului Zalău, Piaţa Iuliu Maniu 3
0260 610 550

Muzeul Judeţean de Istorie şi Artă Zalău
Str. Unirii 9, Zalău
0260 612 223
€

Galeria de Artă Ion Sima
Str. Gheorghe Doja 6, Zalău
0260 611 065
Fermé lun.
€

Muzeul Maghiar Etnografic Sípos Lázló
No. 85, Bogdand
0740 558 319 (demandez Mme Dede Eva)
Fermé lun.
€

Bogdand
157 C4

Le plateau de Sylvanie, enserré entre Culmea Cod-rului, le Meseş et les monts Şes, en bordure nord de la chaîne des Apuseni, est émaillé de collines à l'épaisse végétation. S'il figure rarement au programme des voyages organisés, il bénéficie néanmoins d'une atmosphère intime et paisible. Il s'en dégage ainsi un parfum de romantisme indéfinissable, que le visiteur aura loisir d'apprécier en côtoyant les villages ruraux et les manoirs abandonnés aux murs défraîchis, aux toits patinés et aux sculptures recouvertes de mousse.

La bourgade animée de **Zalău** (prononcer Zalo) abrite deux excellents musées. Le **Muzeul Jude-ţean de Istorie şi Artă Zalău** est hébergé dans un bâtiment du XIXe siècle doté d'une façade exceptionnelle. Sa section historique évoque principalement les découvertes archéologiques effectuées dans la région et met en valeur en particulier quelques peintures rupestres de plus de 100 000 ans. À 5 minutes de là, vous découvrirez la **Galeria de Artă Ion Sima**, qui, comme son nom l'indique, expose surtout les tapisseries pleines de verve de Ion Sima (1898-1985), peintre impressionniste roumain.

Faites cap vers l'ouest pour rejoindre la ville de **Şimleu Silvaniei**. Situé en centre-ville, audessus de la place du marché, le **Castelul Bathori** (château Báthory) du XVIe siècle reste élégant bien qu'il présente un état de délabrement certain. Entre les XIIIe et XVIIe siècles, le clan transylvanien des Báthory donna un grand nombre de dirigeants à la principauté, notamment un roi (István, roi de Pologne) et plusieurs princes, ainsi que des cardinaux, des évêques et des juges. Descendant d'une ancienne tribu hongroise, les Báthory, à force de consanguinité, sombrèrent dans la folie avant de s'éteindre complètement. Leur château n'est plus aujourd'hui qu'un squelette, mais sa gracieuse porte cochère XVIIIe siècle est toujours debout.

Plus haut dans la vallée (suivez la rivière et la ligne de chemin de fer), vous découvrirez dans le village de **Cehei** une **église en bois** datant du XVIIIe siècle et ceinturée d'un motif à base de cordes appelé *brâu* qui symbolise la nature éternelle de l'amour divin. Selon certains ethnologues, ces motifs proviennent des véritables cordes qui, aux siècles passés, servaient à maintenir les églises en bois de charpente.

À proximité, à **Uileacu Şimleului**, se tient la **Biserica Reformată**. Cette église réformée, hongroise, ornée d'une tour polygonale et d'un beau plafond à caissons, faisait autrefois partie d'un monastère bénédictin, fondé au XIIIe siècle par des descendants du roi hongrois Árpád Ier.

Le plateau est émaillé de charmants petits villages ruraux. À **Bogdand**, le **Muzeul Maghiar Etnografic Sípos László** est un petit musée occupant une ferme du XIXe siècle à un seul étage, dotée d'une façade toute blanche et d'une véranda à arcades. Les deux petites pièces sont décorées dans le style traditionnel hongrois : céramiques aux motifs colorés, tissus brodés et mobilier peint.

Quelques kilomètres plus loin vers l'est, le village de **Hodod** abrite un manoir à moitié en ruine, jadis propriété de la famille Wesselényi et reconstruit de 1736 à 1776. Au sommet de la colline, du côté est du village, se tient une autre

église réformée hongroise, datant cette fois du XVe siècle. Admirez sur le plafond à caissons l'emblème des Wesselényi composé d'une sirène et d'un cygne. La chaire de pierre est l'œuvre de Dávid Şípos, maître transylvanien du XVIIe siècle.

En poursuivant davantage vers l'est, un château du XIVe siècle dominait jadis le village de **Cehu Silvaniei**. Abandonnée après la rébellion de 1703-1711 que le prince hongrois Francis Rákóczi mena contre les Habsbourg, la citadelle a quasiment disparu. Son seul vestige, visible dans le centre-ville (*près de Str. Crişan 17*), est une fontaine circulaire du XVIe siècle. En 1944, les nazis firent de ce village un ghetto juif ; la plupart des 551 Juifs immatriculés furent déportés à Auschwitz. Le cimetière juif datant du XIXe siècle renferme une vingtaine de tombes. Il n'est pas indiqué ; vous le trouverez dans un champ le long d'un sentier non signalé près de la Strada Cloşcaţ.

Au cœur de **Jibou**, tout proche, se dresse le **Palatul Wesselényi** (palais Wesselényi), chef-d'œuvre baroque érigé entre 1779 et 1810 et négligé depuis des décennies. Son parc, qui a été réaménagé, est désormais l'un des jardins botaniques les plus connus de Roumanie. Créé en 1968 par un maître d'école enthousiaste, le **Grădina Botanică a Institutului de Cercetări Biologice** couvre une superficie de 24 ha. Il présente des variétés exotiques d'arbres et d'arbustes, dont le seringa, le berbéris et le cyprès. Les serres sont bâties sur le modèle du dôme géodésique.

À 15 km de là environ s'étend le camp romain de **Porolissum**, qui, aux IIe et IIIe siècles, gardait la zone nord-ouest de la Dacie. Du village de **Moigrad**, une route étroite serpente jusqu'aux vestiges du camp militaire. Elle disparaît ensuite dans un sentier herbeux près du sommet de la colline où, parmi les moutons, le site présente une tour, une portion de chaussée romaine pavée, les murs d'un temple et les vestiges d'un superbe amphithéâtre. Il dévoile par ailleurs une vue magnifique sur l'ensemble du plateau de Transylvanie. ■

Hodod
157 C4

Grădina Botanică a Institutului de Cercetări Biologice
157 C4
Str. Parcului 14, Jibou
0260 641 617
€

Cehu Silvaniei
157 C4

Maison en bois du village de Marişel, en bordure des monts Apuseni.

Les sources thermales

La Roumanie possède un tiers des sources minérales et thermales de toute l'Europe : quelque 3 000 sources, utilisées pour leurs vertus thérapeutiques depuis l'occupation de la Dacie par les Romains, au IIe siècle de notre ère, alimentent ses montagnes, ses plaines, jusqu'au littoral de la mer Noire.
À l'heure actuelle, ses 70 sources thermales naturelles soulagent les rhumatismes, les affections cardiaques, les troubles nerveux et dermatologiques, et les problèmes digestifs.

L'expression « prendre les eaux » évoque sans nul doute les aristocrates oisifs du XVIIIe siècle. Jadis, Băile Herculane (les bains d'Hercule, du nom du dieu romain qui, selon la légende, aurait fait halte en ce lieu pour s'y baigner) rivalisait aisément avec Baden Baden (Allemagne) ou Bath (Angleterre). La station est située dans l'étroite vallée de Cerna, dans le sud-ouest, que domine la muraille sauvage des gorges de Domogled. Elle fut fondée par les légionnaires romains, qui avaient découvert que les sources chaudes, salées et soufrées soulageaient leurs membres douloureux. Les nobles romains, quant à eux, appréciaient aussi les sources d'Hercule. Ils y édifièrent des autels votifs, encore visibles aujourd'hui. Parmi les sources roumaines remontant également à l'époque romaine, mentionnons Geoagiu Băi, près de Deva, et Băile Felix, proche d'Oradea.

Les Habsbourg redécouvrirent Băile Herculane lorsque l'empire austro-hongrois établit ses frontières le long du Danube, au début du XVIIIe siècle. Dès 1736, les Autrichiens fondèrent des centres de cure à l'architecture de pierre savamment ouvragée, des hôtels raffinés et un casino aux arcades ornées de fines colonnes de fer forgé. Băile Herculane était fréquentée par l'élite d'Europe centrale, au premier chef l'empereur François-Joseph et Élisabeth d'Autriche, mieux connue sous le nom de Sissi. Cette dernière, à la santé délicate, mit à l'honneur les sources thermales dans son journal.

Les spas fondés par les Habsbourg ouvrirent la voie à d'autres stations roumaines : Buziaş, près de Timişoara, créée en 1819, arbore ainsi des colonnades de style byzantin-ottoman semblables à celles de Baden Baden et de Karlovy Vary (République tchèque). Dans les années 1960, les communistes complétèrent les installations en construisant de grands hôtels. Si aujourd'hui ces édifices chic des XVIIIe et XIXe siècles sont toujours en activité, ils présentent néan-

Buziaş, délabrée mais élégante (ci-dessus) attire encore les visiteurs pour ses eaux soufrées (à gauche). Installations hydrothérapiques au spa de Băile Olaneşti spa (à droite).

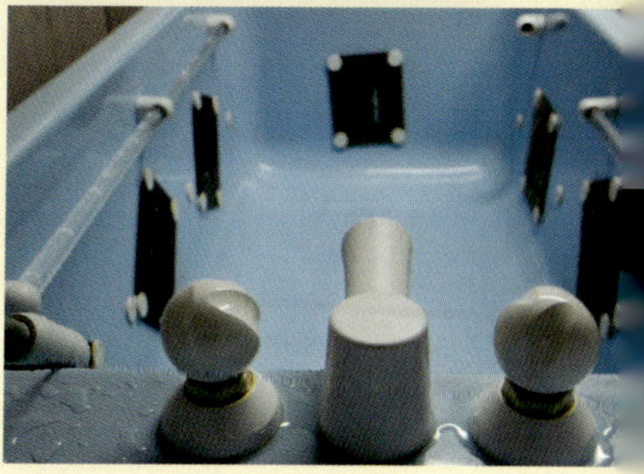

moins un aspect tristement délabré, dans l'attente d'une restauration bien nécessaire,

Eforie Nord, située sur la côte de la mer Noire, ouvrit en 1894 un sanatorium, puis des thermes en 1904. La station attire les visiteurs pour le soleil et l'air marin, mais surtout pour ses vertus curatives avec le *nămol*, boue sapropélique grasse et noire provenant du lac Techirghiol. Eforie figure parmi les stations créées à l'initiative du roi Carol Ier (1839-1914), Allemand de naissance. Aujourd'hui, Mamaia, implantée plus au nord, est la plus grande station balnéaire du pays, Eforie arrivant en deuxième position.

Ces sources ne sont pas destinées uniquement au thermalisme, mais produisent des eaux de table réputées dans le pays, comme celles des sources de Covasna et Borsec qui naissent en Transylvanie orientale, dans les Carpates. Les eaux embouteillées ne représentent cependant qu'une infime proportion des variétés naturellement gazeuses que l'on trouve ici. Ainsi, l'empereur Napoléon III préférait celles de Călimăneşti (en Valachie) aux eaux françaises, et de nombreux Roumains consomment de l'eau minérale qu'ils prélèvent directement à des sources connues d'eux seuls. ■

Satu Mare et ses environs

L'Hotel Dacia de Satu Mare, dont l'architecture s'inspire à la fois de l'exubérance Art nouveau et de la Sécession viennoise.

Satu Mare, charmante ville-marché imprégnée d'une ambiance typiquement austro-hongroise, ne se trouve qu'à une vingtaine de minutes en voiture de la frontière hongroise, au nord-ouest de la Roumanie. Mentionnée dès 1181, elle est le site légendaire du Castrum Zotmar (d'où elle tire d'ailleurs son nom), ce bastion fortifié évoqué dans des chroniques du xe siècle.

Satu Mare
157 C5
Office du tourisme
Centrul de Informare şi Promovare Turistică, Piaţa Independenţei 39, Oradea
0259 435 140

Située à proximité de l'ancien poste-frontière international de Petea, Satu Mare a toujours constitué une halte sur la route de la Hongrie. Son centre ancien jouxte la Piaţa Libertăţii, vaste place aux contours irréguliers. Vous pourrez profiter de ses jardins verdoyants qui procurent une halte agréable après une journée de visite. Sur son côté sud, vous ne pourrez manquer la façade multicolore de l'**Hotel Dacia** (*Piaţa Libertăţii 8, tél. 0261 715 773*), de style sécessionniste. L'établissement fut construit en 1902 par Ödön Lechner, qui remporta un prix d'architecture à Vienne à cette occasion. De nos jours, l'hôtel est le lieu de rendez-vous des voyageurs effectuant en minibus deux fois par jour la liaison rapide entre Bistriţa (voir p. 107-109), située en Transylvanie, et Budapest (Hongrie).

En face de l'hôtel, logée dans un édifice à l'impressionnante façade néogothique vieux rose et blanc

(1842), se tient la **Secţia de Artă** (*Piaţa Libertăţii 21, tél. 0261 710 114, fermé lun., €*) qui renferme de belles collections d'art roumain. L'une des ailes du bâtiment date du début du XVIIIe siècle.

Les sections historique et ethnographique du **Muzeul Judeţean Satu Mare** (*Str. Lucaciu 21, tél. 0261 737 526, fermé lun., €*) ont élu domicile dans l'ancienne *primăria* à trois étages de la ville. Pour vous y rendre, marchez le long du Bulevardul Brătianu : le musée est à trois pâtés de maisons, à l'est de la Piaţa Libertăţii. L'hôtel de ville (1936), d'aspect passablement sinistre au premier abord, comporte toutefois un élément intéressant : un examen plus attentif révèle en effet comment l'architecte roumain G. P. Liteanu a décloisonné la façade en plusieurs éléments.

ŢARA OAŞULUI

Au nord-est de Satu Mare, prise en sandwich entre les montagnes Igniş et la frontière de l'Ukraine, s'étend une zone appelée Ţara Oaşului, dont le centre culturel et économique est **Negreşti-Oaş**. Si vous êtes pressé, optez pour la visite de l'excellent musée local, le **Muzeul Ţara Oaşilor** : celui-ci s'organise autour de deux sites, le *sediu* (siège) sur la Strada Victoriei (*n° 140, tél. 0261 854 839, €*) où sont représentés les beaux-arts et l'ethnographie, et le *muzeul în aer liber* (musée en plein air) situé dans le centre de Negreşti (*Str. Livezilor 3-5, tél. 0261 854 860*). Il vous permettra de voir, outre l'architecture locale, des potiers au travail ainsi que des moulins en bois, des maelströms et une forge en action.

À 8 km de Negreşti-Oaş, la route dévoile le panorama à couper le souffle qu'offre le **Luna Şes**. Cette région, qui recouvre 250 ha à la bordure nord des monts Pietroasa (1 201 m) et du Muntele Mic (1 013 m), pourrait devenir une aire de loisirs où les visiteurs trouveraient nombre d'activités sportives (ski, motocross, pêche, équitation…) ainsi que des hôtels, des restaurants et des campings.

Ţara Oaşului, quoique ravissante, n'est pas l'Arcadie. Après la chute du communisme, de nombreux jeunes de la région, souhaitant ardemment se construire un futur plus souriant, ont fui en Europe de l'Ouest, où ils sont devenus travailleurs clandestins. Certains ont réussi à y faire fortune puis sont rentrés au pays, munis de grandes richesses, créant ainsi un nouveau phénomène dans ces villages jadis modestes et reculés : de somptueuses villas de trois ou quatre étages, rivalisant de luxe, ont fait soudain leur apparition, certaines étant si vastes que leurs propriétaires les ont équipées d'ascenseurs et de puits artésiens. La visite des villages de **Certeze,** de **Huta-Certeze**, de **Racşa**, de **Tur**, de **Bixad**, de **Trip**, de **Târşolţ** et de **Cămărzana** vous donnera une idée de l'évolution en cours. ■

Sâmbra Oilor

Chaque printemps, sur une colline surplombant Huta-Certeze, villageois et paysans se rassemblent à l'occasion du Sâmbra Oilor. Cette coutume vieille de plusieurs siècles marque le jour où les troupeaux quittent leurs pâturages d'hiver pour les montagnes. Traditionnellement, c'est l'époque où les éleveurs embauchent des bergers pour la saison, comptent leurs moutons et demandent au prêtre de les bénir. Depuis les années 1970, cet événement est devenu un grand festival folklorique accueillant chanteurs et danseurs, et attirant jusqu'à 20 000 participants. ■

Negreşti-Oaş
157 D5

Autres sites à visiter

BUCOVA

Le joli village proche du col des Portes de Fer, où s'affrontèrent Daces et Romains en l'an 101, vous servira de camp de base pour explorer les magnifiques Munţii Tarcului. La pension **Casa de Vacanţa Irina** (*tél. 0721 347 864*) accueille les marcheurs et se charge d'organiser des randonnées en compagnie d'un guide anglophone. À 20 km au nord-ouest se trouvent les fameuses **carrières de marbre de Ruschiţa** (*contactez Titan Mar-Marmosim SA, Str. Cuza Voda 24, Simeria, tél. 0254 260 851*), l'équivalent roumain de Carrare. Ce site est en activité depuis 1883.

157 C2

CHEILE BARCĂULUI

Les superbes gorges de Barcău se nichent dans un coin reculé à l'ouest de Fildu de Jos, entre les villages de Tusa et de Şag. Elles font partie d'une réserve naturelle qui abrite des sangliers et des cerfs. Vous verrez à Tusa une église orthodoxe en bois datant de 1700, ainsi que des vignobles où vous serez cordialement invité à une dégustation. Vous y trouverez également un élevage de truites.

157 C4

CRAMELE RECAŞ

Situé à proximité de Timişoara, le village de Recaş a une longue tradition viticole qui remonte au XVe siècle. Les hôtes sont invités à réserver une séance de dégustation de vins, en même temps que leur repas et, en saison, à participer aux vendanges. Une fois arrivé dans Recaş, cherchez le panneau mentionnant Cramele Recaş.

157 B2 S. C. Cramele Recaş S.A. 0256 330 296 En voiture : 24 km de Timişoara via la DN6/E70

FILDU DE JOS

La *comuna* (district) de Fildu de Jos est l'un des plus jolis endroits de la Crişana. Ce groupement de quatre villages est situé dans la moitié sud du comté de Sălaj, près des monts Apuseni et de la frontière avec la Transylvanie. Plus vous progressez vers le sud, plus les paysages deviennent variés, offrant au voyageur le spectacle d'une nature verdoyante : collines ondoyantes, prés émaillés de meules de foin, bruit de l'eau des rivières se fracassant sur les pierres polies... Ces quatre villages sont demeurés intacts : Fildu de Jos – qui existe depuis 1249, époque à laquelle il dépendait du manoir de Fyld –, **Fildu de Mijloc, Fildu de Sus** et **Tetişu**.

Leurs habitants ont participé à l'histoire en luttant pour unifier la Transylvanie, la Crişana et le Banat avec le reste de la Roumanie. Aujourd'hui, Roumains, Hongrois et Roms composent une population mixte. Après l'embranchement ouest de la DN1G, l'étroitesse de la route vous contraindra à ralentir. En contrebas de la route, la rivière Almaş s'écoule sous des ponts formés de simples rondins. Bien que modestes, ces constructions ont fait l'objet d'un grand soin et il n'est qu'à voir les rampes faites d'une branche fluette guidant souvent le passant...

Les fermiers qui résident dans la région vivent chichement : ces éleveurs cultivent en effet la pomme de terre et travaillent le bois. Comme dans la majeure partie de la Roumanie rurale, les jeunes migrent dans les villes, peu désireux en effet de conserver un mode de vie qu'ils jugent archaïque et pénible.

Fildu de Jos abrite une superbe église en bois de charpente de 1727, décorée de peintures de 1856, dont le travail mêle à merveille l'inventivité, l'élégance et la robustesse, à l'instar des portails de fermes grossièrement taillés que l'on aperçoit encore çà et là.

Vous découvrirez d'autres églises en bois dans les villages voisins de **Sânmihaiu Almaşului**, de **Baica** et de **Racâş**. Toute la Crişana regorge de ces édifices dont l'esthétique unique ravit le visiteur – la région du Maramureş, mieux connue pour sa tradition d'ébénisterie, n'en a pas, en effet, le monopole.

157 C4

MONEASA

Cette station thermale se tient à une altitude de 256 m au cœur des monts Codru Moma, à l'épaisse végétation, situés à l'ouest de Vascău. Nombre de ses hôtels semblent appartenir à une autre époque. La région offre de bonnes randonnées en bordure ouest des monts Apuseni.

157 B3 Sur la DN76 ■

Le Maramureş est une incarnation vivante de l'Europe médiévale. Les traditions anciennes, que ses habitants savent encore faire vivre avec bonheur, continuent de jouer un grand rôle dans la vie quotidienne.

Le Maramureş

Une tombe gaiement colorée du Cimetière joyeux de Săpânţa.

Désormais restaurée, Piaţa Libertăţii, au cœur de Baia Mare, capitale du comté de Maramureş.

Le Maramureş

RICHE EN FORÊTS DE CHÊNES ET DE CONIFÈRES, LE MARAMUREŞ EST SOUVENT SURNOMMÉ LE PAYS du bois. Les Moroşeni, l'ethnie locale, ont un art consommé de la charpente et de l'ébénisterie, qu'ils pratiquent depuis 900 ans. Leurs chefs-d'œuvre : des églises en bois à hauts clochers, toits à bardeaux et doubles plinthes, devenues un élément caractéristique du paysage.

Situé en bordure nord-ouest de la Roumanie, le Maramureş, d'une superficie de 6 304 km², est une enclave isolée des Carpates d'une beauté quasi virginale. Depuis le XIVe siècle, il est considéré comme partie intégrante de la Transylvanie, mais sa position reculée et ses traditions indépendantes lui ont toujours conféré certains particularismes. Après la partition du territoire qui suivit la Première Guerre mondiale, seul un tiers du Maramureş « originel » (situé au sud de la Tisa) est rentré dans le giron roumain.

Le paysage reflète le soin particulier avec lequel la main humaine, et non l'outil, a façonné ces terres depuis des siècles. Cette empreinte est particulièrement visible dans les quatre vallées de Cosău, d'Iza, de Mara, et de Vişeu qui forment ce que l'on appelle le « Maramureş historique ». Représentant son « noyau central », elles ont conservé l'ensemble de leur patrimoine rural – coutumes, musique, costumes et architecture populaires – de manière légèrement plus accentuée que dans d'autres endroits du Maramureş.

À l'ouest et au sud du Maramureș historique se trouvent d'autres zones à forte prédominance rurale, comme par exemple autour de Sighetu Marmației (la deuxième ville régionale), sur les bords de la Tisa, et des *țările* de Lăpuș et de Chioar – littéralement, *țările* signifie les terres, mais le terme de « domaines médiévaux indépendants » est plus significatif. Țara Oașului (voir p. 173) également étroitement lié au Maramureș, se situe en Crișana, hors des frontières du *județ* (comté).

La route qui poursuit vers l'est la Valea Vișeului (vallée de Vișeu) conduit aux monts Rodna, où le Maramureș rencontre la Moldavie (voir p. 193-214) laquelle aurait été fondée par un noble du Maramureș. Son centre administratif est représenté par la ville de Baia Mare, une cité industrielle débordante de vie.

Le Maramureș compte près d'une centaine d'églises en bois, dont huit figurent sur la Liste du patrimoine mondial de l'humanité dressée par l'Unesco. Mais le travail du bois va plus loin que les églises : les maisons sont également magnifiques avec leurs toits pointus et leurs porches à arcades. Quant aux hauts portails des cours de ferme, décorés de sculptures et agrémentés de toits, ils indiquent souvent que la famille qui vit à l'intérieur des murs est *nemeși* : cette ethnie locale de nobles paysans a créé des communautés dont la dignité se situe bien au-delà des simples possessions matérielles.

Le temps dans le Maramureș est toujours rythmé par les saisons agricoles, elles-mêmes souvent marquées par de différentes célébrations remontant à l'ère préchrétiennne. Pendant l'été, traditionnellement, chaque famille se joint à l'effort collectif, pour faucher, assécher, rassembler et lier le *fânul* (foin) en bottes. Du mois d'avril au mois d'octobre, les bergers restent dans les alpages avec les troupeaux, se relayant pour surveiller et protéger nuit et jour leurs moutons des loups et des voleurs.

Mis à part les mines – une ancienne tradition du Maramureș – de Baia Sprie, Borșa et Cavnic, l'industrie lourde a « oublié » le Maramureș historique. Toutefois, la beauté de cette région dépasse aisément une simple évocation de carte postale : malgré les pressions qu'exerce la modernité, le Maramureș se situe en plein cœur de la vieille Europe. ■

Baia Mare

Baia Mare
177 BI
Office du tourisme
www.VisitMaramures.ro
Centrul de Informare Turistică, Hotel Mara
0262 226 656

ADOSSÉE AUX BELLES MONTAGNES GUŢÂI, BAIA MARE CONSTITUE LA capitale du Maramureş. Dotée d'un nom de circonstance signifiant grande fosse, cette ville constitue, hélas, l'une des cités industrielles les plus polluées du pays. Ce centre d'extraction minière, recelant de l'or, de l'argent et d'autres métaux non ferreux, remonte à plus de 2 000 ans. La ville en elle-même recèle quelques purs joyaux que l'on aura plaisir à découvrir.

Son centre, d'aspect résolument moderne, comprend toutefois un noyau médiéval. Dès 1329, la ville fut mentionnée dans une chronique contemporaine hongroise sous le nom de Rivulus Dominarum (rivière des Femmes), censé célébrer les charmes déployés par les femmes de Baia Mare pour que l'armée d'occupation hongroise laisse en l'état les murs de la citadelle.

La plupart des signes visibles de son passé ancien se résument à une seule place, **Piaţa Libertăţii** (ou place de la Liberté) et à ses alentours. Tous les bâtiments environnants ont fait récemment l'objet de restauration, devenant dans la foulée un îlot d'élégance. La maison la plus ancienne, la **Casa Elisabeta**, du côté est de la place, date des années 1440. Son nom provient de l'épouse du leader transylvanien Iancu de Hunedoara ; c'est le seul vestige du château qu'il avait édifié à son intention. Iancu et son fils, le roi Mathias 1er de Hongrie (Matei Corvin, règne 1458-1490), réussirent à repousser les Turcs. En guise de récompense, les seigneurs locaux décidèrent de leur remettre la ville ainsi que ses mines. Seuls le premier étage et le sous-sol sont d'origine ; de nos jours, l'édifice abrite des expositions temporaires.

Iancu de Hunedoara construisit également sur Strada 1 Mai la **Turnul lui Ştefan**, tour de garde haute de 40 m, et la **Catedrala Sf. Ştefan** (cathédrale Saint-Étienne). Entre Strada 1 Mai et Strada Crişan, on aperçoit les vestiges d'un bâtiment du XVe siècle qui abrita une école d'enseignement du latin appelée la **Schola Rivulina**. Cette école, l'une des premières de Roumanie, accueillit des élèves à partir de la moitié du XVIe siècle et jusqu'à 1755.

Le **Muzeul Judeţean de Artă** (musée d'Art du comté, *Str. 1 Mai 8, tél. 0262 213 964, fermé lun.,* €) occupe un bâtiment de 1784. Il expose presque exclusivement des peintures réalisées par les membres de l'école de Baia Mare, également connue sous le nom d'école ou colonie Nagybánya (Nagybánya étant le nom hongrois de Baia Mare). Fondée en 1896 pour former un institut artistique de statut privé par Simon Hollósy (1875-1918), elle s'inscrivit à l'avant-scène de la peinture européenne, attirant parmi les meilleurs artistes hongrois de l'époque tels Károlyi Ferenczy (1862-1917) ou encore Jenö Maticska (1885-1906).

À quelques minutes de là, la **Piaţa Izvoarelor** (place des Sources) abrite chaque semaine un marché en plein air. Le **Bastionul Măcelarilor** (bastion des Bouchers), datant du XVe siècle, domine la place de sa forme arrondie : c'est là que le chef rebelle Pintea Viteazul fut exécuté en 1703 pour avoir pris part à la rébellion de Rákóczi contre les suzerains Habsbourg.

Marchez vers le nord de Piaţa Libertăţii, suivez Strada Podul Viilor puis tournez à droite dans Strada Dacia : vous atteindrez l'étroite ruelle appelée **Strada Monetăriei** (rue des Monnayeurs). Près de là se trouve une charmante cour qui abrite le **Muzeul Judeţean de Arheologie şi Istorie** (*Str. Monetărie 3, tél. 0262 211 927, fermé lun., €*), le musée régional d'archéologie et d'histoire. Ses collections sont logées à la Monnaie royale créée en 1411, bien que le bâtiment existant date des années 1730. Des traces de peuplement humain remontant au paléolithique ont été découvertes aux alentours de Baia Mare. Parmi les découvertes les plus saisissantes figurent plusieurs trésors de l'âge du bronze, comprenant des anneaux d'or et quelques hachettes en cuivre.

Au bout de dix minutes à pied vers l'ouest en partant de Piaţa Libertăţii, vous franchirez la rivière Iaşar puis parviendrez au **Muzeul de Etnografie şi Artă Populară** (*Str. Dealul Florilor 1, tél. 0262 276 895, fermé lun., €*), un musée en plein air distribué en deux sections : le **Muzeul Satului** (musée du Village), qui couvre 6 ha de terrain vallonné, expose une église en bois, des fermes et des granges typiques de la région. La seconde section est consituée par l'**Expoziţia Pavilionară** située de l'autre côté de la rue. Parmi les expositions accessibles aux visiteurs, admirez celle qui décrit la pratique de l'apiculture dans le Chioar depuis le Moyen Âge.

Les grands axes du centre commerçant de Baia Mare sont les artères Bulevardul Unirii (nord-sud) et Bulevardul Bucureşti (est-ouest), ce dernier regroupant les cafés et les bars les plus élégants.

Près de Bulevardul Unirii se tient l'un des sites les plus intéressants de la ville de Baia Mare, le **Muzeul de Mineralogie** (*B-dul Traian 8, tél. 0262 227 517, fermé lun., €*). Même si vous ne comprenez pas les explications délivrées en roumain, vous aimerez le charme, l'ambiance décontractée et accueillante de ce musée qui invite à la découverte. Au rez-de-chaussée, dans les vitrines, sont exposés tous les échantillons possibles de roches et de cristaux, la galerie du premier étage renfermant, pour sa part, de superbes fleurs de cristal. ■

Chargement du foin pour l'alimentation hivernale du bétail, près de Baia Mare.

Le Maramureş historique

Valea Marei
177 B2

« MARAMUREŞ ŢARA VECHE CU OAMENI FĂRĂ PERECHE » : LE MARAMUREŞ est une terre ancienne dont le peuple ne souffre aucune comparaison. Telle est la maxime fanfaronne d'une *doină* (lamentation) du Maramureş. Les habitants de ses quatre vallées – Mara, Cosău, Iza et Vişeu – ont préservé un sens aigu et fougueux de leur propre identité.

Le marché au bétail hebdomadaire d'Ocna Lugatag est un grand lieu de rencontre à la fois social et agricole.

VALLÉE DE MARA

De Baia Mare, le col de Guţâi permet d'accéder à la Valea Marei. Tandis que la route descend vers le pittoresque village de **Mara**, on perçoit à travers les arbres des visions fugitives mais hypnotiques des pics montagneux rugueux qui fuient vers l'Ukraine. Plus loin, **Deseşti** renferme une très belle église en bois consacrée à **Sf. Paraschiva**. Bâtie en 1770 et classée par l'Unesco, elle est magnifique avec son clocher élancé, pareil à la tête d'une épingle. Vous admirerez également sa plate-forme d'observation, ses murs massifs et son toit à bardeaux pentu. La plate-forme fai-

sait office de tour de guet – un système d'alarme et de détection bien nécessaire au temps des invasions tatares. Quant aux toits pentus, ils s'avèrent essentiels pour empêcher les grosses plaques de neige d'écraser les poutres. L'église de Deseşti comporte de superbes exemples d'art populaire du Maramureş. Ses peintures, réalisées par les maîtres Radu Munteanu et Gheorghe Visovat, comportent notamment *Arbore lui Ieseu* (*l'Arbre de Jessé*), au-dessus de l'autel, et *Judecata de Apoi* (*le Jugement dernier*) sur l'exonarthex, ou première salle.

À 5 km de là, sur un vaste plateau encerclé de collines, le délicieux village de **Hoteni** rassemble plusieurs fermes traditionnelles en bois arborant des portails magnifiquement décorés. Il est également le théâtre du festival de **Tânjaua**, qui s'enracine dans un rituel remontant au moins à l'ère romaine. Censé désigner le meilleur laboureur du village, il s'organise autour d'une longue « charrue » de cérémonie, réalisée à l'aide de branches de sapin et décorée de serpentins, que l'on transporte sur toute la longueur de la rue principale. Pendant ce temps, les jeunes villageois chassent, attrapent puis immergent dans la rivière le laboureur élu. Cette fête est désormais un festival en plein air de musique populaire.

Deseşti
177 B2
Office du tourisme
Primăria, Str. Principală 190
0262 372 601

VALLÉE DE COSĂU

La Valea Cosăului se trouve après Hoteni, à l'est de la DN18. À la lisière est de **Călineşti**, une petite église de 1630 se dresse solitaire sur une colline. Édifiée à l'aide de grosses poutres de chêne jointes par des chevilles en bois, elle abrite des vestiges de fresques du XVIIIe siècle. Au centre du village, ne manquez pas le *vâltoare* (tourbillon en bois en forme d'éventail, actionné à l'eau, servant à laver et à fouler les étoffes) et le *cazan* (alambic) pour le *ţuică* (alcool de prune), tous deux destinés à l'usage communal.

Quelques kilomètres plus au sud, la route principale mène à **Sârbi** et ses beaux portails sculptés. Les motifs de rosettes et de bâtonnets réalisés à l'aide de cordages remontent au néolithique et à la peuplade qui habita la région il y a 7000 ans. Deux églises, datant respectivement de 1665 et 1667, se dressent sur une colline au-dessus de la route principale. Leur présence montre à l'évidence que le village était jadis partagé en deux paroisses.

Budeşti (qui tire son nom de Bud, un propriétaire terrien du XIVe siècle) est quasiment la conti-

Valea Cosăului
177 B2

nuation de Sârbi. Ses 5000 habitants en font l'une des plus grosses bourgades du Maramureş historique. En 2003, il fut le cadre d'un documentaire britannique : The last peasants (*Les derniers paysans*).

Budeşti renferme deux églises en bois. La superbe **Biserica Josani** (1628) fut édifiée à l'intention des *nemeşi* locaux, correspondant aux anciens nobles paysans. Les quatre tourelles entourant la base de sa tour tendent à prouver que le village possédait jadis le droit de mener ses propres actions en justice. À l'intérieur, les fresques d'Alexandru Ponehalschi datent de 1762, les icônes remontant pour certaines au milieu du XVe siècle. Une *toacă* (planche de résonance en bois) est suspendue à l'entrée ; on la frappait d'un marteau afin de convier les paroissiens à l'office. La large rangée de dalles de pierre constitue la *masa moşilor* (table des anciens), où les fidèles placent des paniers décorés de nourriture figurant des aumônes funéraires et des offrandes de Pâques. Lors de la Pâque, chaque famille possède sa place traditionnelle à table.

Valea Izei
177 B2–C1

VALLÉE DE L'IZA

La route qui part vers l'est depuis le hameau de **Vadu Izei**, à 6,5 km au sud de Sighetu Marmaţiei (voir p. 186-187) est l'un des grands charmes de la Valea Izei. Dans cette jolie localité, ainsi que dans le bourg voisin de **Valea Stejarului**, vivent tisserands et ébénistes.

La spécificité de **Bârsana** (dont le nom vient des *bârsani*, les bergers qui élèvent des moutons à longue toison), un peu plus à l'est encore, réside dans son monastère orthodoxe de construction récente : il consiste en bâtiments en bois, pour la plupart postérieurs à la révolution de 1989 mais édifiés dans le style traditionnel. À 1 km de là, sur une colline entourée de vergers, se dresse une jolie **église en bois du XVIIIe siècle** (mais dont le superbe porche à arcades à deux niveaux fut rajouté en 1900). Elle fut transplantée en ce lieu, plus proche du village, après la fermeture, en 1791, du monastère dont elle dépendait. Ses fresques intérieures (1806), tout à fait exceptionnelles, sont l'œuvre de Toader Hodor : dévoilant leurs influences baroque et rococo, elles ont valu à l'église son inscription au Patrimoine mondial de l'humanité.

Poursuivez votre route en direction du sud-est : à **Poienile Izei**, une autre superbe église en bois est également classée. Érigée entre 1604 et 1632 avec de grosses bûches de sapin, elle se dresse sur une colline en pente douce. Ses portes d'entrée, magnifiquement peintes, représentent saint Paul et saint Pierre. Vous remarquerez les fresques réalisées en 1794 par Gheorghe din Dragomireşti, dont les scènes les plus célèbres et les plus frappantes sont celles du *Jugement dernier*, dans la première salle. Sur le mur nord, les damnés sont emportés de manière inexorable par la géhenne, ou vallée de l'enfer, avalée à son tour par un monstrueux Léviathan aux yeux remarquablement humains.

Sur un affluent de l'Iza, au sud-est de Poienile Izei, auquel il est relié par une piste non goudronnée, **Botiza** est devenue un lieu touristique florissant grâce à ses habitantes. Ces dernières ont en effet pris l'initiative d'ouvrir des pensions et de vendre des tapis traditionnels du Maramureş, figurant souvent des sapins, des églises et des danseurs stylisés.

Par-delà les montagnes en direction de l'est, via Şieu et Bogdan Vodă, s'étend **Ieud**. De ses deux églises paroissiales, la plus ancienne et la plus étonnante est sans conteste la **Biserica din**

Deal (église sur la colline), de la fin du XVIIe siècle, édifiée sur le site d'un sanctuaire bien plus ancien encore. Elle est aussi inscrite au Patrimoine mondial. Si l'extérieur est séduisant, l'intérieur est tout simplement prodigieux. Les peintures murales qui en recouvrent chaque centimètre carré sont d'Alexandru Ponehalschi : réalisées en 1782, elles sont considérées comme sa plus belle œuvre. Ponehalschi fut formé dans la tradition byzantine, mais son style mature puisa dans le baroque.

Niché dans un champ à la lisière du bourg, le **cimetière juif** est l'un des témoignages, rares et poignants, de cette ancienne communauté jadis florissante et tranquille du Maramureş, et dont la majeure partie périt dans les camps nazis.

VALLÉE DE VIŞEU

Cette vallée longue et resserrée contourne les monts Maramureş, lesquels séparent la Roumanie de l'Ukraine. Au nord s'étendent quelques villages isolés où vivent les Huţuls ; ceux-ci parlent encore une forme de slavon et partagent de nombreuses coutumes et traditions avec les Roumains du Maramureş et de Bucovine. Ils ont également prêté leur nom à une race de petits chevaux de montagne robustes.

Vişeu de Sus possède la seule **voie de chemin de fer à écartement étroit** dans le Maramureş (*contactez OK Travel, B-dul Ştirbei 38, Bucarest, tél. 021 311 2390, www.oktravel.ro*). Cette ligne désormais privée propose une traversée inoubliable des montagnes jusqu'à la Vaser, rivière située près de la frontière ukrainienne. Si vous souhaitez découvrir davantage cette vallée, revenez à pied de la Vaser.

À l'est de la ville minière de Borşa, la station de ski de **Staţiunea Borşa** se détache à peine des granges à foin qui égrènent à loisir les prés établis en lisière du **Parcul Naţional Rodna** (parc national Rodna). Cette réserve naturelle alpine procurera aux amoureux de la nature nombre de randonnées de toute beauté.

Valea Vişeu
177 C1–D1

Avec son clocher de 56 m, l'église du monastère de Bârsana serait la structure en bois la plus élevée d'Europe.

Après Staţiunea Borşa, la route grimpe par-delà le **col de Prislop**, en Moldavie. Vous remarquerez en chemin un mémorial sans caractère, mais illustrant une histoire remarquable. En 1717, après que les Tatars de Crimée eurent semé une fois de plus la désolation dans la campagne du Maramureş, un groupe de Moroşeni, menés par un prêtre de Borşa du nom de Popa Lupu (le « révérend Loup »), attirèrent les pillards dans un traquenard, leur donnant une correction d'une férocité telle qu'ils ne remirent jamais plus les pieds dans la vallée. ■

De nombreuses femmes du Maramureş continuent de tisser leurs textiles.

Circuit routier dans le Maramureş historique

Cette excursion, qui mène en lacets jusqu'au col de Neteda et Budeati, vous fera découvrir une région admirable.

Quittez le centre de **Baia Sprie** et empruntez la route qui démarre à votre droite et qui conduit à **Şişeşti**. À Şişeşti, faites une halte à l'église orthodoxe et visitez le **Muzeul Memorial Vasile Lucaciu** ❶ (*n° 250, tél. 0262 298 070, fermé lun., €*). Ce prêtre gréco-catholique (1852-1922), qui lutta pour les droits des Roumains de souche en Transylvanie, fut surnommé le Lion de Şişeşti. Cet ensemble muséal Lucaciu regroupe la maison paroissiale, l'école, la bibliothèque et l'église datant de 1890. Passé l'église, vous découvrirez, en les cherchant avec attention, les minuscules vestiges délavés par le soleil d'une vieille église en bois qu'ornent de superbes motifs.

Poursuivez votre route en direction du sud-est jusqu'à **Şurdeşti**, où vous prendrez à droite sur la route menant à Copâlnic Mănăstur ; suivez le fléchage pour la *Biserica*. Au bout d'une allée bordée de noyers se tient **Sf. Arhangheli** ❷ (*demandez la clé à la paroisse*), une église gréco-catholique dont une inscription indique qu'elle fut édifiée en 1766. Sa flèche, à elle seule, mesure 52 m, ce qui en faisait jusque récemment la plus haute église en bois de toute l'Europe – mais elle a été récemment supplantée par le monastère de Peri, à Săpânţa. Son intérieur s'orne de peintures murales anonymes (fin XVIIIe-début XIXe siècle). À Şurdeşti, l'église signale par son carillon le début et la fin de chaque journée de fenaison – une indication surprenante de la persistance de l'héritage rural du Maramureş. En outre, les artisans locaux continuent de façonner des râteaux à foin et des fourches en bois, des colliers de perles et des vestes de laine à long crin appelées *gube*, qui s'apparentent aux manteaux que portent aujourd'hui encore les bergers nomades d'Asie centrale.

Revenez sur vos pas jusqu'à la route principale et prenez à droite en direction de Cavnic. En quittant Şurdeşti, ne manquez pas la falaise, du côté gauche de la route, sur laquelle a été peint un drapeau roumain. Sous cette falaise se trouvent (invisibles de la route) de gros blocs de pierre semblables à des meules de foin et surnommés **Clăile de Piatră** ❸. Selon la légende, saint Pierre, déambulant un dimanche dans Şurdeşti, aurait vu un paysan mettre le foin en meules. Sa colère fut telle que, maudissant le fermier, il transforma les meules en rochers. À l'heure actuelle, une coutume locale interdit toujours la fenaison lors de certaines fêtes de saints.

Cavnic est une ville minière ordinaire, mais dès sa sortie le vaste monde s'ouvre à vous : la route serpente entre des forêts de sapins, passant le **col de Neteda** ❹. Juste après le col, savourez la vue : champs ponctués de meules de foin, route bordée de peupliers jusqu'à Budeşti et bien plus loin encore, là où les Carpates pénètrent en Ukraine. À perte de vue, ce territoire faisait partie du Maramureş, mais la région au nord de la Tisa (formant aujourd'hui la frontière avec l'Ukraine) fut morcelée à la fin de la Première Guerre mondiale. L'Union soviétique réclama cette zone des Carpates à la fin de la Seconde Guerre mondiale, car elle lui procurait un accès direct à ses pays satellites d'Europe de l'Est.

Descendez la route sinueuse qui longe vers **Budeşti** (voir p. 181-182) des buissons de myrte et des pâturages avec des meules de foin. ■

Voir plan p. 177
➤ Baia Sprie
48 km
1 heure (plus arrêts)
➤ Budeşti

À NE PAS MANQUER

- Şurdeşti
- Col de Neteda

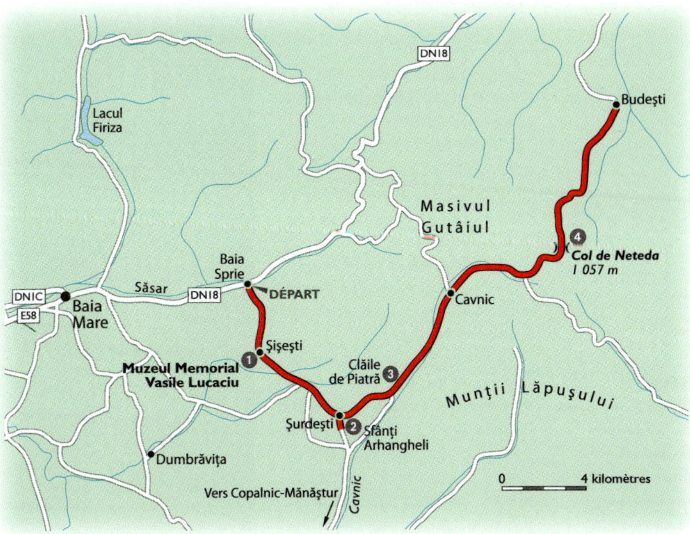

Sighetu Marmaţiei

Sighetu Marmaţiei
177 B2
Office du tourisme
Centrul de Informare Turistică, Str. Piaţa Libertăţii 21
0262 312 5528

SIGHETU MARMAŢIEI (OU SIGHET), EN PLEINE EXPANSION, EST LA CAPITALE historique du Maramureş. De plus en plus prisé des touristes, ce centre industriel et universitaire borde la rivière Tisa, qui forme la frontière avec l'Ukraine. Son centre ancien se réduit à Piaţa Libertăţii et Strada Mihaly de Apşa, artères parallèles à sens unique, dans un secteur comportant nombre d'élégantes demeures austro-hongroises.

Datini

Chaque année en décembre se tient le Festivalul Datinilor de larnă (fête de l'Hiver), ou Datini, où chacun, pendant deux jours, revêt ses plus beaux habits traditionnels : les garçons portent d'effrayants masques de loup ou revêtent des uniformes militaires, les filles d'épaisses vestes blanches ou des gilets de peau de mouton brodés, des tabliers à rayures et de hautes bottes noires. Le festival 2006 a coïncidé avec la réouverture d'un pont sur la Tisa reliant Sighet à la ville ukrainienne de Solotvino, qui avait été fermé voilà plus de 60 ans. ■

Sur Piaţa Libertăţii , vous découvrirez le **Muzeul Maramureşului** (*Piaţa Libertăţii 15, tél. 0262 311 521, fermé lun., €*). Ce charmant musée d'Ethnographie occupant un bâtiment de style baroque de 1730 regorge de magnifiques textiles faits main, d'ouvrages d'ébénisterie et d'autres objets relatifs au riche héritage rural de la région. Remarquez notamment des masques effrayants et portés au Nouvel An.

À l'autre extrémité de Strada Coposu, se trouve le **Memorialul Victimelor Comunismului şi al Rezistenţei** (*Str. Corneliu Coposu 4, tél. 0262 319 424, fermé lun. en hiver*). Cet édifice renferma l'une des prisons les plus terribles de la Roumanie communiste. Au début des années 1950 y furent enfermés sans procès un grand nombre d'intellectuels, de ministres, de prêtres, etc., dont la plupart moururent de faim ou sous la torture. Tel fut le sort du grand démocrate Iuliu Maniu (1873-1953), chef du Parti des paysans roumains. Aujourd'hui, ce vaste centre sert de musée et de lieu d'étude où sont honorées la mémoire de

Village de Săpânţa : les croix du Cimetière joyeux arborent des vers spirituels qui font fi de la mort.

ces prisonniers et l'histoire du mouvement de résistance en Roumanie communiste.

La maison où Elie Wiesel (écrivain et rescapé de la Shoah) passa son enfance, se tient à l'angle des rues Dragos Voda et Tudor Vladmirescu. C'est désormais un **musée** (*Str. T. Vladimirescu 1, fermé lun.*) meublé à la manière typique d'un foyer juif de l'entre-deux-guerres, où est commémorée la vie juive de l'époque dans le Maramure0.

Ne manquez pas le **Muzeul Maramureşului, Secţia în Aer Liber** (*accès via la DN18, fermé lun.,* €). Ce musée en plein air à la lisière de Sighet est conçu comme un village traditionnel. Chacune des maisons qui y ont été transplantées montre un style ou une époque spécifique ; le bâtiment le plus ancien date du XVIe siècle. Des ustensiles étonnants y sont exposés. ■

Ci-dessus : la superbe vallée au sud de Sighetu Marmaţiei.

Valea Lăpuşului

Valea Lăpuşului
177 BI

SÉPARÉE DU MARAMUREŞ HISTORIQUE PAR DE HAUTES MONTAGNES, LA vallée de Lăpuş revendique un charme et une identité bien à part. Ses prés vallonnés l'enveloppent également d'un vert pénétrant, mais ses pâturages sont plus vastes et ses pentes plus douces du fait de la proximité du plateau transylvanien. Cette région est aussi connue sous le nom de Ţara Lăpuşului, marque d'une tenure médiévale (terre concédée par un seigneur) : elle était habitée par des Roumains de souche avant l'arrivée des Hongrois. Vous accéderez à la vallée par une route facile depuis Baia Mare.

Encadrement de porte d'une église en bois dans la Valea Lăpuşului (XVIIIe siècle).

La ville principale de cette région, **Târgu Lăpuş**, comporte environ 13 000 âmes. Comme le suggère son nom, elle abrite un marché (*târg*) où se vendent en saison toutes sortes de denrées fraîches, produites sur place : fruits, légumes, viandes et fromages.

Vers le nord-est, vous découvrirez à **Rogoz** une église en bois du XVIIIe siècle. Son toit en surplomb protège quelques sculptures de têtes de cheval stylisées, placées aux extrémités des jointures – mystérieuse référence à une croyance païenne fort répandue selon laquelle les chevaux éloignent les esprits malins. L'enceinte de l'église présente un aspect noueux et robuste, tout comme le chêne dont elle est faite. La porte d'entrée menant au bâtiment principal, en forme de bouche ouverte, est extrêmement basse – seules les personnes de très petite taille peuvent y entrer sans se baisser – car les prêtres de ces minuscules paroisses exigeaient de leurs fidèles qu'ils baissent la tête en entrant, de leur plein gré ou non.

Cette vallée se prête à de magnifiques randonnées et escalades. Certains des sentiers de montagne (*leur cartographie est disponible dans toutes les agences de voyages de Baia Mare*) s'enfoncent profondément dans les forêts proches de la Lăpuş : vous découvrirez ainsi des grottes, des cascades dévalant des centaines de mètres le long de parois verticales et des plantes sauvages, comme la fritillaire et le genévrier, qui, à l'instar d'autres superbes plantes à fleurs, poussent à profusion dans ces zones humides. ■

Ţara Chioarului

Avec son environnement rural, la Roumanie est un mélange unique de richesse et de pauvreté.

LA ŢARA CHIOARULUI, QUI BORDE À L'OUEST LA VALLÉE DE LĂPUŞ, RECÈLE de nombreuses possibilités de randonnée. Sa campagne pittoresque mêle des pâturages luxuriants, des champs labourés et des fermes peintes d'un bleu profond dont vous admirerez les faîtages élevés, les toits de chaume et les clôtures en bois. Les paysans continuent de labourer leurs champs avec des bœufs et de travailler la terre avec des herses en bois, ce qui évoque les temps anciens. Des comparaisons entre les scènes bibliques et cette terre historique des « Roumains libres » vous viendront immédiatement à l'esprit.

Bien que la route principale Baia Mare-Cluj coupe à travers Ţara Chioarului, cette région est encore moins axée sur le tourisme que le Maramureş historique, même si des projets de publication d'ouvrages ethnographiques ou culturels – portant par exemple sur ses traditions et son artisanat – visent à faire connaître sa population d'artisans.

Au nord de **Şomcuta Mare**, sa ville principale, se trouvent des trésors d'architecture bien cachés. On mentionnera ainsi les magnifiques vieilles églises en bois des localités de **Coaş**, de **Coruia**, de **Remetea Chioarului** ainsi que de **Vălenii Şomcutei** qui semblent avoir été bâties avec de grosses bûches de chêne. Vous ne pourrez manquer d'admirer leurs formes asymétriques, toutes différentes, et leur solidité à toute épreuve.

Dans le village de **Mesteacăn** – dont le nom signifie bouleau, quoique ces arbres aient depuis disparu au profit des vergers –, un colonel à la retraite a trouvé en 1997 un nouveau moyen de conserver les traditions rurales : un concours annuel est tenu le jour de Sânzienele (jour des Fées, ou de la Mi-Été), où sont désignés la meilleure faucheuse, la meilleure cuisinière de *plăcinta* (crêpes) et le meilleur poète. Outre qu'elle attire les touristes, cette compétition cherche à ranimer l'identité locale et l'artisanat régional. Chacun dans le village porte les habits traditionnels : vêtements de coton blanc brodé, tabliers et gilets multicolores. Le programme de la journée s'agrémente invariablement de représentations d'*învârtite*, ces rondes rapides dont les versions locales se nomment Şapte Paşi et Patru Paşi. ■

Ţara Chioarului

177 A1-B1

Les icônes sur verre

Peintes dans un style libre et coloré qui attire le regard, les icônes sur verre d'inspiration religieuse ont une place à part dans l'art populaire roumain. Elles sont d'ailleurs devenues la quintessence d'un phénomène typiquement roumain. Mais comment sont-elles nées, et pourquoi, dans ce pays qui regorge de bois, les avoir peintes sur ce matériau ?

L'histoire trouve son origine dans l'Antiquité : à l'instar des Bohémiens et des Moraves, les Byzantins peignaient des images sur du verre. Personne ne sait exactement quand ou comment les Roumains en apprirent la technique, si ce n'est que tout aurait commencé à Nicula, une bourgade des montagnes du nord-est de Cluj.

Pendant plusieurs siècles, Nicula demeura une communauté fermement ancrée dans la foi orthodoxe, enclavée dans une contrée de catholiques hongrois. Les paroissiens étaient fiers de leur petite église de 1552 et de l'icône de la Vierge Marie qui en ornait les murs, œuvre d'un peintre des environs appelé Luca de Iclod. Lorsque les Habsbourg vinrent à bout des Turcs et conquirent la Transylvanie, ils tentèrent d'éradiquer la foi orthodoxe. Toutefois, certains étaient désireux de voir comment agissaient les « schismatiques » : en 1694, un groupe d'officiers de l'armée impériale vint visiter l'église de Nicula. L'icône de Luca retint tout particulièrement leur attention ; s'approchant, ils découvrirent ce qui ressemblait à de vraies larmes couler des yeux de la Vierge. Ils ne furent apparemment pas les seuls témoins de ce phénomène, consigné au tribunal comme un fait réel sur la foi des récits des soldats et d'autres personnes qui jurèrent que l'icône avait pleuré sans discontinuer pendant 26 jours.

On commença à venir de loin pour voir ce miracle. L'icône était censée détenir des pouvoirs de guérison. Bientôt, on en demanda des reproductions. La préparation du bois devant servir de canevas à une icône prenait beaucoup de temps. Les Niculeni se mirent alors à peindre des sosies de la Vierge sur le verre fabriqué par les Arméniens de Gherla, une localité voisine. Le verre n'était pas seulement plus facile et rapide à manipuler, il revenait également moins cher.

Les icônes sur verre de Roumanie devinrent très populaires aux XVIIIe et XIXe siècles, en partie parce qu'elles étaient moins coûteuses que celles en bois : peindre une icône sur du bois demandait en effet une grande technique, des matériaux onéreux comme la feuille d'or, et occasionnait beaucoup de pertes. La peinture sur verre requérait également une certaine technique – l'image doit être inversée et la peinture appliquée par couches dans un ordre à respecter scrupuleusement – mais à un coût infime.

Les images sur verre, gaies et colorées, gagnèrent rapidement la faveur de nombreux artistes, donnant naissance à de nombreuses écoles, reconnues, cataloguées et exposées dans des collections muséales importantes, comme le Muzeul Ţăranului Român de Bucarest (voir p. 62-63) et le musée des Icônes de verre de Sibiel, en Transylvanie (voir p. 132-133). Dans les églises de campagne et les maisons des régions rurales, elles sont suspendues dans des recoins particuliers ou drapées dans des *ştergare* (serviettes) brodées.

Dans le Maramureş, de nombreuses églises traditionnelles en sont décorées, telles la Biserica Josani (voir p. 182), à Budeşti, celle de Ieud din Şes (à Ieud) et celle de Nicula. Il est intéressant de noter que nombre d'entre elles prouvent de manière tangible, visuelle, combien christianisme et croyances païennes sont, dans les zones rurales de Roumanie, mêlés de manière inextricable. Sur nombre d'images populaires figurent des saints, tels Georges ou Nicolas, tenus pour commander à la fertilité ou à la météo, à l'image des dieux païens.

Le marché de ces icônes est aujourd'hui florissant. Quelques peintres contemporains se sont spécialisés dans leur vente, créant également des images non religieuses, telles celles relatives à l'histoire roumaine récente. ■

À droite : icône sur verre de Transylvanie (fin XIXe siècle) représentant saint Georges terrassant le dragon (musée du Paysan roumain, Bucarest).

1872.

Autres sites à visiter

BREB

Au sud de Hoteni, la charmante localité appelée Breb maintient les coutumes anciennes : si votre visite a lieu au printemps ou en été, vous y verrez les paysans coupant le foin à l'aide de faux évocatrices du Moyen Âge. À l'instar de nombreux villages roumains, Breb possède une église orthodoxe de facture récente, qui semble quelque peu déplacée dans ce cadre de maisonnettes en bois traditionnelles ceintes de vergers, de carrés de légumes et de ravissants jardins. On y a également reconstruit deux pittoresques fermes en bois, transplantées de villages voisins et aujourd'hui propriété de la Fondation Mihai Eminescu.

177 B2

SĂPÂNŢA

Cette bourgade à l'ouest de Sighetu Marmaţiei figure au programme de tous les voyages organisés dans le Maramureş, et pour cause : elle abrite le **Cimitirul Vesel** (*Cimetière joyeux,* €). Ce site fameux forme une sorte de forêt de croix de bois d'un bleu éclatant, exhibant chacune une image peinte en relief et des couplets rimés. Cette réalisation datant de 1935 provient d'un ébéniste local du nom de Ion Stan Pătraş, qui souhaitait ainsi adoucir le deuil des proches au moyen d'un poème spirituel, parfois leste, retraçant la vie du défunt. Pătraş est lui-même décédé il y a quelques années, mais la tradition perdure grâce à son assistant. L'entrée est payante.

En entrant dans ce charmant village, on aperçoit, étalés sur les clôtures, des couvertures et des tapis épais et grossiers, pour certains unis, pour d'autres ornés de larges rayures. Tissés avec de la laine du pays, teints à la main, ils sont proposés à la vente. Ces couvertures (cergi), qui servaient à l'origine pour les vaches et les chevaux, sont maintenant considérées comme des objets domestiques de grand prix. Vous aurez plaisir à déambuler et à bavarder avec les femmes qui, assises à même le trottoir, tissent et filent la laine. « *Cât costa* ? Combien ? » « *Asta îmi place* – C'est joli » – ou alors saluez-les d'un joyeux « *Buna ziua* – Bonjour ! » Vous verrez la laine mise à tremper dans de grandes cuves remplies de garance (teinture rouge foncé).

177 B2 **Office du tourisme** Centrul de Informare Turistică, Primăria Săpânţa, Str. Principală 512 0262 372 101

TROIŢA REDNICENILOR

À l'extrémité nord de Berbeşti, près de la grand-route menant à Sighetu Marmaţiei, se dresse un étonnant grand calvaire en bois. Connu sous le nom de Troiţa Rednicenilor (calvaire frontalier de Rednic), il renferme une scène de cavalerie du XVIIIe siècle qui est la plus ancienne du Maramures. La croix représente, à gauche, les figures en pied de Iosif de Aramitea (Joseph d'Arimathie) et de la Vierge Marie, à droite celles d'Evanghelistul Ioan (Jean-Baptiste) et de Maria Magdalena (Marie-Madeleine) et, au milieu, un Christ agonisant se révélant extraordinairement expressif. L'ensemble contient également deux médaillons montrant le soleil et la lune, une référence directe aux croyances agraires de nature païenne qui sont toujours, dans le Maramureş, étroitement imbriquées dans les pratiques religieuses. Personne n'en connaît l'origine. Selon une légende tenace, un forçat aurait sculpté ce calvaire pour expier ses péchés ; selon une autre, il aurait été réalisé par un groupe de serfs.

Disparus presque partout ailleurs en Europe, les calvaires frontaliers ont remarquablement survécu en Roumanie. Souvent érigés aux croisements, dans le périmètre des villages, ils étaient censés éloigner les mauvais esprits. Les Berbeşteni, qui tiennent beaucoup au leur, ont refusé toutes les offres d'achat. Lorsqu'un historien d'art a proposé de le déplacer au Muzeul Satului de Bucarest, ils ont menacé de mettre le feu à leur village. Le calvaire tient son nom de la famille Rednic, qui vit à Berbeşti depuis le XIVe siècle. L'un de ses descendants, Ştefan Rednic, a consacré sa vie entière à préserver l'héritage traditionnel de Berbeşti.

177 B2 ■

La Moldavie, célèbre pour son architecture religieuse polychrome et la générosité tout orientale de ses habitants, incarne un autre aspect caractéristique de l'étonnant héritage culturel roumain.

La Moldavie

Détail du monastère de Voroneţ, Bucovine, Moldavie.

Les superbes fresques ornant la façade du monastère de Voroneţ remontent aux années 1540.

La Moldavie

La Moldavie fut fondée par le prince Dragoş suite à son combat légendaire avec un aurochs (grand bœuf géant sauvage aujourd'hui disparu, ancêtre de notre bœuf domestique). Au cours de cette chasse, Dragoş découvrit un fleuve et le baptisa Moldova du nom de son chien, Molda, qui, se portant à sa défense, fut tué par les cornes terribles de la bête. La tête d'aurochs est toujours considérée comme un symbole de la Moldavie, mais ce fut le prince Bogdan Ier, successeur de Dragoş et natif du Maramureş, qui, au milieu du XIVe siècle, fit de la Moldavie une principauté indépendante.

Jugée quelque peu arriérée par les Transylvaniens, au tropisme plus occidental, la Moldavie est aussi considérée comme le berceau de l'héritage roumain. Elle est également la seule région frontalière limitrophe d'un pays ethniquement roumain : cette contrée, la république de Moldavie, faisait jadis partie de la Moldavie médiévale.

La liste des sites moldaves les plus connus commence par les *bisericile pictate al Bucovinei*, les églises peintes de Bucovine qui se dressent dans les avant-monts des Carpates, au nord-ouest de la Moldavie. La visite de ces extraordinaires édifices couverts de fresques mène directement au cœur des paysages les plus romantiques de la région.

La Bucovine doit son existence à l'acquisition, par les Habsbourg, de la Moldavie septentrionale après la guerre russo-turque de 1768-1774. Ses hêtraies touffues conduisirent les Habsbourg à donner à la région le nom de Buchenwald (sans rapport avec le camp de concentration nazi, qui se trouve près de Weimar, en Allemagne), que les Roumains traduisirent en « Bucovine ». Cette dernière devint un couloir entre la Transylvanie et les territoires polonais que les Autrichiens venaient d'acquérir. Rendue à la Roumanie par le traité de Versailles, la Bucovine fut démembrée après la Seconde Guerre mondiale : la moitié nord, attribuée à l'Union soviétique, appartient aujourd'hui à l'Ukraine.

Les confins orientaux de la Moldavie sont marqués à perte de vue par une steppe ondulée. Par endroits, le paysage se recouvre d'un véritable patchwork de bandes géométriques, où de petits cultivateurs récoltent manuellement leur maigre pitance. Ailleurs, de vastes champs sont labourés, ce qui semble - rait indiquer l'émergence d'une agriculture mécanisée à grande échelle. La Moldavie rurale du Nord-Est est émaillée de villages où l'on aperçoit des maisons branlantes et des maisons de parpaings, de boue et de paille. Malgré leur pauvreté, leurs habitants comptent parmi les plus hospitaliers du pays et vous offriront un verre de lait frais ou d'eau-de-vie.

De l'ancienne capitale historique de Iaşi, au nord-est, jusqu'aux montagnes de la Vrancea, au sud-ouest, en longeant le Danube, voire dans la plaine de Moldavie centrale, rien ne manquera au plaisir de vos découvertes. ■

Iaşi et alentours

Iaşi
195 C3
Office du tourisme
Centrul de Informare Turistică, str. Armeană 13, Bloc G6, Apt. 3
0232 217 884

JADIS CAPITALE MÉDIÉVALE DE LA MOLDAVIE, IAŞI, OU JASSY, FUT ÉGALEMENT, un temps, la capitale de la Roumanie. Cette ville fortement ancrée au cœur de la nation est assaillie de difficultés sociales et économiques. Foyer de la plus ancienne université du pays, elle reste dotée d'un excellent orchestre et d'un superbe théâtre. Elle demeure cependant une cité divisée, qui lutte pour reconquérir son statut de grand centre culturel et intellectuel.

Influence française : le palais de la Culture de Iaşi (1925).

Palatul Culturii
Piaţa Ştefan cel Mare şi Sfânt 1
0232 218 383
Fermé lun.
€

Si dans les années 1960, son centre a été démoli, la ville recèle encore de magnifiques édifices remontant à la période précommuniste, dont le plus beau est le **Palatul Culturii**, palais de la Culture de style néo-gothique (1925). Son toit mansardé est d'inspiration française – de fait, les plans de l'architecte roumain I. D. Berindei se sont inspirés de ceux de l'hôtel de ville de Paris. Construit pour abriter le conseil municipal et le tribunal, il se tient sur Piaţa Ştefan cel Mare şi Sfânt, où s'élevaient jadis plusieurs citadelles médiévales datant de 1432. Pendant la Première Guerre mondiale, la reine Marie le transforma en hôpital militaire.

Berindei poursuivit son thème gothique à l'intérieur du palais, plaçant des boiseries de chêne sombre au sein du tribunal qui héberge une partie du **Muzeul de Istorie**, formant l'un des quatre musées du palais de la Culture : le **Muzeul de Artă** abrite des tableaux roumains remontant à l'entre-deux-guerres, le **Muzeul de Etnografie** des curiosités, tels de gigantesques pressoirs à huile, le **Muzeul Ştiinţei şi Tehnicii Ştefan Procopiu** (musée des Sciences et de la Technologie) une collection d'instruments de musique mécaniques.

L'édifice de briques rouges adjacent au palais de la Culture est l'**église Saint-Nicolas** (fin XVe siècle). Édifiée pour le prince le plus célèbre de Moldavie, Ştefan cel Mare (Étienne le Grand), elle fut dévastée par un incendie au début du XIXe siècle et reconstruite entre 1884 et 1904 par l'architecte français André Lecomte du Noüy. Celui-ci, invité en Roumanie par le roi Carol Ier, restaura une douzaine des reliquaires médiévaux que compte le pays. Son travail de restauration, bien que parfait, fit perdre aux édifices une grande partie de leur caractère original.

Juste à côté, le beau bâtiment de pierre aux arcades élevées est la Casa Dosoftei (1679), qui faisait partie à l'origine de la cour princière de Iaşi. Ses trois étages abritent dorénavant un petit paradis pour bibliophiles : la **Secţia de Literatura Română Veche** (*Str. Anastasie Panu 54, tél. 0232 146 321, fermé lun.,* €), une collection de manuscrits religieux, de littérature roumaine (jusqu'en 1830) et d'icônes.

Une petite promenade de cinq minutes vers le nord, le long de Bulevardul Ştefan, vous mènera à **Trei Ierarhi** (*Str. Ştefan cel Mare şi Sfânt 28*). Cette église des Trois-Hiérarques fut édifiée en 1637 pour le prince Vasile Lupu. Sa façade est entièrement recouverte d'une armature de pierre sculptée : même si elle n'est plus recouverte comme à l'origine d'or, d'argent et de pierres précieuses l'effet est saisissant. On raconte que l'église aurait au préalable servi de reliquaire au Grec saint Paraschiva, qui repose aujourd'hui dans un cercueil d'argent dans la cathédrale orthodoxe toute proche. Lecomte du Noüy restaura l'édifice, et les peintures murales furent remplacées. Dimitrie Cantemir, érudit, diplomate et prince de Moldavie (règne 1710-1711) y est enterré. Il est l'auteur de *Descrierea Moldovei* (*Description de la Moldavie*), l'un des tout premiers guides de voyage sur la principauté,

L'église arménienne appelée **Biserica Armenească** (début XIXe) se tient sur Strada Armeană, à dix petites minutes à pied de la Piaţa Palatului, le long de Strade Costache Negri. La présence arménienne en Moldavie remonte au XIVe siècle : on compte même un prince arménien, Ioan Vodă cel Cumplit (Jean le Fort, règne 1568-1572). Ne manquez pas le cimetière de l'église : les tombes qui se dressent contre la clôture, s'ornant de cercles concaves et de fleurons semblables à de petits bols, dateraient du XIVe siècle. Ces pierres tombales, à l'origine, étaient posées à plat. Dans les dépressions, censées retenir l'eau de pluie, les oiseaux devaient boire en inclinant la tête comme en prière – un rappel charmant des influences orientales sur le christianisme.

Encore une courte marche vers le nord jusqu'à Strada Cuza Vodă 51, où vous apercevrez le **Mănăstirea**

Une terre divisée

La rivière Prut s'écoule à 18 km à vol d'oiseau à l'est de Iaşi. En 1940, l'Union soviétique annexa le territoire sur l'autre rive, alors connu sous le nom de Bessarabie, coupant la Moldavie roumaine en deux. Des familles entières furent ainsi déchirées du jour au lendemain. Lorsque l'Union soviétique s'effondra, les Roumains se prirent à espérer que les deux moitiés seraient réunifiées. Il n'en fut rien. La minorité russe de l'autre rive imposa la création de la république de Moldavie. Actuellement, les chars russes occupent la Transnistrie, prêts à envahir la Roumanie en cas de conflit. ■

Golia (*tél. 0232 218 324,* €). Vasile Lupu fit appel à des maçons italiens pour agrandir et embellir l'église (1546), ce qui explique l'alliance des styles baroque et byzantin. Vassal des Turcs, Lupu se considérait comme l'héritier du trône byzantin et forgea des liens étroits avec des monastères orthodoxes hors de Moldavie. Il encouragea la mise sous presse de textes chrétiens et fonda une académie. À Golia, on remarque ses initiales cyrilliques (BB pour Vasile Voivode, ou Basile le Prince), ainsi que le symbole moldave (la tête d'aurochs).

Du monastère de Golia, marchez cinq minutes vers l'est, le long de Cuza Vodă et au-delà de Strada Sărariei : dans Strada Sinagogelor, vous parviendrez à la **Sinagoga Mare**, l'une des plus anciennes synagogues de Roumanie. Fondée en 1671, elle fut reconstruite au XVIIIe siècle, puis restaurée dans les années 1970.

Au sud de Strada Cuza Vodă, vous découvrirez la folie néoclassique du **Teatrul Naţional Vasile Alecsandri** (*Str. V. Alecsandri 5, tél. 0232 255 999*), dont l'intérieur est tout aussi opulent. Ce bâtiment, qui accueille également l'Opéra roumain, fut édifié dans les années 1890 par les architectes autrichiens Fellner et Helmer. Juste en face, à Cuza Vodă 29, se trouve la Iaşi Filharmonia (1815).

AUTRES SITES DE IAŞI

En marchant vers le nord le long de Strada Brătianu puis en prenant à gauche dans Bulevardul Independenţei, vous rejoindrez la ravissante

L'église du monastère de Barboi (XIXe siècle), magnifiquement décorée, se dresse dans la rue Costache Negri, du côté est de Iaşi.

demeure (milieu du XVIIIe siècle) qui, la première, hébergea l'Université. Fondée en 1860, elle accueille désormais le **Muzeul de Istorie Naturală**, l'un de plus beaux de Roumanie. Poursuivez votre marche jusqu'au bout de la rue, tournez à gauche puis à droite, puis dirigez-vous vers la colline et Bulevardul Copou. En poursuivant votre chemin vers le nord jusqu'à Grădina Copou, vous trouverez le **Muzeul Mihai Eminescu**, consacré à la vie et à l'œuvre du poète national roumain, penseur libéral, qui fit ses études à Iaşi. Dans le quartier vallonné de Ţicău, vous découvrirez le **Bojdeuca Ion Creangă**, minuscule maison en bois où vécut; entre 1872 et 1889, Ion Creangă, l'un des écrivains roumains les plus connus et les plus radicaux du XIXe siècle.

ENVIRONS DE IAŞI

Mănăstirea Cetăţuia

Près des vignobles surplombant la ville, le superbe monastère orthodoxe de Cetăţuia vous fera mieux comprendre encore l'histoire complexe de Iaşi. Fondé par le prince Gheorghe Duca, celui-ci fut achevé en 1672. Duca, jaloux de Trei Ierarhi (voir p. 197) commanda quelques magnifiques sculptures sur pierre, intérieures et extérieures. Vous pourrez ainsi remarquer le motif en *brâu* (corde) qui décore l'extérieur, imitant le travail de cordage en bois qui ornait certaines vieilles églises. Les fresques sont l'œuvre de Gheor-ghe et Mihai Dima, deux artistes aroumains – « Aroumains » étant le terme générique pour des groupes de Roumains de souche qui formèrent des enclaves dans plusieurs pays du sud-est de l'Europe.

Bârnova

L'accès à Bârnova se fait par une route charmante, à travers des futaies de lauriers et de rhododendrons. Ce village agricole comporte un superbe monastère fortifié remontant au début du XVIIe siècle. L'église, au plan grec et aux murs massifs, fut édifiée pour le prince Miron Barnovschi vers les années 1620, date à laquelle les Moldaves se battaient toujours contre les Turcs. Les moines orthodoxes jouent un rôle important dans cette communauté rurale de Moldavie orientale.

Mănăstirea Dobrovăţ

Le monastère de Dobrovăţ, près de Bârnova, se dresse sur un site encore plus romantique, en bordure d'une épaisse forêt. Les six moines qui y résident veillent sur l'une des plus belles églises de la Roumanie. Ştefan cel Mare la fit édifier en 1503 sur le site d'un monastère

Muzeul de Istorie Naturală
✉ B-dul Independenţei
☎ 0232 201 339
🕒 Fermé lun.
€ €

Muzeul Mihai Eminescu
✉ Universitatea Veche16
☎ 0747 499 405
🕒 Fermé lun.
€ €

Bojdeuca Ion Creangă
✉ Rue Simion Bărnuţiu 4
☎ 0747 499 488
🕒 Fermé lun.
€ €

Mănăstirea Dobrovăţ
195 D3
✉ Dobrovăţ-Ruşi
☎ 0232 321 321

Mănăstirea Catăţuia
195 D3

Bârnova
195 D3

Cotnari
195 C4

beaucoup plus ancien encore. Ce fut le dernier de la quarantaine de sanctuaires qu'il fit élever en Moldavie, en Transylvanie et dans l'actuelle Ukraine. Parallèlement, il lutta pour obtenir l'indépendance de son royaume. Contre ses plus grands ennemis, les Turcs ottomans, il mena des actions de

Devant l'un des nombreux monastères peints de Moldavie.

guérilla souvent couronnées de succès, aujourd'hui ancrées dans l'histoire roumaine. La plus grande des deux salles de l'église est recouverte de fresques quelque peu éteintes (1529), dont s'inspira Petru Rareş : ce fils illégitime de Ştefan, qui s'était emparé à deux reprises du trône de Moldavie au milieu du XVIe siècle, chercha ainsi à renforcer sa popularité et sa légitimité. Outre les thèmes relatifs au christianisme, on y découvre une rare interprétation de la *Scara Virtuţilor* (*Échelle des vertus*, voir également Suceviţa,p. 207) ainsi qu'un tableau votif où figure l'église à l'époque de sa construction, mettant en valeur la courbure élégante de son toit, caractéristique de la Moldavie. La petite salle est un *paraclis*, ou chapelle d'hiver, contemporaine de la grande salle. La tour date de 1743.

Le site de Cucuteni

Au nord-ouest de Iaşi, entre Târgu Frumos et Hârlău, s'étend le site archéologique de Cucuteni. Situé à Dealul Gosan, à l'extrémité nord du village de Cucuteni, il renferme des tumuli, des outils, ainsi que les vestiges d'une citadelle de l'âge du fer. C'est en ces lieux que les archéologues prirent conscience de la culture hautement avancée – aujourd'hui connue sous l'appellation de Cucuteni, ou Tripolie – qui s'était épanouie sur le territoire des actuelles Moldavie et Ukraine entre 4200 et 3200 av. J.C.

Grands bâtisseurs et artisans, les Cucuteni furent complètement exterminés par les nomades indo-européens avant même l'avènement des grandes cultures égyptienne et sumérienne. Vous pourrez admirer de superbes exemples de leurs céramiques à Piatra Neamţ.

Cotnari

Les vignobles de Cotnari, situés au nord-ouest de Iaşi, produisent un vin sucré et tout à fait délicieux que l'on appelle Grasă de Cotnari. Le prince Ştefan cel Mare importa les pieds de vigne au XVe siècle, depuis la région hongroise de Tokay. Ce vin, devenu célèbre au fil du temps, possède une extraordinaire couleur verte qui s'intensifie de plus en plus avec l'âge. Dimitrie Cantemir, diplomate du XVIIe siècle (voir p. 197), constata avec ravissement qu'il pouvait en boire plusieurs verres sans avoir la gueule de bois. Le siège *(S. C. Cotnari S.A., Cotnari village, n° 10, tél. 0232 730 296)* renferme un musée et un centre de dégustation. ■

Suceava

VILLE PRINCIPALE DE LA BUCOVINE MÉRIDIONALE, SUCEAVA FUT L'UNE des capitales médiévales de la Moldavie. Elle renferme quelques beaux musées et demeures historiques, pour la plupart situés près du centre, sur Piața 23 Decembrie. Vous apprécierez d'y faire une halte en vous rendant dans les Carpates et aux fameuses églises peintes de Bucovine.

Suceava
195 B4
Office du tourisme
Centrul de Informare Turistică, Str. Vasile Bumbac 14
0230 551 241

Le **Mănăstirea Sf. Ioan cel Nou** (le monastère de Saint-Jean-le-Nouveau), fondé en 1514 dans Strada Mitropoliei par Bogdan III, est dédié à l'un des saints patrons de la Moldavie, qui fut martyrisé par les Turcs pour avoir refusé de se convertir à l'islam. La façade extérieure de sa grande église, Sf. Gheorghe, achevée en 1522, est ornée de peintures murales aux tons passés, réminiscence des églises peintes que l'on trouve plus à l'ouest.

Une promenade de quelques cinq minutes dans Strada Ciprian Porumbescu vous mènera à la charmante *han* (auberge, fin XVIe-début XVIIe) qui abrite le passionnant **Muzeul Etnografic**. La splendide cheminée du premier étage est décorée de carreaux traditionnels de Kuty vert et jaune, de fabrication locale, s'inspirant librement de motifs byzantins. Au second étage sont exposés des ustensiles, des vêtements (ne manquez surtout pas le *sumane*, manteau de feutrine orné de brandebourgs) et des pièces d'artisanat de la Bucovine.

Le musée ethnographique, situé en plein air, se tient en bordure est de la ville. Ce **Muzeul Satului Bucovinean** abrite 80 bâtiments provenant de la Țara de Sus (région des hautes-terres de Bucovine) : citons en particulier la Casa Roșu (fin XIXe), une étonnante petite église de Vama (XVIIIe) décorée de motifs en forme de tête de cheval, et un moulin à eau de Humor.

La **Cetatea de Scaun** (citadelle de la Couronne, €), vestige impressionnant de la forteresse médiévale de Suceava, domine la ville. En voiture, parcourez 3 km jusqu'à la citadelle sur une route sinueuse, ou faites le trajet à pied par un sentier depuis le centre-ville. Fondé en 1388 par le prince Petru Ier Mușat (règne 1375-1391), ce château fut quasi entièrement reconstruit par Ștefan cel Mare, qui y rajouta des douves, un mur d'enceinte de 2 m d'épaisseur et des bastions circulaires. La citadelle résista aux nombreuses attaques des Turcs jusqu'en 1673.

À l'ouest de la citadelle se dresse la plus ancienne église de Suceava, **Biserica Mirăuți** (*Str. Mirăuților 17*). Fondée par le prince Petru Ier Mușat puis entièrement reconstruite au XVIIe siècle, elle fut la première cathédrale orthodoxe de Moldavie. Les princes moldaves y furent tous couronnés jusqu'en 1522. ■

Carreaux de céramique de Kuty, sur une cheminée exposée au très beau musée d'Ethnographie de Suceava.

Muzeul Etnografic
Rue Ciprian Porumbescu 5
0230 216 439 poste 115
Fermé lun.
€

Muzeul Satului Bucovinean
Platoul Cetății
Fermé lun.
€

Les monastères de Bucovine

Mănăstirea Dragomirna
195 B2
Comuna Mitocul Dragomirnei
0230 533 839
€

Mănăstirea Humor
195 B4
Str. Mănăstirea, Humor
€

Mănăstirea Voroneţ
195 B4
Voroneţ
0230 235 323
€

IMMORTALISÉE SOUS LE NOM DE *DULCE BUCOVINE* («DOUX PAYS DE hêtraies») par Mihai Eminescu, le poète national roumain, la Bucovine est renommée pour ses beautés naturelles et ses églises médiévales ornées de fresques de toute beauté.

Lors des invasions turques en Bulgarie et en Serbie, des milliers d'ecclésiastiques orthodoxes se réfugièrent dans les Carpates, où les accueillirent les princes moldaves. De ce fait, le nombre d'institutions religieuses y augmenta dans de telles proportions entre les XVe et XVIIe siècles que la Moldavie – la Bucovine en particulier – devint un second mont Athos. Ses monastères fortifiés protégeaient les villageois et les soldats lors des attaques, tandis que les scènes bibliques figurant à l'extérieur des églises distrayaient et éduquaient les masses qui refusaient d'entrer dans l'église ou ne comprenaient pas la liturgie. Si vous êtes trop pressé pour visiter Voroneţ, consacrez une demi-heure au monastère de Dragomirna, tout proche de Suceava et également superbe.

MĂNĂSTIREA DRAGOMIRNA

Le monastère de Dragomirna, qui se trouve à 10 km seulement au nord de Suceava (voir p. 201), fut édifié par l'archevêque métropolitain Crimca entre 1602 et 1609. Son style marqua l'avènement d'une nouvelle phase d'architecture religieuse, qui vit les façades de pierre remplacer les fresques extérieures. Les Turcs ottomans prenaient alors graduellement le contrôle de la région, tant et si bien que les monastères préféraient investir dans leur protection, plutôt que dans leur décoration. Cachées derrière d'immenses murs fortifiés, les églises arboraient des façades de pierre au « style moldave » : magnifique toit élancé, plan géométral byzantin, détails gothiques encadrant les portes et les fenêtres, frondes de fougères et fleurs en relief, motif de *brâu*. L'élément le plus saisissant de Dragomirna réside toutefois dans ses proportions : 42 m de haut sur 9,50 m de large.

Dragomirna compte parmi les rares monastères de la région à être restés ouverts sous le régime communiste. À l'heure actuelle, les religieuses gèrent une auberge où peuvent également séjourner pèlerins et voyageurs en quête d'une retraite ou d'une cure.

MĂNĂSTIREA HUMOR

Le Mănăstirea Humor, aménagé à quelque 5 km à l'ouest de Câmpulung Moldovenesc, fut érigé en 1530 pour le prince Petru Rareş et son chancelier Toader Bubuiog. L'enceinte ressemble à une mini-citadelle ; elle comporte même une tour de guet isolée (1641).

Son église fut peinte en 1535. Les fresques extérieures sont l'œuvre d'un artiste du nom de Toma ; la couleur principale est ici le rouge. L'élément le plus remarquable est le luxuriant *Arborele lui Jesse* (*Arbre de Jessé*) au centre du mur sud. Les scènes sont dépeintes comme des vignettes au cœur d'une acanthe stylisée : littéralement, l'œuvre retrace l'arbre généalogique de Jésus. Jessé se tient au pied de l'arbre avec une branche saillant de son ventre.

Sur le côté est de l'église, des rangées de figures saintes se pressent autour de Dieu le Père et du Christ. Plusieurs panneaux secondaires représentent des séraphins.

Les peintures intérieures sont tout aussi belles ; ne manquez pas les deux *Fuites* (en Égypte et hors d'Égypte) dans le sépulcre central, où reposent Toader Bubuiog et son épouse.

Humor, après avoir survécu à la période communiste en tant qu'église paroissiale, a recouvré son statut monastique en 1991. Si vous souhaitez séjourner dans les environs, vous aurez le choix entre plusieurs pensions.

Le monastère de Dragomirna (début du XVIIe siècle), au nord de Suceava.

MĂNĂSTIREA VORONEŢ

Le monastère fortifié de Voroneţ, situé à l'extrémité sud du village, fut fondé par Ştefan cel Mare. Ce monas-

Les Roms

Les Roms (appelés Gitans, Manouches ou Tsiganes, ou *Ţigani* ou *Rroma* en Roumanie) demeurent pour beaucoup une énigme. Redoutés mais aussi secrètement admirés, ils composent officieusement près de 10 % de la population de la Roumanie et comptent parmi les plus déshéritées de ses communautés.

Leur habitat est urbain mais aussi campagnard : dans les villages, ils vivent généralement à l'écart. Les plus reconnaissables d'entre eux portent encore l'habit traditionnel, variable d'un groupe à l'autre, mais dont les accessoires les plus caractéristiques comprennent le chapeau de feutrine noire à larges bords, porté par les hommes dans certains endroits de Transylvanie, et les longues jupes flottantes de couleurs vives destinées aux femmes.

On constate avec tristesse que les Roms (les *Ţigani*, comme on les appelle le plus souvent) vivaient souvent bien mieux avant 1989, même si les communistes ne leur avaient pas reconnu le statut de minorité nationale. Aujourd'hui, nombre de Roumains considèrent leur mode de vie comme une menace pour leurs propres biens. Quelques Ţigani, après avoir amassé des fortunes considérables au marché noir, se sont fait construire d'immenses maisons en forme de pagodes (vous en verrez quelques-unes à Ciurea, près de Iaşi, à Paşcani, entre Suceava et Iaşi, et à Buzescu, près d'Alexandria). Cet

étalage de richesses attise le ressentiment des non-Roms. En outre, ceux-ci pensent que le monde entier hait la Roumanie dans son ensemble depuis l'épisode des cygnes des jardins de Schönbrunn, à Vienne, que des Roms auraient soi-disant mangés il y a plusieurs années. Il en résulte une relation difficile, parfois violente, entre les deux communautés.

Les Roms traînent une mauvaise réputation depuis des siècles. Pendant longtemps, ils furent réduits en esclavage : aux XIVe et XVe siècles, des princes, même hautement respectés comme Mircea cel Bătrân et Ştefan cel Mare, achetaient sur les marchés aux esclaves de Crimée des familles entières de Gitans. On en faisait souvent « cadeau » aux monastères, où ils étaient dédiés aux travaux les plus pénibles sans obtenir pour autant le moindre droit. Mais tous les Roms ne subirent pas le même sort : quelques groupes parvinrent à s'échapper, se déplaçant d'une région à l'autre et exerçant de petits métiers pour survivre.

Les Tsiganes de Roumanie furent sauvés de l'esclavage en 1862 par Mihail Kogălniceanu, l'un des grands hommes d'État libéraux du pays. Pendant la Seconde Guerre mondiale, ils furent déportés dans les camps nazis par centaines de milliers. Le régime communiste leur réserva un meilleur traitement. Jusqu'aux années 1970, certains Roms vivaient encore sur la route, obéissant à leur *bulibasha* (roi) plutôt qu'à l'État. Aujourd'hui encore demeurent quelques groupes semi-nomades qui se déplacent en carriole.

La frange éduquée de cette communauté commençant à se faire entendre, la société roumaine a fait quelques efforts pour intégrer les plus pauvres. Les « gadgé » (non-Roms), cependant, ont bien du mal à percevoir la richesse et la complexité de la culture rom ; beaucoup ne connaissent même pas son existence. Ils ignorent par exemple que les Roms sont originaires du sous-continent indien, que leur langue, qui s'apparente au sanscrit et au punjabi moderne, n'a rien à voir avec la langue roumaine.

Les Roms appartiennent traditionnellement à diverses corporations, qui possédaient chacune leur propre code de conduite très strict. Les plus connues sont les *lăutari* (musiciens), *căldărari* (étameurs et chaudronniers), *cărămidari* (maçons) et *ursari* (dresseurs d'ours). Ils poursuivent souvent leurs activités traditionnelles, et la musique reste à leurs yeux très importante. L'une des communautés *lăutari* les plus influentes est celle de Clejani, un village situé au sud de Bucarest, où a été montée il y a plusieurs siècles déjà une académie informelle. L'un de ses plus grands chanteurs est Dimitru Baicu (ou Cacurică), membre du groupe Taraf de Haïdouks, bien connu sur la scène internationale.

La littérature regorge de récits sur les Gitans, mais le délicieux roman *Les Racleurs de vent – Avec les Tsiganes de la Puszta et de Transylvanie* (1933), de l'écrivain irlandais Walter Starkie (Phébus), est devenu un classique. En ce qui concerne les films, citons bien sûr *Latcho Drom*, (1993), *Gadjo dilo* (1998) et *Transylvania* (2006) de Tony Gatlif. ■

Mănăstirea Moldoviţa
195 A4
Vatra Moldoviţei
0230 336 348
€

Mănăstirea Suceviţa
195 A4
Suceviţa (40 km au NO. de Gura Humorului)
0230 417 110
€

L'église de Suceviţa fut la dernière des églises peintes de la région.

tère, toujours en activité, donne un aperçu frappant du style moldave : édifiés par des maçons militaires durant l'été 1488, ses toits à bardeaux en forme de tente sont conçus pour rejeter la pluie et la neige loin des murs extérieurs, lesquels s'ornent de fresques étonnantes. Les peintures – dont la couleur dominante est un azur vibrant appelé « bleu de Voroneţ » – datent des années 1540. L'archevêque métropolitain Grigore Roşca, leur commanditaire, est représenté dans un saisissant portrait en pied situé à gauche de l'entrée principale. Tout autour, d'innombrables rangées de scènes combatives illustrent les tribulations de Sf. Gheorghe, Sf. Nicolae et Sf. Ioan cel Nou.

Vous noterez deux exquises fresques extérieures : la superbe *Judecata de Apoi* (*le Jugement dernier*), côté ouest, et le *Arborele lui Ieseu* (*Arbre de Jessé*), sur le mur sud. Détail intéressant : ont été incorporés à l'extrême droite de l'arbre des portraits de philosophes grecs, tels Platon et Aristote, sur la foi de leur autorité morale. Munissez-vous de jumelles afin de mieux apercevoir, à l'extrémité du mur nord, une série de fresques intitulées *Păcatul lui Adam* (*le Contrat d'Adam*) où Satan essaie de convaincre Adam de vendre son âme.

MĂNĂSTIREA MOLDOVIŢA

Le monastère de Moldoviţa, qui se tient en bordure du village de Vatra Moldoviţei, fut édifié pour le prince Petru Rareş en 1532. Les matériaux utilisés ici furent moins coûteux qu'à Voroneţ, mais l'effet n'en est pas moins splendide.

La fresque s'avérant la plus énigmatique est *Asediul Constantinopolului* (*le Siège de Constantinople*), sur le mur sud, à côté du porche, qui illustre de façon manifeste la légende de la Vierge Marie soustrayant en 626 la cité byzantine à ses ennemis perses et avars. Le patriarche orthodoxe y est dépeint exhibant une célèbre icône le long des remparts pour invoquer l'aide de la Vierge. Cet épisode (tiré de la séquence acathiste, ou hymne marial) est cependant représenté ici dans un cadre contemporain du XVIe siècle : les vêtements, les turbans turcs que porte la cavalerie en marche, les canons et les bateaux, tout invite à interpréter la scène comme une intimation au Ciel de débarrasser la Moldavie de ses envahisseurs turcs. En signe de la crise qu'affronte Rareş (son portrait, ainsi que celui de son épouse Elena, ornent les murs de la cité), cette peinture murale, qu'il commanda, est l'une des plus grandes de toutes les églises peintes. La peinture des saints militaires sur le pilier à gauche est, elle aussi, un appel déguisé aux armes.

MĂNĂSTIREA SUCEVIŢA

Si les fortifications rectangulaires de ce monastère de la fin du XVIe siècle sont extrêmement impressionnantes, ce que l'on remarque en premier toutefois, une fois passé l'arche, est la peinture murale baptisée *Scara Virtuţilor* (*Échelle des vertus*). Rare, tant en raison de ses dimensions que de sa forme (elle figure généralement plutôt sous forme d'enluminure dans les Évangiles, ou de petite icône, voire sur des murs intérieurs), cette œuvre d'art est véritablement saisissante. Elle représente une échelle de 32 barreaux qui s'envole de la terre jusqu'aux cieux : des moines tentent de l'escalader, tandis que le Christ se penche de la fenêtre des cieux, bras ouverts en signe d'encouragement, et que des anges aux ailes multicolores l'exhortent à poursuivre ses efforts. Plus bas figurent des moines pécheurs qui se tordent dans les douleurs de l'agonie : ayant succombé à la tentation diabolique, ils sont poussés et éperonnés jusque dans les mâchoires du Cerbère.

Suceviţa fut la dernière des 22 églises peintes de Moldavie. Le phénomène prit fin presque aussi vite qu'il avait commencé, pour une raison qui s'avère facile à comprendre : politiquement parlant, la Moldavie était au seuil d'une période de domination ottomane et ses chefs devaient réfréner leurs actions. À Suceviţa, vous ne découvrirez aucune scène de propagande politique aussi manifeste que celles de Voroneţ et de Moldoviţa. Ses peintures sont plus ascétiques, intériorisées et éthérées.

La couleur principale de Suceviţa est un vert marin profond, celui de la malachite utilisée dans les peintures, mais ses murs brillent de nombreuses couleurs, y compris celle de l'or. L'église fut fondée par une puissante famille d'évêques et de princes étroitement liée à la Pologne, comme en témoigne, sur le mur sud, à gauche du superbe *Arbre de Jessé* (ne manquez pas en ce lieu les rois-philosophes), une scène qui figure la Vierge étendant un voile sur la tête inclinée des prêtres. Baptisée *Pocrov* (provenant d'un mot slavon signifiant voile), la scène se profile derrière une église au fronton ouvert et couronnée d'un dôme en forme de bulbe, plus évocatrice de la Pologne que de la Roumanie. Nombre d'auberges accueillent les voyageurs en quête de repos.

ARBORE

L'église d'Arbore n'appartient pas à un monastère : elle fut édifiée en 1503 par le *hatman* (général) Luca Arbore. Ses fresques datent de 1541. Seules les peintures murales extérieures du côté ouest ont survécu aux ravages du temps, mais les fresques intérieures ont été superbement restaurées. Vous découvrirez par la même occasion un charmant cadre villageois, en face d'une vallée où les paysans se livrent toujours aux travaux des champs. Faites halte et dites-leur « *Buna ziua* – Bonjour ! » : vous ne savez jamais où cela vous mènera… ■

Détail du *Jardin du paradis*, une fresque ornant le mur ouest du monastère de Voroneţ.

Suceviţa

✉ Centrul de Informare Turistică, Str. Principală (près de la Han Suceviţa)

☎ 0230 417 083

Église d'Arbore

M 195 B4

✉ Arbore

☎ 0744 892 538

€ €

À Piatra Neamţ, la tour d'Étienne le Grand et le musée des Beaux-Arts et d'Ethnographie.

Circuit routier autour de Neamţ

Les avant-monts spectaculaires des Carpates dans le *judeţ* (comté) de Neamţ forment la toile de fond d'une belle région rurale. Cet itinéraire serpentant entre les pâturages vous fera découvrir quelques beaux monastères.

Prenez la DN15 au nord de Bicaz et dépassez le barrage à l'extrémité sud de **Lacul Izvorul Muntelui** ➊, un réservoir dont vous longerez les rives boisées sur près de 40 km. À la hauteur de la DN15B, prenez à droite à Poiana Largului et dirigez-vous vers le nord, en passant **Pasul Petru Vodă**. Ce col, à une altitude de 820 m, mène à Leghin par les villages de **Pluton, Dolheşti**, **Pipirig**, **Pâţâligeni**, et **Stânca**. La plupart de ces bourgades comportent de splendides maisons recouvertes de planches à clin et agrémentées de longues vérandas en bois. Les plus ouvragées s'ornent de superbes boiseries aussi fines que de la dentelle, illustrant la proximité géographique de l'Ukraine.

À Leghin, tournez à droite sur une route de montagne qui mène à trois pittoresques monastères. La construction de **Secu** ➋ *(tél. 0233 251 862, €)*, 5 km plus au sud, fut achevée en 1605. Encore 5 km et vous atteindrez **Sihăstria** ➌ *(tél. 0233 251 896)*. Grimpez la colline et vous rejoindrez deux églises magnifiquement situées en surplomb d'une vallée paisible : la première du début du XIXe siècle, la seconde beaucoup plus vaste et moderne. Le nom du monastère signifie «refuge» – un terme approprié. Les 3 derniers km de ce détour suivent une route forestière jusqu'à **Sihla** ➍ : ce charmant *skete* (petit monastère) du XVIe siècle comprend un ermitage en bois datant de 1763. À 10 minutes à pied se trouve **Peştera Sfintei Teodora de la Sihla**, la grotte où, au XVIIe siècle, une sainte femme du nom de Teodora élut domicile pendant vingt ans. Elle fut canonisée en 1992. Des panneaux indiquent l'ermitage depuis Sihăstria.

Retournez à Leghin et continuez vers l'est le long de la DN15B, puis à gauche en direction de **Mănăstirea Neamţ** ➎ *(tél. 0233 251 851)*. Le prince Alexandru cel Bun l'édifia au début du XVIe siècle sur le site d'une église, dont le plan traditionnel fut agrandi par les maçons de Ştefan cel Mare. De hautes coupoles répandent de petits points de lumière sur les fresques, qui recouvrent pratiquement tous les murs. Neamţ est le plus vaste monastère orthodoxe d'enseignement de toute la Roumanie.

De retour sur la route principale, vous apercevrez le panneau d'entrée du **Parcul Natural Vânători Neamţ** ➏, qui compte parmi les trois réserves naturelles nationales abritant des *zimbru* (bisons d'Europe). Le parc,

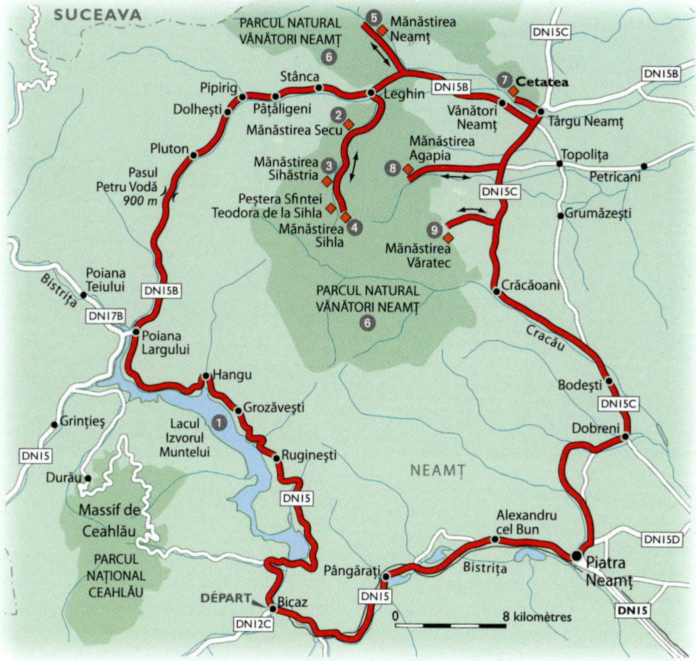

dont le centre des visiteurs *(Str. Zimbrilor 2, tél. 0233 251 060, €)* se trouve à Vânători Neamț, espère pouvoir bientôt rendre ses 16 individus à la vie sauvage.

Poursuivez vers l'est le long de la DN15B et tournez à gauche dans **Târgu Neamț**, puis empruntez une route secondaire sur votre gauche indiquant **Cetatea** 7. Ce chateau fut construit à la fin du XIVe siècle pour le prince Petru I Mușat. Ses murs constituent une vraie prouesse d'ingénierie. Il s'avéra imprenable : en 1476, Mehmet II lui-même, le vainqueur de Constantinople, ne parvint pas à pénétrer dans la citadelle de Neamț.

Retournez sur Târgu Neamț et prenez vers le sud sur 4 km le long de la DN15C, puis obliquez à droite et poursuivez votre route sur 8 km jusqu'au **Mănăstirea Agapia** 8 *(tél. 0233 244 736, €)*. Cette église datant du milieu du XVIe siècle renferme des tableaux réalisés en 1862 par Nicolae Grigorescu. Outre leurs tâches ménagères et agricoles, les quelque 500 religieuses qui y résident tissent des tapis et peignent des icônes.

- Plan p. 195
- ➤ Bicaz
- 240 km
- 5 heures
- ➤ Bicaz

À NE PAS MANQUER

- Mănăstirea Sihla
- Parcul Natural Vânători Neamț
- Cetatea Neamț
- Mănăstirea Agapia

Revenez sur la route principale. Tournez à droite et, 4 km plus loin, encore à droite : vous atteindrez le plus grand couvent de Roumanie, **Mănăstirea Văratec** 9 *(tél. 0233 244 741, €)*, dont la chapelle principale remonte à 1802. Il occupe un emplacement de toute beauté, dans un cadre boisé largement ouvert. De là, reprenez en direction du sud vers **Piatra Neamț,** une très jolie ville historique (voir p. 214), puis en direction de l'ouest vers Bicaz. ■

La façade baroque du musée d'Histoire est presque la seule survivance de la jolie architecture XIXe siècle de Focşani.

La Vrancea

TRÈS CONNUE POUR SES VIGNOBLES ET SON ENVIRONNEMENT MONTAGNEUX spectaculaire, la Vrancea occupe l'angle sud-est de la Moldavie. Ses marches orientales se fondent dans la vaste plaine de Bărăgan, tandis qu'à l'ouest les Munţii Vrancei (monts Vrancea) culminent à 1 600 m, marquant de leurs pics pointus le site de volcans depuis longtemps éteints. La Vrancea est l'épicentre du violent séisme qui a secoué la Roumanie en 1977, et vous verrez parfois les marques des glissements de terrain qui lui ont donné sa réputation de zone dangereuse.

Vrancea
195 C1-C2

Focşani
195 A4

La Vrancea possède un riche folklore : c'est ici que serait née la brebis de la fameuse légende de Mioriţa (voir p. 110). À l'instar de nombreuses régions rurales de Roumanie, sa culture pastorale donne un aperçu totalement différent sur l'histoire nationale. Aussi loin que remonte la mémoire, les bergers venaient faire paître leurs troupeaux sur les flancs des montagnes, empruntant de longs sentiers qui serpentaient entre Mărginimea Sibiului, en Transylvanie (voir p. 132-134), et la Crimée.

Sa ville principale est **Focşani**. Victime d'une normalisation forcenée pendant les années 1960, quasiment dépourvue de toute signalisation routière, elle constitue un vrai cauchemar pour les étrangers. À 2 km au nord-est (au-delà de la DN2), vous découvrirez la **Secţia de Arhitectură şi Tehnică Populară "Crângul Petreşti"** (*Crângul Petreşti, com. Vânători, tél. 0237 212 130, fermée lun., €*). Ce musée-village en plein air expose les différences entre les habitations paysannes de montagne et de plaine. Admirez la conception de l'outil servant à sécher et à fumer les prunes.

Les podgoriile (vignobles) se rassemblent autour de plusieurs villages à l'ouest de Focşani. À la période des vendanges, peut-être trouverez-vous à acheter au bord de la route de grosses grappes de raisin sucré, tout juste cueillies.

Après que la Roumanie eut rejoint les Alliés, pendant la Première Guerre mondiale, les Allemands repoussèrent progressivement le front est jusqu'aux monts Vrancea, où, en août-septembre 1917, les Roumains parvinrent à empêcher leur avancée. Malgré le très grand nombre de victimes dans les deux camps, les Roumains en firent une grande victoire.

À **Mărăşeşti**, à 19 km au nord de Focşani (sur la DN2, grand axe nord-sud), se dresse un **mausolée** imposant mais assez sinistre (*tél. 0237 260 574, fermé lun.,* €). Il renferme quelques effets ayant appartenu à Ecaterina Teodoroiu, qui, déguisée en homme pour pouvoir participer au combat, y laissa la vie.

À la sortie de Focşani, la DN2D prend vers le nord-ouest à travers de jolies hêtraies, jusque dans les monts Vrancea. À environ 50 km de Focşani, après Valea Sării et Bârseşti, tournez à droite dans le village de **Negrileşti**, où vous verrez de nombreuses fermes en torchis. Ces communautés ont souvent conservé un four à pain et une forge. N'hésitez pas à explorer les alentours.

Depuis Negrileştiet, parcourez encore 24 km vers l'ouest le long de la DN2D, et, juste avant le village de Lepşa, prenez vers le sud en suivant une route secondaire jusqu'aux **Cascada Putna** : ces cascades torrentielles dévalent environ 69 m à travers des formations rocheuses sculpturales laissées par d'anciennes coulées de lave dans les gorges de Cheile Tişiţei. La zone environnante est particulièrement prisée des randonneurs.

La station thermale de **Soveja**, célèbre pour ses eaux riches en soufre et en sodium, renferme une chapelle et un mémorial relatif à la Première Guerre mondiale. C'est là aussi que l'écrivain Alecu Russo aurait entendu, en 1853, l'archétype de la ballade épique *Mioriţa* (*La Brebis*), que publia cette même année son ami Vasile Alecsandri, auteur de pièces de théâtre, folkloriste et politicien. Cette prise de conscience au niveau national allait être récompensée, en 1859, par l'union de la Moldavie et de la Munténie. La route à l'est de Soveja vous offrira un panorama absolument superbe sur les Carpates. ■

Ţara Vrancei

On attribue parfois l'appellation régionale de Vrancea à Baba Vrâncioaia, dont les sept fils partirent combattre les Turcs dans l'armée du prince Ştefan cel Mare. Touché par leur bravoure, le prince leur attribua à chacun une montagne dans le sud-est des Carpates, qu'il baptisèrent Eara Vrancei (terre de la Vrancea). Le village de montagne appelé Vrâncioaia donne à cette légende une certaine crédibilité. ■

Mărăşeşti
195 C2

Negrileşti
195 C2

Cascada Putna
195 B2

Soveja
195 C2

À Mărăşeşti, le mémorial de la Première Guerre mondiale rappelle la courageuse résistance des Roumains devant les troupes allemandes en 1917.

La Moldavie du Sud-Est

Galaţi
195 D1

Brăila
195 D1

CES VASTES PLAINES DE LA MOLDAVIE SONT-ELLES UNE IMMENSITÉ VIDE ou un trésor caché ? À vous de décider. Elles sont délimitées par la rivière Siret et par le Danube : la Siret y fait une entrée spectaculaire par le nord, alors que le Danube s'écoule majestueusement par le sud. Avant de se séparer dans son delta en trois bras principaux, ce dernier arrose deux cités dignes d'intérêt.

GALAŢI

Peuplée depuis 500 av. J.-C., Galaţi (prononcer Galatz) est le port fluvial le plus vaste et le plus dynamique du pays. Ses origines commerciales remontent au moins aussi loin que le XVIe siècle, époque à laquelle les Turcs en explorèrent les profonds amarrages. Elle fut dévastée à de nombreuses reprises. Ainsi, en 1944, les Allemands réduisirent de moitié sa forte population juive. Aujourd'hui, Galaţi est surtout connue pour ses chantiers navals et ses gigantesques aciéries construites sous le régime communiste et privatisées en 2001. Toutefois, elle comporte un joli centre et offre une vue agréable sur le fleuve, que borde une esplanade longue de plusieurs kilomètres.

C'est en 1647 que le prince Vasile Lupu passa commande de l'église fortifiée et massive de **Sf. Precista** (*Str. Traian 1*). Elle servit de refuge pendant les attaques, comme en témoignent sa plate-forme d'observation d'un côté de la tour de l'horloge et la passerelle au-dessus de la nef et de l'autel.

Le beau **Muzeul de Arta Vizuală** (*Str. Domnească 141, tél. 0236 413 452, fermé lun.*, €) abrite sur deux étages une impressionnante collection de tableaux, sculptures et gravures du XXe siècle, notamment un portrait cubiste du poète Ilarie Voronca réalisé par Victor Brauner (1903-1966).

La **Gara Fluvială** (*Str. Portului 34*), qui regroupe les autorités portuaires, est un bel édifice de trois étages construit par Petre Antonescu en 1915, en brique et en pierre, dans un style néo-roumain. Depuis son imposante tour de garde, elle domine le fleuve.

BRĂILA

Située à la frontière de la Munténie, Brăila, occupée à maintes reprises dans son histoire, est de nos jours une localité animée et agréable comportant de nombreux bâtiments XIXe siècle bien entretenus. Le **Muzeul Judeţean Brăila**

(*Piaţa Traian 3, tél. 0339 401 002, fermé lun.-mar.,* €) occupe l'ancien Hotel Francez, élégant édifice à deux étages datant de 1855. L'excellente section archéologique de ce musée régional, qui privilégie les sites du néolithique et de l'âge du bronze, met en exergue un atelier de joaillerie de Grădiştea très intéressant.

La **Secţia de Etnografie şi Artă Populară** (*tél. 0339 401 004, fermé lun.,* €) est un délicieux musée d'arts folkloriques occupant un joli pavillon à façade de verre dans Grădina Publică, le jardin public (les deux musées, en cours de restauration, devraient rouvrir en 2008).

Pour mieux profiter des bords du Danube, embarquez votre voiture à bord du car-ferry et allez à Tulcea (voir p. 225) et dans le delta (voir p. 227-229) via la DN22. ■

Maica Veronica

Le couvent du monastère Vladimireşti Monastery, situé sur la DN25 entre Galaţi et Tecuci, fut fondé en 1938 par Vasilica Barbu Gurău. La mère supérieure, Maica Veronica, aida nombre de personnes à fuir les purges staliniennes dans les années 1950 – histoire que raconte *Un dernier regard*, le roman de Silviu Crăciunas (1961). Arrêtée comme « ennemie de l'État » en 1955, elle fut condamnée à 15 ans de réclusion dans l'abominable prison de Jilava, près de Ploieşti. En 1956, les communistes arrêtèrent les religieuses pour « port d'uniforme illégal ». Relâchée en 1964, Veronica garda secrètement le contact avec de nombreuses sœurs, dont 160 la rejoignirent en 1990 à Vladimireşti. Elle est morte en 2005. ■

Cette Moldave coupe des feuilles de maïs pour nourrir son bétail.

Autres sites à visiter

CÂMPULUNG MOLDOVENESC

Cette localité située sur la route principale entre le Maramureş et la Moldavie est une ancienne ville-marché dont le nom signifie « long champ moldave » – une description totalement fidèle, à la fois de sa forme et de son cadre, lequel englobe les magnifiques versants montagneux d'Obcina Feredeu, au nord, et de Munţii Rarău-Giumalău, au sud. Ce coin est particulièrement prisé des randonneurs. Au nord de Câmpulung se tiennent les villages dispersés des Huţuls, une peuplade de langue slavonne qui descend probablement des Celtes.

Vous découvrirez quelques spécimens de leur superbe artisanat traditionnel au **Muzeul Arta Lemnului** de Câmpulung (*Calea Transilvaniei 10, tél. 0230 311 378, fermé lun., €*), un très beau musée relatif au travail sur bois.

195 A4 **Office du tourisme** Biroul de Promovare–Consultanţa şi Publicitate în Turism, Str. Sirenei 21 0726 577 560

DOROHOI

Cette petite ville de quelques 30 000 habitants est située à quelque 160 km au nord-ouest de Iaşi. Son **église Sf. Nicolae** (Saint-Nicolas) est une commande de 1495 de Ştefan cel Mare. Le **Muzeul Ştiinţele Naturii** (*Str. Cuza 43, tél. 0231 611 773, fermé lun., €*), qui occupe l'ancien bâtiment de la préfecture (XVIe siècle), renferme une impressionnante collection d'insectes. Toutefois, la véritable attraction de Dorohoi est son **Muzeul George Enescu** (*Str. Enescu 81, tél. 0231 615 450, fermé lun., €*). Ce compositeur naquit à Liveni, un village 16 km plus à l'est. La maison de ses parents, de style moldave du XIXe siècle, a été transformée en mémorial, la **Casa memorială G. Enescu** (*tél. 0231 515 446, fermée lun.-mar., €*).

La plupart des habitants de Dorohoi vivent aujourd'hui dans des immeubles modernes ; toutefois, il y subsiste un petit quartier verdoyant dont les maisons à un étage datent de l'entre-deux-guerres. Sous ses airs tranquilles, il cache cependant une histoire violente – c'est là que vivait avant guerre la majeure partie de la population juive, décimée lors d'un pogrom sauvage mené par l'armée roumaine en 1940. Les rescapés de ce pogrom furent par la suite déportés en Transnistrie.

195 B5

PIATRA NEAMŢ

Cette ville charmante d'environ 100 000 âmes s'étend au pied d'un groupe de collines où les Daces possédaient jadis une grande colonie, Petrodava. Son nom signifie « pierre allemande » – des colons allemands s'y installèrent au Moyen Âge – mais beaucoup l'appellent tout simplement Piatra. Le centre-ville est relativement petit, ce qui en facilite l'exploration. Son cœur et lieu de rencontre est le jardin municipal longeant Strada Alexandru cel Bun qui attire nombre des habitants. Piatra Neamţ, à l'évidence, a été laissée à l'abandon, comme en témoignent le revêtement en pierre et les escaliers en mauvais état, mais n'en possède pas moins une ambiance effervescente.

Dans Piaţa Libertăţii, l'église de style moldave **Biserica Sf. Ioan** (Saint-Jean, 1491), **Turnul lui Ştefan** (la tour d'Étienne) et une arche médiévale constituent les seuls vestiges du XVe siècle. En face, le **Muzeul de Artă** (*Piaţa Libertăţii 1, tél. 0233 216 808, fermé lun., €*) occupe une belle villa des années 1930. Cet établissement a l'avantage de proposer une exposition de peintures roumaines des XIXe-XXe siècles dans un cadre agréable et reposant. Le bâtiment voisin (attention, il partage la même adresse que le musée d'Art) abrite le **Muzeul de Etnografie** (*tél. 0233 216 808, fermé lun., €*), où une scénographie vivante présente les traditions locales. Ne manquez pas également le **Muzeul de Istorie şi Arheologie** (*Str. Mihai Eminescu 10, tél.0233 217 496, fermé lun., €*), qui expose certaines des plus belles collections de poteries préhistoriques de toute la Roumanie, hors Bucarest : on y voit des urnes funéraires, des miniatures, ainsi que des autels relevant de la culture Cucuteni (voir p. 200).

195 B3 **Office du tourisme** Centrul de Informare Turistică, B-dul Republicii 15 0233 211 524 ■

Steppe, forêts et marécages : ici, on se croirait presque en Méditerranée. À l'intérieur des terres pousse le vignoble, tandis que le littoral de la mer Noire abrite des stations balnéaires prisées et le vaste delta du Danube, l'un des grands espaces indomptés de la planète.

La Dobroudja

Les ruines de la cité grecque d'Histria.

Coucher de soleil sur la mer Noire, au sud de Constanţa.

La Dobroudja

COUVRANT UNE SUPERFICIE DE 23 300 KM² ENTRE LE DANUBE ET LA MER NOIRE, LA DOBROUDJA est une contrée très particulière, dont la population, de souche majoritairement roumaine, comprend d'importantes minorités russe, ukrainienne et turque, voire originaires d'autres pays. Du fait de son histoire, qui la vit s'intégrer successivement, au cours des siècles, aux empires byzantin, bulgare puis ottoman, elle semble peu agrégée à la conscience nationale : contrairement à ses voisines moldave et munténienne, la Dobroudja ne fut administrée par les princes roumains qu'au début du XVe siècle, soit peu de temps avant l'occupation turque. Elle dut en conséquence attendre la guerre d'indépendance de 1877-1878 pour rentrer à nouveau dans le giron roumain. De nos jours, la contrée appelée Dobroudja méridionale, qui se situe entre Vama Veche et Balcic, fait partie de la Bulgarie.

La Dobroudja est le seul accès à la mer de la Roumanie. La plupart du temps, les visiteurs se rendent dans les stations balnéaires de la mer Noire proches de sa capitale, Constanţa, ou partent se perdre dans les méandres du delta du Danube, là où le grand fleuve se fragmente en une multitude de canaux avant d'aller se jeter dans la mer. Ce delta, le troisième au monde en termes de superficie, est un territoire immense et en perpétuel remous, formé de roselières flottantes, d'îles sablonneuses, de marécages et de dunes. Loin de l'effervescence de la vie moderne, il est tout simplement magique.

Sur la carte, l'intérieur des terres semble vide. Pourtant, s'y mêlent de manière fascinante terres domestiquées et sauvages, forêts et steppes. Le cadre naturel protéiforme abrite une multitude colorée d'oiseaux, d'animaux et d'insectes, au nombre desquels des tortues grecques, des serpents, des scinques et des lézards, des lièvres, des loutres, des loups et des renards, de même que de délicates grenouilles (famille des hylidae) aux doigts préhensiles. Ici et là, la ligne étirée et basse de l'horizon se relève dans les profils ondulés des Munţii Măcinului – comptant parmi les plus anciennes montagnes d'Europe, celles-ci sont aujourd'hui réserve naturelle. À l'ouest de Constanţa, ainsi que dans le nord, à l'ouest de Tulcea, se déploient les vignobles de Murfatlar et de Niculiţel. Très coté pour ses rouges, Murfatlar est aussi célèbre chez les Roumains que la Guinness chez les Irlandais.

D'un point de vue matériel, cette région est l'une des plus pauvres du pays. Culturellement parlant, toutefois, elle recèle d'abondants témoignages d'une très ancienne présence humaine : nomades scythes ayant abandonné leurs *kurgans* (tumulus) ; Daces de l'âge du fer ; Grecs de Milet, fondateurs des cités côtières d'Histria, de Tomis (Constanţa) et de Callatis (Mangalia) ; Romains et Romano-Byzantins ; Pechenegs, Tatars et Turcs.

Les villages clairsemés de Dobroudja renferment une grande variété ethnique : Bulgares, Grecs, Italiens, Roms, Russes, Espagnols, Tatars, Turcs… Tous migrèrent à des périodes diverses et pour différentes raisons, et nombre de leurs coutumes pittoresques ont perduré à travers les siècles. Italiens et Grecs vinrent s'y établir comme maçons au XIXe siècle, tandis que l'arrivée des Tatars remonte au tout début du XIIIe siècle. La région œuvre actuellement à la création d'un réseau de sentiers touristiques visant à relier ces communautés à ses sites archéologiques et naturels. ■

Constanţa, capitale de la Dobroudja, est un port prospère sur la mer Noire.

Constanţa

Ce port historique, jadis érigé au rang de station thermale par le roi Carol Ier, offre le visage d'une cité tournée vers la culture. Même si les terminaux pétroliers et les chantiers navals restent imposants face à sa petite plage et son bord de mer, Constanţa, perle des stations balnéaires roumaines, est devenue un port d'escale des paquebots de croisière.

Constanţa
217 C2
Office du tourisme
www.infolitoral.ro
Info Litoral Str. Traian 36
0241 555 000

Muzeul de Istorie Naţională şi Arheologie et Edificiul Roman cu Mozaic
Piaţa Ovidiu 12
0241 614 562
Fermé lun.-mar.
€

L'histoire de Constanţa remonte au VIe siècle : à cette époque, elle n'était encore qu'un modeste village de pêcheurs sur la mer Noire, que les Grecs de Milet transformèrent en un port florissant qu'ils baptisèrent du nom de Tomis. Lors de l'occupation romaine et byzantine, la ville prit alors le nom de l'empereur Constantin.

La statue de **Piaţa Ovidiu** vous servira de point de repère : perché sur sa haute colonne, le poète romain Ovide y semble en pleine réflexion. Exilé à Tomis en l'an 8 par décision de l'empereur romain Auguste, pour une raison inconnue, Ovide exprima son chagrin dans des poèmes en deux volumes : *Tristia* (« Les tristes ») relate les hivers mordants de la mer Noire et les « seaux entiers » de vin qu'absorbaient les autochtones à cette époque. Ovide ne fut jamais rappelé à Rome et mourut à Tomis.

Derrière sa statue se tient l'entrée du **Muzeul de Istorie Naţională şi Arheologie**, où vous pourrez vous promener à loisir au milieu des statues grecques et romaines. Des fouilles sérieuses furent entamées à Constanţa dans les années 1960. Au cours de la normalisation, qui vit la destruction d'un nombre incalculable d'édifices du XIXe siècle, les archéologues mirent au jour un réseau bien conservé de rues et de maisons, de même que des églises chrétiennes de l'ancienne Tomis. Implanté derrière le musée, l'**Edificiul Roman cu Mozaic** abrite les vestiges défraîchis, bien que partiellement reconstruits, d'un trottoir romain en mosaïque du IVe siècle ; il faisait partie du forum romain qui remplaça l'ancienne agora grecque.

De la Piaţa Ovidiu, prenez la direction du sud : vous atteindrez la

mosquée Mahmudiye, magnifiquement décorée (*Str. Crângului 1, tél. 0241 611 390, fermé lun., €*). Don du roi Carol à la communauté musulmane de Dobroudja en 1910, cette copie conforme de la mosquée de Konya (Anatolie) est la plus vaste de Roumanie. Le gigantesque tapis, qui s'y trouve exposé, fut tissé dans les ateliers Hereke d'Istanbul. La communauté turque de l'île d'Ada Kaleh, sur le Danube, le reçut en cadeau d'Abdül-hamid II, dernier sultan de l'Empire ottoman. Du haut du minaret (50 m), la vue sur la ville est splendide.

Impossible de manquer, à l'extrémité nord du Bulevardul Tomis et au nord de la Piața Ovidiu, le **Muzeul de Artă Populara** dans son édifice de 1893 rayé blanc et rouge. Sa collection est une oasis d'innocence surannée dans cette vénérable cité : textiles aux couleurs vives, costumes traditionnels chic, ustensiles ménagers bizarres…

De ce musée d'Art populaire, il ne faut que huit minutes à pied pour gagner l'élégant **Muzeul Marinei Române** (musée de la Marine roumaine), qui occupe l'ancienne académie navale. Vous remarquerez en particulier ses maquettes d'anciennes trirèmes grecques, ainsi que les photos des mutins russes échoués en ces lieux pendant la révolution de 1905.

Cette visite de Constanța ne saurait toutefois être complète sans une agréable promenade le long de son **esplanade**. Celle-ci date du règne de Carol dont le penchant pour Constanța en fit une station thermale à la mode. Le bâtiment imposant situé en bord de mer est le **Cazino Paris** (1909), édifié en style sécessionniste français pour l'épouse de Carol Ier, la reine Élisabeth. Il fait désormais office de restaurant et de bar.

Pour vous familiariser avec les occupants du delta du Danube et de la mer Noire, allez visiter l'**aquarium**, proche de l'entrée de l'esplanade. À l'autre bout, le **Farul Genovez** monte la garde : ce phare fut construit par une société britannique en 1860 à la mémoire des marchands génois, qui frayaient dans la mer Noire au XIIIe siècle. ■

Muzeul de Artă Popolara

- ✉ B-dul Tomis 32
- ☎ 0241 616 133
- 🕒 Fermé lun.
- € €

Muzeul Marinei Române

- ✉ Str. Traian 53
- ☎ 0241 803 301
- € €

Le casino et l'esplanade de Constanța furent fondés par le roi Carol Ier, qui fit de cette ville une station à la mode.

Aquarium de Constanța

- ✉ B-dul 16 Februarie 1
- ☎ 0241 611 277
- 🕒 Fermé lun.
- € €

Une culture vinicole

La viticulture fait partie de la vie quotidienne des Roumains, selon un rite déjà fort ancien : Dionysos, dieu de la Vigne, serait un Thrace né sur le sol roumain. Au vu des gobelets évidés retrouvés à Cucuteni, cette culture en Moldavie pourrait remonter au Ve millénaire av. J.-C. Des pièces et des bijoux décorés de grappes de raisin furent trouvés dans des tombeaux daces du IVe siècle av. J.-C.

Le roi dace Burebista (env. 82-44 av. J.-C.) ordonna la destruction de tous les vignobles, dans le but d'empêcher leur exploitation par des tribus nomades. Selon certains historiens, les Romains auraient ressuscité les vignes daces, alors que d'autres spécialistes s'accordent à penser que ces derniers les auraient introduites en Roumanie. Quoi qu'il en soit, les vignobles déployés à perte de vue sur les collines, jusqu'au Maramureş, en attestent la profusion.

La vigne est ici prisée pour son utilité, mais aussi pour sa valeur décorative : telle une canopée, des tiges gracieuses drapent chaque cour, même la plus humble, fournissant à la fois le breuvage, la beauté, et l'ombre dans la chaleur estivale.

Nombre d'exploitations viticoles sont en activité depuis le XVIIe siècle, voire même avant. C'est le cas notamment de Dealu Mare, entre Buzău et Târgovişte en Munténie, Nicoreşti et Odobeşti en Vrancea, et Niculiţel (célèbre pour ses rouges et ses blancs, ainsi que pour son muscat Ottonel), en Dobroudja. Les variétés vont des blancs secs pétillants aux rouges sombres, presque pourpres, qui distillent un parfum de réglisse capiteux.

Cotnari (au nord-est de Iaşi, voir p. 200) est réputée pour ses vins doux, plus particulièrement son Grasă de couleur verte, parfois affichant 20 ans d'âge. Le cru de Cotnari fut produit par le prince moldave Ştefan cel Mare, qui importa des plants de tokay au XVe siècle. Aux XVIe et XVIIe siècles, les vins constituaient un sixième des exportations moldaves. Pour preuve, le Cotnari était le plus apprécié de tous, notamment de grands lettrés et princes européens

À gauche : la majeure partie du travail viticole roumaine continue de s'effectuer à la main.
Ci-dessus : vendanges en vue d'une noce
À droite : une cave à vin de Braşov. Chaque fût mesure environ 2 mètres de long.

comme Pierre le Grand et le roi polonais Jan Sobietszki. Son secret ? Le sol calcaire de la région et sa « noble pourriture » (celle du champignon *Botrytis cinerea*).

Traditionnellement, les vins roumains étaient entreposés et mis en fûts dans des tonneaux de chêne moldave, ce matériau présentant d'excellentes qualités de conservation et de bonne résistance aux insectes s'attaquant au bois. Aujourd'hui encore, les négociants roumains préfèrent faire vieillir leurs vins dans des fûts de vieux chêne ou dans des tonneaux d'acier inoxydable chemisé de chêne. Selon le dicton, le buveur absorbe les qualités de l'arbre en même temps que le vin.

Favorisée par ses étés très chauds et ses sols crayeux et sablonneux, la Dobroudja a toujours distancé en la matière le reste du pays. Ainsi, le poète romain Ovide mentionnait en son temps les vins de Murfatlar, remarquant que les habitants concentraient parfois les qualités de leur vin en le gelant. De nos jours, Murfatlar produit davantage de blancs que de rouges, mais reste surtout connu pour son merlot corsé. Recaş, à l'est de Timişoara, fondé par une compagnie roumano-britannique en 1998, est en passe de se constituer une niche sur le marché international.

Les vignobles transylvaniens de Târnave recouvrent les rives de la Târnavă, à l'ouest de Mediaş. Ils produisent des blancs issus de cépages comme le riesling et le traminer (savagnin blanc).

Certains musées d'art populaire exposent de gigantesques pressoirs à raisin en bois datant des XVIIIe et XIXe siècles, un usage qui atteste de l'importance accordée aux vignobles à cette époque. Les Roumains utilisent toujours ce type de pressoir pour extraire le moût (jus de raisin fraîchement pressé). Lors des mariages, les mariés doivent, selon la tradition, boire ensemble à même la *plosca*, cruche en terre en forme de gourde, dotée de deux longs goulots. ■

Basarabi et Adamclisi

Basarabi
217 B2

Adamclisi
217 B1

LA PETITE LOCALITÉ DE BASARABI, À 19 KM À L'OUEST DE CONSTANŢA, TIRE son nom de la dynastie des Basarab, qui régna sur la Munténie dès le XIVe siècle. Elle est réputée pour son ensemble monastique et sa proximité avec les célèbres vignobles de Murfatlar. Non loin, le charmant village d'Adamclisi abrite un monument remontant à l'ère romaine.

Au sud de Basarabi, le **Complexul Monastic de la Basarabi** réunit six églises et chapelles orthodoxes rudimentaires, ainsi que des cellules et tombeaux de moines – le tout découpé dans un affleurement de roche molle et calcaire. Personne n'en connaît l'âge exact, mais une inscription donne à penser que le site aurait été occupé au plus tard jusqu'en 992. Prenez garde aux trous profonds, qui servaient jadis à piéger les intrus.

Détail du Tropaeum Traiani, gigantesque « trophée » romain d'Adamclisi.

Les murs de l'église s'ornent de multiples signes : à l'aide d'une lampe-torche, vous repérerez les croix chrétiennes, les symboles zoomorphiques et anthropomorphiques, les figures en forme de bâtonnets, les inscriptions en cyrillique, en glagolitique (le plus ancien alphabet slave connu), en grec ancien et, peut-être, en caractères runes daces. L'inscription figurant deux serpents entremêlés semble suggérer une influence viking. Élevé à nouveau au rang de monastère, ce site devait rouvrir ses portes, mais le projet tarde à se concrétiser.

Le vignoble de **Podgoria Murfatlar** (*Str. Murfatlar 1, tél. 0241 706 850*) borde la lisière nord de Basarabi. Spécialisé dans les rouges et les blancs, dont un cépage baptisé du nom de Lacrima lui Ovidiu (les larmes d'Ovide), il abrite un musée du Vin et propose des dégustations accompagnées de plats roumains traditionnels.

ADAMCLISI

Isolé dans sa plaine fluviale au sud-ouest de Constanţa, le beau village d'Adamclisi dégage une atmosphère singulière. Au centre-ville, à l'extrémité d'une avenue bordée d'arbres, le **Tropaeum Traiani**, gigantesque « trophée » circulaire en pierre érigé en 106-109 de notre ère, célèbre la conquête de la Dacie par Trajan. Ce monument est une copie de l'original (exécutée en 1977), mais sa base est d'origine. Il s'orne de reproductions des sculptures romaines en relief, dont certaines, entre les figures de centurions romains, dépeignent des bergers et des villageois daces.

Des archéologues ont mis au jour les vestiges d'une ville et de plusieurs églises datant de l'ère byzantine. Certaines de ces découvertes, dont des céramiques de la culture néolithique d'Hamangia, sont exposées dans un **musée** (*DN24 vers Tichileşti, puis DJ223, tél. 0241 614 562, €*). ■

Histria

Les ruines de l'ancienne cité portuaire grecque d'Histria occupent 72 ha sur les rives de la mer Noire.

SURNOMMÉ « LA POMPÉI ROUMAINE », CE SITE ARCHÉOLOGIQUE EST LE plus important de la partie orientale du littoral : ses vestiges grecs, romains et byzantins vont du VIIe siècle av. J.-C. au VIIe siècle de notre ère. Sur ce lieu aujourd'hui emprisonné sur la rive du Lacul Sinoe à 77 km au nord de Constanța, accessible uniquement par une route côtière ou par la DN22 via Tariverde et Nuntași, se trouvait le premier grand port maritime de la rive ouest de la mer Noire.

Histria est le plus ancien site grec et la plus vieille structure urbaine de Roumanie. Hélas, les années ne lui ont pas été clémentes. Son site (72 ha), coupé en deux par une route, est aujourd'hui envahi par les mauvaises herbes. L'ambitieux projet de restauration lancé en 2005 a pour l'heure produit peu de résultats et vous devrez faire un effort d'imagination pour apprécier l'ensemble, malgré la hauteur impressionnante des murs (jusqu'à 7,50 m). L'intérêt d'Histria réside dans les six murs d'enceinte (du Ve siècle av. J.-C. à la période byzantine), le forum romain, les temples d'Aphrodite et de Zeus, les deux thermes romains, les huit basiliques (notamment les sanctuaires chrétiens et païens), les ateliers ainsi que les places d'échanges commerciaux. Le port ayant fini par s'envaser, Histria fut abandonné en faveur de Tomis (Constanța).

Le site relève dorénavant de la Réserve de la biosphère du delta du Danube. Sur place, un musée vous aidera à en comprendre l'histoire. ■

Histria

217 C2

Réserve de la biosphère du delta du Danube (DN2A et DN22 puis DJ226)

0241 614 562

€

Babadag et Enisala

Babadag
217 C3

Enisala
217 C3

LA VILLE DE BABADAG REFLÈTE DE FORTES INFLUENCES TURQUES ET TATARES. Les musulmans roumains, dont la majeure partie habite la Dobroudja, viennent par milliers se recueillir dans sa mosquée. Non loin, le village d'Enisala témoigne d'autres influences, en particulier celle des marchands génois du XIIIe siècle.

Babadag tire sans doute son nom de Sari Saltuq Baba, un Turc seldjoukide et grand mystique qui, au milieu du XIIIe siècle, contribua à répandre l'islam dans les Balkans. Il reçut les terres environnantes de l'empereur byzantin Michel VIII Paléologue et serait enterré sur place. Une autre source attribue toutefois ce nom aux mots turcs *baba* (turc) et *dag* (montagne). Selon Ibn Battuta, voyageur arabe du XIVe siècle, Babadag fut la dernière ville sous domination tatare avant la conquête de la Dobroudja par le prince valaque Mircea cel Bătrân. La découverte dans les environs d'un trésor tataro-byzantin tendrait à confirmer cette allégation.

Babadag abrite depuis longtemps une communauté musulmane. Sa mosquée centrale Gazi Ali Paşa appelle les fidèles à la prière depuis le XVIIe siècle.

À la fin du XVIIe siècle, le pacha de Silistrie y installa son quartier général, faisant ainsi de Babadag le siège régional de l'armée ottomane. Après la guerre russo-turque de 1771, Babadag dépérit. Les édifices islamiques du centre-ville sont la propriété de la **Moscheea lui Gazi Ali Paşa**, mosquée reconnaissable à son minaret de 21 m de haut. Ainsi baptisée en l'honneur d'Ali Gazi, gouverneur de la Dobroudja turque, elle date de 1610. Récemment restaurée à grands frais grâce à des fonds provenant d'Istanbul, elle est gérée directement par le mufti de Roumanie. Tout proche, le **Muzeul de Artă Orientală** (*Str. Mihai Viteazu 1, fermé lun. et nov.-fév., tél. 0240 516 204, €*) donne un très bon aperçu de l'histoire des Tatars et des Turcs dans la région.

ENISALA

Ce village se tient à l'est de Babadag. Ne manquez pas son joli petit musée d'Art populaire, **Gospodăria Țărănească** (*DN22C, fermé lun., €*), qui renferme de très beaux textiles. Le musée est logé dans une demeure traditionnelle à un étage bâtie au début du siècle dernier.

Les ruines restaurées de **Cetatea Enisala** sont perchées sur une haute falaise en surplomb. Ce château (fin du XIIIe siècle) est l'une des nombreuses forteresses édifiées par les marchands génois, qui à cette époque contrôlaient toute la Méditerranée orientale et la mer Noire. Mircea cel Bătrân, après en avoir chassé les Tatars, y installa brièvement une garnison à la fin du XIVe siècle. L'effort de l'ascension (à pied ou en voiture) se verra récompensé par la vue superbe sur les marécages et la mer au loin. La présence de comptoirs datant de l'ère romaine et du début du Moyen Âge (VIIIe siècle) est également attestée. ■

Tulcea

Ce petit port fluvial animé, sur la rive occidentale du delta du Danube, est le point de départ principal des excursions dans le delta. Le fleuve, à cet endroit, forme un nœud spectaculaire, créant un abri naturel. Le port accueille donc de très nombreux ferries (et des hôtels flottants en été), tandis que des canots font la navette entre Tulcea et le village de Tudor Vladimirescu, sur la rive opposée. Le quartier ancien de Tulcea, petit et avenant, vaut la visite.

Nombre d'excursions sur le delta du Danube partent du port de Tulcea.

L'édifice élégant (XIXe siècle) situé sur le côté droit de Faleza (du nom de la promenade) abrite le beau petit **Muzeul Judeţean de Artă**. Les paysages de Dobroudja, exécutés par des artistes comme Nicolae Dărăscu, Ştefan Dimitrescu et Cecilia Cuţescu (début du XXe siècle), retiendront l'essentiel de votre attention. Cependant, ne manquez pas non plus les peintures surréalistes, œuvre de l'artiste juif roumain Victor Brauner (1903-1966), qui se rendit en visite à Tulcea en 1920.

Non loin, la **Secţia de Etnografie**, section ethnographique du musée d'Art populaire, occupe une ancienne banque du XIXe siècle : outre quelques textiles d'excellente facture, elle expose plusieurs spécimens marquants de la culture multiethnique de la Dobroudja au sein de laquelle les influences grecques, aroumaines, turques, russes et bulgares ont toutes joué un rôle.

Le **Monumentul Independenţei** (1904), qui commémore la libération de la Roumanie du joug ottoman en 1878, est perché sur la colline de la citadelle au milieu d'un parc. Son ascension afin de profiter du panorama sur Tulcea.

Vous aurez également plaisir à découvrir le site archéologique baptisé Parcul Monumentul Independenţei. Le **Muzeul de Istorie şi Arheologie** se trouve à l'intérieur de la Cetatea Aegyssus, forteresse dace puis romaine. Il expose de manière ludique l'histoire des sites archéologiques notables de la Dobroudja, parmi lesquels les citadelles daces de Dinogetia (près de Garvăn) et de Troesmis (près d'Igliţa), la colonie grecque d'Argamum (Jurilovca), ainsi que le Noviodunum (Isaccea) et l'Halmyris (Murighiol) des Romains. Ne manquez pas non plus les sculptures en relief des cavaliers thraces. ■

Tulcea
217 C4

Muzeul Judeţean de Artă
Str. Grigore Antipa 2
0240 513 249
Fermé lun.
€

Secţia de Etnografie
Str. 9 Mai 4
0240 516 204
€

Muzeul de Istorie şi Arheologie
Str. Gloriei, Parcul Monumentul Independenţei
0240 513 626
Fermé lun.
€

Roselières en automne, à l'ouest de Tulcea.

À l'ouest de Tulcea

LE PAYSAGE VALLONNÉ QUI CARACTÉRISE L'OUEST DE TULCEA EST CONSTELLÉ de superbes monastères orthodoxes. Ce circuit rapide permet de découvrir, nichés dans les vignobles, trois des plus beaux lieux de culte.

Mănăstirea Celic Dere
217 B3-B4

Mănăstirea Cocoş
217 B4

Mănăstirea Saon
217 B4

Depuis Tulcea, poursuivez votre route sur 32 km en direction de l'ouest. Traversez la ville de **Somova**, dont le lac attire nombre d'oiseaux migrateurs aquatiques. Bifurquez vers le sud sur une route de campagne. Suivez-la sur 3 km. Vous parviendrez à Teliţa, puis au paisible **Mănăstirea Celic Dere** (*Poşta village, tél. 0721 278 417, €*). Baptisé d'après le cours d'eau avoisinant (dont le nom signifie en turc ruisseau de fer), ce monastère fut fondé en 1841 par deux moines russes lipovènes. Il est actuellement administré par 80 religieuses. Son petit musée (*fermé lun.*) renferme de rares incunables religieux et des tapis anciens, ainsi que la plus vieille icône de Roumanie, rapportée du mont Athos en Grèce. L'atelier de tissage de tapis est ouvert à la visite. Le splendide *moară cu vânt* (moulin à vent) en bois, originaire de la côte de la mer Noire, est un rare spécimen des innombrables moulins à vent et à eau qui, jusqu'au XIXe siècle, émaillaient le paysage de la région.

Revenez sur la route principale et piquez vers l'ouest en empruntant une route entre les vignobles : dans le village de **Niculiţel** se trouvent les vestiges d'une **chapelle** et d'une **crypte paléochrétiennes** (*Str. Muzeului, tél. 0745 769 874, fermé lun., €*), édifiées en 370 sous l'empereur Valère. Ce site fut mis au jour en 1971, lorsqu'une violente tempête de pluie, provoquant un glissement de terrain, révéla l'une des premières églises roumaines. La chapelle a été magnifiquement restaurée et mise en valeur ; quant à la crypte, elle renferme les dépouilles de quatre martyrs chrétiens : Zotikos, Attalos, Kamasis et Phillipos. Leurs cercueils sont exposés au **Mănăstirea Cocoş** (*sur la route Tulcea-Galaţi, 6,5 km au NO de Niculiţel, tél. 0240 542 131*), un monastère du XIXe siècle situé à proximité.

Près de Niculiţel, visitez le paisible **Mănăstirea Saon**, fondé par des moines du monastère de Celic Dere en 1846 ; l'église date, quant à elle, de 1881. Saon, devenu en 1916 un couvent, fermé par les communistes en 1960, a rouvert ses portes en 1990. Les religieuses y travaillent la terre et pratiquent la pêche et l'apiculture. Leurs vergers regorgent de pommiers et de cerisiers. ■

Le delta du Danube

D'UNE SURFACE DE 5 800 KM² MÊLANT ÎLES SABLONNEUSES, ROSEAUX, digues, forêts et marécages, le delta du Danube est, au plan géologique, la partie la plus jeune du pays. Sa formation ne remonte en effet qu'à 13 000 ans, date de l'envasement du golfe de Tulcea. Les grands navires ne peuvent emprunter que trois de ses milliers de lacs et de voies d'eau. Les bancs de sable et les roselières se déplacent constamment, le fleuve déposant des millions de sédiments au bout du périple de 2 860 km qui le mène à la mer Noire.

Le delta du Danube est la troisième zone humide d'Europe. Il attire des millions d'oiseaux migrateurs, dont plus de 300 espèces y résident ou y font halte, ainsi que 45 espèces de poissons d'eau douce. Parmi les oiseaux reproducteurs, citons le pélican blanc (le delta abrite le plus grand nombre d'individus en dehors de l'Afrique), le pélican frisé d'Europe, le plongeon arctique, le cormoran pygmée, l'ibis falcinelle, le cygne, et le crabier chevelu.

Malgré son importance incontestable en termes d'écosystème, le delta reste vulnérable. La Roumanie et l'Union européenne se sont élevées en effet contre le projet récent de l'Ukraine de construire le nouveau canal de Bistroe accédant à la mer Noire. À l'heure où nous mettons sous presse, la décision de mettre en œuvre ce projet de voie navigable est entre les mains des experts.

VISITER LE DELTA

La saison la plus spectaculaire va d'avril à début septembre, mais les moustiques sont alors de la partie. De nombreux tour-opérateurs proposent des circuits d'observation des oiseaux. L'**Asociaţia de Ecoturism din România** (voir p. 263) vous fournira les coordonnées de voyagistes expérimentés, dont certains sont francophones.

Le delta n'étant traversé que par peu de routes, vous pourrez rallier l'agréable Murighiol, ville proche du **Lacul Murighiol**, où nichent de nombreux pélicans et autres espèces. Choisissez la traversée en bateau pour découvrir le delta de la façon la plus reposante. Des ferries réguliers et rapides sillonnent les trois « bras » principaux entre Tulcea et la mer Noire. Le circuit le plus prisé emprunte le bras central, **Braţul Sulina**, de Tulcea au vieux port de Sulina (voir p. 229) situé sur la côte. Vous pourrez débarquer à l'un des nombreux villages de pêcheurs, dont le plus hospitalier est Crişan (voir p. 231).

Braţul Chilia, le bras septentrional, forme la frontière avec l'Ukraine. Le ferry de Tulcea a pour terminus le village russe lipovène (voir encadré p. 229) de Periprava, sur Grindul Letea (dune ou île de Sable de Letea, voir ci-dessous). Jadis y fut fondée une colonie dace qui, bien plus tard, devait abriter une prison communiste de sinistre réputation.

Le bras méridional, **Braţul Sf. Gheorghe**, quitte Braţul Sulina à quelques kilomètres à l'est de Tulcea. Les ferries de Tulcea le desservent trois fois par semaine, terminant leur circuit au village de pêcheurs de Sf. Gheorghe (voir p. 229), à l'embouchure.

GRINDUL LETEA

Cette île abrite une faune et une flore d'une variété extraordinaire, notamment des forêts caduques anciennes dans lesquelles poussent deux essences de chênes, adeptes de son sol sablonneux. Certains arbres ont ici plus de quatre siècles.

Réserve de la biosphère du delta du Danube
217 D3-C4

Office du tourisme
Administraţia Rezervaţiei Biosferei Delta Dunării (ARBDD), Str. Portului 34A, 820 243 Tulcea
0240 518 945

L'ARBDD contrôle l'accès à certaines parties du delta, la pêche et tous types d'activités susceptibles de mettre en danger l'écosystème.

SÉJOURNER DANS LE DELTA

L'**Hotel Cormoran** (à Uzlina, près de Murighiol) propose des chambres modernes à prix raisonnables et variables. Il vous aidera à louer un bateau et à trouver un guide. Les petits hôtels flottants desservent les canaux ainsi que les principales voies d'eau : consultez le chapitre Informations pratiques (voir p. 260-261) pour en obtenir une liste complète.

Cette cabane perchée, sur un canal du delta, sert à l'observation des oiseaux.

Grindul Letea
217 D4

L'ARBDD (voir Office du tourisme, p. 227) a créé sur l'île trois sentiers touristiques qui relient les cinq villages et traversent différents écosystèmes. Selon le circuit choisi, la randonnée dure de deux à quatre heures. Vous trouverez les brochures correspondantes au siège de l'ARBDD, à Tulcea.

Outre des chevaux à moitié sauvages, l'île renferme des chiens viverrins (*enot*), des renards charbonniers, des loutres, ainsi que des serpents venimeux de l'espèce *Vipera renardi*. Pygargues à queue blanche et à tête blanche, crécerelles et bondrées apivores planent dans les hauteurs, tandis que les villages abritent guêpiers et rolliers rouge et turquoise. Quant aux glaréoles à collier et aux échasses blanches, elles hantent les roselières et les marais salants.

Les archéologues ont mis au jour sur ce site des vestiges romains et génois datant du Moyen Âge. Il est désormais prouvé que l'île a été habitée de façon continue depuis cette époque. Mais les villages ne sont plus aujourd'hui que des hameaux et les rues ressemblent souvent à des sentiers d'herbes folles que bordent des maisons à un étage faites de modestes planches à clin. Ici, les habitants se déplacent à pied, à vélo, à cheval, ou encore en carriole.

À l'instar de Periprava, les hameaux de **Sfiştofca** et de **Cardon** (le plus petit de l'île, avec seulement 19 habitants répertoriés au recensement de 1992) sont principalement peuplés de Lipovènes russophones. **Letea** (456 habitants en 1992), à l'atmosphère plus ukrainienne, abrite un *skete* (petit monastère). Quant à **C.A. Rosetti**, à majorité roumaine, il fait office de centre communal. Vous remarque-

rez partout des églises aux dômes en forme de bulbe. La plupart des îliens se livrent aux activités traditionnelles d'agriculture, d'élevage, de pêche, de chasse, d'apiculture et d'abattage des saules, sauf dans les zones protégées, propriété de la réserve naturelle de **Pădurea Letea**.

SULINA

Cette ville côtière a un riche passé : de 1856 à 1938, elle fut le siège la Commission européenne du Bas-Danube, instaurée après la guerre de Crimée pour veiller aux intérêts de tous les pays riverains. Le village de pêcheurs devint donc rapidement une cité cosmopolite de 40 000 habitants. Cependant, en 1938, fuyant la menace de la guerre avec l'Allemagne, la Commission plia précipitamment bagage, signant le déclin de Sulina tout aussi rapidement qu'elle avait œuvré à son essor.

Les Lipovènes

Les Lipovènes – disciples du prêtre Filip, d'où leur nom originel de Filipoveni – fuirent de Russie après les réformes de 1653, qui scindèrent l'Église russe orthodoxe en deux factions. Ces adeptes du rite ancien, surnommés les « Vieux Croyants », furent soumis à de fortes pressions et choisirent d'émigrer en Serbie, en Pologne, en Moldavie, et même dans l'Empire ottoman (qui comprenait alors la Dobroudja). ■

Le **Farul Comisiei Europene un Dunării de Jos** (*Str. II 15, 0240 542 131, fermé lun., €*) est un phare construit en 1870 par la Commission du Danube. Il a été transformé en musée, dont les deux petites salles exposent l'histoire locale. La vue sur le delta est grandiose.

Non loin de là, le **Cimitirul Maritim** révèle le caractère international de Sulina avec ses noms français, anglais, allemands, italiens, russes et roumains. Ce cimetière se partage en quatre grandes « sections » selon la religion. Dans l'aile anglicane, quelques tombes poignantes, aux pierres fichées en désordre, portent les noms de disparus lors de noyades ou de naufrages sur ces côtes.

SF. GHEORGHE

Ce village de pêcheurs à l'embouchure de Brațul Sf. Gheorghe est un lieu idéal où prendre l'air et le soleil marins, déguster de délicieux poissons et explorer les dunes de sable. D'accès limité, la **Rezervația Sf. Gheorghe-Palade-Perișor-Sacalin**, s'étend de l'autre côté de l'embouchure. Un guide assermenté vous en fera découvrir la faune et la flore. Peut-être aurez-vous la chance d'y entendre chasser des butors étoilés et d'y voir des chevaliers gambettes, des fauvettes et des bruants. ■

Sulina

217 D4

Sf. Gheorghe

217 D3

Une croisière dans le delta

Une croisière sur les lacs, les canaux et les voies d'eau majestueuses vous permettra de découvrir une autre facette du delta du Danube. L'abondance de sa faune et de sa flore vous enchantera à bien des égards.

Le circuit décrit ci-après est agréé par l'organe d'administration du delta, l'Administraţia Rezervaţiei Biosferei Delta Dunării (ARBDD, voir p. 227), qui restreint l'accès à certaines zones. Vous devrez louer un bateau ainsi que recourir aux services d'un guide assermenté. Vous trouverez leurs coordonnées dans les hôtels du delta (*demandez la liste à l'ARBDD*) ou les bonnes agences de voyages, comme celles que répertorie l'Asociaţia de Ecoturism din România (voir p. 263). Pour les bateaux disponibles, consulter la p. 263.

Commencez votre croisière depuis Tulcea et prenez vers l'est, le long de Braţul Sf. Gheorghe. Passez les villages lacustres de **Nufăru** et **Ilganii de Jos**, puis tournez à gauche sur le **Canalul Litcov** (un canal artificiel).

Ce canal traverse un réseau de lacs et de voies d'eau qui vont se rétrécissant ; demandez à votre guide quels sont ceux qu'il vous est possible d'explorer. Les saules débordent parfois sur les berges, sur lesquelles abondent les aulnes, les peupliers, la menthe aquatique et la ciguë vireuse, tandis que la surface de l'eau se recouvre de nénuphars roses et jaune profond. Les lacs de plus grande superficie portent tous un nom, parmi lesquels le **Lacul Gorgova**, le **Lacul Potcoava** et le **Lacul Isac**. Aigrettes, canards et cygnes nichent souvent dans les roseaux.

Plus au sud, en descendant le **Canalul Caraorman**, vous atteindrez le village de **Caraorman** ❶, à 55 km de Tulcea, dont le nom en turc signifie forêt noire. Perchée sur une berge sablonneuse s'étendant sur 19 km, cette petite localité compte 490 habitants, principalement des Russes lipovènes (voir encadré p. 229) et des Ukrainiens. Face aux rives du canal se dressent de jolies maisons aux toits de roseaux, dont les murs blancs s'ornent traditionnellement de motifs bleus. Les *lotci*, ces bateaux de pêche en bois équipés d'une haute proue, sont amarrés ici, semblables à des gondoles vénitiennes. Grâce à la hausse phénoménale du prix du poisson depuis 1989, les villageois de Caraorman préfèrent la pêche à l'élevage. Du côté est du village se trouve le **cherhana** long et bas, coiffé de chaume de roseau : dans ses pièces réfrigérées, les habitants conservent le poisson d'eau douce (brème, carpe, perche et sandre, entre autres) avant de le vendre à Murighiol ou à Tulcea.

La formation du delta du Danube ne remonte qu'à 13 000 ans.

Non loin, la belle **Rezervaţia Pădurea Caraorman** renferme des chênes massifs, vieux de quatre siècles, qui plantent leurs racines dans le sable, des plantes grimpantes atteignant 15 m de long et une multitude de mammifères et d'oiseaux : chouettes, aigles, chats sauvages, sangliers, loups... Pour visiter cette réserve forestière protégée, vous devrez être muni d'un permis.

Revenez vers le nord en suivant le Canalul Caraorman et prenez sur votre droite le **Canalul Crişan**. À la suite du projet de Ceauşescu d'industrialiser le delta, le canal Caraorman-Crişan a été élargi dans les années 1980. Le sable des dunes situées à l'ouest de Caraorman compte parmi les plus fins qui puissent se trouver en Europe.

À 12 km de Caraorman se tient le village de **Crişan** 2. Sur sa rive nord se dresse l'**Hotel Lebăda** (*tél. 0240 543 778*), d'aspect traditionnel, dont le restaurant sert de bons plats de poisson. Plus à l'ouest, une plaque marque l'ouverture, en 1859, de Braţul Sulina, devenu navigable grâce à l'ingénieur britannique Charles Hartley, qui le dragua et l'élargit. Une autre *cherhana* pittoresque orne la rive sud de Crişan (si vous souhaitez passer plusieurs nuits sur place, vous trouverez quelques pensions modestes sur la rive nord de Braţul Sulina).

À 1 km en amont de Crişan, sur la rive nord, près de la jonction avec **Dunărea Veche** (le Vieux Danube), se trouve l'excellent **Centrul de Documentare şi Educaţie Ecologică** de l'ARBDD (Centre de documentation et d'éducation écologiques, *tél. 0240 519 214, fermé lun.*). Expositions, films vidéo et bibliothèque vous y seront proposés.

Poursuivez vers l'ouest le long de Braţul Sulina. À 25 km à l'est de Tulcea, la ville de **Maliuc** compte plusieurs hôtels et pensions, comme le **Complex Turistic Salcia** (*tél. 0240 546 539*) et l'**Hotel Maliuc** (*tél. 0748 200 372*), où déguster d'excellents plats de poisson régionaux dans une atmosphère de franche hospitalité. Pour aller observer les oiseaux, arpentez en canot le **Lacul Furtuna** 3, vers le nord. Plus à l'ouest se trouve le village de **Partizani** 4, où des pêcheurs vous prendront à leur bord jusqu'aux trois lacs Tataru, Lung et Mester. Votre circuit se terminera là où vous l'aviez commencé, à Tulcea. ■

Voir plan p. 217

- Tulcea
- 128 km
- 5 heures (sans les détours et les arrêts)
- Tulcea

À NE PAS MANQUER

- Caraorman
- Crişan
- Lacul Furtuna

Les pur-sang arabes du haras de Mangalia en séance d'entraînement sur la plage.

Mangalia

RENOMMÉE POUR SON ENSOLEILLEMENT ET SON CLIMAT MÉDITERRANÉEN, cette jolie station balnéaire est également célèbre pour ses vestiges grecs, romains et byzantins. Connue dès l'Antiquité sous le nom de Callatis, Mangalia fut fondée au IVe siècle av. J.-C. par les Grecs de Megara, sur l'ordre d'un oracle. La plus méridionale des villes roumaines s'étend à 45 km au sud de Constanța.

Mangalia
217 CI
Office du tourisme
Primăria Municipiului Mangalia, Şoseaua Constanţei 13
0241 751 060

Point fort d'une visite à Mangalia : la **rue romano-byzantine**, qui fut excavée, forme aujourd'hui une partie de la salle à manger de l'**Hotel President** (*Str. Teilor 6, tél. 0241 755 861*). À mi-chemin entre Şoseaua Constanţei et la mer, celui-ci se dresse sur 836 m² de pavement de pierre et de conduits d'eau provenant de la partie sud de la citadelle de Callatis (VIe et VIIe siècles). Mesurant 6 m de large, la rue est ouverte aux visiteurs. À l'extérieur de l'hôtel se tient une partie du mur d'enceinte romain, construit sur les vestiges d'une muraille grecque antérieure. Certains blocs de pierre sont superbement taillés, ce qui dénote une parfaite maîtrise de l'art et de la technique hellénistiques.

En deux minutes de marche à pied vers l'intérieur des terres, vous atteindrez les contours d'une basilique syrienne du IVe siècle, probablement alors un évêché. Revenez dans l'artère principale, Şoseaua Constanţei, où se tient le superbe et incontournable **Muzeul de**

Arheologie Callatis (*Şoseaua Constanţei 23, tél. 0241 753 580, €*). Ce musée abrite de magnifiques objets d'origines thrace, grecque et néolithique, allant de petites effigies en or à des pipes à eau en terre. Loin d'être académique, cette collection dévoile une représentation de la vie quotidienne fidèle à la réalité de l'époque et du lieu : une lutte âpre pour l'expression, l'identité et la survie.

D'autres vestiges jonchent les alentours de la ville (*le centre de renseignements touristiques vous fournira plus de détails*) ; des plongeurs ont même découvert des restes sous-marins du port de Callatis.

Depuis le musée archéologique, comptez cinq minutes de marche vers le sud pour atteindre la charmante **Moscheea Esma Han Sultan** (*Str. Oituz 1, tél. 0241 754 250, €*). Datant de 1525 et toujours en service, cette mosquée s'ouvre sur un cimetière qui renferme des pierres tombales et des fragments de l'ancienne Callatis. Les non-musulmans y sont les bienvenus dès lors qu'ils observent les règles de bienséance habituelles.

ENVIRONS DE MANGALIA

À 3 km au nord de Mangalia, une jolie localité balnéaire proche de Staţiunea Venus accueille, depuis 1926, le haras et centre équestre de **Herghelia Mangalia** (*SN Cai de Rasa Herghelia Mangalia, Şoseaua Constanţei km 3, tél. 0241 751 325, €*). On y élève plus de 300 chevaux, principalement des pur-sang arabes Ibn Galal (égyptiens) mais aussi quelques arabes Shagyar (un croisement arabo-moldave). Ce centre ouvert aux visiteurs organise des promenades à cheval (€), avec des montures dociles. La campagne environnante se prête également bien à la randonnée pédestre.

À quelques kilomètres à l'ouest de Mangalia, dans une zone appelée La Movile, se trouve l'une des grottes souterraines les plus célèbres au monde. Très basse, **Peştera Movile** ne mesure que 220 m de long. Découverte par hasard en 1986, elle est dotée d'un écosystème unique au monde, mû entièrement par oxydation du sulfate d'hydrogène, ou chimiosynthèse. En termes profanes, cela signifie que les organismes qui y vivent n'ont pour y parvenir aucune source de lumière. Aujourd'hui, la grotte est protégée par les associations Primăria Mangalia et Grupul pentru Exploraţie şi Speologie Subterane. Vous devrez vous contenter d'admirer la zone en surplomb, l'accès à la grotte proprement dite étant strictement réservé aux chercheurs et aux étudiants (*pour plus d'informations, contactez Primăria Municipală Mangalia ou Cristian Lascu, Str. Frumoasă 31, Bucarest, tél. 021 312 4051*). ■

La nombreuse communauté russe orthodoxe de Slava Rusă se recueille au monastère d'Uspenia.

Autres sites à visiter

HALMYRIS

Déployé sur des tertres herbeux près du village de Murighiol, Halmyris semble désert. Pourtant, ce site se livre à des fouilles d'un grand fort romain. Des baraques sont actuellement mises au jour, ainsi qu'un évêché du VIe siècle renfermant les tombeaux peints de deux martyrs. L'empereur Trajan fit deux fois la guerre aux Daces pour s'emparer de ce lieu d'une importance stratégique vitale, propre à assurer aux Romains le contrôle du delta danubien et le passage vers l'Asie. Pendant les six siècles qui suivirent, Halmyris allait servir successivement de camp de base pour les légionnaires, de port naval et de dépôt de fournitures pour la colonisation et les échanges culturels. En totalité, la ville d'Halmyris fut occupée pendant 1100 ans, de l'âge du fer jusqu'à la période byzantine.

217 C3 Pour plus d'informations, contactez l'**Institutul de Cercetari Eco-Muzeale** Str. 14 Noiembrie 3, Tulcea 0240 513 231

SLAVA RUSĂ

Ce village au sud-ouest de Babadag est l'un de ces lieux tranquilles, magiques et inattendus dont la Dobroudja a le secret. Bien que la moitié de ses 1400 habitants soit originaire d'Italie et d'Espagne, il fut fondé par des Lipovènes. Cœur du rite ancien de l'orthodoxie russe de cette province, il abrite deux églises russes. Les monastères russes orthodoxes d'Uspenia et de Vovidenia sont tout proches. Vous remarquerez les superbes maisons en bois, dont beaucoup s'ornent de délicates sculptures. Peut-être aurez-vous aussi la chance d'apercevoir des Lipovènes en costume traditionnel – les hommes revêtus de tuniques nouées à l'aide de ceintures, les femmes en jupes longues.

Slava Rusă se tient sur le site de la cité romaine, puis romano-byzantine, de (L) Ibida (IIe au VIIe siècle). Arpentez le village pour observer les fouilles en cours. Parmi les découvertes dignes d'attention figurent une basilique à triple nef, plusieurs vastes nécropoles (la Cavoul Tudorka, ou tombe Tudorka, qui contenait 39 dépouilles, s'orne de fresques), un four servant à la fabrication du verre, de splendides céramiques, des figurines en bronze, des chapiteaux sculptés, des agrafes en argent, ainsi que des pièces de monnaie. La cité fortifiée couvre 27 ha, une superficie qui en fait l'une des plus vastes cités romaines jamais mises au jour en Dobroudja.

Les archéologues ont également découvert, à 3 km de là, un monastère datant des premiers temps de la chrétienté (de la seconde moitié du IVe siècle à la première moitié du VIIe siècle). Cette fondation monastique est l'une des plus anciennes de la province romaine de Scythie Mineure, et de la Roumanie dans son ensemble.

217 B3 **Office du tourisme** Muzeul de Istorie şi Arheologie, Tulcea 0240 513 626 ■

Informations pratiques

Station de tram à Bucarest.

INFORMATIONS PRATIQUES

PRÉPARER SON VOYAGE

QUAND PARTIR

La Roumanie présente un climat continental classique, marqué par des étés longs et chauds et des hivers froids, voire très froids. La période idéale pour se rendre sur place dépend des régions que vous avez l'intention de visiter et des activités envisagées.

Bucarest combine des hivers souvent très pluvieux et très froids et des étés parfois étouffants, avec des températures généralement comprises entre 35 et 40 °C. La ville se révèle plus agréable au printemps ou à l'automne.

Le tourisme et la randonnée dans les massifs et les hauts plateaux de Transylvanie se pratiquent idéalement durant les mois chauds, de mai à fin septembre. L'activité touristique ralentit dès octobre, et en novembre, un certain nombre de petits hôtels, de services et de sites hors des villes ferment jusqu'à la fin de l'hiver.

Dans le delta du Danube et les stations balnéaires de la mer Noire, la saison bat son plein en juillet-août, lorsque le pays tout entier semble en vacances. Le delta se révèle particulièrement agréable à la fin du printemps, avant l'arrivée des foules, et à l'automne, après leur départ. La température de l'eau dans la mer Noire autorise la baignade de juin à mi-septembre environ. Dans certaines stations balnéaires, comme Mamaia, presque tous les établissements ferment en hiver et vous aurez beaucoup de mal à trouver un hôtel. À Constanţa, l'activité se maintient cependant toute l'année.

Les stations proches de Braşov attirent des skieurs de mi-décembre à mi-mars, avec une affluence maximale en février. Braşov reste animée toute l'année et voit se succéder skieurs, randonneurs et vacanciers.

Les principales fêtes populaires de Transylvanie, notamment la célèbre fête médiévale de Sighişoara, ont lieu en été, en pleine affluence touristique. Dans les grandes villes, les festivals culturels et musicaux se déroulent généralement au printemps et à l'automne. L'activité festive retombe un peu en hiver, hormis la période des fêtes de Noël et du Nouvel An.

QUE PRENDRE AVEC SOI

Pour l'essentiel, tout dépend de vos activités sur place. Si vous prévoyez de randonner, munissez-vous d'une bonne paire de chaussures de marche qui maintiennent bien la cheville, d'un vêtement imperméable pour les averses de la fin de journée et d'un pull ou d'une polaire pour les nuits fraîches (même en plein été). N'oubliez pas un répulsif à insectes – vous en trouverez toutefois sur place – car les moustiques sont nombreux, notamment dans les forêts et le delta du Danube. Si vous avez prévu de vous rendre dans cette dernière région, vous ne regretterez pas la petite paire de jumelles vous permettant d'observer les animaux. Emportez enfin en quantité suffisante les médicaments dont vous risquez d'avoir besoin – encore que la Roumanie dispose d'un bon réseau de pharmacies parfaitement approvisionnées.

Une tenue décontractée passera à peu près partout. Si vous restez quelque temps à Bucarest toutefois, il peut être utile de charger votre valise d'un ou deux vêtements plus habillés (veste sport pour les hommes, jupe un peu chic pour les femmes) que vous enfilerez pour les soirées au concert ou au restaurant.

N'oubliez pas une paire de chaussures confortables, car vous aurez sans doute beaucoup à marcher sur place. Enfin, un masque pour les yeux peut s'avérer utile si vous ne voulez pas vous réveiller à l'aube dans les hôtels et pensions dépourvus de rideaux opaques – ils sont étonnamment nombreux.

Sur un plan général, partez sans crainte car si vous avez oublié quelque chose, vous pourrez toujours le trouver sur place.

ASSURANCES

Aucune vaccination n'est obligatoire pour entrer en Roumanie et il n'existe aucun risque sanitaire particulier. Les ressortissants des pays de l'Union européenne bénéficient d'une prise en charge des soins s'ils sont munis de la carte européenne d'assurance maladie. Ce document nominatif assure cette garantie dans les mêmes conditions que les assurés du pays du séjour et s'obtient, auprès des caisses d'assurance maladie, dans un délai de 15 jours.

Si vous venez du Canada, vérifiez auprès de votre assurance que vous êtes couvert pour les frais médicaux engagés à l'étranger et pensez à garder toutes les factures qui vous seront délivrées en cas de traitement.

FORMALITÉS D'ENTRÉE

VISAS

Les ressortissants des pays de l'Union européenne peuvent entrer sur le territoire roumain sur simple présentation d'une carte nationale d'identité en cours de validité. Un passeport est requis pour un séjour de 30 jours ou plus. Pour une durée supérieure à 90 jours, les Français sont tenus de se rendre au bureau de la police des étrangers de leur lieu de séjour en Roumanie, avec leur carte d'identité et un justificatif de domicile sur place. Une somme de 7 RON sera demandée.

Les Canadiens détenteurs d'un passeport en cours de validité peuvent séjourner 90 jours en Roumanie sans visa. La police roumaine est habilitée à effectuer des contrôles d'identité en toutes circonstances. Bien que ces contrôles soient relativement rares, il est prudent de toujours avoir sur soi une photocopie de ses papiers.

DOUANE

Aucune exigence spécifique n'est requise en la matière. Les touristes sont autorisés à entrer sur le territoire roumain avec l'équivalent en devises de 10 000 €. Il n'est pas obligatoire de déclarer les cadeaux de valeur modeste (jusqu'à 100 €environ), ni les boissons alcoolisées ou le tabac destinés à un usage personnel. Les bagages sont rarement fouillés, mais sachez que la législation interdisant l'importation de stupéfiants est appliquée avec une extrême rigueur.

COMMENT SE RENDRE EN ROUMANIE

EN AVION

Au départ de Paris, Air France (www.airfrance.fr) dessert l'aéroport de Bucarest en 4 vols réguliers quotidiens. Comptez environ 4 heures de trajet. La compagnie roumaine Tarom (www.tarom.ro) assure également des liaisons régulières directes entre les principales villes européennes et l'aéroport Otopeni de Bucarest. C'est le cas de Paris, Genève, Zurich et Bruxelles. Tarom propose également des vols entre Bucarest et Montréal (Canada) via une escale à Paris.

Bucarest est bien desservie au départ de Budapest, Prague, Varsovie, Sofia et d'autres capitales d'Europe de l'Est, par les compagnies nationales de ces pays.

L'offre de vols économiques vers la Roumanie devrait s'accroître, maintenant que le pays est membre de l'Union européenne. La compagnie Blue Air (www.blueair-web.com), basée en Roumanie, propose désormais des liaisons depuis Paris, Madrid, Rome et d'autres villes d'Europe jusqu'à l'aéroport Băneasa de Bucarest. SkyEurope (www.skyeurope.com), à Bratislava, assure également des vols réguliers jusqu'à Băneasa depuis de nombreuses villes du continent, avec escale dans la capitale slovaque. Carpatair (www.carpatair. com) dessert Timişoara au départ de Paris et de plusieurs aéroports allemands et italiens. Cette compagnie offre des correspondances vers d'autres localités roumaines, notamment Cluj-Napoca, Iaşi et Sibiu. De manière générale, les compagnies à bas coût proposent des tarifs plus avantageux que les compagnies nationales, mais utilisent souvent des petits aéroports éloignés des agglomérations, ce qui peut parfois poser des problèmes de transfert.

La plupart des vols internationaux se posent à l'aéroport Otopeni de Bucarest (tél. 021 230 0022), dont le nom officiel est Aéroport international Henri Coanda. Situé à une vingtaine de kilomètres du centre de la capitale, il est aisément accessible en bus ou en taxi. Prévoyez une heure de trajet en semaine pendant les heures ouvrables (la circulation peut être dense), et entre 30 et 45 min le soir ou le week-end. Prenez garde aux escrocs et éloignez-vous des personnes qui vous accostent dans le hall des arrivées pour vous proposer de vous emmener à Bucarest. Sortez de l'aérogare et dirigez-vous vers les taxis jaunes garés à la station. La course jusqu'au centre-ville coûte entre 50 et 60 RON. Le bus n° 783 relie l'aéroport au centre (plusieurs arrêts), à raison d'un départ toutes les demi-heures de 6 h à minuit. Les billets (2 RON) sont en vente au petit guichet situé à côté de l'arrêt. De taille modeste, l'aéroport est relativement fonctionnel. Vous y trouverez des agences de location de voitures, des bureaux de change et un distributeur de billets (à la sortie du hall des arrivées).

Les compagnies à bas coût, notamment le transporteur roumain Blue Air, arrivent à l'aéroport de Băneasa (tél. 021 232 0020), situé à 10 km environ du centre de Bucarest et disposant de services réduits. Vous pourrez rejoindre Bucarest en taxi (30-40 RON environ) ou bien en bus. Le bus n° 131 vous déposera dans le centre, le 205 à la gare principale, la Gara de Nord.

Plusieurs autres villes disposent d'un aéroport international desservi par des vols en provenance de localités européennes. C'est le cas notamment de Timişoara, Arad, Cluj-Napoca, Iaşi, Târgu Mureş, Baia Mare, Bacău, Suceava et Constanţa. En été, il existe aussi des vols charters pour Constanţa et les stations balnéaires de la mer Noire.

EN TRAIN

La Roumanie dispose d'un bon réseau ferré en liaison avec les principales capitales européennes. Ainsi, on compte au minimum un train par jour depuis/vers Budapest, Vienne et Prague. La solution du rail se révèle parfois d'une lenteur pénible, en particulier sur la partie roumaine du trajet. Il faut ainsi une journée et une nuit (23 heures et 42 minutes) pour parcourir les 1 500 km entre Prague et Bucarest. Des voitures-couchettes sont disponibles sur les longs trajets internationaux.

La plupart des trains à destination de Bucarest arrivent à la Gara de Nord, située à 2 km au nord-ouest du centre-ville et desservie par le métro et les taxis. Offrant un aspect quelque peu délabré au premier abord, la gare a gagné en qualité et propose désormais un éventail de services aux voyageurs. On mentionnera une cafétéria correcte, plusieurs petites boutiques d'alimentation et un McDonald's. Les guichets sont situés dans la galerie, juste devant le hall des départs. Les heures de départ et le numéro des quais sont en principe clairement affichés.

EN BUS

Eurolines (www.eurolines.fr) dessert régulièrement Bucarest et d'autres grandes villes roumaines au départ de Paris et de nombreuses villes françaises.
Au départ de Paris et de plus de 25 villes françaises (dont Rennes, Strasbourg, Bordeaux, Lyon et Marseille), la compagnie Atlassib assure également le transport de voyageurs vers la Roumanie. Pour plus de renseignements, consultez son site www.atlassib.fr.

Eurolines Belgique (https://webapp.eurolines.be/Eurolines/) propose également des liaisons de la Belgique à la Roumanie. Le site International www.eurolines.com commercialise des billets depuis les principales villes européennes.

Les tarifs et les durées de trajet sont généralement comparables à ceux du train, le bus étant peut-être un petit peu plus rapide. Réservez bien à l'avance car les bus, très prisés des étudiants, sont parfois pris d'assaut, notamment pendant les vacances d'été. À Bucarest, les bus internationaux arrivent généralement à la gare routière qui jouxte la Gara de Nord (voir p. 237), d'où l'on rejoint le centre-ville en métro ou en taxi.

EN VOITURE

Le trajet entre Paris et la frontière roumaine avoisine 1 800 km et vous fera traverser l'Allemagne, l'Autriche et la Hongrie. Il est également possible de pénétrer en Roumanie en passant par la Serbie, la Bulgarie, l'Ukraine ou la Moldavie. Si vous entrez par la Hongrie, suivez la direction d'Oradea (pour aller dans le nord de la Roumanie) ou d'Arad (pour aller dans le sud), deux villes roumaines situées sur les grands axes routiers européens. De longues files d'attente se forment généralement à la frontière, en particulier le vendredi, jour de départ en week-end. Essayez d'arriver tôt le matin ou tard le soir. Certains petits postes-frontières ne sont pas ouverts 24 h/24.

COMMENT CIRCULER

EN VOITURE

Pour conduire en Roumanie, vous devez être en possession d'un permis de conduire national en cours de validité (les permis délivrés par les autorités provinciales au Canada sont acceptés) et d'une attestation d'assurance. La circulation sur les autoroutes est par ailleurs soumise à l'achat d'une vignette (*rovinieta* ou rovignette en français), en vente aux postes-frontières et dans les grandes stations-service au prix de 3,50 € environ pour une semaine et 5,50 € environ pour un mois. Les voitures de location sont mises à disposition en même temps que le certificat d'immatriculation et les documents d'assurance, accompagnés parfois de la rovignette. L'absence de rovignette est soumise à une amende acquittable à la sortie du territoire roumain et pouvant aller, selon la catégorie du véhicule, de 300 à 7 000 RON (de 90 à 2 000 €). Les dispositions du code de la route sont généralement comparables aux règles en vigueur dans les autres pays européens.

Découvrir la Roumanie en voiture présente à la fois des avantages et des inconvénients. Vous serez évidemment plus libre de vos mouvements et pourrez aisément vous rendre dans les petites villes et les villages difficilement accessibles en bus ou en train, en particulier en Transylvanie et dans le Maramures. La voiture se révèle également plus rapide dans certains cas, bien que pour les trajets entre les grandes villes, le train Intercity (IC) reste imbattable. Routes étroites et souvent mal entretenues, circulation parfois très encombrée et automobilistes agressifs figurent parmi les points négatifs. Il est tout à fait déraisonnable par exemple d'envisager de circuler en voiture à Bucarest (sauf pour entrer dans la ville et en sortir), où le trafic est infernal. Si l'on ajoute à cela le prix de l'essence, la location d'une voiture se justifie uniquement lorsque l'on souhaite voyager dans des parties reculées du pays, ou bien pour un séjour prolongé. Munissez-vous impérativement d'une carte détaillée ou d'un atlas routier (en vente dans les grandes stations-service), car les routes sont mal signalisées.

La vitesse est limitée à 120 km/h sur autoroute, 90 km/h sur route et 50 km/h en ville. Ces limitations sont strictement appliquées et les contrevenants risquent une forte amende. Il est fermement interdit de prendre le volant après avoir bu une quelconque quantité d'alcool, ou d'utiliser un téléphone portable (cette dernière règle est toutefois souvent bafouée).

Vous pouvez sans difficulté réserver une voiture de location avant votre séjour, par téléphone ou sur Internet. La plupart des grandes agences, notamment Hertz, Avis et Thrifty, disposent d'un bureau à l'aéroport de Bucarest ou dans la capitale (avec service de transfert depuis/vers l'aéroport). Elles exigent généralement que le conducteur soit âgé d'au moins 21 ans, dispose d'une carte de crédit d'un organisme reconnu et soit titulaire du permis de conduire depuis au moins un an. Une assurance est la plupart du temps comprise dans le contrat. Faites-vous toutefois préciser la nature des dommages couverts et souscrivez une assurance complémentaire le cas échéant. Vous disposerez probablement d'un modèle récent de marque roumaine ou européenne. Les véhicules à boîte automatique ne sont pas courants et coûtent beaucoup plus cher à la location.

On trouve facilement de l'essence sans plomb. Les stations-service acceptent en général le paiement par carte de crédit.

EN BUS

Les villes de grande et moyenne importance disposent en général d'un bon réseau de bus, qui constitue le pilier des systèmes de transports en commun urbains. Les tickets sont en vente presque toujours dans les kiosques à journaux, les débits de tabac et les guichets situés aux arrêts. Vous débourserez 1 ou 2 RON par trajet (selon la ville). Il est indispensable de composter son ticket en montant dans le bus et de le conserver durant le trajet. Dans certaines villes, vous achèterez un billet supplémentaire si vous vous déplacez avec un bagage encombrant. Dans le doute, vous pouvez toujours composter deux tickets. Le plus difficile quand on circule en bus est de repérer le bon arrêt et la bonne ligne sur des tableaux parfois peu clairs.

EN BUS LOCAUX

Pratiques et bon marché, les bus locaux se révèlent souvent préférables aux trains pour les courts trajets (moins de 150 km).

Une multitude de compagnies privées opèrent au niveau régional. Si vous avez l'intention de voyager en bus, vous aurez beaucoup de mal à planifier vos trajets depuis votre pays d'origine. Renseignez-vous sur le site www.autogari.ro, mais le plus simple est de construire votre itinéraire au fur et à mesure de vos déplacements de ville en ville.

Les gares routières (*autogara*) sont en général situées à côté des gares ferroviaires. Il n'est toutefois pas toujours aisé de s'y retrouver, car des compagnies concurrentes proposent des destinations identiques. Les horaires ne sont pas systématiquement affichés et le voyageur ne sait pas toujours où et comment acheter son billet. Vous aurez à vous présenter au guichet ou à vous adresser directement au chauffeur. Les bus, et surtout les innombrables minibus, sont généralement bondés. Essayez d'acheter votre billet au moins la veille du départ, bien que cela ne soit toutefois pas toujours possible.

Dans ce cas, vous aurez à vous présenter à une heure fixe pour obtenir votre billet directement auprès du chauffeur. Si vous réussissez à acheter un billet à l'avance, vous devriez, en principe, avoir une place réservée.

EN AVION

Si votre temps est limité, pensez aux vols intérieurs. Ce moyen de transport est assez abordable, bien qu'il reste plus onéreux que le train ou le bus. La compagnie nationale Tarom (www.tarom.ro) assure des liaisons entre Bucarest et plusieurs grandes villes du pays, notamment Timişoara, Iaşi et Cluj-Napoca. Les compagnies à bas coût Blue Air (www.blueair-web.com) et Carpatair (www.carpatair.com) proposent quelques vols intérieurs, la première au départ de l'aéroport Băneasa de Bucarest, la seconde depuis Timişoara. Les billets sont en vente dans les nombreuses agences de voyages du pays. Certains vols ne sont pas assurés quotidiennement.

EN TAXI

Moyen de transport sûr et bon marché dans l'ensemble, le taxi se révèle vraiment très pratique dans les grandes villes. La loi exige des chauffeurs qu'ils affichent leur tarif à l'extérieur du véhicule. Celui-ci devrait être compris entre 1 et 1,50 RON le km. Ne montez pas dans le taxi si la tarification est plus élevée. Bien que les escrocs ne soient plus aussi nombreux qu'auparavant, assurez-vous que le taxi que vous empruntez appartient bien à une compagnie officielle et restez particulièrement vigilant dans les gares ferroviaires ou à l'aéroport Otopeni de Bucarest, où les fraudes ont toujours cours. De manière générale, déclinez toutes les propositions qui vous sont faites à l'intérieur de la gare ou de l'aérogare, et dirigez-vous vers les stations situées à l'extérieur, où les taxis officiels sont garés.

EN TRAIN

Pour les longues distances, le train, relativement rapide et bon marché, reste le moyen le plus adapté. Si le réseau des chemins de fer roumains (CFR) est bien développé et couvre la quasi-totalité des villes du pays, il faut s'attendre toutefois à une qualité de prestations inégale : matériel parfois en mauvais état, voitures mal entretenues et, à l'exception des Intercity (IC), lenteur du trafic ferroviaire. Les horaires peuvent par ailleurs changer brusquement sans information préalable. Les horaires mis en ligne sur le site des CFR (www.cfr.ro, informations disponibles en anglais mais pas en français) sont en principe à jour, encore que certaines erreurs y aient déjà été relevées.

Les trains roumains se répartissent en quatre catégories, en fonction de leur confort et de leur vitesse. Modernes et bien entretenus, les trains IC soutiennent très bien la comparaison avec leurs homologues d'Europe de l'Ouest. Ils couvrent la plupart des grandes villes roumaines, mais leur nombre restreint suppose une organisation rigoureuse si on veut les emprunter. Plus chers que les autres trains, mais tout à fait abordables, ils ne sont accessibles que sur réservation. Les « Rapid » (signalés par la lettre « R » sur les horaires) et les « Accelerat » (A) sont plus nombreux et plus lents que les IC, mais restent généralement à peu près propres. Évitez dans la mesure du possible les « Personal » (P), des omnibus mal entretenus qui desservent essentiellement des lignes locales.

Les billets sont en vente aux guichets dans les gares ainsi que dans les bureaux des CFR présents dans la quasi-totalité des grandes villes. Cherchez l'enseigne « CFR-Agentia de Voiaj », ou renseignez-vous auprès de votre hôtel. En général, les billets pour un départ le jour-même ne sont délivrés qu'au guichet dans les gares. Essayez dans la mesure du possible d'acheter votre billet un jour ou deux à l'avance, car sur certains trajets très empruntés, par exemple Bucarest-Constanţa en été, les trains partent complets. La réservation coûte 1,80 RON et s'il existe des billets de 1re classe et de 2e classe, sachez qu'il n'y a guère de différence entre les deux.

La Roumanie est membre du réseau Eurail (www.eurail.com). Un forfait de 127 € permet de voyager n'importe où dans le pays en 1re classe pendant 5 jours sur une période de deux mois. Pour 221 €, le voyageur pourra se déplacer dans le pays pendant une période de 10 jours. L'intérêt d'un tel forfait dépend bien sûr du nombre de kilomètres que vous envisagez de parcourir en train, mais sachez que les tarifs sont plutôt bas en Roumanie et que cette formule n'est pas forcément rentable, même en cas de nombreux déplacements dans le pays. N'oubliez pas non plus qu'un voyage avec un forfait ne vous dispense pas d'effectuer des réservations.

Les gares ferroviaires (*gara*) roumaines ne présentent pas de danger particulier. Seul désagrément : leur état de propreté. Elles sont effet souvent sales et peu agréables, avec de rares infrastructures pour le voyageur. Les arrivées (*sosiri*) et les départs (*plecari*) sont affichés respectivement sur des panneaux blancs et jaunes.

Tous les trains sont non-fumeurs depuis 2006. Ce règlement est strictement respecté.

RENSEIGNEMENTS PRATIQUES

COMMUNICATIONS

Poste

Présents dans toutes les localités de Roumanie, les bureaux de poste (*Poşta Română*) ouvrent généralement durant les horaires standard. La poste centrale de Bucarest (Str. Matei Millo 10) accueille toutefois les usagers du lundi au samedi de 7 h 30 à 20 h, et d'autres grands bureaux restent également ouverts le samedi. Comme il faut souvent faire la queue, mieux vaut, si vous avez simplement besoin d'acheter des timbres ou d'affranchir une carte postale, vous adresser dans un premier temps à la réception de votre hôtel. Certains établissements vendent des timbres à leurs clients. L'affranchissement d'une carte pour l'Europe correspond à environ 0,85 €. Pour le Canada, comptez environ un tarif local de 3,40 RON. De nombreux bureaux de poste disposent d'un service de fax et de cabines téléphoniques d'où l'on peut passer des appels internationaux.

Téléphone

L'indicatif téléphonique de la Roumanie est le 40. Pour appeler un numéro en Roumanie depuis la France, il faut composer le 00-40, suivi de l'indicatif de la ville de votre correspondant (sans le zéro) et du numéro. Pour téléphoner à un résident de Bucarest (indicatif 021), vous devrez ainsi composer le 00-40-21, suivi du numéro. Pour les communications interurbaines en Roumanie, utilisez l'indicatif de la ville (avec le zéro), suivi du numéro. Pour appeler Braşov (indicatif 0268) de Bucarest, par exemple, composez le 0268, suivi du numéro à Braşov.

Voici les indicatifs des principales villes du pays :

Braşov 0268
Bucarest 021
Cluj-Napoca 0264
Constanţa 0241
Iaşi 0232
Sibiu 0269
Timişoara 0256

Pour téléphoner à l'étranger depuis la Roumanie, composez le 00 puis l'indicatif du pays (33 pour la France, 1 pour le Canada, 32 pour la Belgique et 41 pour la Suisse), puis le numéro de votre correspondant, sans le zéro initial. Si vous appelez un numéro à Paris, par exemple, vous composerez le 00-33-1, suivi des huit derniers chiffres du numéro.

Il existe des téléphones publics (de couleur orange) dans toutes les villes, généralement à proximité des grandes places et des gares. Effet pervers de la progression du téléphone portable, les téléphones publics ne sont plus entretenus comme auparavant et vous aurez parfois des difficultés à en trouver un en bon état de marche. Ces appareils fonctionnent avec des cartes de 10, 15 ou 20 RON en vente dans les bureaux de postes et les bureaux de ROMTELECOM, et dans certains kiosques à journaux et débits de tabac. Vous pourrez passer des appels longue distance ou locaux depuis les téléphones publics, selon le nombre d'unités prévues en fonction de votre carte. Les communications longue distance sont également possibles, bien qu'elles soient onéreuses, depuis les hôtels, ainsi que les bureaux de poste – cette dernière solution s'avère beaucoup plus économique.

Vous pouvez utiliser votre téléphone portable, si vous avez activé le mode « International » en appelant le service clients de votre opérateur (renseignez-vous auprès de ce dernier avant votre départ). Les téléphones portables européens fonctionnent sans difficulté en Roumanie. Afin de réduire au maximum vos communications, procurez-vous sur place une carte SIM prépayée : les opérateurs Orange et Vodaphone proposent des formules à partir de 7 € environ (25 RON). Vérifiez avec votre opérateur s'il commercialise une option spécifiquement prévue pour l'Europe ou un « pass vacances » permettant de passer un quota d'appels vers votre domicile européen à prix réduits.

Internet

La Roumanie connaît un réel engouement pour Internet, même si le voyageur peut encore avoir des difficultés à trouver un ordinateur connecté pour relever ses e-mails ou consulter un site. S'il existe plusieurs cybercafés à Bucarest, Braşov et Cluj-Napoca, en revanche, vous n'en dénicherez souvent qu'un ou deux dans les localités de plus petites tailles. Bon nombre d'hôtels de catégorie supérieure proposent un accès Internet dans la chambre ou disposent d'un petit centre d'affaires équipé d'un ordinateur public. Si ce n'est pas le cas dans l'établissement où vous descendez, demandez à la réception où se situe le cybercafé le plus proche. Les tarifs, raisonnables, tournent autour de 2,50 RON environ l'heure. La technologie sans fil progressant, certains cafés, restaurants (notamment des chaînes KFC et Pizza Hut) et hôtels de Bucarest (et d'autres villes) proposent désormais une connexion Wi-Fi gratuite. Dans d'autres établissements, vous pouvez disposer d'un service dit « Zapp », consistant en une connexion Wi-Fi gratuite d'une durée de 10 minutes, que l'on peut prolonger moyennant une carte prépayée (environ 3 € l'heure, 10 € les 24 heures).

CONVERSIONS

La Roumanie utilise le système métrique.

ÉLECTRICITÉ

Le réseau électrique fonctionne en 220 V, comme dans le reste des pays européens.

RÈGLES DE BONNE CONDUITE

Les règles de savoir-vivre n'ont rien de spécifique pour un Européen ou un Nord-Américain. Si vous êtes invité chez quelqu'un, il est de bon ton d'apporter un présent, par exemple un bouquet de fleurs, une boîte de chocolats ou une bouteille de vin. Proposez toujours de retirer vos chaussures quand vous entrez dans une maison. Attention de bien vous montrez-vous respectueux, en particulier lorsque vous visitez une église ou un monastère. Veillez à toujours porter des vêtements qui masquent les épaules et les jambes (chemise ou chemisier, pantalon ou jupe longue). Dans la mesure du possible, les femmes se couvriront la tête.

JOURS FÉRIÉS

Les bureaux, les banques et les musées, de même qu'une grande majorité des magasins et des restaurants, sont fermés les jours fériés. Traditionnellement, beaucoup de Roumains passent quelques jours au bord de la mer au moment du 1er Mai. Lorsque le calendrier offre la possibilité d'un pont, les boutiques et les restaurants peuvent baisser leur rideau durant plusieurs jours .

1er et 2 janvier – Nouvel An
Avril – Pâque orthodoxe
1er Mai – fête du Travail
1er décembre – fête nationale
25 et 26 décembre – Noël

RÉGLEMENTATION

L'âge légal pour l'achat et la consommation d'alcool est fixé à 18 ans. Les boissons alcoolisées ne sont pas vendues dans des magasins spécifiques, mais simplement dans les supermarchés et les petites boutiques d'alimentation que l'on trouve un peu partout dans les villes.

MÉDIAS

Il existe plusieurs quotidiens nationaux en roumain et un en anglais, le *Nine o'Clock*, qui couvre l'actualité locale et financière et comporte aussi des informations culturelles, notamment les programmes de cinéma à Bucarest. Publié dans la capitale, il est en vente dans les hôtels et les kiosques au prix de 2,5 RON.

Vous trouverez par ailleurs plusieurs publications en anglais destinées aux touristes, la plus intéressante étant le guide *In Your Pocket*, en éditions locales à Bucarest et Braşov. Quasiment absente des kiosques à journaux, cette brochure est disponible dans les boutiques des grands hôtels, en principe au prix de 8 RON, mais la plupart des établissements vous en feront cadeau. Le journal bimestriel *Bucureşti, What, Where, When* comporte un beau plan de la ville, des articles d'information et une rubrique intéressante de conseils pratiques. Ce groupe de presse publie des magazines similaires à Timişoara et Constanţa.

Les grands kiosques à journaux et les boutiques des hôtels diffusent l'édition du jour ou de la veille de certains titres de la presse quotidienne étrangère, notamment *Le Monde*, le *Wall Street Journal Europe*, l'*International Herald Tribune*, le *Financial Times*, ainsi que des magazines tels que *Time*, *Newsweek* ou *The Economist*, et certains magazines français. La presse française est par ailleurs disponible à l'Institut français de Bucarest (Bdul Dacia 77, tél. 021 316 0224, www.culture-France.ro) qui fait partie des services de l'ambassade de France en Roumanie.

Créé en 1996, *Bucarest Hebdo* constitue le seul hebdomadaire indépendant de Roumanie en langue française. Paraissant tous les lundis, ce journal d'actualité est lu par la communauté française et francophone du pays. Le site (www.bucarest-hebdo.ro) fournit une édition en ligne de la publication.

La plupart des hôtels louent des chambres équipées d'une télévision recevant des chaînes par câble ou par satellite, parmi lesquelles des chaînes étrangères, dont TV 5, et des chaînes en langue anglaise (les plus courantes sont CNN, Discovery, National Geographic TV, MTV, et VH1).

QUESTIONS D'ARGENT

LEI

La devise roumaine est le *leu* (*lei* au pluriel), dont l'appellation officielle est RON. Il existe des billets de 1, 5, 10, 20, 50, 100 et 500 RON (une coupure peu répandue). Le leu se divise en 100 *bani*, disponibles en pièces de 5, 10 et 50. Certains prix sont encore affichés en anciens lei, qui n'ont plus cours depuis le début 2007, à la suite de la réforme du système monétaire établissant le nouveau leu à 10 000 anciens lei. Tous les anciens lei ont été retirés de la circulation.

EURO

Bien qu'elle ait rejoint l'Union européenne depuis le 1er janvier 2007, la Roumanie n'a pas encore intégré l'union monétaire. On change toutefois aisément l'euro tout comme le dollar américain. Pour la commodité de leurs clients, de nombreux hôtels affichent leurs tarifs en RON et en euros, voire uniquement dans la devise européenne. Au moment de la rédaction de ce guide, 0,75 € valait 2,6 RON (1 RON équivaut à peu près à 0,29 €).

CHANGE

Le change de devises étrangères s'effectue dans les banques et les bureaux situés dans les aéroports, les gares ferroviaires et les hôtels. Munissez-vous de votre passeport car celui-ci est parfois exigé. En règle générale, les banques pratiquent un taux plus avantageux et prélèvent une commission moins élevée que ne le font les bureaux de change.

Le plus simple moyen de se procurer des lei reste encore de retirer de l'argent dans l'un des distributeurs de billets présents partout dans les villes, les gares et les aéroports. La plupart acceptent les cartes de crédit.

CARTES DE CRÉDIT

Les cartes Visa et MasterCard sont communément acceptées dans les hôtels, les restaurants et les magasins. Un montant minimum est parfois exigé. Rares sont les établissements, qui acceptent l'American Express ou la Diner's Club.

HORAIRES

Banques, administrations et établissements publics ouvrent du lundi au vendredi de 8 h 30 (ou 9 h) à 16 h, sans interruption à l'heure du déjeuner, en principe. Les musées ferment habituellement le lundi. Les magasins et les supermarchés ouvrent pour la plupart le samedi. Dans la majorité des villes, il existe des magasins ouverts 24 h/24. Vous y trouverez boissons alcoolisées et non alcoolisées, cigarettes et autres produits de consommation courante.

La Roumanie vit à GMT + 2 heures, c'est-à-dire qu'il existe une heure de décalage avec la France (une heure de plus). L'alternance heure d'été/heure d'hiver est également pratiquée comme dans la plupart des pays européens.

RELIGION

Les Roumains sont, dans leur majorité, membres de l'Église orthodoxe roumaine, proche de ses homologues de Serbie, de Bulgarie, de Grèce et de Russie. Noël est célébré le 25 décembre, mais la Pâque orthodoxe tombe une semaine plus tard que la fête catholique. On compte une minorité relativement importante de catholiques et protestants hongrois en Transylvanie et dans la partie occidentale du pays.

POURBOIRE

Si la pratique du pourboire est moins répandue qu'en Europe occidentale, il reste d'usage de donner quelques pièces de monnaie– jusqu'à 10 % du montant de l'addition – notamment aux serveurs des restaurants considérés comme chic. Dans les taxis, arrondissez au leu supérieur : si, par exemple, la course coûte 7,50 RON , vous pouvez aisément laisser 8 RON à votre chauffeur.

VOYAGEURS À MOBILITÉ RÉDUITE

Avec l'entrée du pays dans l'Union européenne depuis 2007, les autorités sont désormais tenues de transformer les rues, les bâtiments et les transports publics afin de les rendre accessibles aux personnes en fauteuil roulant. Le processus, prendra cependant, un certain temps. Pour le moment, les voyageurs à mobilité réduite rencontreront toutes sortes de difficultés pour se déplacer tels que des trottoirs élevés, des escaliers sans rampe d'accès et des ascenseurs incroyablement étroits. De manière générale, les hôtels de catégorie supérieure (quatre ou cinq-étoiles) offrent des installations mieux adaptées aux voyageurs en fauteuil que les établissements de catégorie plus modeste et plus anciens.

OFFICES DU TOURISME

Faute de véritable réseau national d'offices du tourisme, il revient à chaque localité de mettre en place son propre système d'informations pour les voyageurs. De nombreuses grandes villes – comme Tulcea, Braşov, Timişoara et Sighişoara – disposent d'un office du tourisme efficace, qui renseigne sur les infrastructures locales. Ces bureaux sont signalés par un grand « i » (souvent de couleur bleue). D'autres localités, comme Bucarest et Cluj-Napoca, sont toujours dépourvues d'un office du tourisme ou d'une structure similaire.

Le site Internet de l'Office national du tourisme roumain (www.romaniatourism.com) est idéal pour toute information générale sur le pays.

OFFICES DU TOURISME À L'ÉTRANGER

BELGIQUE

17, Galerie de la Toison d'Or
1050 Bruxelles
Tél. 02 502 46 42
Fax 02 502 56 22
www.roumanie-tourisme.be
www.roemenie-toerisme.nl

FRANCE

7, rue Gaillon 75002 PARIS
Tél. 01 40 20 99 33
Fax 01 40 20 99 43
roumanie@office-tourisme-roumanie.com

Centre culturel de la Roumanie
1, rue de l'Exposition 75007 Paris
Tél. 01 47 05 15 31
Fax 01 47 05 15 50

SUISSE

10, Schweizergasse
8001 Zurich
Tél. 01 211 17 30
Fax 01 211 17 45

URGENCES

POLICE ET CRIMINALITÉ

La criminalité violente reste rare en Roumanie. Dans ce pays relativement sûr, seuls sont à craindre les escroqueries, les petits larcins et autres méfaits des pickpockets. Méfiez-vous en particulier dans les aéroports et dans les gares où vous devrez refuser les offres de bons services présentées par des inconnus et surveiller de près vos affaires et votre portefeuille. Fermez la porte de votre compartiment et ne laissez pas vos bagages sans surveillance lorsque vous effectuez un long trajet en train.

Le numéro de téléphone d'urgence national pour la police, les pompiers ou une ambulance est le 112. Les opérateurs sont théoriquement formés pour traiter les appels en anglais.

AMBASSADES

La plupart des grands pays disposent d'une représentation diplomatique à Bucarest.

Belgique
B-dul Dacia 58, secteur 2
Tél. 021 212 3680
Canada
Str. Nicolae Iorga 36
Tél. 021 307 5000
France
6, rue Émile Zola, Villa Noël, secteur 1
Tél. 021 208 9836
Suisse
Str. Grigore Alexandrescu 16-20
Tél. 021 206 1600

TÉLÉPHONES D'URGENCE

Police, pompiers et ambulance : 112

ACCIDENT DE VOITURE

En cas d'accident grave, composez le 112 pour une ambulance et l'intervention des services de police. Comme les téléphones d'urgence n'abondent pas sur le bord des routes, vous devrez probablement arrêter un automobiliste et lui demander d'utiliser son portable ou de vous conduire vers la maison la plus proche d'où vous pourrez passer l'appel.

En cas de simple accrochage, il n'est pas inutile non plus de faire venir la police pour qu'elle recueille les déclarations et établisse les responsabilités. Faites-vous remettre un exemplaire de tous les documents établis par la police afin de pouvoir les transmettre à la compagnie d'assurance. Tous les véhicules – y compris ceux de location – devant être garantis par une assurance minimale, les dommages devraient être couverts. Renseignez-vous cependant auprès de l'agence de location avant de prendre possession du véhicule.

SANTÉ

Aucune maladie grave ne sévit en Roumanie et il n'existe pas de risque sanitaire spécifique. L'eau du robinet est normalement propre à la consommation, mais vous préférerez sans doute l'eau en bouteille, disponible partout. En cas d'accident ou de maladie, vous pouvez appeler le 112 pour obtenir une ambulance. Bucarest compte plusieurs cliniques privées ayant un service d'urgences. Faites votre choix entre Puls (tél. 973 ou 0749 973 973 ou 0720 973 973) ou SOS Medical (tél. 9761 ou 0722 333 000).

La Roumanie dispose d'un bon réseau de pharmacies, bien approvisionnées. Les pharmaciens peuvent souvent délivrer des médicaments sans prescription. Pour les urgences, vous trouverez dans les villes d'une certaine importante au moins une officine ouverte 24 h/24. Leurs coordonnées figurent souvent dans la presse locale, sinon, demandez-les à la réception de votre hôtel. Citons, parmi celles de Bucarest, la Farmacia Verde (Calea Doroban Dilor 15, tél. 0212 301 451).

LIVRES

Ouvrage politique passionnant, *Horizons rouges* (Presses de la Cité, 1988) fait le récit des terribles atrocités perpétrées dans les années 1970 et 1980 par le régime de Nicolae Ceauşescu. Ce récit est l'œuvre de Ion Mihai Pacepa, un ancien haut responsable de la Securitate.

Catherine Durandin livre une *Histoire des Roumains* (Fayard, 1995) qui constitue l'ouvrage de référence sur la Roumanie et son peuple, et donne toutes les clés pour comprendre ce pays. Elle est également l'auteur de *Histoire de la nation roumaine* (Complexe, 1994).

Grand conteur roumain salué internationalement, Panaït Istrati (1884-1945) a choisi le français comme langue de narration. Il est l'auteur de nombreux romans, contes et nouvelles magistralement composés. Ses premiers récits, dont *Kyra Kyralina*, de même que l'ensemble de son travail d'écrivain sont rassemblés dans trois volumes publiés en 2006 chez Phébus. Rédigé en 1928 et méritant d'être redécouvert, *Les Chardons du Baragan* (Grasset, 2003) relate les conditions de la vie paysanne roumaine à travers le récit initiatique d'un jeune garçon.

Écrivain et philosophe roumain, né en 1911 en Roumanie, Cioran fut envoyé en France avant la Seconde Guerre mondiale où il s'établit jusqu'à sa mort en, 1995. L'intégralité de son œuvre est publiée chez Gallimard.

Plusieurs récits de voyage récents évoquent la Roumanie. Dans *Chemins de traverse* (Phébus, 1995), Jason Goodwin raconte son lent trajet à pied depuis les rivages de la Baltique, en Pologne, jusqu'à Istanbul, et consacre de belles pages à sa traversée de la Transylvanie.

Après *Le Temps des offrandes* qui livrait le journal de bord d'un étudiant de 18 ans quittant l'Angleterre pour traverser l'Europe à pied, Patrick Leigh Fermor nous entraîne au cœur de la Transylvanie avec un second tome intitulé *Entre fleuve et forêt* (Petite Bibliothèque Payot Voyageurs, 2003). Cet itinéraire nomade, se déroulant dans les années 1930, donne l'occasion à l'auteur d'offrir une plongée dans la « Mitteleuropa » d'une époque révolue.

Danube (Folio Gallimard, 1990), de Claudio Magris, est une passionnante évocation de la vie sur le cours du deuxième plus long fleuve d'Europe – le premier étant la Volga. Certains passages ont trait à la Roumanie et à la région du delta du Danube.

La Roumanie est par ailleurs le cadre de plusieurs romans historiques dans lesquels la réalité et la fiction viennent s'imbriquer. Dans sa trilogie *La Fortune des armes* (Nil Éditions, 2001), Olivia Manning raconte l'histoire d'un jeune enseignant anglais, résidant à Bucarest au moment où éclate la Seconde Guerre mondiale.

Le comte Miklós Bánffy a immortalisé le manoir de sa famille dans une trilogie romantique située dans la Transylvanie d'avant la Première Guerre mondiale et publiée en français chez Phébus : *Vos jours sont comptés* (2002), *Vous étiez trop légers* (2004) et *Que le vent vous emporte* (2006). Enfin, on ne saurait mettre un point final à une liste bibliographique sur la littérature Roumaine sans mentionner le très célèbre roman écrit par Bram Stoker à la fin du XIXe siècle, *Dracula*.

HÔTELS ET RESTAURANTS

HÔTELS

Les hôtels et pensions (*pensiuni*) sont souvent évalués sur Internet par l'utilisation d'un système d'étoiles qui ne reflète que très approximativement la qualité de leurs prestations. Mieux vaut n'accorder qu'une foi relative à ces classifications. Les « étoiles » sont délivrées selon une liste de critères objectifs – climatisation, téléphone dans la salle de bains, etc. – mais les standards sont en général plus élevés pour les hôtels que pour les pensions. Une pension 5-étoiles a ainsi de fortes chances de ressembler simplement à une chambre d'hôtes agréable dotée de services comme la TV par satellite ou des serrures actionnées par carte magnétique. Le plus souvent, les classifications ne prennent pas en compte la situation, la propreté, le bruit et l'atmosphère.

Les hôtels 5-étoiles, comme ceux affiliés aux luxueuses chaînes internationales, sont parfaits pour les voyageurs d'affaires. N'hésitez cependant pas à regarder les offres des établissements roumains de 3 ou 4-étoiles. La qualité a en effet augmenté au cours des dernières années, et certaines pensions offrent un confort comparable à celui d'établissements 5-étoiles pour un prix au moins deux fois moins élevé. Certains hôtels font cohabiter des chambres 4 et 5-étoiles dans le même bâtiment. Mieux vaut dans ce cas demander à visiter chaque catégorie : une chambre 3-étoiles peut être deux fois moins chère qu'une 4-étoiles et ne présenter qu'une différence minime.

En règle générale, évitez les 2-étoiles et les pensions bon marché. Il s'agit le plus souvent de bâtiments mal entretenus de l'ère communiste ou d'hôtels bas de gamme auxquels des services de base peuvent faire défaut.

Les pensions et appartements privés sont une option à prendre en compte. Les pensions sont en effet généralement impeccables, avec souvent un meilleur rapport qualité-prix que les hôtels. Les villes touristiques comme Sighișoara regorgent de chambres d'hôte à environ 38 € qui constituent de bons choix. Dans des villes comme Bucarest et Brașov, où les hôtels sont surévalués, les locations d'appartement de courte durée offrent un bon rapport qualité-prix. Dans la capitale, vous pourrez louer un 3 pièces doté des mêmes équipements que ceux proposés par un hôtel, dans un immeuble moderne du centre-ville, pour environ 55 €.

Les séjours chez l'habitant, de plus en plus populaires, sont une autre possibilité. Plusieurs organismes pourront vous mettre en contact avec des habitants de régions rurales ou des agriculteurs qui vous accueilleront pour quelques jours ou semaines.

Nombre d'entre eux sont installés dans les villages aussi beaux que reculés du Maramureș et de la haute Transylvanie. L'ANTREC (www.antrec.ro) est une organisation nationale qui promeut l'agro-tourisme et l'écotourisme. Vous trouverez des renseignements utiles sur son site Internet. L'agence privée DiscoveRomania (www.discoveromania.ro) est également recommandée. Elle propose des séjours chez l'habitant et des activités culturelles, de même que sportives.

Le delta du Danube offre un large choix d'hébergements : hôtels, maisons d'hôtes, mais aussi *hoteluri plutitoare* (hôtels flottants). Ces derniers doivent avoir obtenu une licence de l'ABRDD (voir p. 227-229) et se déplacent d'un point à un autre. D'autres préféreront planter leur tente – uniquement dans les sites agréés par l'ABRDD.

Vous serez certainement abordé par des particuliers proposant des chambres chez eux. Ils sont souvent présents dans les gares ferroviaires et routières. Soyez méfiant à Bucarest. Ailleurs dans le pays, ces offres sont en général dignes de confiance. Dans tous les cas, soyez conscient des avantages et inconvénients de la formule. Ces chambres nettement moins chères que les hôtels et pensions peuvent être situées dans des quartiers éloignés et sans charme. Vous devrez par ailleurs, dans certains cas, partager la salle de bains avec le reste de la famille.

Toutes les villes du pays ne sont pas dotées d'offices du tourisme. Lorsqu'ils sont présents – notamment à Brașov, Tulcea, Sighișoara, Sibiu et Timișoara – ils s'avèrent utiles pour trouver un hébergement. La plupart disposent de listes d'hébergements et se feront une joie de vous diriger vers ceux qui sont les plus conformes à vos attentes. Certains, comme celui de Timișoara, pourront vérifier les disponibilités par téléphone.

N'hésitez pas à négocier avec votre interlocuteur s'il vous réclame un tarif excessif. Nombre d'établissements proposent, sur Internet ou à la réception, des tarifs réduits les week-ends (dans les villes) et accordent des réductions pour les séjours de plus d'une ou deux nuits.

HÔTELS

Les gammes de prix ci-dessous s'entendent pour une chambre double en haute saison avec salle de bains, petit déjeuner compris :

€€€€€	plus de 140 €
€€€€	de 100 à 140 €
€€€	de 70 à 100 €
€€	de 35 à 70 €
€	moins de 35 €

RESTAURANTS

Les gammes de prix ci-dessous s'entendent pour un repas composé de 3 plats avec du vin :

€€€€€	plus de 30 €
€€€€	de 20 à 30 €
€€€	de 15 à 20 €
€€	de 7 à 715 €
€	moins de 7 €

RESTAURANTS

Vous pourrez faire d'excellents repas à Bucarest et à Brașov, voire à Cluj-Napoca, villes où la scène culinaire est très dynamique. Cette révolution gastronomique n'a cependant pas touché le reste du pays. Ailleurs, vous trouverez des adresses correctes et pléthore de pizzerias, de cafés et de fast-foods locaux. Dans les localités plus petites, le restaurant de l'hôtel local s'avère fréquemment le meilleur choix. Les pizzas, qui paraissent omniprésentes, sont toujours une autre possibilité.

Le mot roumain désignant un restaurant est identique au terme français. Les établissements réservent des surprises : vous trouverez souvent la meilleure cuisine, à un prix minimaliste, dans les restaurants à l'apparence la plus modeste. Vous verrez également des adresses désignées sous le terme de *crama*. Il s'agit généralement de chaleureux établissements en sous-sol, à l'atmosphère traditionnelle, proposant des concerts et des animations.

En descendant la chaîne alimentaire, un *cofetărie* sert des pâtisseries et des boissons non alcoolisées. Pour un café, dirigez-vous vers un *café*. Ces boutiques se sont généralisées au cours des dernières années, la majorité proposant d'excellents expressos et autres déclinaisons, le plus souvent sous l'enseigne de marques italiennes connues. Certains servent quelques pâtisseries, voire des sandwiches et des salades, mais la qualité de la nourriture laisse souvent à désirer. Les *cantinas* sont des restaurants en self-service généralement ouvertes au déjeuner et en début de soirée. Elles sont appréciées des étudiants et servent parfois une cuisine étonnamment bonne à prix réduits.

Au bas de l'échelle se tiennent de nombreux fast-foods. Les chaînes internationales sont notamment représentées dans les grandes villes et à la Gara de Nord de Bucarest. S'y ajoutent les déclinaisons locales, notamment les adresses proposant des kebabs et *shawarmas* (pain pita rempli de viande d'agneau grillée, chou, oignons et autres ingrédients), qui remportent un franc succès. Vous trouverez aussi des pizzas à emporter et des étals proposant une version roumaine des hamburgers, cheeseburgers et hot dogs.

Le matin, il est fréquent de voir les Roumains faire la queue devant de petits stands de viennoiseries ressemblant à de petits croissants et fourrées au chocolat, aux fruits ou au fromage. La chaîne Fornetti est présente aux quatre coins du pays et vous ne manquerez pas de dénicher une de ses échoppes.

La meilleure des spécialités commercialisées dans la rue est sans conteste le *covrigi*, à mi-chemin entre le bretzel et le bagel. Très bon marché, les *covrigi* sont vendus à peine sortis du four, saupoudrés de sel et de graines de pavot. Vous pourrez également goûter les *gogoşi*, une variété locale de beignets au sucre souvent proposée dans les mêmes stands que les *covrigi*.

La loi oblige les restaurants à prévoir des places non-fumeurs, mais elle n'est pas toujours respectée. Les adresses de catégorie supérieure devraient cependant satisfaire votre requête si la fumée vous dérange. Les initiatives visant à prohiber le tabac dans les lieux publics font timidement leur apparition.

Horaires des repas

La grande majorité des restaurants ouvrent tous les jours de midi à minuit mais les cuisines cessent leur activité plus tôt.

Le déjeuner, servi entre midi et 15 h, est traditionnellement le repas le plus important de la journée. Une accalmie a généralement lieu entre 15 h et 18 h, durant laquelle les restaurants restent ouverts, mais le service peut être un peu somnolent. Le dîner est servi entre 18 h et la fermeture, mais il est préférable de s'attabler avant 22 h. Les réservations ne sont pas nécessaires mais toujours préférables.

Commande

Même si de nombreux établissements disposent de menus traduits en anglais, voire en français, n'hésitez pas à vous renseigner auprès des serveurs.

Les repas débutent le plus souvent par une soupe et une assiette de viande froide et de fromage. Les salades sont parfois servies avant le plat principal, ou en même temps. N'hésitez pas à indiquer au serveur si vous souhaitez consommer votre salade à un autre moment.

La Roumanie n'est pas réellement adaptée aux végétariens. En dépit de nombreux produits locaux qui s'avèrent compatibles avec ce choix alimentaire, vous devrez vous limiter aux salades, aux œufs, aux accompagnements et à la polenta.

Boissons

Les Roumains n'ont de cesse de vanter la qualité de leur vin – qui s'améliore indéniablement – mais préfèrent cependant la bière au quotidien. Vous trouverez presque partout une ou deux bières pression et une large sélection de bières en bouteilles. Des marques roumaines comme Ursus et Ciuc cohabitent avec des incontournables classiques étrangers (produits sous licence). À la fin du repas, vous pourrez goûter une eau-de-vie comme la *ţuica* ou la *palincă* – plus forte –, distillée à partir de prunes, de raisin ou, plus rarement, d'abricots. Le taux d'alcool et la qualité varient d'une région à l'autre, mais certaine s'avèrent tout à fait correctes. Il faut boire, selon la tradition, cul sec. *Noroc!*

Addition et pourboire

Pour payer, demandez au serveur la *nota de plat*.

Vous pouvez vérifier l'addition, mais les « erreurs » sont rares. Il est généralement de mise de laisser quelques lei – 10 % maximum – si le service a été bon.

CARTES DE CRÉDIT

Les cartes Visa et MasterCard sont largement acceptées dans les restaurants. Les adresses acceptant d'autres cartes, comme l'American Express et la Diner's Club, sont beaucoup plus rares. Le pictogramme « carte de crédit » mentionné dans les pages qui suivent signifie que l'établissement accepte les cartes Visa et Mastercard, mais pas nécessairement les autres.

CLASSIFICATION

Les hôtels et restaurants sont présentés ci-dessous par zone géographique, puis par gamme de prix et, enfin, par ordre alphabétique.

BUCAREST

Les tarifs des hôtels de la capitale sont outrageusement élevés eu égard aux prestations proposées. Les locations d'appartements de courte durée sont un moyen de réduire l'addition sans sacrifier confort et services. Ils sont généralement disponibles à partir de quelques nuits et reviennent à la moitié du prix d'une chambre d'hôtel, voire moins (40 à 55 €).

À Bucarest, l'Unid (tél. 021 320 8080, fax 021 327 5699, www.accommoda-tion.ro) est une agence de réservation fiable.

ATHÉNÉE PALACE HILTON

€€€€€
STR. EPISCOPEI 1–3
TÉL. 021 303 3777
FAX 021 315 2121
www.bucharest.hilton.com

Bâti en 1914 , l'Athénée Palace Hilton est unanimement considéré comme l'établissement le plus chic de la ville. Cet hôtel bénéficie d'un emplacement idéal en surplomb de Revolution Square. Vous y trouverez tout ce que l'on est en droit d'attendre d'un cinq-étoiles. N'hésitez pas à consulter les promotions sur Internet.

272

CASA CAPŞA

€€€€€
CALEA VICTORIEI 37
TÉL. 021 313 4038
FAX 021 313 5999
www.capsa.ro

Au cœur du quartier historique de Bucarest, le Capşa (voir p. 55) a été restauré tout en veillant à préserver sa beauté et son charme d'origine. Des membres de plusieurs familles royales européennes ont compté parmi ses hôtes.

52

HOWARD JOHNSON GRAND PLAZA HOTEL

€€€€€
5–7 CALEA DOROBANŢILOR
TÉL. 021 201 5000
FAX 021 201 1888
www.hojoplaza.ro

Cet établissement est le plus élégant des cinq-étoiles de la ville. Design recherché, concept sophistiqué, architecture dernier cri et l'un des meilleurs restaurants de sushis de Bucarest en composent les attraits.

285

K+K HOTEL ELISABETA

€€€€–€€€€€
STR. SLĂNIC 26
TÉL. 021 311 8631
FAX 021 311 8632
www.kkhotels.com

Des meubles contemporains égayent le hall et les espaces publics de cet hôtel récent. Parmi ses autres atouts sont les réductions qui sont proposées en cas de réservation longtemps à l'avance.

67

DALIN

€€€€
B-DUL MĂRĂŞEŞTI 70–72
TÉL. 021 335 5541
FAX 021 335 6306
www.hoteldalin.ro

Ce petit établissement d'aspect assez ordinaire se distingue par son excellent emplacement central. N'hésitez pas à négocier, les tarifs étant souvent revus à la baisse . Réductions sur Internet.

16

DUKE

€€€€
B-DUL DACIA 33
TÉL. 021 317 4186
FAX 021 317 4189
www.hotelduke.ro

Emplacement, confort, ambiance de cinq-étoiles sans en avoir les tarifs... le Duke est un bon compromis. Il vous attend non loin du centre, à deux pas d'une importante station de métro.

38

HÔTELS

Les gammes de prix ci-dessous s'entendent pour une chambre double en haute saison avec salle de bains, petit déjeuner compris :

€€€€€	plus de 140 €
€€€€	de 100 à 140 €
€€€	de 70 à 100 €
€€	de 35 à 70 €
€	moins de 35 €

RESTAURANTS

Les gammes de prix ci-dessous s'entendent pour un repas composé de 3 plats avec du vin :

€€€€€	plus de 30 €
€€€€	de 20 à 30 €
€€€	de 15 à 20 €
€€	de 7 à 15 €
€	moins de 7 €

IRISA

€€€€
STR. BANU MANTA 24
TÉL. 021 223 4965
FAX 021 223 4969

Son emplacement au nord du centre-ville fait de ce charmant petit hôtel un excellent choix. L'agréable café est idéal pour faire une pause. Les appartements sont plaisants mais les doubles s'avèrent moins chères et se révèlent en fait plus accueillantes.

37

OPERA

€€€€
STR. BREZOIANU 37
TÉL. 021 312 4857
FAX 021 312 4858
www.hotelopera.ro

Dissimulé dans un quartier calme aux abords du principal parc public de Bucarest, cet hôtel relativement petit et traditionnel est un bon choix si vous recherchez à la fois la quiétude et un emplacement central. Mention spéciale au buffet du petit déjeuner. Une réduction de 10 % est accordée habituellement aux visiteurs séjournant le week-end.

DAN
€€€
B-DUL DACIA 125
TÉL. 021 210 3958
FAX 021 210 3917
www.hoteldan.ro
Cet élégant trois-étoiles abrite des chambres petites mais confortables, toutes meublées dans un style différent (demandez à en voir plusieurs). Celles de l'arrière sont plus calmes. Les tarifs baissent en milieu d'hiver et d'été.

REMBRANDT
€€€
STR. SMÂRDAN 11
TÉL. 021 313 9315
FAX 021 313 9316
www.rembrandt.ro
Cet hôtel installé dans le quartier chic de Lipscani propose des prestations haut de gamme à un prix raisonnable. L'établissement comporte un bar privé et fait quasiment face aux clubs et restaurants les plus en vogue. À réserver impérativement longtemps à l'avance.
15

RESIDENCE
€€€
STR. CLUCERULUI 19
TÉL. 021 223 1978
FAX 021 222 9046
www.residence.com
Cet hôtel récent propose des chambres au luxe épuré à un tarif raisonnable. L'établissement décline un style colonial britannique, avec mobilier en bois naturel et lits en métal ouvragé. Vous y trouverez deux bons restaurants et une terrasse, ouverte sur la rue .
35 P

RECOMMANDÉ

LOCANTA JARISTEA
€€€€€
STR. GEORGE GEORGESCU 50–52
TÉL. 021 335 3338
www.jaristea.ro

Un dîner dans cet élégant restaurant, dont l'atmosphère évoquant l'entre-deux-guerres, ne se limite pas au contenu des assiettes. C'est également l'occasion de se replonger dans l'histoire de la ville. Oubliez l'interminable menu (uniquement en roumain) et faites appel aux conseils du serveur qui saura vous conseiller. Un spectacle mêlant opéra, jazz, cabaret et danse débute vers 20 h 30 et se prolonge tout au long de la soirée. La cuisine essentiellement à base de viandes grillées est tout à fait excellente, tout autant que les vins. Réservation obligatoire.
80 P

CASA DOINA
€€€€
B-DUL KISELEFF 4
TÉL. 021 222 6717
Cette adresse installée dans une demeure restaurée du XVIIIe siècle est idéale pour fêter une occasion particulière. Le menu propose de bonnes spécialités roumaines mais aussi internationales. Il faut donner mention aux plats de poissons et aux « hors-d'œuvre du berger » composés de polenta, de bacon et de fromage de brebis. Une tenue décontractée mais correcte est souhaitée. La réservation est conseillée.
60 P

GOLDEN FALCON
€€€
STR. HRISTO BOTEV 18–20
TÉL. 021 314 2825
Le Golden Falcon doit à son excellente sélection de viandes grillées de figurer, et de loin, parmi les meilleures adresses de cuisine turque de toute la Roumanie. Les hors-d'œuvre sont présentés sur une table roulante quelques minutes après votre arrivée.
50

BALTHAZAR
€€–€€€
STR. DUMBRAVA ROŞIE 2
TÉL. 021 212 1460
Au carrefour des influences française et asiatique, Balthazar est une valeur sûre. Si vous avez eu votre quota de chou et de polenta, précipitez-vous sur le tartare de saumon au mascarpone ou les dim sum. Réservation obligatoire, tenue décontractée mais chic.
60 P

AMSTERDAM CAFÉ
€€
STR. COVACI 6
TÉL. 021 313 7581
Épicentre du renouveau du quartier de Lipscani, ce bistrot est avant tout fréquenté par les étudiants. Au menu : plats légers et excellents cafés.
50

CARU' CU BERE
€€
STR. STAVROPOLEOS 3–5
TÉL. 021 313 7560
Ce restaurant-brasserie, dont la réputation n'est plus à faire, vous accueille dans un cadre du XIXe siècle joliment préservé. Le menu décline les spécialités roumaines habituelles, mais les soupes sont la spécialité de la maison et valent le détour. Goûtez les saucisses ou la spécialité nationale, la *ciorbă de burtă* (soupe aux tripes) à consommer avec une cuillererée de vinaigre. Danses traditionnelles en soirée. Réservation conseillée.
120

CASA VECHE
€€
STR. GEORGE ENESCU 15–17
TÉL. 021 312 4119
L'une des meilleures pizzerias de la ville. Mieux vaut réserver en été, lorsque la terrasse ouverte sur la rue est bondée.
60

DRUMEŢUL
€€
STR. COMPOZITORILOR 28
TÉL. 021 413 3430

Non-fumeurs · Ascenseur · Air conditionné · Piscine intérieure · Piscine extérieure · Salle de sport · C.B.

À l'écart du centre-ville et de ses adresses branchées, ce restaurant est idéal si vous ne prévoyez pas d'explorer le pays plus avant mais souhaitez goûter une cuisine familiale à prix doux (et écouter un groupe folklorique). Le *sarmale* (chou farci) et le foie de poulet comptent parmi les spécialités. Comptez 15-20 RON en taxi depuis le centre.
120 P

GRAND CAFÉ GALLERON
€€
STR. NICOLAE GOLESCU 18A
TÉL. 021 312 4565
www.grandcafegalleron.ro
Savoureux sandwichs et grandes salades sont au menu de ce café situé dans un beau bâtiment restauré, derrière l'Athenaeum La connexion Wi-Fi est un plus si vous avez un ordinateur portable.
60

LA MAMA
€€
STR. BARBU VACARESCU 3
TÉL. 021 212 4086
Une excellente cuisine roumaine à petits prix a fait la réputation de cette chaîne lde restaurants. Tout est bon, mais les viandes grillées méritent une mention spéciale. Demandez à votre hôtel où se trouve l'établissement le plus proche.
75 P

MUNTÉNIE

TÂRGOVIŞTE

DÂMBOVIŢA
€€
B-DUL LIBERATĂŢII 1
TÉL./FAX 0245 213 370, 0245 213 374
www.hoteldambovita.ro
L'un des rares hôtels de Târgovişte, le Dâmboviţa propose également des appartements avec terrasse offrant un beau point de vue sur la ville. Les chambres sont simples mais confortables et l'hôtel abrite 3 restaurants et 2 bars.
80 P
Visa seulement

KAROLINE TOURISTIC COMPLEX
€€
ALEEA MĂNĂSTIRII
TÉL. 0245 217 975
www.karoline.ro
Non loin de Mănăstirea Dealu, ce complexe touristique doit son attrait à sa décoration qui le ferait presque ressembler à un jardin. L'emplacement est pratique pour se restaurer avant ou après avoir rendu visite à un site historique. Des tables sont disposées et en intérieur en extérieur.
140 P
MasterCard seulement

CURTEA DE ARGES

POSADA
€€
B-DUL BASARABILOR 27–29
TÉL. 0248 721 451
Bien situé dans le centre-ville, non loin des principaux sites touristiques : c'est l'adresse idéale si votre budget est limité.
115 P

SINAIA

ECONOMAT
€€
2 PELESULUI
TÉL. 0244 311 151
FAX 0244 311 150
http://hoteleconomat.apps.ro
Bâti dans le même style que le Castel Peleş, cet hôtel est situé près du château et du superbe décor qui l'environne. L'établissement dispose d'un restaurant. Il est également proche des principaux thermes et des sites historiques de Sinaia.
34 P Fee

FLOARE DE COLT
€€
STR PLEVNEI . 10
TÉL. 0244 311 410
www.montania.ro/en_vile_FLC.htm

HÔTELS
Les gammes de prix ci-dessous s'entendent pour une chambre double en haute saison avec salle de bains, petit déjeuner compris :

€€€€€	plus de 140 €
€€€€	de 100 à 140 €
€€€	de 70 à 100 €
€€	de 35 à 70 €
€	moins de 35 €

RESTAURANTS
Les gammes de prix ci-dessous s'entendent pour un repas composé de 3 plats avec du vin :

€€€€€	plus de 30 €
€€€€	de 20 à 30 €
€€€	de 15 à 20 €
€€	de 7 à 15 €
€	moins de 7 €

Accessible à 5 minutes à pied seulement du Castel Peleş, cette villa révèle un superbe panorama sur les monts Bucegi. Trois appartements, voire la villa tout entière, sont disponibles sur réservation.
6 P

TAVERNA SARBULUI
€€€€
CALEA CODRULUI
TÉL. 0244 314 400
FAX 0244 314 348
http://tavernasarbului.ro
Taverna Sarbului est l'endroit idéal pour se régaler de plats de porc ou de veau serbes, servis avec des légumes d'une grande fraîcheur en provenance des marchés de environs. Agréablement placé dans une atmosphère chaleureuse, vous dînerez avec un grand plaisir au son d'un orchestre. Vous pourrez vous installer soit en salle, soit sur la terrasse ouverte sur les montagnes et les collines verdoyantes.
700 P

CAMPULUNG MUSCEL

CASA ANGLIA
€–€€
14 PARCUL MIREA
TÉL. 0788 128 617

Ambiance chaleureuse et familiale pour cette maison d'hôte située dans un jardin au pied des Carpates. Ouverte en 2005, elle offre un large choix de chambres et sert des repas. Les propriétaires pourront venir vous chercher à l'aéroport. Les familles avec enfants devront s'abstenir.

4

OLTÉNIE

TÂRGU JIU

ANNA

€€

B-DUL ECATERINA TEODOROIU 17

TÉL./FAX 0253 206 333, 0253 206 334

www.hotel-anna.ro

Atmosphère et accueil chaleureux, décoration simple et moderne, restaurant à l'ambiance feutrée… Cet hôtel du centre de Târgu Jiu ne manque pas d'atouts. Anna constitue un bon choix pour les couples et les petits groupes d'amis.

15

CRAIOVA

HELIN

€€€

CALEA BUCURESTI U10

TÉL./FAX 0251 467 171, 0251 467 172

www.helinstrading.com

L'un des derniers-nés des hôtels 4-étoiles de Craiova, le Helin dispose d'un large choix de chambres simples et doubles et de studios. Les noctambules apprécieront la discothèque de l'hôtel.

25

REX

€€

STR. FAGARASI 3A

TÉL. 0351 404 637, 0723 204 039

TÉL./FAX 0251 416 328

www.restaurantrex.ro

Accordez-vous la découverte d'une autre facette de la culture roumaine grâce à ces mets traditionnels qui font la part belle aux spécialités de Transylvanie. L'atmosphère a vraiment su trouver le ton juste entre le rustique et le moderne.

300

TRANSYLVANIE

CLUJ-NAPOCA

OPERA PLAZA

€€€€

STR. G-RAL TRAIAN MOŞOIU 10-12

TÉL. 0364 403 600

FAX 0364 403 607

www.operaplaza.ro

Rénovée avec goût, cette ancienne usine de bonbons est, depuis 2006, l'unique cinq-étoiles de Cluj. Les chambres manquent de charme mais sont raisonnablement vastes et bien équipées. Côté points forts, citons la piscine intérieure, la salle de fitness et l'emplacement idéal, dans un quartier calme à 5-10 minutes à pied de la Piaţa Unirii.

52

PENSION DÉJÀ VU

€€€

STR. ION GHICA 2

TÉL. 0264 354 941

FAX 0264 354 939

www.deja-vu.ro

Plus fréquentée par les voyageurs d'affaires que par les touristes, *Déjà Vu* est la plus agréable des pensions de la ville. Son emplacement, situé à quelque 20 minutes de marche du centre-ville, est néanmoins peu pratique.

AGAPE

€€-€€€

STR. IULIU MANIU 6

TÉL./FAX 0264 406 523

www.hotelagape.ro

Géré par l'Église catholique hongroise, cet établissement haut de gamme vous accueille dans un bâtiment néoclassique du XIXᵉ siècle. Les chambres impeccables – majoritairement non-fumeurs – des 2ᵉ et 3ᵉ étages s'ouvrent sur une cour intérieure et sont plus vastes que celles, mansardées, du 4ᵉ. Le bâtiment abrite 8 restaurants.

64

FULLTON

€€

STR. SEXTIL PUŞCARIU 10

TÉL. 0264 597 766

FAX 0264 597 898

www.fullton.ro

Cet hôtel à la mode séduit en premier lieu les voyageurs d'affaires. Les tarifs des chambres, toutes différentes, varient selon leur superficie et la taille du lit. Les couloirs sont exigus mais les chambres des étages supérieurs sont vastes et aérées.

12

MELODY-CENTRAL

€€

PIAŢA UNIRII 29

TÉL. 0264 597 465

FAX 0264 597 468

www.centralmelody.com

Passé la première impression – une façade néoclassique ayant connu des jours meilleurs –, le Melody Central s'avère propre et tout à fait bien tenu. Les tarifs des chambres dépendent de leur taille. N'hésitez pas à demander à en voir plusieurs.

60

METEOR

€€

B-DUL EROILOR 29

TÉL./FAX 0264 591 060

www.hotelmeteor.ro

Une option bon marché à prendre en compte pour ses tarifs et son emplacement central. Les chambres sont décorées dans style contemporain quelconque, avec des murs blancs et de grands lits doubles. Les salles de bains ne sont pas de la première jeunesse mais elles sont propres.

30

VILA EUNICIA

€€

STR. EMILE ZOLA 2

TÉL. 0264 431 950

FAX 0264 594 067

www.vilaeunicia.ro

Cette pension familiale est installée dans une rue calme à deux pas de la place centrale. Vous y trouverez des chambres petites mais bien équipées, avec des tapis, des lits en bois et des rangements. Les agréables parties communes sont non-fumeurs. Accès Wi-Fi gratuit.

9

HANUL URSITA

€

VALEA NEGRILESEI 860
ALBA
TÉL. 0723 230 790
www.ursita.ro

Dissimulée dans le village de Bucium, au cœur des monts Apuseni, cette ferme réaménagée propose des chambres à louer. Vous pourrez commander des repas aux femmes du village, qui mitonnent des spécialités traditionnelles.

10

HUBERTUS

€€€–€€€€

B-DUL 21 DECEMBRIE 22
TÉL. 0264 596 743

Sans conteste l'une des tables les plus agréables de la ville, Hubertus est propice à un dîner paisible ou à une sortie en famille. La carte fait la part belle au gibier mais n'oublie ni les standards internationaux – viandes, fruits de mer –, ni les spécialités roumaines. Les serveurs vous aideront à vous repérer dans la carte des vins, la plus complète de la ville.

60

MATEI CORVIN

€€€

STR. MATEI CORVIN 3
TÉL. 0264 597 496

Longtemps considéré comme la meilleure adresse de Cluj, Matei Corvin reste dans le peloton de tête. Les spécialités hongroises dominent, à l'image de l'excellent « goulasch paysan » (bœuf, pommes de terre, boulettes de pâtes de blé et épices). Réservation conseillée au déjeuner et le soir.

35

ERNESTO

€€–€€€

PIAŢA UNIRII 23
TÉL. 0264 596 909

Édith Piaf vous accompagnera avec ses chansons durant votre repas dans cette salle voûtée et romantique, où la cuisine française est à l'honneur. Le buffet du déjeuner à 20 RON (6 €) propose de bonnes salades du jour, des soupes, des fromages et trois plats préparés à la demande.

40

HANUL CETĂŢII

€€

STR. FORTĂREŢEI 6
TÉL. 0264 594 091

Non loin de la place Piaţa Unirii, cette table sert une excellente cuisine traditionnelle roumaine. Le « ragoût du patron » – un plat copieux et goûteux à base de bœuf mariné et de légumes, accompagné de purée – est particulièrement bon. La salle étant relativement petite, il est vraiment indispensable de réserver, notamment en soirée.

20

CREMA

€

PIAŢA UNIRII 25
TÉL. 0723 161 002

Tout à proximité de la place centrale, la Piaţa Unirii, ce café branché sert les meilleurs cafés et jus de fruits de toue la ville. À savourer les yeux fermés afin de pouvoir oublier le décor quelque peu clinquant et sophistiqué des lieux. Vous devrez cependant vous contenter de quelques desserts si la faim vous tenaille.

40

FLOWERS

€

PIAŢA UNIRII 24

Mitoyen du Crema, ce salon de thé fréquenté par les étudiants cultive un style décontracté. Les thés sont excellents mais les cafés sans surprise. L'accès au Wi-Fi est gratuit. .

25

HÔTELS

Les gammes de prix ci-dessous s'entendent pour une chambre double en haute saison avec salle de bains, petit déjeuner compris :

€€€€€	plus de 140 €
€€€€	de 100 à 140 €
€€€	de 70 à 100 €
€€	de 35 à 70 €
€	moins de 35 €

RESTAURANTS

Les gammes de prix ci-dessous s'entendent pour un repas composé de 3 plats avec du vin :

€€€€€	plus de 30 €
€€€€	de 20 à 30 €
€€€	de 15 à 20 €
€€	de 7 à 15 €
€	moins de 7 €

BISTRIŢA

COROANA DE AUR

€€–€€€

PIAŢA PETRU RAREŞ 4
TÉL. 0263 232 470
FAX 0263 232 667
www.hotel-coroana-de-aur.ro

Cet hôtel moderne et correct est certainement le meilleur choix en ville. Dans le roman *Dracula* de Bram Stoker, le personnage de Jonathan Harker y passe une nuit lors de son voyage vers le château de Dracula, au col de Borgo (Borgo est le nom hongrois du col de Tihuţa). Vous pourrez déguster un « steak robber » au restaurant de l'hôtel, comme Jonathan Harker dans le roman.

110

CASTEL DRACULA

€€

PIATRA FÂNTÂNELE
TIHUŢA PASS
TÉL. 0263 264 010
FAX 0263 266 119
www.hotelcasteldracula.bn.ro

À défaut d'être le château de Dracula, ce 3-étoiles moderne est planté non loin des montagnes qui servent de décor au roman de Bram Stoker. Vous devrez être motorisé ou prendre un taxi pour vous y rendre, l'hôtel étant en dehors de Bistrița. Les chambres récèlent de beaux meubles anciens, la vue est splendide et le restaurant voûté agréable.

62

SIBIU

Sibiu dispose de deux offices du tourisme qui pourront vous aider à vous loger. Le Centre d'information municipal (Str. Samuel Brukenthal 2, tél. 0269 208 913, fax 0269 208 811, www.sibiu.ro) dispose de cartes, de listes d'hôtels et de brochures sur les petites pensions. Kultours (Piața MICĂ 16, tél./fax 0269 216 854, www.kultours.ro) est une agence de voyages jeune et dynamique, qui pourra vous trouver et vous réserver des chambres. L'agence loue également voitures et vélos, et organise des excursions.

CONTINENTAL

€€€
CALEA DUMBRĂVII 2–4
TÉL. 0269 218 100
FAX 0269 210 125
www.continentalhotels.ro

Ce vestige de l'ère communiste remis au goût du jour propose des chambres standardisées et les services habituels d'un trois-étoiles, à un prix modéré. Les chambres sont divisées en « standard » et « supérieures », ces dernières étant dotées de la climatisation, de peignoirs et de chaussons.

182

ÎMPARATUL ROMANILOR

€€€
STR. N. BĂLCESCU 2-4
TÉL. 0269 216 500
FAX 0269 213 278
www.imparatulromanilor.ro

L'une des adresses les plus agréables des abords du centre historique, cet hôtel installé dans un bâtiment restauré du XVIIIe siècle se distingue par son mobilier ancien. Beaucoup de ses chambres sont en duplex, avec le lit à l'étage et un salon au niveau inférieur. Certaines ont été refaites. Demandez à en voir plusieurs.

93

PALACE

€€€
STR. PĂDUREA DUMBRAVA 1
TÉL. 0269 218 086
FAX 0269 242 222
www.hotelpalace.ro

C'est une belle adresse que celle du Palace, qui a cependant un point faible : son emplacement à 5 km de la ville en bordure d'une autoroute fréquentée. Les chambres standard n'en sont pas moins très vastes et certaines dotées d'un salon séparé. Les meubles et les tapis sont luxueux.

25

CASA LUXEMBURG

€€
PIAȚA MICĂ 16
TÉL./FAX 0269 216 854
www.kultours.ro

Très propre, cette maison d'hôte aménagée dans une demeure ancienne propose des chambres sans surprise. La proximité du centre et les tarifs assurent cependant son succès. N'hésitez pas à réserver longtemps à l'avance.

12

GASTHOF CLARA

€€
STR. RÂULUI 24
TÉL. 0269 222 914
FAX 0269 206 071
www.gasthofclara.ro

Dans une rue animée au bord de la rivière opposée à la vieille ville, cette pension assez chic demande 10 à 15 min de marche depuis la place principale. Les chambres chaleureuses sont décorées de meubles modernes. Le restaurant allemand est un bon choix.

6

PENSION DANIEL

€€
STR. MĂSARILOR 1
TÉL. 0269 243 924
FAX 0269 215 197
www.ela-hotels.ro

Claires et aérées, les chambres de la Pension Daniel mêlent le style moderne à celui du XIXe siècle. L'emplacement est idéal, face à un escalier menant à la vieille ville.

11

PENSION PODUL MINCIUNILOR

€–€€
STR. AZILULUI 1
TÉL. 0269 217 259
www.ela-hotels.ro

Sans surprise, mais néanmoins l'un des meilleurs deux-étoiles de la ville. Les chambres sont propres et l'emplacement relativement central.

7

CRAMA SIBIUL VECHI

€€–€€€
STR. PAPIU ILARIAN 3
TÉL. 0269 210 461

Ne ratez pas ce restaurant transylvanien. Vous pourrez essayer le « sac du berger », filet de poulet grillé, farci de fromage et de saucisse, et présenté comme un petit sac. La réservation est indispensable.

60

LA TURN

€€–€€€
PIAȚA MARE 1
TÉL. 0269 213 985

Soupes traditionnelles et grillades de viandes et de légumes sont au menu de ce restaurant-grill animé, situé à deux pas de la place principale. Vous pourrez choisir entre trois soupes nationales : tripes, porc et boulettes de viande. Les travers de porc sont la spécialité de la maison.

135

LA PIAZZETTA

€€
PIAȚA MICĂ 15
TÉL. 0269 230 879

Cette bonne adresse italienne propose les meilleures pizzas de Sibiu, si ce n'est de Roumanie. La réservation est obligatoire le week-end pour cette adresse qui ne compte que 25 places.

25

IL CAPPUCCINO
€
PIAŢA MICĂ 14
TÉL. 0788 299 807
Situé à proximité de Casa Luxemburg, ce petit café italien sert d'excellents cafés et des desserts.
20

SIGHIŞOARA

Sighişoara abrite de superbes pensions privées qui méritent le détour, si vous pouvez vous dispenser de tous les services d'un hôtel. Chose rare en Roumanie, le petit déjeuner n'est en général pas inclus. Vous devrez le commander et ajouter de 4,50 à 6 € par personne à la note. Outre les suggestions ci-dessous, l'office du tourisme (Str. Octavian Goga 8, tél. 0265 770 415) dispose d'une liste d'hôtels et de pensions. Vous aurez certainement besoin de ses services si vous arrivez en ville sans réservation en juillet ou en août.

KORONA
€€€
STR. ZAHARIA BOIU 12–14
TÉL. 0265 770 480
FAX 0265 770 483
www.hotelkorona.ro
Certainement le meilleur hôtel de catégorie moyenne de la ville en termes de service et de confort, mais vous devrez tirer un trait sur l'emplacement et le charme, le Korona étant situé en dehors de la citadelle. Prenez un taxi depuis la gare ou depuis la gare routière.
30

SIGHIŞOARA
€€–€€€
STR. ŞCOLII 4–6
TÉL. 0265 771 000
FAX 0265 777 788
www.sighisoarahotels.ro
Au cœur de la citadelle, l'établissement le plus réputé de Sighişoara laisse un sentiment mitigé. Les chambres sont décevantes et mériteraient une rénovation. Le restaurant situé au sous-sol, dans une salle voûtée, est considéré par certains comme l'un des meilleurs de la ville.
32

CASA CU CERB
€€
STR. ŞCOLII 1
TÉL. 0265 774 625
FAX 0265 777 349
www.casacucerb.ro
Cette pension joliment rénovée et doublée d'un bon restaurant vous accueille sur la principale place de la citadelle dans des chambres lumineuses et propres, avec parquets et lits en métal travaillé. Le prince Charles y séjourna en 2002. Réservation impérative en été.
10

CASA EPOCA
€€
STR. TÂMPLARILOR 4
TÉL. 0265 773 232
FAX 0265 772 237
www.casaepoca.com
Adresse d'exception, la Casa Epoca vous reçoit dans une demeure du XVIIe siècle comprenant 10 chambres toutes différentes. Les meubles de la plupart d'entre elles sont contemporains et le panorama sur la ville et ses environs est absolumenet sublime.
10

CASA SĂSEASCĂ
€–€€
PIAŢA CETĂŢII 12
TÉL./FAX 0265 772 400
www.casasaseasca.com
L'emplacement est le principal atout de cette adresse décorée dans le style paysan saxon. Les chambres et les salles de bains sont impeccables. un petit déjeuner, non inclus, est proposé moyennant environ 20 RON par personne.
9

CLAUDIU
€–€€
STR. ILARIE CHENDI 28
TÉL./FAX 0265 779 882
www.hotel-claudiu.com
Sans surprise et réduit au strict minimum, cet hôtel familial est installé dans un quartier calme de la nouvelle ville. Ses chambres très propres feront l'affaire si tout est complet. Les chambres du niveau inférieur sont plus fraîches en été et le restaurant est apprécié.
16

HÔTELS
Les gammes de prix ci-dessous s'entendent pour une chambre double en haute saison avec salle de bains, petit déjeuner compris :

€€€€€	plus de 140 €
€€€€	de 100 à 140 €
€€€	de 70 à 100 €
€€	de 35 à 70 €
€	moins de 35 €

RESTAURANTS
Les gammes de prix ci-dessous s'entendent pour un repas composé de 3 plats avec du vin :

€€€€€	plus de 30 €
€€€€	de 20 à 30 €
€€€	de 15 à 20 €
€€	de 7 à 15 €
€	moins de 7 €

GUESTHOUSE CRISTINA
€
STR. COJOCARILOR 1
TÉL. 0744 119 211
Ne soyez pas étonné si Cristina, la propriétaire de cette petite maison d'hôte de la citadelle vous aborde à la gare. En juillet et août, vous pourrez vous en féliciter. L'hébergement est sans aucune prétention aucune mais propre, confortable et bien situé.
5

PENSION VILA FRANKA
€
STR. 1 DEC. 1918 1
TÉL. 0265 771 515
FAX 0265 775 901
www.sighisoara-tourism.com
Meilleure adresse en dehors de la citadelle, la Pension Vila Franka affiche un décor un peu fané, mais reste propre et

accueillante. Le petit déjeuner n'est pas inclus mais vous pourrez vous adresser au restaurant Rustica (voir plus bas) à partir de 9 h.

10

CASA VLAD DRACUL

€€–€€€

STR. COSITORARILOR 5

TÉL. 0265 773 304

Cet agréable restaurant touristique occupe l'angle de la citadelle où Dracula est censé être né, en 1431. L'ombre du célèbre comte plane sur ces lieux où la cuisine est réellement délicieuse.

70

CONCORDIA

€€

PIAŢA HERMANN OBERTH

Bien placée près des escaliers menant à la citadelle, cette récente adresse branchée proposant des pizzas et des pâtes s'adresse avant tout à la jet-set locale. Les tartes salées sont supérieures à la moyenne.

40

RUSTICA

€–€€

STR. 1 DEC. 1918 5

TÉL. 0742 012 889

Idéal pour un repas rapide, le Rustica compte parmi les bonnes adresses de cuisine traditionnelle de la nouvelle ville. Le *sarmale* (chou farci), servi avec une généreuse portion de polenta, est excellent.

40

TÂRGU MUREŞ

Parfois appelée Tîrgu Mureş sur les cartes, la capitale provinciale de Târgu Mureş abrite deux des plus beaux hôtels du pays. Chacun constitue une étape de choix. Si vous arrivez en été et souhaitez savoir où les habitants se retrouvent, demandez à un taxi de vous emmener au « Weekend », nom générique désignant un ensemble de restaurants en plein air regroupés à la sortie de la ville sur les rives de la Mureş.

CONCORDIA

€€€–€€€€

PIAŢA TRANDAFIRILOR 45

TÉL. 0265 260 602

FAX 0265 269 666

www.hotelconcordia.ro

Quel bonheur de découvrir un hôtel aussi design et chic dans cette laborieuse ville de Transylvanie ! Les chambres sont décorées dans l'esthétique minimaliste des années 1960. Le souci du détail s'étend dans le moindre recoin, sans oublier les salles de bains joliment carrelées et dotées d'épaisses serviettes de coton blanches. Vous aurez un accès Wi-Fi partout, y compris dans l'agréable bar.

34

PRESIDENT

€€€

STR. GHEORGHE DOJA 231

TÉL. 0365 410 420

FAX 0365 410 418

www.presidenthotel.ro

Implanté à 5 km de la ville le long de la route principale menant à Cluj-Napoca, le President est proche de la gare routière. Mieux vaut cependant disposer de votre propre véhicule ou être prêt à commander un taxi pour effectuer tous vos déplacements en ville. Ceci étant dit, vous y trouverez de très belles chambres dotées de tous les services imaginables, notamment des salles de bains avec Jacuzzi.

70

CONTINENTAL

€€–€€€

PIAŢA TEATRULUI 6

TÉL. 0265 250 416

FAX 0265 250 116

www.continentalhotels.ro

Correct et moins cher que le President ou le Concordia, le Continental est implanté à quelques minutes de marche de la place principale. Les chambres sont petites, mais propres et confortables.

110

TRANSILVANIA

€€

PIAŢA TRANDAFIRILOR 46

TÉL./FAX 0265 265 616

Idéalement situé sur la place centrale, l'hôtel Transilvania est en cours de rénovation. Nombre de ses anciennes chambres, classées 2-étoiles, se sont ainsi hissées au rang de trois ou 4-étoiles. Les chambres rénovées disposent de lits doubles confortables et de salles de bains récentes. Les anciennes sont correctes pour le prix.

120

VILLA HELVETIA

€€

STR. BORSOS TAMÁS 13

TÉL. 0265 216 954

FAX 0265 215 099

www.villahelvetia.ro

Une adresse sans surprise mais propre, où vous trouverez également un restaurant et un petit bar. L'ensemble vous attend à 10 minutes de marche de la place centrale. Prenez un taxi si vous arrivez de la gare ou de la gare routière.

11

PENSION TEMPO

€–€€

STR. MORII 27

TÉL./FAX 0265 213 552

www.tempo.ro

Vous aurez très certainement besoin des services d'un taxi pour dénicher cette pension familiale dissimulée à environ un kilomètre du centre-ville. Les chambres offrent un confort simple mais sont propres et calmes. Les lieux abritent l'un des meilleurs restaurants de la ville : le Tempo Laci Csarda (voir ci-dessous).

12

TEMPO LACI CSARDA

€€–€€€

STR. MORII 27

TÉL. 0265 213 552

Installé dans la pension Tempo (voir ci-dessus), ce restaurant inspiré par le passé hongrois de Târgu Mureş met particulièrement l'accent sur des spécialités magyares bien préparées, comme le poulet au paprika, servies dans un cadre rustique. En dessert, essayez le délieux *gombot cu prune*, une pâtisserie fourrée à la prune et saupoudrée de sucre et de cannelle.

120

PIZZERIA LA TEA

€

STR. PAPIU ILARIAN 1

TÉL. 0265 212 244

Cette pizzeria roumaine sert des plats en salle et à emporter. Le cadre informel n'a rien de romantique mais convient à un déjeuner ou un dîner rapide.

20

BRAŞOV

ARO PALACE

€€€€

B-DUL EROILOR 27

TÉL. 0268 478 800

FAX 0268 478 889

www.aro-palace.ro

Ce beau monument Art déco est petit à petit rénové pour retrouver sa superbe d'antan. De loin le meilleur hôtel de la ville, l'Aro Palace vous accueille par un immense hall en verre. Les tarifs restent cependant surévalués. Voyez les réductions proposées sur Internet durant les vacances et les week-ends.

200

CASA HEIDI

€€€€

BRAN

TÉL. 0235 256 228

FAX 0257 797 40 43

www.casa-heidi.com

Cette chaleureuse maison d'hôte est située dans le joli décor du village de Bran, à proximité du château de Dracula. Les tarifs proposés s'appliquent à la location de l'ensemble de la villa (3 chambres doubles et 2 chambres mansardées).

5

AMBIENT

€€€

STR. IULIU MANIU 27A

TÉL. 0268 470 856

FAX 0268 474 210

www.hotelambient.ro

À 5-10 minutes à pied de la vieille ville, cet établissement récent est situé dans un quartier sans charme de la ville nouvelle. Les suites et les appartements disposent de baignoires avec Jacuzzi, les simples et doubles uniquement de douches. La propreté et la gentillesse de l'accueil font oublier le quartier lugubre et l'aspect austère des chambres.

39

LA RESIDENZA

€€€

STR. GRĂDINARILOR 18

TÉL. 0268 473 377

FAX 0268 473 378

www.residenza.ro

L'une des plus belles pensions de Braşov, La Residenza propose d'élégantes chambres dans une villa des années 1930, à 10 min à pied de la vieille ville. La majorité d'entre elles ont vue sur le massif de Tampa et certaines disposent d'une petite terrasse surplombant le jardin. Mention spéciale au copieux petit déjeuner.

7

PENSION CURTEA BRAŞOVEANA

€€-€€€

STR. BAILOR 16

TÉL. 0268 472 336

FAX 0268 472 145

www.curteabrasoveana.ro

Charmante et vraiment bien entretenue, cette pension propose 14 chambres dont l'agencement, face à un petit jardin à l'arrière du bâtiment, rappelle un motel. L'un de ses atouts maîtres est son emplacement, dans l'agréable quartier de Fichei, à quelques minutes du centre historique.

14

CAPITOL

€€

B-DUL EROILOR 19

TÉL. 0268 418 920

FAX 0268 472 999

www.aro-palace.ro

Cet imposant bâtiment en béton de l'ère communiste dissimule un 3-étoiles honorable. En plein centre, en bordure de la vieille ville, il offre des chambres propres et modernes. Un bon rapport prix/qualité/emplacement.

184

COROANA

€€

B-DUL REPUBLICII 62

TÉL. 0268 477 448

FAX 0268 418 469

www.aro-palace.ro

Vous aimez l'atmosphère des films de Marlène Dietrich ? Vous apprécierez certainement l'ambiance de cet hôtel début du XXe siècle, jadis élégant mais maintenant aux tapis plus qu'usés et aux sanitaires quelque peu hésitants.

80

PENSION AMALFI

€€

STR. PAUL RICHTER 7

TÉL./FAX 0268 511 883

www.pensiunea-amalfi.ro

Cette petite maison privée dissimule 5 appartements. L'emplacement, situé dans une allée calme derrière l'Église noire, est idéal.

5

HÔTELS

Les gammes de prix ci-dessous s'entendent pour une chambre double en haute saison avec salle de bains, petit déjeuner compris :

€€€€€	plus de 140 €
€€€€	de 100 à 140 €
€€€	de 70 à 100 €
€€	de 35 à 70 €
€	moins de 35 €

RESTAURANTS

Les gammes de prix ci-dessous s'entendent pour un repas composé de 3 plats avec du vin :

€€€€€	plus de 30 €
€€€€	de 20 à 30 €
€€€	de 15 à 20 €
€€	de 7 à 15 €
€	moins de 7 €

PENSION AMBIENT
€€
STR. IULIU MANIU 62B
TÉL. 0268 410 622
FAX 0268 410 387
www.pensiuneambient.ro
Plus chaleureuse, plus calme et moins chère que l'hôtel du même nom, la Pension Ambient offre des chambres avec accès Internet gratuit.
18

TRANSYLVANIAN CASTLE
€€
MICLOŞOARA
TÉL. 0742 202 586
FAX 0267 314 088
www.transylvaniancastle.com
Nichées dans un village au nord de Braşov, ces maisons d'hôte de style saxon du XIXe siècle appartenant au comte Kálnoky sont entièrement meublées de pièces anciennes transylvaniennes. Le château datant du XVIe siècle fait également office de bed and breakfast. Il propose des plats transylvaniens et organise des excursions.

COLIBA HAIDUCILOR
$$$
POIANA BRAŞOV
TÉL. 0268 262 137
Passage obligé d'une visite à Poiana Braşov, ce restaurant dont l'ambiance oscille entre taverne et rendez-vous de chasse est l'un des plus appréciés du pays pour ses spécialités roumaines. Les végétariens n'apprécieront peut-être pas les peaux de bêtes tendues aux murs et la soupe d'agneau, servie dans un crâne du même animal... Réservation obligatoire.
100

ŞURA DACILOR
€€€
POIANA BRAŞOV
TÉL. 0268 262 327
Ce vaste restaurant, familial et plutôt cher, se plaît à évoquer l'héritage des Daces (ancêtres des Roumains) à grands renforts de musique locale. La carte oscille entre cuisine actuelle et plats d'un autre âge, à l'image du « banquet dace », à base de polenta à la crème cuite au four.
300

BELLA MUZICA
€€–€€€
PIAŢA SFATULUI 19
TÉL. 0268 477 946
Bella Muzica sert un choix éclectique de spécialités roumaines et internationales dans une salle voûtée à l'atmosphère feutrée et intime. Le serveur commencera par vous offrir un verre de *palincă*, eau-de-vie de prune. Viennent ensuite trois menus : un pour les boissons, un pour les plats et un pour la musique. La réservation est indispensable.
40

CASA HIRSCHER
€€–€€€
PIAŢA SFATULUI 12–14
TÉL. 0268 410 533
www.casahirscher.ro
Les tables éclairées aux chandelles et le service attentionné donnent le ton de Casa Hirscher. La carte, italienne, va des salades aux pâtes en passant par d'excellents plats de poulet, bœuf et poisson.
54

ŞIRUL VĂMII
€€–€€€
STR. MURESENILOR 18
TÉL. 0268 477 725
Cette adresse décontractée et en même temps intime est appréciée pour ses variations innovantes autour de plats traditionnels. Essayez le bœuf bouilli aux radis, d'inspiration viennoise, et concluez par la « corne d'a-bondance », pâtisserie garnie de fruits et de crème et couverte de chocolat.
45

DEANE'S IRISH PUB
€€
B-DUL REPUBLICII 19
TÉL. 0268 411 767
www.deanes.ro
Certains n'ont que cette adresse à la bouche. Pour être honnête, la cuisine n'a pourtant rien d'exceptionnel. Ses points forts sont le petit déjeuner irlandais, les concerts, les karaokés et la possibilité d'y rencontrer de nombreux expatriés.
50

LA FIFI
€
STR. PAUL RICHTER 4
TÉL. 0722 581 638
Situé à l'écart des foules, ce petit café intime fréquenté par des étudiants est idéal pour boire un verre.
20

BANAT ET CRIŞANA

TIMIŞOARA

La capitale non-officielle de l'ouest de la Roumanie abrite un large choix d'hôtels et de pensions, afin de satisfaire tous les budgets. Curieusement, les meilleures adresses sont cependant situées en dehors du centre-ville, même si celui-ci compte quelques options correctes.

Si vous n'avez pas de réservation et que vous cherchez un lit, contactez l'accueillant Centre d'information touristique (Str. Alba Iulia 2, tél./fax 0256 437 973).

LA RESIDENZA
€€€–€€€€
STR. INDEPENDENŢEI 14
TÉL. 0256 401 080
FAX 0256 401 079
www.laresidenza.com
Cette demeure abrite l'hôtel le plus beau et le plus accueillant du pays. Les chambres sont joliment meublées. La salle de fitness et le sauna ajoutent aux attraits des lieux, tout comme le jardin verdoyant et la piscine extérieure. La réservation est obligatoire car le nombre de chambres est limité.
20

BEST WESTERN AMBASSADOR
€€€
STR. MANGALIA 1–3
TÉL. 0256 306 880

FAX 0256 306 883
www.ambassador.ro
Les chambres sont relativement décevantes, comparées au salon et à la réception décorés d'œuvres d'art et de chaises du XIXe et du début du XXe siècle. L'ensemble est néanmoins rutilant de propreté. La piscine et le patio sont agréables pour laisser filer un chaud après-midi.
40

NH TIMIŞOARA
€€€
STR. PESTALOZZI 1/A
TÉL. 0256 407 440
FAX 0256 407 441
www.nh-hotels.com
Les établissements de la chaîne NH sont un très bon choix pour qui cherche un hôtel moderne et bien tenu à un prix raisonnable. Le petit déjeuner n'est pas inclus dans la tarification. L'hôtel est situé juste à la sortie du centre historique de la ville, à environ 15 min à pied de la Piaţa Victoriei.
80

NORTH STAR CONTINENTAL RESORT
€€€
B-DUL REVOLUŢIEI 3
TÉL. 0256 494 144
FAX 0256 204 038
www.hotelcontinental.ro
Malgré son nom, cet hôtel ne fait pas partie de la chaîne Continental et n'est pas un « *resort* ». Il n'en est pas moins bien tenu, situé en ville et confortable. Vous y trouverez des chambres bien équipées, ainsi que des services adaptés à la clientèle d'affaires.
164

SAVOY
€€€
SPL. TUDOR VLADIMIRESCU 2
TÉL. 0256 249 900
FAX 0256 275 500
www.hotelsavoy-tm.com
À 10 minutes à pied de la Piaţa Victoriei, cet hôtel est installé dans une villa Art déco des années 1930. Les chambres de l'aile la plus récente, à l'arrière, sont plus calmes, mais celles du devant sont plus agréables. Excellent restaurant.
55

TIMIŞOARA
€€–€€€
STR. MĂRĂŞEŞTI 1–3
TÉL. 0256 498 851
FAX 0256 499 450
Cet hôtel, plutôt chic et propre, situé en ville, offre des chambres douillettes et bien équipées. L'entretien de la literie et des tapis gagnerait cependant à être amélioré. Petits déjeuners corrects.
152

CENTRAL
€€
STR. LENAU 6
TÉL. 0256 490 091
FAX 0256 490 096
www.hotel-central.ro
À la sortie de la place Piaţa Victoriei, l'hôtel Central ne paie pas de mine mais ses chambres propres et lumineuses se révèlent d'un excellent rapport qualité-prix. Elles sont dotées de la climatisation et de sèche-cheveux dans la salle de bains.
84

RISTORANTE AL DUOMO
€€€–€€€€
STR. PAUL CHINEZU 2
TÉL. 0256 437 199
Excellent choix de pâtes et d'autres plats à la carte de ce restaurant italien réputé. Le chef italien, encensé par les amateurs locaux de bonnes tables, est apparu dans plusieurs émissions de télévision roumaines.
35

LLOYD
€€–€€€
PIAŢA VICTORIEI 2
TÉL. 0256 294 949

HÔTELS
Les gammes de prix ci-dessous s'entendent pour une chambre double en haute saison avec salle de bains, petit déjeuner compris :

€€€€€	plus de 140 €
€€€€	de 100 à 140 €
€€€	de 70 à 100 €
€€	de 35 à 70 €
€	moins de 35 €

RESTAURANTS
Les gammes de prix ci-dessous s'entendent pour un repas composé de 3 plats avec du vin :

€€€€€	plus de 30 €
€€€€	de 20 à 30 €
€€€	de 15 à 20 €
€€	de 7 à 15 €
€	moins de 7 €

Certains guides ont été déçus de la cuisine proposée dans ce restaurant chaleureux. Elle peut, en fait, être délicieuse, à condition de ne pas s'écarter du chemin des plats habituels de porc et de poulet. La terrasse, sur la Piaţa Victoriei, est un véritable bonheur les jours de beau temps.
65

CASA CU FLORI
€€
STR. ALBA IULIA 1
TÉL. 0256 435 080
Cette adresse calme et raffinée est l'occasion de goûter quelques spécialités de la région de Banat, tandis que le café, au sous-sol, sert de bons cafés et pâtisseries. La terrasse est idéale pour regarder s'écouler la vie estivale.
40

DA TONI
€€
STR. DALIEI 14
TÉL. 0256 490 298
Cette authentique pizzeria toscane est l'une des meilleures du pays. Mieux vaut prévoir votre horaire d'arrivée car cet établissement est toujours bondés au moment du déjeuner.
30

TIMIŞOAREANA CLUB XXI

€€
PIAŢA VICTORIEI 2
TÉL. 0256 295 421
La musique et les danses traditionnelles ont fait la popularité du Club XXI. Choisissez les bons *sarmale* et *mămăligă* ou jetez votre dévolu sur une autre spécialité roumaine.
60

ORADEA

CONTINENTAL

€€€
AL. ŞTRANDULUI 1
TÉL. 0259 418 655
FAX 0259 411 280
www.continentalhotels.ro
Cette adresse rénovée se distingue par son bon rapport qualité/prix. L'un de ses points forts est la piscine extérieure chauffée , agréable en hiver.
168

ELITE

€€€
PARCUL I. C. BRĂTIANU 26
TÉL. 0259 414 924
FAX 0259 419 759
www.hotelelite.ro
En dépit d'un emplacement peu pratique, ce petit hôtel est considéré comme le meilleur de la ville. Les chambres sont élégantes et dotées d'une bonne literie. Le petit bar, aménagé dans l'agréable hall, donne sur une terrasse.
32

VULTURUL NEGRU

€€€
STR. INDEPENDENŢEI 1
TÉL. 0259 450 000
FAX 0259 450 045
www.vulturulnegru.ro
Cet ensemble Art nouveau, bâti en 1906, a connu des jours meilleurs mais ses propriétaires s'attachent à lui rendre son lustre. Les chambres sont propres, très vastes et bien équipées. Vous pouvez obtenir une réduction à partir de deux nuits.
47

ATLANTIC

€€
STR. IOSIF VULCAN 9
TÉL./FAX 0259 426 911
www.hotelatlantic.ro
Cette demeure intime et bien située présente une façade Art nouveau un peu fanée, mais dissimule un intérieur moderne. Les services visent avant tout la clientèle d'affaires.
4

ATRIUM

€€
STR. REPUBLICII 38
TÉL. 0259 414 421
www.hotelatrium.ro
Comparable au Scorilo (voir ci-dessous) pour le prix et les équipements, l'Atrium est cependant moins chaleureux et ne dispose pas de restaurant. Le hall est impressionnant, les chambres propres, calmes et sans surprise.
20

SCORILO

€€
PARCUL PETOFI 16
TÉL. 0259 470 910
FAX 0259 470 952
www.hotelscorilo.ro
Les chambres de cet hôtel familial et bien placé occupent trois étages d'une ancienne demeure d'évêque du XVIIIe siècle. L'établissement dispose de deux restaurants qui comptent parmi les meilleurs de la ville. L'un d'eux est situé dans la cave d'origine. Il faut impérativement réserver
16

LA GALLERIA

€€€–€€€€
STR. MADACH IMRE 1–5
TÉL. 0259 475 490
www.lagalleria.biz
C'est l'un des meilleurs restaurants italiens des environs. La Galleira est notamment apprécié pour ses poissons. Mentions spéciales au carpaccio de thon et au « mixed grill » de la mer avec scampi, espadon et saumon. La réservation est indispensable.
40

KELLY'S IRISH PUB & PIZZERIA

€€
STR. MADACH IMRE 1–5
TÉL. 0259 413 419
Cette « pizzeria irlandaise » s'avère meilleure qu'on aurait pu le penser et rencontre un franc succès en soirée, le week-end. Pizzas, choix de sandwichs et plats rapides.
90

MARAMUREŞ

BAIA MARE

HOTEL CARPAŢI

€€€
STR. MINERVA 16
TÉL. 0262 214 812
FAX 0262 215 461
www.hotelcarpati.ro
Impressionnant vu de l'extérieur, l'hôtel Carpati vous accueille sur les rives de la ăăsar au cœur de Baia Mare. Son agréable jardin est un havre de paix dans l'effervescence de la ville.
94

COMPLEX LOSTRIŢA

€
STR. BLIDARI 13B
TÉL. 0744 471 692
www.complexlostrita.ro
Posé aux pieds de l'Igniş à 18 km de Baia Mare, cet étonnant complexe abrite un hôtel de même qu'un restaurant. Ce dernier fera le bonheur des amateurs de truites, la spécialité de sa carte provenant de son propre élevage.
25 (plus 1 villa)

MOLDAVIE

IAŞI

RECOMMANDÉ

LITTLE TEXAS

€€€
MOARA DE VÂNT 31–33
TÉL. 0232 272 545
FAX 0232 216 995
www.littletexas.org

Les propriétaires des lieux, américains, n'ont pas lésiné sur la dépense en construisant cet hôtel dont les chambres sont dotées d'épais matelas « made in USA ». En été, la terrasse est fréquentée aussi bien par les touristes que par les Roumains, réunis autour de bières et d'un barbecue. Le restaurant (voir p. 258) sert tout au long de l'année d'excellentes spécialités tex-mex. L'ensemble vous accueille à 5 km du centre de Iaşi, en direction de l'aéroport. Comptez 8 RON pour le prix de la course en taxi.

32

TRAIAN

€€€

PIAŢA UNIRII 1

TÉL. 0232 266 666

FAX 0232 212 187

www.grandhoteltraian.ro

Ce bâtiment néoclassique de la fin du XIXe siècle, dessiné par Eiffel, a été entièrement rénové en 2006. C'est maintenant l'adresse la plus chic de Iaşi.

60

UNIREA

€€-€€€

PIAŢA UNIRII 5

TÉL. 0232 205 000

FAX 0232 205 026

www.hotelunirea.ro

Idéalement situé à 10 minutes à pied de la gare, cet imposant édifice de l'ère communiste abrite des chambres propres et pimpantes, entièrement remises au goût du jour.

186

ASTORIA

€€

STR. LĂPUŞNEANU 1

TÉL. 0232 233 888

FAX 0232 244 777

www.hotelastoria.ro

Une rénovation assez récente a malheureusement nui au cachet dont jouissait ce bâtiment datant des années 1920. Les chambres, propres et sans surprise, sont correctes. L'emplacement est idéal.

60

CASA LAVRIC

€€€

STR. SF. ATANASIE 21

TÉL. 0232 229 960

Outre son cadre chaleureux, le Casa Lavric est réputé pour ses excellentes spécialités moldaves et roumaines, comme le porc grillé à la crème accompagné de polenta. Profitez-en pour déguster un Grasă de Cotnari, l'un des meilleurs vins blancs du pays, produit près de Iaşi.

40

LITTLE TEXAS

€€-€€€

MOARA DE VÂNT 31-33

TÉL./FAX 0232 272 545

www.littletexas.org

Qui aurait pu s'attendre à trouver une bonne cuisine mexicaine à la frontière moldave ? À la carte : des burritos, des fajitas, des quesadillas, des grillades, des pommes de terre au four, et même des cheeseburgers. Concluez par un brownie, une tarte aux pommes ou une tarte « à la texane ».

60

PHENICIE

€€-€€€

STR. LASCĂR CATARGIU 9

TÉL. 0232 222 239

Ce restaurant libanais coté sert d'excellents hors-d'œuvre (houmous, taboulé…) et plats, viandes grillées en tête. Il se décline en deux décors, formel et décontracté. Ne ratez pas les pâtisseries.

50

PIZZA PAZZO

€€

B-DUL TUDOR VLADIMIRESCU

TÉL. 0232 210 442

Cette toute petite pizzeria semble toujours à l'heure du coup de feu. Les pizzas, correctes, sont proposées en trois tailles. Le point fort est néanmoins les entrées cuites au four, comme le poulet viennois : volaille cuite dans une sauce à la crème et aux champignons, puis gratinée.

40

HÔTELS

Les gammes de prix ci-dessous s'entendent pour une chambre double en haute saison avec salle de bains et petit déjeuner :

€€€€€	plus de 140 €
€€€€	de 100 à 140 €
€€€	de 70 à 100 €
€€	de 35 à 70 €
€	moins de 35 €

RESTAURANTS

Les gammes de prix ci-dessous s'entendent pour un repas composé de 3 plats avec du vin :

€€€€€	plus de 30 €
€€€€	de 20 à 30 €
€€€	de 15 à 20 €
€€	de 7 à 15 €
€	moins de 7 €

CORSO

€

STR. AL. LĂPUSNEANU 11

TÉL. 0232 276 143

www.corsoterasa.ro

L'Adresse du centre-ville pour passer le temps autour d'une bière par une chaude journée d'été. le Corso sert aussi un large choix de boissons sans alcool mais propose peu de plats. Accès Wi-Fi.

120

SUCEAVA

Cette ville industrielle sans charme est cependant un important carrefour ferroviaire. C'est également la plus grande localité à proximité des monastères de la région de Bucovine, ce qui en fait une étape à prendre en compte. Si vous arrivez assez tôt le matin, vous pourrez continuer en voiture ou en bus jusqu'à Gura Humorului, petite ville située à environ 32 km plus loin. Elle abrite un très agréable hôtel et plusieurs pensions correctes. Elle s'étend à seulement 3 km de deux monastères, Humor et Voroneţ. Vous devrez pendre un taxi (environ 8 RON) pour vous prendre au centre-ville depuis les gares de Suceava.

CONTINENTAL
€€€
STR. MIHAI VITEAZUL 4–6
TÉL. 0230 210 944
FAX 0230 216 266
www.continentalhotels.ro
Moderne et relativement chic, cet hôtel central dispose de chambres sans surprise, dotées de lits confortables et d'un bon restaurant ouvert jusqu'à minuit. Certains des services proposés sur son site, comme l'accès à Internet dans les chambres, ne fonctionnent pas toujours. L'hôtel est tout à fait propre et bien entretenu.
96

VILLA ALICE
€–€€
STR. SIMION FLOREA MARIAN 1
TÉL./FAX 0230 522 254
www.villaalice.ro
Proche du centre, cet établissement familial propose des chambres standard et également de luxe. Ces dernières disposent de la climatisation et de l'accès Internet gratuit. Les chambres sont toutes simples mais propres. L'hôtel propose des services (sauna, salle de fitness et massages) en partenariat avec un institut de santé.
10

LATINOS
€€–€€€
STR. CURTEA DOMNEASCĂ 3
TÉL. 0230 523 627
Cette belle trattoria devient le centre de la vie sociale de Suceava durant les soirées du week-end. Le restaurant ouvre tous les jours à 9 h pour le petit déjeuner.
50

GURA HUMORULUI

BEST WESTERN BUCOVINA
€€€
GURA HUMORULUI
TÉL. 0230 207 000
FAX 0230 207 001
www.bestwesternbucovina.ro
Cet hôtel de la chaîne Best Western est confortable et rustique. Aux étages supérieurs, les chambres s'ouvrent sur des terrasses. Possibilités d'excursions vers les monastères alentours.
130

CASA ELENA
€€
VORONEŢ
TÉL. 0230 230 651
FAX 0230 235 326
www.casaelena.ro
Chambres simples mais bien propres pour cette belle maison d'hôte, proche du monastère de Voroneţ. Le superbe restaurant est idéal pour déguster des spécialités moldaves comme le *pomana porcului* – morceaux de saucisses et de porc fumé.
30

CASA IOANA
€€
VORONEŢ
TÉL. 0745 610 317
Non loin du monastère, la Casa Ioana se limite à quelques chambres aménagées dans une petite ferme bien tenue. Les chauffeurs de taxis connaissent en général l'adresse. Si vous conduisez, dirigez-vous vers le monastère de Voroneţ et cherchez le panneau figurant une jeune fille en tenue paysanne.
5

DOBROUDJA

CONSTANŢA

Constanţa est en pleine redécouverte de sa culture et de son histoire. Préférez cependant Mamaia si vous êtes venu sur la côte de la mer Noire en été avec l'idée de vous baigner et de vous prélasser au soleil. Le rivage de Mamaia est en effet plus propre et les hôtels plus adaptés au tourisme balnéaire. Les tarifs augmentent dans les deux villes au cours de l'été. L'activité ralentit en hiver, période où les hôtels consentent des promotions.

ROYAL
€€€
B-DUL MAMAIA 191
TÉL. 0241 545 570
FAX 0241 545 882
www.hotelroyal.ro
Cet hôtel agréable et bien tenu vous conviendra si vous avez envie de séjourner non loin de la plage et du centre historique, quitte à fermer les yeux sur un environnement un peu déprimant. Les chambres sont plus confortables que celles de l'Ibis et du Class. L'hôtel dispose d'un sauna et d'une salle de fitness. N'oubliez pas de réserver en haute saison.
50

FERDINAND
€€–€€€
STR. FERDINAND 12
TÉL. 0241 617 974
FAX 0241 617 924
www.hotelferdinand.ro
Le principal avantage du Ferdinand est d'être plus proche de la petite plage de Constanţa que l'Ibis et le Class. Les chambres, avec salles de bains impeccables, sont confortables et contemporaines. Certaines ont vue sur la mer.
20

IBIS
€€–€€€
STR. MIRCEA CEL BĂTRÂN 39–41
TÉL. 0241 508 050
FAX 0241 508 051
www.ibishotel.com
À courte distance de la plage,

ce bâtiment sans charme est proche du centre historique. Il abrite des chambres minuscules mais dotées d'équipements modernes. Les tarifs sont intéressants.

154

CLASS
€€
STR. RĂSCOALA DIN 1907 1
TÉL. 0241 660 766
FAX 0241 660 909
www.hotelclass.ro

Également proche de la vieille ville et du port, le Class dissimule des chambres impeccables, meublées simplement mais avec goût. Vous risquez cependant de rester sur votre faim si vous êtes venu dans cet établissement pour profiter de la baignade : les meilleures plages de la ville sont en effet distantes de 5 à 6 km.

26

MARCO POLO
€€€
STR. SARMISEGETUZA 2
TÉL. 0241 617 357

Cette pizzeria bien située sert des repas dignes de ce nom. Outre les pizzas, le menu propose des viandes, des fruits de mer et de très bonnes salades.

90

EL GRECO
€€–€€€
STR. DECEBAL 18
TÉL. 0241 554 032

Les habituels hors-d'œuvre et salades proposés dans les restaurants grecs, légèrement remaniés au goût roumain, figurent à la carte du Greco. Si vous êtes indécis, optez pour le poulet *kaftero* (poulet grillé, haricots, tomates et poivre vert), qui est certainement l'un des meilleurs plats de la ville.

50

COLONADELOR
€€
STR. TRAIAN 53
TÉL. 0241 618 058

Le point fort des lieux est la terrasse ouverte en été, qui profite parfois d'une petite brise en provenance du port. L'adresse, ouverte toute l'année, est appréciée pour ses pizzas correctes et ses spécialités roumaines.

200

IRISH PUB
€€
STR. ŞTEFAN CEL MARE 1
TÉL. 0241 550 400
www.irishpub.ro

L'ambiance est certes éloignée d'un pub irlandais mais ce bistrot chic lambrissé de bois sombre propose d'excellentes viandes et fruits de mer, ainsi que des cocktails et des cafés. Le pub ouvre à 9 h avec une carte d'omelettes.

60

AMSTER'S
€–€€
B-DUL TOMIS 55
TÉL. 0241 511 499

Ce café à l'ambiance chaleureuse proche du centre est une bonne adresse pour une boisson chaude ou un repas léger. Accès Wi-Fi gratuit.

70

MAMAIA

Évitez de débarquer à Mamaia entre mi-juin et fin août sans réservation. Les hôtels qui bordent le littoral sur 5 km sont alors tous complets. Cet afflux fait augmenter les tarifs estivaux jusqu'à mi-septembre. Octobre scelle la fin de la saison et nombre d'établissements ferment en hiver. Notez qu'ici, les adresses ne sont pas désignées par nom de rue, mais par nom de maison. Des cartes comportant les noms et les emplacements des principaux établissements sont disponibles dans les hôtels.

GRANDHOTEL REX
€€€€€
MAMAIA
TÉL. 0241 831 520
FAX 0241 831 690
www.grandhotelrex.ro

Ouvert toute l'année, cet hôte grandiloquent, bâti en 1936, a retrouvé son éclat suite à une complète rénovation. Il a ainsi reconquis sa place de l'adresse la plus luxueuse de la côte roumaine bordant la mer Noire. L'intérieur, agrémenté de boiseries blanches et réchauffé par des tapis bleu nuit, est tout à fait propre et pimpant. Des travaux sont toujours en cours.

102

IAKI
€€€€
MAMAIA
TÉL. 0241 831 025
FAX 0241 831 169
www.iaki.ro

Ce vaste complexe de couleur rose dispose d'excellentes infrastructures de sport (notamment une piscine intérieure et une salle de fitness). Les chambres, vastes et hautes de plafond, disposent toutes d'un accès Internet. L'établissement est ouvert toute l'année.

98

HÔTELS

Les gammes de prix ci-dessous s'entendent pour une chambre double en haute saison avec salle de bains, petit déjeuner compris :

€€€€€	plus de 140 €
€€€€	de 100 à 140 €
€€€	de 70 à 100 €
€€	de 35 à 70 €
€	moins de 35 €

RESTAURANTS

Les gammes de prix ci-dessous s'entendent pour un repas composé de 3 plats avec du vin :

€€€€€	plus de 30 €
€€€€	de 20 à 30 €
€€€	de 15 à 20 €
€€	de 7 à 15 €
€	moins de 7 €

TULCEA

Principale localité de la région, Tulcea s'impose pour visiter le delta du Danube. Elle se limite cependant à une petite ville portuaire. Il ne fait guère de doute que vous préférerez vous installer dans le delta lui-même si vous avez suffisamment de temps. Essayez de réserver à votre arrivée via l'une des nombreuses agences présentes à Tulcea ou par l'intermédiaire de l'office du tourisme (Str. Garii 6, tél./fax 0240 519 130).

RECOMMANDÉ

DELTA NATURE RESORT

Le delta du Danube a vu fleurir une nouvelle génération d'hôtels à vocation écotouristique, qui promettent de répondre à tous vos souhaits tout en préservant l'environnement. Le plus beau (et cher) s'appelle le Danube Nature Resort, proche du village de Parches, et situé à quelques 20 km de Tulcea. Le complexe abrite une trentaine de bungalows fabriqués en matériaux locaux, avec vue sur le fleuve. La réception propose des sorties dans le delta et des séances d'observation des oiseaux. Depuis Tulcea, vous pourrez vous y rendre en voiture, minibus ou taxi (comptez 50 RON environ).

30

REX

€€€

STR. TOAMNEI 1

TÉL. 0240 511 351

FAX 0240 511 354

www.hotelrex.ro

Unique 4-étoiles de la ville de Tulcea, le Rex propose de vastes chambres à la décoration moderne soignée. Dommage qu'il soit situé à 1 km du centre ville.

38

DELTA

€€

STR. ISACCEI 2

TÉL. 0240 514 720

FAX 0240 516 260

www.deltahotelro.com

Cet ancien palace de l'ère communiste a été repensé avec tapis moelleux et salles de bains modernes pour devenir une adresse confortable, qui mérite amplement ses 3-étoiles. Le restaurant correct, le personnel tout à fait accueillant et l'emplacement à proximité du port et du fleuve; sans parler de la grande piscine couverte, sont autant d'atouts appréciables.

120

EGRETA

€€

STR. PĂCII 3

TÉL. 0240 506 250

FAX 0240 517 103

Les tarifs des chambres les moins onéreuses de l'Egreta témoignent d'une prestation inférieure à celle de l'hôtel Delta. L'Egreta est toutefois un établissement propre, bien tenu et agréablement situé à proximité du fleuve. Un bon accueil vous sera réservé.

98

EUROPOLIS

€

STR. PĂCII 20

TÉL. 0240 516 649

FAX 0240 512 443

Ce bâtiment sans charme de l'époque communiste s'adresse avant tout aux petits budgets. Ses deux points forts sont l'eau chaude à toute heure du jour et de la nuit et le chauffage en hiver. L'agence de voyages de l'hôtel organise des croisières sur le Danube et sur le delta.

25

SELECT

€€

STR. PĂCII 6

TÉL. 0240 506 180

Une taverne où la tradition est de mise. Optez pour le poisson, notamment le *somn*, proche du poisson-chat. En dessert, accordez-vous un excellent *papanași*, beignet à la confiture et à la crème.

65

TRIDENT

€-€€

STR. UNITATEA 3

TÉL. 0240 519 502

Cette agréable pizzeria du centre-ville cuit ses pizzas dans un four en terre. On y sert également des plats de pâtes corrects et des cafés.

40

SHOPPING ET SORTIR

SHOPPING

L'artisanat de qualité (dentelle traditionnelle, sculptures sur bois, bijoux et poterie) fera le bonheur des visiteurs. Plusieurs organisations pourront vous donner une liste d'artisans et vous mettre en contact directement avec eux.

La Fundaţia Meşteşuguri Româneşti (Fondation roumaine des arts et métiers), à Bucarest, dispose d'une base de données des artisans de tout le pays. À Sibiu, la boutique Artefact Biertan commercialise des produits neufs et de bonne qualité venus des quatre coins de la Roumanie (Str. Nicolae Balcescu 2, tél. 0269 868 494).

À Bucarest, allez jeter un œil dans l'excellente boutique du musée du Village (Boseaua Kiseleff 28, tél. 021 317 9110, www.muzeul-satului.ro) et dans celle du musée du Paysan roumain (Boseaua Kiseleff 3, tél. 021 650 5360), intéressante aussi. Vous pouvez également vous renseigner auprès de votre hôtel ou d'un bureau d'information touristique sur l'artisanat dans la région et les boutiques vendant ces articles.

Sur la place de Biertan, en Transylvanie, le magasin Artefact Biertan expose meubles et textiles d'une grande originalité. Il commercialise poteries, tissus, peintures, icônes et bijoux, entre autres produits de qualité fabriqués à la main dans toute la Roumanie (tél. 0269 868 494, fermé nov-mars).

N'hésitez pas également à fouiller dans les étals des bouquinistes installés un peu partout dans Bucarest, en particulier dans le quartier de l'université (Piaţa Universităţii). Vous y trouverez toutes sortes de livres d'occasion, y compris en langue étrangère, et vous aurez peut-être la chance de dénicher une perle au milieu des rebuts de la littérature des années 1960 et 1970. Pour les livres neufs, dirigez-vous vers la superbe librairie-salon de thé Cărtureşti (Str. Arthur Verona 13, tél. 021 317 3459 ou 078 875 8408 ; info@carturesti.ro), qui possède de remarquables ouvrages d'art et d'architecture ainsi qu'un très bon choix de CD.

Bucarest compte par ailleurs d'excellentes boutiques d'antiquités et de brocante, rassemblées pour la plupart dans le quartier de Lipscani, qui s'embourgeoise peu à peu. Commencez donc par la Hanul cu Tei (Str. Lipscani 63-65, tél. 021 313 0181), puis laissez votre instinct vous guider dans les ruelles jusqu'à l'objet de vos désirs.

On trouve en Roumanie de très belles reproductions d'icônes et d'œuvres religieuses. Les marchands s'installent souvent devant les monastères, en particulier les édifices ornés de fresques des environs de Suceava. Regardez et comparez, car la qualité n'est pas toujours au rendez-vous.

La plupart des grandes villes, notamment Bucarest, Braşov, Constanţa, Timişoara et Iaşi, comptent désormais au moins un grand centre commercial moderne et étincelant. Les voies rapides situées à la sortie des agglomérations sont par ailleurs bordées de grandes enseignes et d'hypermarchés présents en Europe occidentale. Bien que les supermarchés attirent de plus en plus de monde, les villes conservent généralement un marché de fruits et légumes qu'il est toujours intéressant d'explorer.

Les galeries commerciales et les hypermarchés n'offrent pas grand-chose d'intéressant au visiteur de passage : les produits sont généralement les mêmes qu'ailleurs et, contrairement à ce que l'on pourrait penser, certains articles – par exemple les vêtements chic, les cosmétiques, les chaussures et la maroquinerie – risquent fort d'être plus chers.

SORTIR

OPÉRA ET MUSIQUE CLASSIQUE

Toutes les grandes villes roumaines ont une intense activité culturelle. Genre prisé, l'opéra est particulièrement bien représenté à Bucarest, Braşov, Cluj-Napoca, Constanţa, Iaşi et Timişoara, où sont installées des troupes à plein temps. Cluj est également équipée d'un opéra pour chacune des deux communautés de la ville (roumaine et hongroise). Principale institution de la capitale, l'Opéra national de Bucarest (B-dul Kogălniceanu 70-72, tél. 021 314 6980) dispose d'un site Internet (www.operanb.ro) qui permet de connaître le programme et d'effectuer des réservations.

Très populaire également, la musique classique est jouée lors de multiples concerts un peu partout en Roumanie. Renseignez-vous sur les programmes dans les hôtels et les offices du tourisme. Ou procurez-vous l'une ou l'autre des deux publications en roumain répertoriant les manifestations culturelles, *Gapte Seri* (*Sept soirs*) et *Zile şi Nopli* (*Jours et nuits*). Si un concert est donné lors de votre séjour à Bucarest au Romanian Atheneum (Str. Benjamin Franklin 1-3, tél. 021 315 8798), où travaille l'Orchestre philharmonique de Roumanie George Enescu, ne manquez pas l'occasion d'écouter de la musique dans cette salle magnifique.

MUSIQUE TRADITIONNELLE

L'intérêt pour la musique populaire reste fort dans bien des régions du pays, même chez les jeunes qui redécouvrent les racines culturelles de la Roumanie. Des spectacles traditionnels sont parfois annoncés, mais le meilleur moyen de faire connaissance avec la danse et la musique populaires consiste à assister à l'une des fêtes organisées l'été en Transylvanie et dans le Maramureş. Vous pourrez aussi tout simplement dîner dans un restaurant typique comme le Caru' cu Bere à Bucarest, le Coliba Haiducilor à Poiana Braşov ou le Timişoareana Club XXI à Timişoara.

VIE NOCTURNE

Rien d'étonnant à ce que, dans ce pays où l'on adore faire la fête, les lieux les plus animés le soir se trouvent dans les grandes villes universitaires telles que Bucarest, Iaşi, Braşov, Cluj-Napoca et

Timişoara. En été, c'est la ville portuaire de Constanţa et la station balnéaire toute proche de Mamaia qui entrent en effervescence, cette dernière vibrant en juillet et août au rythme des boîtes de nuit, des discothèques et autres clubs. Les modes changeant au fil des saisons, mieux vaut consulter les guides *Gapte Seri* et *Zile Fi Nopli*, qui publient une édition pour chaque grande ville, afin d'identifier l'établissement branché du moment. Les guides *In Your Pocket* remplissent parfaitement ce rôle aussi, mais ne sont édités que pour les villes de Bucarest et Braşov.

Les casinos dans les grandes villes attirent beaucoup de monde. Quant à certaines formes particulières de distraction nocturne, sachez que vous verrez, surtout à la périphérie des villes, quantité de night-clubs d'aspect douteux et de « gentlemen's clubs ». Ces clubs pour adultes et autres salons de massage, aussi peu recommandables qu'ils soient, sont parfaitement légaux. La prostitution, elle, est bannie par la loi et peut donner lieu à de fortes amendes.

ACTIVITÉS ET FESTIVALS

ACTIVITÉS SPORTIVES

Plaisance, pêche et observation des oiseaux

Zone de marais où le fleuve vient à la rencontre de la mer Noire, le delta du Danube reste un lieu sauvage et relativement à l'écart dont la beauté naturelle se prête merveilleusement à la navigation, au canoë, au canotage, à la pêche et à l'observation des oiseaux.

La ville de Tulcea constitue une bonne base d'où l'on peut organiser excursions, hébergement et location de bateaux auprès de prestataires spécialisés, qui se chargeront de vous satisfaire. Faites d'abord un saut au petit bureau de l'office du tourisme situé en bord de fleuve (Str. Gării 26, tél. 0240 519 130), qui s'avère riche en informations. Il vous fournira une liste à jour des tours-opérateurs, saura vous conseiller sur les infrastructures disponibles et vous suggérera des itinéraires en fonction de votre budget. Certaines agences organisent des circuits nécessitant une préinscription. Go Romania Tours (www.goromania-tours.com) propose un circuit de 8 jours à la découverte du delta du Danube consacré notamment à l'observation des oiseaux.

Pour découvrir plus avant le delta, empruntez l'un des ferries réguliers naviguant dans l'un des trois grands bras du fleuve, ou louez un bateau. Ces embarcations restent soumises à une autorisation de la Réserve de la biosphère du delta du Danube. Les pilotes locaux sont de bons guides et connaissent souvent les oiseaux, mais peu parlent français ou anglais. Certains aiment par ailleurs aller vite, ce qui endommage l'habitat naturel des oiseaux. Pour trouver un guide expérimenté et soucieux de l'environnement, passez par l'Asociaţia de Ecoturism din România (Str. Gabroveni 2, et. 4, sector 3, Bucharest, tél. 074 431 9742; 026 832 6271). L'agence Tioc Nature and Study Trips (www.tioc-reisen.ro/en), à Sibiu, est spécialisée dans les sorties d'observation des oiseaux et de la nature en petit groupe ou en individuel.

La pêche se pratique dans le delta, mais reste soumise à l'obtention d'un permis auprès de l'Asociaţia Rezervaţiei Biosferei Deltei Dunării (Str. Portului 34A, Tulcea, tél. 0240 518 945).

Vélo et VTT

Bien que le cyclotourisme ne soit absolument pas développé en Roumanie, rien ne vous empêche d'emporter votre vélo et de sillonner les milliers de kilomètres de routes de campagne, chemins, pistes forestières et autres sentiers. Le trafic perd beaucoup de sa densité quand on s'écarte des routes principales, et les voies secondaires se prêtent parfaitement aux deux-roues. Préférez au vélo de route un VTT. Il n'existe malheureusement guère de possibilités de louer du matériel sur place, et les services – notamment les ateliers de réparation de cycles – ne sont pas légion. Le visiteur pourra voyager avec son cycle (étiqueté et enregistré) dans les trains possédant un fourgon à bagages. Dans les autres trains, le fait de monter à bord avec sa bicyclette est laissée à l'appréciation du conducteur.

Mieux vaut ne pas circuler à vélo dans les grandes villes. À Bucarest, Cluj-Napoca, Braşov et Constanţa, la circulation est trop dense et les chaussées trop mauvaises pour y trouver un quelconque plaisir à utiliser ce moyen de transport. En revanche, les environs de Sibiu et la campagne transylvaine se prêtent très bien au cyclotourisme. Kultours (Piaţa Mică 16, tél./fax 0269 216 854, www.kultours.ro) loue des bicyclettes et vend d'assez bonnes cartes de la région comportant des itinéraires.

Plusieurs prestataires proposent des circuits organisés, avec ou sans guide. Adventure Transylvania (www.adventuretransylvania.com) dispose ainsi sur son catalogue d'une randonnée à VTT de 8 jours dans les monts Bucegi, avec les transferts depuis/vers Bucarest et la location du matériel compris dans le prix du séjour. En France, Europe Active (tél. 04 95 44 49 67, www.europe-active.com/fr) organise des circuits à vélo en Roumanie avec une prise en charge du transport des bagages et un éventail d'hébergements allant du dortoir à la chambre tout confort.

Golf

Encore considéré par la plupart comme un sport d'élite, le golf ne s'est guère développé depuis 1989. La Roumanie possède cependant deux ou trois beaux parcours, notamment un magnifique neuf-trous situé dans la jolie vallée de la Prahova, près de Braşov. Le lac de Verde (www.lacdeverde.ro), pratique pour les touristes, propose plusieurs formules, notamment un séjour de deux jours, des green fees et la location de clubs.

Randonnée

Collines aux formes douces, montagnes abruptes et nature préservée composent un véritable paradis pour le randonneur en Roumanie, notamment en Transylvanie, dans le massif des Bucegi autour de Sinaia et dans les hauts monts Făgăraş. Vous trouverez des sentiers bien balisés et des cartes correctes. Il suffit de choisir une ville (Sinaia, Predeal, Braşov, Sighişoara et Sibiu constituent toutes de bonnes bases) et d'acheter quelques cartes à l'office du tourisme. Choisissez de partir à la journée ou prévoyez de passer une nuit en refuge (cabane). Il est en principe possible de randonner en montagne de début juin jusqu'à fin septembre. Les massifs roumains, s'ils ne battent pas des records d'altitude (les plus hauts sommets se situent entre 2 000 et 2 500 m) valent toutefois le déplacement. Enfilez de bonnes chaussures montantes et n'oubliez pas d'emporter de l'eau en quantité suffisante, de la crème solaire, des lunettes de soleil et un vêtement imperméable, car il peut pleuvoir en fin de journée.

Le visiteur aura toute latitude de randonner sans guide. Des agences proposent également des séjours de marche en Roumanie.

En France, l'agence Échange Roumanie (tél. 04 77 52 45 05, www.echange-roumanie.com) organise des randonnées de toute durée, accompagnées de guides en Transylvanie, et couvre un large éventail de destinations roumaines : Carpates, monts Apuseni, vallées secrètes de la Munténie… Il est également possible de se construire un programme de marches à la carte. L'agence Nomade Aventure (tél. 0 825 701 702, www.nomade-aventure.com) propose un trekking de 8 jours en Transylvanie avec des nuits en pension ou chez l'habitant, tandis que Nouvelles Frontières (tél. 0 825 000 747, www.nouvelles-frontieres.fr) programme une marche de 10 jours à travers les Carpates.

En Roumanie, Adventure Transylvania propose une large gamme de balades, de randonnées et de treks de tous niveaux de difficulté (tél. 0727 394 727, www.adventuretransylvania.com). Caliman Club, un prestataire installé à Bistriţa, dans le nord de la Transylvanie, est spécialisé dans les séjours sportifs (canoë, randonnée, équitation et cyclotourisme) au cœur de la jolie vallée de Someş et dans des coins méconnus des Carpates (tél. 0263 235 046). À Braşov, Roving Romania (www.roving-romania. co.uk) organise des circuits de marche et de découverte de la nature axés sur la conservation du milieu naturel. Transylvania Uncovered (www. beyondtheforest.com) monte des séjours sur mesure.

Basée à Braşov, Discove-Romania organise des circuits dans des sites de Roumanie particulièrement méconnus (www. discove-romania.ro). L'agence de voyages Corbet Transair (www.corbet-transair.ro), installée à Târgu Mureş, aide les voyageurs à dénicher des lieux insolites qui font d'une simple visite un moment tout à fait inoubliable.

À Baia Mare, NordNordVest Turism (tél. 0262 226 508) vous fera découvrir le Maramureş sans perdre de temps.

Pour obtenir des informations sur toutes les autres possibilités de randonnée, de tourisme et de balade dans les Apuseni, connectez-vous sur www.buciumland.ro, www.buciumanii.ro et www. greenmountainholidays.ro.

Parapente, escalade, kayak et sports d'aventure

Les sports d'aventure commencent à peine à se développer. À Braşov, plusieurs petites agences proposent escalade, parapente et VTT freeride, entre autres. Vous trouverez au bureau d'information touristique de la ville (Piaţa Sfatului 30, tél. 0268 419 078, www.brasovcity.ro) quantité de brochures et de catalogues des prestataires locaux. La randonnée, le trekking et les sports d'aventure connaissent un certain succès dans la région d'Oradea, dans l'ouest du pays. Apuseni Experience (tél. 0259 472 434, www.apuseniexperience.ro) figure au nombre des meilleurs prestataires locaux.

Ski

La saison du ski dure de la mi-décembre environ jusqu'à début mars. Les installations sont relativement satisfaisantes, sans égaler pour autant le niveau de qualité ayant cours en France, en Suisse ou en Autriche. À 15 km environ de Braşov, Poiana Braşov, la station la plus connue, est aisément accessible en voiture ou en bus depuis cette ville. Quoique assez petite, elle offre de bonnes pistes et bénéficie en principe d'un enneigement correct. Les autres grandes stations se trouvent pour la plupart à proximité de Braşov. À une heure de train, Sinaia, au sud, possède des installations correctes et de bonnes pistes, les plus difficiles du pays, de l'avis de certains. Predeal, autre station réputée, est située sur la ligne de train Sinaia-Braşov. Vous pourrez prendre des cours, et louer matériel et équipement dans toutes les stations. Mieux vaut séjourner en semaine, lorsque les files d'attente aux remontées mécaniques sont un peu moins longues.

Plage et baignade

Les plus belles plages du pays se situent à proximité de Constanţa, sur la mer Noire. Ne vous attendez toutefois pas à découvrir un littoral préservé et enchanteur. Les stations touristiques comme Mamaia, au nord de Constanţa, ressemblent davantage à des zones urbanisées qu'à un site sauvage. Mais si vous avez envie d'un endroit animé où l'on peut danser le soir et prendre le soleil dans la journée, vous serez comblé.

Si vous voulez vraiment séjourner sur la côte en été, vous avez tout intérêt à choisir une formule tout compris. Plages et promenades sont bondées à cette saison et il est souvent difficile de trouver une chambre et un restaurant, sans compter le fait que les séjours reviennent moins cher pour des séjours prolongés. Un certain nombre de tours opérateurs proposent des séjours en Roumanie, notamment l'agence parisienne Échanges Roumanie (www.echange-roumanie.com) qui organise des week-ends à Bucarest, des séjours chez l'habitant, des formules de tourisme rural, ainsi que des séjours à la carte et des réservation de voiture. Certains circuits comprennent une excursion dans le delta du Danube, tout proche.

FÊTES ET FESTIVALS

Voici quelques-uns des temps forts du calendrier des fêtes et des festivals. Les offices du tourisme des villes vous fourniront une liste complète.

Décembre/janvier

Les célébrations de Noël et du Nouvel An prennent de grandes proportions dans les localités les plus importantes, qui se figent ensuite dans l'inactivité durant les deux ou trois premiers jours de l'année.

Avril

La Pâque orthodoxe, fête très importante, se célèbre parfois une semaine après les fêtes de l'Église catholique.

Mai/juin

De multiples fêtes de la Fertilité sont organisées au printemps. Début mai, le village d'Hoteni, dans le Maramureş, célèbre les semailles lors de la Tânjaua de pe Mara. À Bucarest, le musée du Village organise une foire à l'artisanat mettant à l'honneur les techniques traditionnelles, telles que la sculpture sur bois, le soufflage de verre et la décoration des œufs.

En juin, Sibiu accueille un Festival international de théâtre et Bucarest le Festival international de musique francophone. Le Festival international du film de Transylvanie se tient durant le même mois à Cluj-Napoca, ainsi que dans d'autres villes moins importantes. Durant la dernière semaine de juin, Târgu Mureş organise la très populaire Marosvásárhely Napok, la fête des Jours de Târgu Mureş.

Juillet/août

Le Festival de l'ancien, à Bucarest, célèbre la ville telle qu'elle était au cours du XIXe siècle.

La fête médiévale des Arts de Sighişoara, début juillet, met à l'honneur durant trois jours l'artisanat et la musique du Moyen Âge. Prévoyez votre séjour longtemps à l'avance.

Au mont Şcina, tous les villageois revêtent leur costume traditionnel et font revivre la coutume des rencontres arrangées lors de la fête des Filles (Târgul de Fete).

En juillet, le village de Vadu Izea, dans le Maramureş, accueille durant quatre jours le Festival Maramuzical (musique populaire).

Depuis 2004, Sf. Gheorghe organise en août le Festival de cinéma Anonimul, qui récompense des longs et des courts métrages de fiction et d'animation. Cette manifestation, tenue dans un endroit reculé, connaît un grand succès international. Vous trouverez de plus amples renseignements sur le site www.deltasfantugheorghe.ro.

Toujours en août, la station balnéaire de Mamaia organise son Festival de musique, tandis qu'à Sibiu se tient le Festival international de musique traditionnelle. Au col de Prislop, dans les Carpates, la Transylvanie, la Moldavie roumaine et le Maramureş se rassemblent chaque année autour de danses et de produits du terroir lors de la Hora de la Prislop.

Septembre/octobre

Des musiciens du monde entier se retrouvent à Sibiu pour le Festival international de jazz.

Le Festival de musique George Enescu se tient durant 10 jours à Bucarest les années impaires.

Décembre

Les célébrations du jour de l'Unité nationale se tiennent à Bucarest et Alba Iulia le 1er décembre.

La ville de Sighet, dans le nord du pays, organise son Festival des coutumes d'hiver durant les jours qui suivent Noël.

GLOSSAIRE

Le roumain est une langue latine qui a subi au cours des siècles l'influence des langues slaves, du turc, du hongrois et d'autres idiomes. Un francophone comprend sans trop de difficulté les titres des journaux ou les enseignes des boutiques, quoique le roumain soit surtout proche de l'italien. Le français est courant, tandis que l'anglais est obligatoire dès l'école primaire. La connaissance de l'allemand ou du hongrois est utile dans certaines parties de la Transylvanie et dans l'ouest du pays.

Les Roumains sont fiers de leur langue et apprécieront vos efforts ne serait-ce que pour dire « merci » ou « bonjour ».

Mots et expressions courants

Oui/Non	*Da/Nu*
S'il vous plaît	*Vă rog*
Merci	*Mulţumesc*
Bonjour	*Bună ziua*
Bonsoir	*Bună seara*
Bonne nuit	*Noapte bună*
Salut	*Salut/Servus* (en Transylvanie)
Au revoir	*La revedere*
Excusez-moi	*Scuzaţi-mă*
Comment allez-vous ?	*Ce mai faceţi ?*
Très bien, merci	*Bine, mulţumesc*
À votre santé !	*Noroc!*
Bon appétit!	*Poftă bună*
Ouvert/Fermé	*Deschis/Închis*
Entrée/Sortie	*Intrare/Iesire*
Défense d'entrer	*Intrare interzisa*
Hommes/Femmes	*Bărbaţi/Femei*
Centre-ville	*Centru*
Gare	*Gara*
Arrivées/Départs	*Sosire/Plecare*
Comment vous appelez-vous ?	*Cum vă numiţi ?*
Parlez-vous français ?	*Vorbiţi franceza ?*
Je voudrais…	*Aş vrea …*
Combien?	*Cât costă?*
L'addition, s'il vous plaît	*Nota, vă rog*

Les numéros de pages en **gras** indiquent les illustrations.

D

E

F

G

H

I

J

K

L

M

PHOTOGRAPHIES, ILLUSTRATIONS

Toutes les photos sont de Steven Weinberg, à l'exception des photos référencées plus bas. Abréviations des termes utilisés ci-dessous : (h) haut, (b) bas. Couverture : à gauche (h), Steven Weinberg ; à droite (h), Dinu Lazar ; à gauche (b), D. Mosel ; à droite (b), Russell Young/CORBIS.

1, 4, Alexandra Avakian. 2-3, G. Kerr. 9, Gavin Hellier/Getty Images. 12-13, Alexandra Avakian. 14-15, Dinu Lazar. 16-17, Alexandra Avakian. 18, Richard l'Anson/LPI/Getty Images. 21 (b), Mihal Radu Baluta. 22-23, Dinu Lazar. 25, AFP/Getty Images. 28-29, Tibor Mester. 30, Hulton Archive/Getty Images. 33, Joel Robine/Getty Images. 34-35, Daniel Mihailescu/ Getty Images. 38, Dinu Mendrea. 40, 41, G. Kerr. 42, Pascal Guyot/Getty Images. 43, Time & Life Pictures/Getty Images. 44, 47, Dinu Lazar. 48, age fotostock/SuperStock. 61, G. Kerr. 62 (h), Joe Mabel. 62 (b), G. Kerr. 69, Zediu Felix/Fotolia. 70, Bogdan Morar. 74, Marian Curelaru. 75, Ioana Bancos. 77, Tibor Bognar/Alamy Ltd. 78, 79, Civic Academy Foundation, Bucarest, 2007. 89, G. Kerr. 91, Office du tourisme roumain. 92, Office du tourisme roumain. 93, © 2006 Artists Rights Society (ARS), New York/ADAGP, Paris. 94, Catalin Rotaru/www.rotaru.com. 96, Cristina Mitroi. 103, Dinu Mendrea. 104, David Toase/Getty Images. 106, Pablo Corral Vega/CORBIS. 111 (h), O. Louis Mazzatenta. 112, Craig Pershouse/Getty Images. 115, Opriscan Romulus Ioan. 117, Dan Tataru/Shutterstock. 118-119, 119, Alexandra Avakian. 120, Oana Vinatoru/iStockphoto.com. 122, Alin Popescu/Shutterstock. 124, Falk Kienas/Shutterstock. 127, Kathy Kavalec. 128, Dinu Mendrea. 129, Radu Mendrea. 130, Office du tourisme roumain. 131, Radu Mendrea. 132, Alan Grant. 134, Andrei Dragomir. 135, allOver photographer/Alamy Ltd. 137, Radu Mendrea. 138, Russell Young/ CORBIS. 140, Sandu Mendrea. 142, Dorling Kindersley/ Getty Images. 143 (b), Falk Kienas/iStockphoto.com. 143 (h), Holger Ehlers/Alamy Ltd. 144, Kathy Kavalec. 146, Radu Mendrea. 154, G. Kerr. 155, D. Mosel. 164, Seth Brush http://cender.net. 166, Paul Carstairs/Alamy Ltd. 169, Gregory Wrona/Alamy Ltd. 172, allOver photographer/Alamy Ltd. 175, G. Kerr. 176, D. Mosel. 183, Ioana Bancos. 184, Alexandra Avakian. 187 (h), D. Mosel. 188, Kristen Soper/Alamy Ltd. 189, Bogdan Cristel/ CORBIS. 194, G. Kerr. 198-199, Page fotostock/ SuperStock. 200, G. Kerr. 206, D. Mosel. 216, Tortocan Alexandru. 218, Office du tourisme roumain. 220, 221 (h), Tomasz Tomaszewski. 221 (b), Michael Chen/iStockphoto.com. 224, Sorin Cristescu. 228-229, Ed Kashi. 232, Sandu Mendrea. 234, Ceban Cristi.

POUR UN TOURISME RESPONSABLE : National Geographic œuvre pour un tourisme plus responsable. Afin de préserver son authenticité, la Roumanie a adhéré aux principes de la Charte du Géotourisme de National Geographic. Cette Charte définit le géotourisme comme un tourisme qui soutient et met en valeur le caractère géographique et humain d'un lieu : son environnement, sa culture, son esthétique, son patrimoine et le bien-être de ses habitants. En adhérant à ces critères, vous valoriserez encore davantage votre propre voyage. Pour vivre une authentique expérience et pour apprécier la Roumanie à sa plus juste valeur, il est important de se rendre compte de l'impact que peuvent avoir les choix de vos déplacements dans le pays. Voici quelques pistes :

- Prenez conscience de l'impact que vous pouvez avoir sur les lieux visités.
- Adoptez une attitude responsable en investissant votre temps et votre argent dans des activités qui favorisent le développement local. Préférez les petits magasins, les restaurants locaux et les tours-opérateurs qui se font un vrai plaisir de vous faire découvrir leur pays.
- Estimez à leur juste valeur tous les aspects du patrimoine culturel et naturel de la Roumanie.
- Respectez les coutumes traditionnelles.
- Partagez avec les Roumains l'intérêt que vous portez à leur culture et à leur pays en général (paysage, architecture, gastronomie, musique…).
- Faites la différence entre les mythes et la réalité, particulièrement en Transylvanie où la population n'apprécie pas réellement le portrait qui est fait de leur histoire et de leur région dans le roman sur Dracula.

Pour plus d'informations sur le géotourisme, vous pouvez consultez : www.nationalgeographic.com/travel/sustainable/

REMERCIEMENTS

L'auteur remercie les personnes et organismes suivants qui lui ont fourni une aide précieuse dans ses recherches :

Jean Blajan
Corneliu Bucur
Primăria Câmpulung Muscel
Ioana Bogdan Cataniciu
Horia Ciugudean
Mirela et Sorin Ciutacu
Jean-Michel Corbet
Niculiță Dărăfltean
Crina Draghici
Ștefan Enache
Cristina Enescu
Caroline Fernolend
Reghina Ghițiu
Ioan Godea
Vichi Guța
Institutul de Cercetări Eco-Muzeale Tulcea
Vasile Ionescu
Anamaria et Georgeta Iuga
Mike Joseph
Anca et Gabi Jugănaru
Tibor Kálnoky
Valeria Lehene
Kathleen Laraia McLaughlin
Fundația pentru Meșteșuguri Românești
Ramona Mitrica
Angela et Mike Morton
Adrian Munteanu
Doru Munteanu
Sorin Negrea
Pro Patrimonia
Cristina Popescu
La famille Rai
Reuniunea Mărginimii Sibiului
Done Șerbanescu
Kit Shann
Colin Shaw
Livia Stoia
Nora Stroe
Ecaterina Tantareanu

Première institution scientifique et pédagogique à but non lucratif du monde, la National Geographic Society a été fondée en 1888 « pour l'accroissement et la diffusion des connaissances géographiques ». Depuis lors, elle fait découvrir le monde à des millions de personnes par le biais de ses magazines, livres, programmes de télévision, vidéos, cartes et atlas, bourses de recherche, ateliers pour enseignants, matériel scolaire innovant et ses championnats de géographie.
La National Geographic Society est financée par les cotisations de ses membres, des dons et la vente de ses produits éducatifs. Ce soutien est essentiel à sa mission, qui consiste à mieux faire comprendre le monde et favoriser la sauvegarde de notre planète grâce à l'exploration, la recherche et l'enseignement.

www.nationalgeographic.fr

Dépôt légal : janvier 2008

Impression Cayfosa-Quebecor, Barcelona (Espagne)

Roumanie
est une publication de la National Geographic Society

Président directeur général : John M. Fahey, Jr.
Président du conseil d'administration : Gilbert M. Grosvenor
Vice-présidente et présidente du Département livres : Nina D. Hoffman
Vice-président et directeur éditorial : Kevin Mulroy
Directeur de la photographie et des illustrations : Leah Bendavid-Val
Directrice de la création : Marianne R. Koszorus
Directrice des publications des guides touristiques : Elizabeth Newhouse
Directrice artistique : Cinda Rose
Directeur de la cartographie : Carl Mehler

Création et réalisation
Responsable de projet : Lawrence M. Porges
Iconographe : Vickie Donovan
Maquettiste : Kay Kobor Hankins
Éditeur : Jane Sunderland
Chargés de recherches : Cristina Rai et Florin Filip
Consultante éditoriale : Lise Sajewski
Responsable de la cartographie : XNR Productions
Responsable de l'iconographie : Marshall Kiker
Chargée de l'index : Connie D. Binder
Autres contributions : Jack Brostrom, Olivia Garnett, Lynsey Jacob, Michael McNey, Nida Sophasarun, Rob Waymouth, Meredith Wilcox
Maquette de Maltings Partnership, Derby, Angleterre (p. 86-87 et 148-149)

Édition originale

Textes de Caroline Juler et Mark Baker

Édition française

Réalisation éditoriale : National Geographic France
***Direction éditoriale :* Françoise Kerlo**
***Responsable d'édition :* Marilyn Chauvel**
***Responsable de production :* Alexandre Zimmowitch**

Réalisation éditoriale : Jalan Publications
Direction : Zahia Hafs
Coordination éditoriale : Caroline Guilleminot
Mise en pages et adaptation des cartes : Damien Rondeau
Traduction : Catherine Frémont, Anne Caron, Olivier Cirendini, Renaud Tamaya
Relecture : Dolorès Mora
Consultant (chapitre « Histoire et culture ») : Dan Culcer

ISBN : 978-2-84582-243-6

NATIONAL GEOGRAPHIC
LES GUIDES DE VOYAGE

Guides au grand format
pays/régions :
à partir de 13,95 €

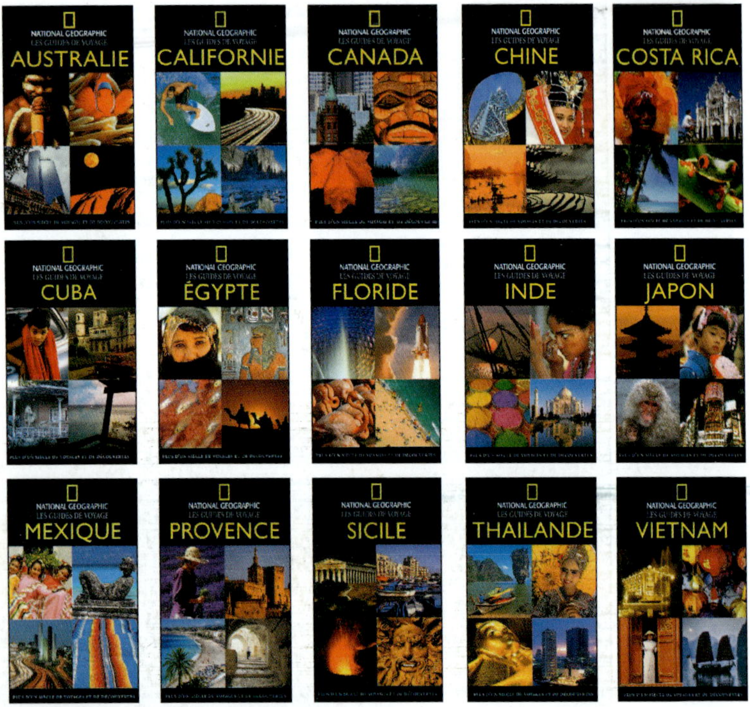

À paraître : Brésil, Crète, Maroc...

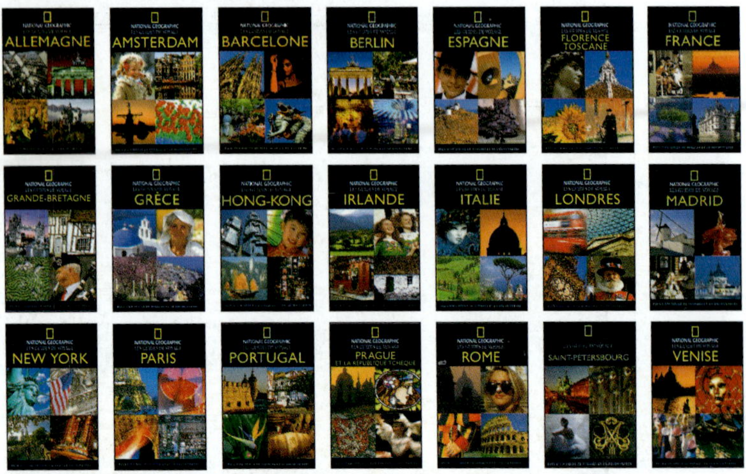

À paraître : Roumanie, Shanghai...

Guides au format poche
villes : 9,95€ pays : 12,95€